KB215990

출애굽기 로드맵I

홍림의 마음

넓고 붉은 숲이라는 중의적 의미를 닮고 있는 〈홍림〉은, 세상을 향해 그리스도인들이 추구해야할 사유와 그리스도교적 행동양식의 바람직한 길을 모색하고자 노력하고 있습니다. 폭넓은洪 독자층林을 향해 열린 시각으로 이 시대 그리스도인의 역할 고민을 감당하며, 하늘의 소망을 품고 사는 은혜 받은 '붉은 무리'紅林:홍림로서의 숲을 조성하는데 〈홍림〉이 독자 여러분과 함께하고자 합니다.

하임 바이블 아카데미 03

출애굽기 로드맵I

지은이 김재구
펴낸이 김은주

초판 1쇄 인쇄 2019년 03월 14일
초판 1쇄 발행 2019년 03월 20일

펴낸곳 홍 림
등록번호 제312-2007-000044호
등록일자 2007.10.12
주소 서울특별시 서대문구 거북골로 14길 60
전자우편 hongrimpub@gmail.com
전화 070-4063-2617
팩스 070-7569-2617

전자우편 hongrimpub@gmail.com
블로그 http://blog.naver.com/hongrimpub
페이스북 https://www.facebook.com/hongrimbook
트위터 http://mobile.twitter.com/@hongrimpub
카카오스토리 https://story.kakao.com/#hongrimbook
인스타그램 https://www.instagram.com/hongrimpub

값은 표지에 있습니다.
ISBN 978-89-6934-018-4 (94230)
978-89-6934-013-9 (세트)

이 도서의 국립중앙도서관 출판예정도서목록(CIP)은 서지정보유통지원시스템 홈페이지(http://seoji.nl.go.kr)와 국가자료종합목록시스템(http://www.nl.go.kr/kolisnet)에서 이용하실 수 있습니다. (CIP제어번호 : CIP2019009040)

김재구 지음

일러두기

1. 이 책은 개역개정 성경을 사용하는 것을 원칙으로 하되, 필요할 시에는 원어 성경에 비추어 일부 사역을 제공하였다.
2. 히브리어와 헬라어 단어와 문장을 원어로 표기할 때는 한글 음역을 제공하여 원어를 모르는 독자들도 읽을 수 있게 하였다.
3. 참고자료에 대한 인용은 미주로 처리하여, 각 부별로 정리하여 제시하였다.
4. 이 책에 사용한 어미 표기는 '-하다'체를 원칙으로 하되 필요에 따라서는 '-합니다'체를 혼용하였다.

하임 바이블 아카데미 시리즈의 정신

하임(Heim)은 한글로는 '하나님의 임재'의 줄임말이며 히브리어로는 '생명'(חַיִּים)이라는 뜻이다. 말씀을 통하여 하나님의 임재를 누리고 생명의 길로 나아간다는 의미를 가지고 있다. 하임 바이블 아카데미 시리즈는 '하임'이라는 이름이 품고 있는 이러한 뜻을 이루기 위해 구약과 신약 66권을 하나님께서 의도하신 바대로 연구하여 깨닫고, 깨달은 말씀을 삶으로 살며 전하기 위한 것이다. 이를 통해 이 시대에 안타깝게 공허한 말로 변해 버린 말씀을 다시 육신이 되게 하여 이 땅에 삼위일체 하나님께서 꿈꾸셨던 하나님 나라가 임하는 길을 예비하기 위함이다.

하임 바이블 아카데미 시리즈의 주요한 특징은 구약성경의 순서를 기존의 한글성경이 가지고 있는 순서에 준하여 주해해 나가는 것이 아니라, 히브리어 원전의 순서에 따라 주해해 나간다는 것이다. 그 이유는 우리가 사용하고 있는 한글 성경의 모든 내용이 히브리어 원전(마소라 사본)에서 옮겨 왔다는 점에서 히브리어 원전의 순서를 존중하여 그 의미를 파악하는 것이 필요하기 때문이다: (1)

오경(토라/תוֹרָה): 창세기-신명기, (2) 예언서(느비임/נְבִיאִים): 전기예언서: 여호수아, 사사기, 사무엘상·하, 열왕기상·하 (룻기는 성문서), 후기예언서: 이사야, 예레미야, 에스겔, 열두 소예언서(호세아, 요엘, 아모스, 오바댜, 요나, 미가, 나훔, 하박국, 스바냐, 학개, 스가랴, 말라기), (3) 성문서(케투빔/כְּתוּבִים): 시편, 욥, 잠언, 룻, 아가, 전도서, 애가, 에스더, 다니엘, 에스라, 느헤미야, 역대기상·하. 신약성경은 현재의 순서대로 주해해 나가는 것을 원칙으로 한다.

하임 바이블 아카데미 시리즈의 또 다른 특징은 성경의 흐름을 연결시켜 간다는 점이다. 성경 각 권 안에서의 흐름뿐만 아니라, 각각의 성경들이 어떤 의미를 가지고 서로 긴밀하게 연결되어 있는지를 면밀하게 연구함으로 읽는 이들의 신앙과 삶의 위치를 볼 수 있게 한다는 것이다. 자신의 신앙과 삶의 위치를 봄으로 나아가야 할 방향과 목적지를 파악해 볼 수 있다는 장점이 있다. 이러한 과정을 통해서 말씀과 삶의 일체화를 추구하는 것이 이 시리즈의 목적이다.

들어가는 말

창세기를 통과하며 천지창조의 이상이 이 땅에 실현될 수 있는 길이 열렸다. 그것은 다름 아닌 하나님의 뜻을 실현할 한 민족의 탄생으로 인해 가능해진다. 이스라엘, 즉 '하나님과 및 사람들과 겨루어 이긴 자'(창 32:28)라는 이름 속에는 결코 배타성이 아닌, 세상을 향한 포용성이 들어있다. 그리고 이 이름 속에는 신앙의 승리가 내포되어 있다. 하나님을 향한 절대적인 순종과 사람을 향한 용서와 관용이 바로 그것이다. 이제 이 백성이 그 걸음을 움직이기 시작한다. 주어진 공간을 그러한 신앙의 승리로 가득 채우기 위하여 약속의 땅을 향하여 나아가는 것이다.

하지만 그 출발이 결코 쉽지만은 않은 것은 이 세상은 그런 삶의 원리를 싫어하는 사람들로 가득 하기 때문이다. 설사 힘없고, 연약한 사람들이 순종, 용서, 관용이라는 자비와 긍휼 그리고 정의와 공의가 물결치는 세상을 원한다 할지라도 이들에게는 그것을 이룰만한 힘이 없고, 정작 힘과 권력을 가진 자들은 그런 세상을 원하지 않는다는 것이다. 이미 걸어야 할 길이 다 주어져 있는 백성이 팽창할 대로 팽창하여 터져나가기 직전까지 간 상태에서 그것을 막으려는 세상의 힘은 오히려 그 거대해진 무리를 자신들의 유익을 위해 역이용하려고 시도한다. 이것이 우리가 살아가고 있는 세상이며, 출애굽기는 그런 점에서 이런 세상의 축소판이라고 해도 과언이 아닐 것이다. 애굽과 이스라엘은 세상과 하나님의 백성이라는 대립관계를 보여주며, 세상과 하나님의 뜻이 어떻게 충돌하고 있는지 또한 보여주고 있다.

출애굽기는 창세기의 선조들의 이야기로부터 수백 년의 세월이 흐른 다음의 이야기를 다루고 있다. 그 공백이라면 자신의 정체성을 충분히 상실할 수 있는 기간이기도 하다. 이런 점에서 출애굽기는 창세기에서 주어진 하나님의 백성 이스라엘의 정체성을 다시 한 번 각인시키는 길이 주어질 것이며, 그것이 이루어질 때 하나님의 백성 이스라엘은 연합의 이상을 가지고 자신들이 머물러 있던 땅을 박차고 나갈 것이다. 그러므로 출애굽기의 전반부는 쉬지 않고 역사하시는 하나님의 놀라운 손길이 숨쉬고 있으며, 그러한 하나님의 권능을 체험한 자들의 이야기이다. 그리고 후반부는 그 사람들이 맡아야 할 사명이 무엇이며, 마침내 실현해야 할 이상이 무엇인가를 되새기는 시간이 될 것이다. 이러한 이상은 이미 창세기에서 주어졌으나, 그 때는 거대한 민족으로서 체험한 것이 아니라, 족장들과 가족의 단계에서 이루어진 것이며, 인간의 생명으로 치면 태아의 단계라고 할 수 있을 것이다. 그 태아가 수많은 후손들로 확장되었으며, 태아기에 주어졌던 그 이상이 수많은 사람들의 가슴 속에 정신으로 자리 잡아야 할 단계에 온 것이다.

이스라엘이 애굽을 탈출하여 시내산에 도착하였다는 것이 태아에서 수많은 후손으로, 가족에서 민족으로, 혈연 공동체인 부족에서 신앙공동체인 나라로의 전이를 보여주는 전환점이 된다. 시내산에서 이스라엘은 탈출한 노예의 신분에서 하나님의 백성이라는 고귀한 사명자의 신분으로 전환된다. 바로를 위하여 노동하던 존재에서 하나님을 위하여 세상을 섬기는 존재로의 탈바꿈이다. 율법을 받고, 성막을 건축하는 것이 바로 그 길을 향한 걸음의 시작을 알리는 본격적인 신호탄이 되는 것이다.

이 책의 전체적인 구성은 4부로 이루어져 있다. 서론격인 제1부는"출애굽기는 어떤 책인가?"라는 제목으로 문학적인 구성과 더불어 전체의 내용을 개관한다. 본론격인 제2부는"출애굽기는 어떤 내용인가?"라는 질문을 중심으로 전체 구조를 열한 부분으로 나누어 세세하게 설명한다. 이 본론에 해당하는 각 부분은 '1. 이야기 전체를 한 눈에 읽기,' '2. 이야기의 문학적 구조 따라 읽기' 그리고 '3. 이야기의 세부적인 주제 따라 읽기'라는 세 단계를 거치며 동일한 범위를 다른 방식으로 세 번을 보는 것을 통해 독자의 이해도를 높이는 방식으로 구성된다. 세 번의 반복은 또한 우리의 기억에도 현저한 도움을 주기에 삶에 적용하기 용이하게 할 것이라 확신한다. 결론격인 제3부는"출애굽기의 구조와 메시지는 무엇인가?"라는 질의를 통해 본론에서 논의된 내용을 중심으로 출애굽기 전체의 구성을 일목요연하게 정리해 제시하고 출애굽기 전체의 메시지를 드러낸다. 부록격인 제4부는"출애굽기가 제시하는 이상적인 미래상은 무엇인가?"라는 질문을 통해 출애굽기에 드러난 주제와 메시지가 이스라엘의 미래는 물론 현재의 우리 그리스도인들이 어떤 미래를 이루어야 하는지에 대한 소명을 다시 한 번 돌아보게 하는 장이 될 것이다.

이 책이 현재의 형태가 되기까지 끊임없이 빛을 비쳐주신 하나님 아버지께 감사와 찬양을 올려 드린다. 새롭고 참신한 것은 아버지의 은혜로 인한 것이며, 미진하고, 진부한 것은 필자의 부족함임을 고백한다. 그리고 이 책이 나오기까지 애써주신 분들에게 감사를 드린다. 먼저 부족한 글을 세상의 빛을 볼 수 있도록 꼼꼼하게 살펴서 멋진 책으로 출판해 주신 홍림 출판사의 김은주 편집장님께 깊은 감사를 드린다. 또한 하임 바이블 아카데미 성경 강의에 참여하였던 모든 분들의 동참과 열정, 질의, 응답 그리고 기도들이 모여 이 책이 더 나아질 수 있었음에 모두에게 감사를 드린다. 사랑하는 가족들의 지원과 응원 그리고 기도는 늘 든든한 후원임을 전하고 싶다. 항상 삼위 하나님을 향한 동일한 믿음으로 동역자로서 그리고 서로에게 꼭 맞는 배필로서 사랑과 지원을 아끼지 않는 현숙하고 유능한 아내(심희엽)에게 감사한다. 함께함이 진정한 행복이라고 전하고 싶다. 그리고 이젠 대학 2학년으로 미국에서 열정적으로 학업에 임하고 있는 사랑하는 귀한 딸 연주에게 감사한다. 학교생활에 여념이 없을 터인데도 수시로 안부를 묻고, 건강을 염려해 주며 기도해 주는 딸이 있어서 행복하다고 말하고 싶다. 이제는 자신의 길을 찾아 기나긴 여정을 시작한 사랑하는 아들 영훈이에게도 감사하며, 하나님과 함께 삶의 의미와 목적을 찾기를 기도한다. 이 책이 아직 하나님을 깊이 알지 못하는 연주와 영훈이에게 하나님을 알아 가는데 도움이 되기를 바라는 마음 간절하다. 그리고 이 책을 꼭 필요로 하는 사람들이 읽을 수 있기를 하나님께 기도드린다.

전능하신 하나님 감사드립니다. 모든 영광은 다 아버지의 것입니다.

2019년 1월

원종동 작은 골방에서

축약어(Abbreviations)

AB	Anchor Bible
ABD	*The Anchor Bible Dictionary*
ACSup	Amsterdamse Cahiers Sup.
BA	*The Biblical Archaeologist*
BI	*Biblical Interpretation*
Bib	*Biblica*
BR	*Bible Review*
BibRes	*Biblical Research*
BS	*Bibliotheca Sacra*
BTB	*Biblical Theology Bulletin*
BucR	Bucknell Review
BWANT	Beiträge zur Wissenschaft vom Alten und Neuen Testament
BZAW	Beihefte zur Zeitschrift f? die Alttestamentliche Wissenschaft
CBC	Cambridge Bible Commentary
CBQ	*Catholic Biblical Quarterly*
CTM	*Concordia Theological Monthly*
DS	*Dominican Studies*
DSB	Daily Study Bible
EI	*Eretz-Israel*
EvQ	*Evangelical Quarterly*

ExpTim	*The Expository Times*
HBT	Horizons in Biblical Theology
HSM	Harvard Semitic Monographs
HTR	*Harvard Theological Review*
HUCA	*Hebrew Union College Annual*
ICC	International Critical Commentary
IDB	*The International Dictionary of the Bible*
Int	*Interpretation*
JAOS	*Journal of The American Oriental Society*
JBL	*Journal of Biblical Literature*
JBQ	*Jewish Bible Quarterly*
JETS	*Journal of the Evangelical Theological Society*
JJS	*Journal of Jewish Studies*
JPS	Jewish Publication Society
JSOT	*Journal for the Study of the Old Testament*
JSOTSup	Journal for the Study of the Old Testament, Supplement Series
NAC	The New American Commentary
NICOT	The New International Commentary on the Old Testament
OBT	Overtures to Biblical Theology
OTL	The Old Testament Library
OTS	Old Testament Studies

SBEC	Studies in the Bible and Early Christianity
SBT	Studies in Biblical Theology
SJOT	*Scandinavian Journal of the Old Testament*
SR	*Studies in Religion/Sciences Religieuses*
ST	*Studia Theologica*
TynBul	*Tyndale Bulletin*
TD	*Theology Digest*
TDOT	*Theological Dictionary of the Old Testament*
TOTC	Tyndale Old Testament Commentaries
TZ	*Theologische Zeitschrift*
UBC	Understanding the Bible Commentary
USQR	*Union Seminary Quarterly Review*
VT	*Vetus Testamentum*
VTSup	Vetus Testamentum, Supplement
WBC	Word Biblical Commentary
WBCom	Westminster Bible Companion
ZAW	*Zeitschrift f? die Alttestamentliche Wissenschaft*

I 권 차례

제 2 부 출애굽기는 어떤 내용인가?

Ⅱ권 차례

2. 이야기의 문학적인 구조 따라 읽기
3. 이야기의 세부적인 주제 따라 읽기
   1) 여호와와 금송아지 그리고 모세와 아론(출 32-34장)
   2) 금송아지 사건으로 인한 신학적인 변동

X. 이스라엘을 잘 아시는 여호와와 이스라엘의 예배: 성막건축 실행(출 35:1-40:33)

1. 이야기 전체를 한 눈에 읽기
2. 이야기의 문학적인 구조 따라 읽기
3. 이야기의 세부적인 주제 따라 읽기
   1) 성막건축 실행 순서에 대한 명령(출 35:1-19)
   2) 이스라엘이 명령 따라 성막건축 실행하여 완성함(출 35:20-40:33)
   3) 이스라엘의 소명 - 성막과 율법준수의 관계
   4) 사명의 완료가 아닌 진행으로서의 성막

XI. 결론: 이스라엘 민족의 여정(약속의 땅으로)(출 40:34-38)

1. 이야기 전체를 한 눈에 읽기
2. 이야기의 문학적인 구조 따라 읽기
3. 이야기의 세부적인 주제 따라 읽기
   1) 창세기 1:28절과 출애굽기 1:7절 그리고 출애굽기 40:34-38절의 관계
   2) 출애굽기 40:36-38절과 민수기 9:15-23절의 비교
   3) 출애굽기 속에서 출애굽기 40:34-38절의 역할

제 3 부 출애굽기의 구조와 메시지는 무엇인가?

제 4 부 출애굽기가 제시하는 이상적인 미래상은 무엇인가?

I. 출애굽(Exodus)과 재-출애굽(Re-Exodus) 그리고 애굽으로의 귀환

II. 출애굽기와 마태복음

III. 출애굽기와 요한계시록

제 1 부

출애굽기는 어떤 책인가?

I. 출애굽기와 역사의 문제

1. 출애굽기의 역사성

출애굽기를 깊이 있게 공부해본 사람이라면 출애굽기를 올바르게 이해하기 위해 부딪쳐야 하는 많은 문제들이 있음을 인식했을 것이다. 첫 번째로 이것이 이스라엘의 실제적인 역사의 시작을 다루고 있음에도 불구하고 정확한 역사적인 시대를 구분해 낼 수 있는 자료들이 전혀 없다는 사실이다. 예를 들어 출애굽의 정확한 연도와 날짜 그리고 그 당시 애굽의 바로 왕들의 실명 등이 전혀 사용되지 않고 있다는 점을 들 수 있다. 그리고 두 번째로는 장정만 60만 명 이상이나 될 정도로 엄청난 숫자가 빠져나간 출애굽의 큰 사건이 애굽의 역사기록에 전혀 나타나고 있지 않다고 하는 사실이다. 단지 극히 소수의 유목민들이 가뭄을 피해 애굽의 삼각주 지역(고센 지역)에서 잠시 거주하기 위해 애굽 국경수비대의 허락을 받았다는 기원전 13세기의 몇몇 문서들이 존재할 뿐이다.[1] 그리고 애굽의 문서들과 벽화들을 통해 벽돌 제조에 관한 여러 가지 작업 과정들이 확인되는 정도에 지나지 않는다.

출애굽의 연대에 대해서도 크게 기원전 15세기의 이른 연대기를 주장하는 측과 기원전 13세기의 늦은 연대기를 주장하는 두 가지 가설이 제기되고 있다. 기원전 15세기경의 이른 연대기는 주로 구약성경이 지지하고 있다. 먼저 사사 입다의 시절에 암몬이 이스라엘이 헤스본 왕 시혼에게서 빼앗은 요단 동편 지역이 자신들의 땅이라고 돌려 달라고 할 때 입다가 이스라엘이 출애굽하여 그 지역에 정착한지가 300년이 되었는데 이제야 돌려달라고 하느냐고 핀잔을 준다(삿 11:26). 만약 출애굽을 늦은 연대기인 기원전 1250년경으로 한다면 300년의 정착은 기원전 950년이 되게 할 것이며 그 때는 이스라엘 역사에서 사사시대가 아닌 솔로몬의 시대가 될 것이다. 이는 사사기는 이른 출애굽 연대를 지지한다는 것이다. 그리고 솔로몬 시절의 성전건축 때에 주어진 연대기를 살펴보아도 이와 유사한 결론에 도달하게 된다. 성전 건축은 솔로몬이 왕이 된지 4년째, 애굽 땅에서 나온 지 480년 뒤다(왕상 6:1). 이때는 기원전 966년경으로 여기에 480년을 더하면 역시 기원전 15세기가 출애굽 연대가 된다.

이렇게 이른 연대기에 대한 성경적인 가능성이 주어짐에도 실제 애굽의 역사를 통해 늦은 연대기를 주장하는 학자들이 있다. 이들에 의하면 이스라엘을 비롯한 애굽에 살던 이방인들이 대대적인 건축 공사에 동원되어 강제노동에 시달렸을 것이라 추정되는 연대는 14세기 후반부터 13세기경이었을 것이라 여겨진다. 그 대표적인 바로는 세티 1세(BC

1294-1279) 혹은 라암셋 2세(BC 1279-1213)를 들 수 있다는 것이다. 특히 세티 1세는 외국인과 이주민들을 향하여 관대하지 않은 정책을 시행한 왕으로 요셉을 모르는 바로와 잘 맞아 떨어지고, 아시아로부터의 침입을 막기 위해 애굽 북동부를 요새화 하는데 고센 지역의 주민들을 노예화 한 것으로 알려져 있다.[2] 세티 1세의 아시아에 대한 이러한 강력한 견제는 애굽이 겪었던 이방족인 힉소스 지배시대(BC 1780-1570)를 지워버리기 위한 의도도 들어 있다. 셈족인 힉소스의 지배 때 요셉과 같은 셈족 계통의 인물들이 애굽의 지배계층에 오를 수 있었고 그 영향력이 그 이후로도 얼마간 지속된 것으로 보인다. 애굽 정통 왕조인 신왕조(BC 1570-1200)가 다시 정권을 잡으며 이러한 셈족의 영향력을 제거하려 했던 것으로 보인다.[3] 그 구체적인 예가 '요셉을 모르는 바로' 즉 '요셉과의 관계 청산'으로 드러난다는 것이다. 그리고 이스라엘이 바로를 위하여 국고성 비돔(아툼의 집)과 라암셋(람세스의 집)을 건축하였다는 언급에서(출 1:11) 살펴볼 수 있듯이 '라암셋'이라는 성의 이름이 곧 람세스 2세와 연결된 것이라는 견해들이 지배적이다. 이를 입증하듯 람세스 2세가 이스라엘이 거주하던 고센 지역에 건설한 도시인 아툼의 집인 비돔과 람세스의 집의 화려함을 찬미하는 내용의 글이 발견되었다.[4] 그리고 이 지역이 현대의 어디를 의미하는지에 대한 연구 또한 활발히 진행되었다.[5] 그러나 어느 누구도 이스라엘이 이러한 대 공사에 동원되었다는 주장을 확고하게 입증할 물증은 제시하지 못하고 있는 실정이다. 한 때 '히브리인'이라는 이스라엘 백성들에 대한 호칭이 애굽의 문헌들에게 발견되는 온갖 종류의 노역과 잡무를 행하던 '하피루' 혹은 '하비루'와 연관이 있을 것이라

는 주장들이 제기 되었다.[6] 이스라엘이 애굽에서 했던 역할과 비교하면 충분히 연관성이 있을 수 있으나, 실증할 수 없는 것은 사실이다. "성경의 세부적인 내용의 대부분의 사실성에 관해서는 고고학적인 외적 증거가 찬반 어느 쪽으로 결정 내려 주지는 않는다"는 존 브라이트(J. Bright)의 언급은 새겨볼 만하다.[7]

이처럼 출애굽기에서 실제적인 역사를 추적하여 밝힌다는 것은 수많은 논쟁을 야기시키며 그 어떤 합일점에도 도달할 수 없다는 점을 드러낸다. 그리고 출애굽기를 비롯한 성경의 내용들이 역사적인 사실을 입증하기 위한 의도보다는 하나님의 역사에 대한 인간의 신앙고백적인 요소가 더욱 짙게 깔려 있다는 것을 주지해야 할 필요가 있다. 언제, 어떻게, 무엇이 발생하였느냐가 아니라, 그 사건의 의미는 무엇인가라는 점을 강조하고 있다는 것이다.

결국 출애굽기 연구를 위하여 가장 올바른 방법이 있다면 성경의 출애굽기 본문을 깊이 있게 다루며 그 역사적인 실제를 캐내려고 하는 것 보다는 그 속에 숨겨져 있는 신앙적인 면을 되살려 내는 것이 가장 바람직한 것이라고 하겠다. 왜냐하면 역사는 변하고 흘러가지만 그 역사를 올바로 이끌기 위한 정신은 항상 시대를 초월해서 늘 같은 음성으로 존재하기 때문이다. 출애굽기 속에서 그 모든 역사적인 정황을 뛰어넘는 하나님의 목소리를 발견하는 것, 그것이 오늘 우리에게 주어진 가장 중요한 과제일 것이다. 물론 할 수만 있다면 어떤 역사적인 정황 속에서 인지도 최선을 다해 추적해 가는 것도 반드시 필요하다. 그러나 결코 주객이 전도되어서는 안 된다는 점을 기억해야만 한다. "언제냐?"라는 질문이 아니라, "왜인가?"라는 질문이 더욱 중요하다는 것이다. 그리고 그 질문은 출애굽기와 밀접한 연결고리를 가지고 있는 창세기와 더불어 대답을 찾아야 할 것이다.

2. 출애굽기와 창조신앙

출애굽기 전체는 애굽으로부터의 탈출이라는 하나의 거대한 독립적인 주제를 다루고 있음에 틀림없으나, 그 주제는 결코 창세기에 펼쳐진 하나님의 창조라는 선행주제와 서로 독립적인 관계가 아니다. 대부분의 사람들은 이스라엘 신앙의 근본은 역시 애굽에서의 놀라운 구원사건이며, 그로 인해 이스라엘이라는 나라가 태동했다고 본다. 그래서 이스라엘역사를 기술할 때 출애굽 사건을 기점으로 역사서술을 시작하는 경우가 많다. 그러나 출애굽기의 구원이라는 주제는 태초에 시작된 천지의 창조신앙에 종속적인 위치임을 입증하는 사건들로 가득 차 있다. 즉, 이스라엘 신앙의 근본 출발이 애굽으로부터의 구원신앙이 아니라, 태초부터 시작된 창조신앙이라는 것이다. 출애굽기 1:1-7절은 하나님의 창조의 완성이 이스라엘 민족을 통해서 이루어지고 있음을 보이고 있다. 그 다음에 펼쳐지는 모세의 탄생 이야기는 하나님의 창조를 파괴하려는 상징적이며 신화적인 흑암의 세력이 이제 역사적인 실체인 애굽의 바로 왕으로 나타난다. 그리고 하나님 창조의 완성을 위한 질서를 파괴하는 혼돈의 물인 '테홈'(תְּהוֹם)이 실제적인 물인 애굽의 나일강으로 나타나며, 하나님의 창조의 핵심인 이스라엘을 파괴하기 시작한다.

하지만 창조세계를 보전하기 위한 하나님의 숨은 섭리가 그 죽음의 물로부터 모세를 건져내는 창조 작업을 통해 이스라엘을 건지시는 구원사건으로 상징화 되고 있다. 이것은 그 다음 주제인 이 세상에 하나님의 권능을 선포하는 열 가지 재앙들과 홍해를 건너는 사건을 통해 드러나는데 이 열 가지 재앙의 심판을 통해 바로가 이 세상의 창조질서를 주관한다는 허상이 여지없이 깨어진다.[8] 오직 하나님만이 창조세계의 보전과 파괴를 주관하는 분이심을 뚜렷이 드러내시며, 하나님의 창조를 파괴하려고 시도하는 애굽을 향해서는 철저한 창조질서의 파괴(10가지 재앙과 홍해에서의 파멸)를 그리고 이스라엘을 향해서는 '혼돈의 물'(테홈'[תְּהוֹם]; 출 15:5)을 상징하는 홍해를 가르고 마른 땅을 걸어서 나오는 역사를 통해 새롭게 창조된 백성임을 선포하고 있다.

지금까지의 요약된 사건들은 하나님께서 이스라엘을 위해서 행하신 일들, 즉 하나님 편에서 행하신 창조 작업의 성취이며 이제 이후로 필요한 것은 인간 편에서의 올바른 응답이 요구된다. 창세기의 시작에서 6일 동안 천지를 창조하시고 칠일 째 되는 날 안식하신 하나님의 모습을 본 받아 그 안식에 동참하는 신앙의 결단이 요구되는 것이다. 출애굽기의 후반부는 그 안식에로의 동참이 무엇을 의미하는 것인가를 뚜렷이 보여주고 있다. 하나님께서 성막을 건축할 것을 지시하시는 장면에서(출 25-31장) 모세가 시내산에 올라가 6일 동안 머물고 7일째 되는 날 모세를 부르시며(출 24:15-18) 성막 건축에 관한 상세한 설계를 말씀해 주신다. 이 칠일 째 되는 날의 의미가 바로 창조의 완성 후 안식에로의 동참을 요구하시는 하나님의 음성으로 해석될 수 있다. 그 증거는 성막 건축 지시가 일곱 번의 "여호와께서 모세에게 말씀하여 이르시되"(출 25:1; 30:11, 17, 22, 34; 31:1, 12)라는 하나님의 말씀으로 구성되며, 이것은 하나님께서 칠일동안 말씀으로 창조 작업을 행하신 것을 그대로 묘사하고 있는 것이다. 이에 대한 마지막 증거로 일곱 번째의 "여호와께서 모세에게 말씀하여 이르시되"(출 31:12)가 안식일을 거룩히 지키라는 철저한 당부의 말씀으로 성막 건축지시를 마치고 있는 것은 결코 우연이 아니다(출 31:12-17). 이러한 정황을 통해 볼 때 안식일을 거룩히 지키는 것은 하나님의 창조행위에 동참하는 거룩한 행위로 표현되고 있으며, 이것은 성막 건축이라는 하나님의 현존의 장소를 짓는 것으로 대표된다고 할 수 있다.

나아가서 안식일을 거룩히 지키는 이 창조 작업으로의 동참은 그 다음에 연결되는 성막건축의 실행(출 35-40장)을 통해서 잘 드러나고 있는데 그것은 하나님께서 지시하신 대로 어김없이 실천하는 행위를 말한다. 구약성경 속에서 오직 출애굽기의 성막을 건축하는 이 부분만이 똑같은 이야기를 단순히 그 순서만 바꾸어 반복하고 있는 이유가 바로 여기에 있다(출 25-31; 35-40장). 그것은 하나님의 창조 작업에 동참하는 안식에로의 동참은 하나님께서 지시하신 대로 어김없이 실천하는 것이라는 신앙고백인 것이다. 그 증거로 출애굽기 39-40장은 18번에 걸쳐서 성막 건축이 "여호와께서 모세에게 명하신 대로 하였더라"(출39:1, 5, 7, 21, 26, 29, 31, 32, 42, 43; 40:16, 19, 21, 23, 25, 27, 29, 32)라는 차고 넘치는 표현을 통해 하나님의 창조행위에로의 동참은 바로 하나님께서 지시하신 그대로 행하는 것임을 강하게 인식시키고 있는 것이다. 그러므로 안식일을 구별하여 거룩하게 지키는 것은 창조의 완성임과 동시에 영과 진리로 예배하는 진정한 예배의 완성임을 알 수 있다(요 4:24).

이러한 사실은 구원사의 완성인 출애굽기에서 여호수아서까지의 과정 속에 나타난 안식이라는 단어의 흐름을 통해서도 살펴볼 수 있다. '안식'을 의미하는 단어가 가장 먼저 등장하는 곳은 역시 창세기 2:1-3절로 이 곳에는 '안식하다'라는 동사형인 '샤바트'(שָׁבַת)만 나타난다. 안식에 대한 명사형이 처음 나타나는 곳은 출애굽기 20장의 십계명을 논하는 부분으로 동사형과 같은 발음을 가지지만 모음에서 차이가 나는 '샤바트'(שַׁבָּת)이다(출 20:8). 이 단어는 주로 절기를 의미하는 뜻으로 고정화된다는 점에서 이스라엘 백성의 일상이 된다. 매일의 삶이 안식일을 향하고, 안식일이 또한 일상으로 향한다는 것은 삶의 예배화를 의미하는 것이다. 그리고 단어는 다르지만 같은 의미로 사용되는 '누아흐'(נוּחַ)라는 동사를 살펴보면 '샤바트'(שָׁבַת)라는 안식에 덧붙여 안식의 진정한 의미가 무엇인지에 대한 보강된 의미를 느껴볼 수 있다. 이 '누아흐'(נוּחַ)라는 동사는 '노아'의 이름이 되기도 하는데 그에게 이런 이름이 주어진 이유는 "여호와께서 땅을 저주하시므로 수고롭게 일하는 우리를 이 아들이 안위하리라"는 부모세대와 조상들의 안식과 평안에 대한 간절한 소망 때문이다. 이렇게 인류는 오래전부터 안식과 평안을 갈망하고 있는 것이다. 이스라엘을 불러내시는 하나님께서 이루고자 하시는 것도 이스라엘이 땅을 정복하여 그 땅을 축복의 장소로 바꾸기를 원하시기 때문임을 살펴본다면 결코 노아시대의 갈망과 동떨어진 것이 아님을 느껴볼 수 있다. 모세의 유언이 담겨있는 신명기에는 이스라엘을 향하여 "너희가 너희 하나님 여호와께서 주시는 안식(מְנוּחָה 메누하)과 기업에 아직 이르지 못하였거니와"(신 12:9)라는 말을 통해 아직도 노아 시대에 이루기를 원했던 그 안식에 이르지 못했음을 보이고 있다. 여기서 '안식'을 뜻하는 '메누하'(מְנוּחָה)

는 '누아흐'(נוּחַ)의 명사형이란 점에서 그 연결성이 입증된다. 그리고 이러한 단어들은 천지창조 때의 안식(샤바트 שַׁבָּת)과 또한 동일한 의미로 사용되고 있다. 이 두 종류의 단어들이 동일한 의미를 내포하고 있다는 것은 출애굽기와 신명기의 안식일 법에 이들이 동시에 나타나고 있다는 점에서 입증된다.

> 이는 엿새 동안에 나 여호와가 하늘과 땅과 바다와 그 가운데 모든 것을 만들고 일곱째 날에 쉬었음이라(נוּחַ 누아흐) 그러므로 나 여호와가 안식일(שַׁבָּת 샤바트)을 복되게 하여 그날을 거룩하게 하였느니라(출 20:11).

> 일곱째 날은 네 하나님 여호와의 안식일(שַׁבָּת 샤바트)인즉 너나 네 아들이나 네 딸이나 네 남종이나 네 여종이나 네 소나 네 나귀나 네 모든 가축이나 네 문 안에 유하는 객이라도 아무 일도 하지 못하게 하고 네 남종이나 네 여종에게 너 같이 안식하게(נוּחַ 누아흐) 하라(신 5:14).

이렇게 하나님께서 안식을 주시는 목적은 땅의 안식이 이루어진 다음에 하나님께서 이스라엘에게 주시는 명령 속에 들어 있다. 그렇다면 안식은 결코 끝이 아님을 알 수 있다.

> 너희가 요단을 건너 너희 하나님 여호와께서 너희에게 기업으로 주시는 땅에 거주하게 될 때 또는 여호와께서 너희에게 너희 주위의 모든 대적을 이기게 하시고 너희에게 안식(נוּחַ 누아흐)을 주사 너희를 평안히 거주하게 하실 때에(신 12:10).

그러할 때 여호와께서 자기 이름을 두시려고 택하실 곳으로 여호와께서 명령하는 모든 것들을 가지고 가서 제사를 드리고 자녀와 노비와 레위인과 함께 먹고 마시며 즐겁게 지내라고 명령하신다(신 12:11-19).

그리고 여호와께서 드디어 이스라엘이 그 땅을 정복하게 하시고 그들의 주위에 안식을 주신 후에 요단 강 동편의 지파들과 서편의 지파들에게 동일한 명령을 전달한다.

그 때에 여호수아가 르우벤 사람과 갓 사람과 므낫세 반 지파를 불러서…이제는 너희의 하나님 여호와께서 이미 말씀하신 대로 너희 형제에게 안식(נוח 누아흐)을 주셨으니 그런즉 이제 너희는 여호와의 종 모세가 요단 저쪽에서 너희에게 준 소유지로 가서 너희의 장막으로 돌아가되 오직 여호와의 종 모세가 너희에게 명령한 명령과 율법을 반드시 행하여 너희의 하나님 여호와를 사랑하고 그의 모든 길로 행하며 그의 계명을 지켜 그에게 친근히 하고 너희의 마음을 다하며 성품을 다하여 그를 섬길지니라 하고 여호수아가 그들에게 축복하여 보내매 그들이 자기의 장막으로 갔더라(수 22:1-6).

여호와께서 주위의 모든 원수들로부터 이스라엘을 쉬게(נוח 누아흐) 하신 지 오랜 후에 여호수아가 나이가 많아 늙은지라 여호수아가 온 이스라엘 곧 그들의 장로들과 수령들과 재판장들과 관리들을 불러다가 그들에게 이르되 나는 나이가 많아 늙었도다 너희의 하나님 여호와께서 너희를 위하여 이 모든 나라에 행하신 일을 너희가 보았거니와 너희의 하나님 여호와 그는 너희를 위하여 싸우신 이시니라…그러므로 너희는 크게 힘써 모세의 율법 책에 기록된 것을 다 지켜 행하라 그것을 떠나 우로나 좌로나 치우치지 말라 너희 중에 남아 있는 이 민족들 중에 들어가지 말라 그들의 신들의 이름을 부르지 말라 그것들을 가리켜 맹세하지 말라 또 그것을 섬겨서 그것들에게 절하지 말라 오직 너희의 하나님 여호와께 가까이 하기를 오늘까지 행한 것 같이 하라(수 23:1-8).

항상 주위의 모든 적이나, 문제들로부터 해방되고, 마침내 안식을 누리는 단계에 도달했을 때에는 그 안식은 반드시 하나님의 명령을 따르는 섬김의 예배로 이어져야 한다는 것이다. 그것이 실행됨이 없이는 하나님의 천지창조는 이 세상에 완성되지 않을 것이며, 세상은 늘 천지창조의 위대한 이상을 신화적인 허구의 세계로 돌려버리고 말 것이다. 현실이 될 수 없는 이야기는 역사가 아니라, 신화로 남을 뿐이기 때문이다. 이제 하나님의 백성에게 주어진 책임이 있다면 창조의 이상이었던 안식을 삶을 통해 이루어내고, 그 안식을 넘어서 하나님의 창조세계를 아름답게 가꾸어 나가는 완성으로의 길을 걸어야 할 것이다. 그것은 바로 하나님의 명령을 그대로 실행하는 섬김의 예배를 통해서만 이룰 수 있는 것이다.

이 모든 사실을 살펴볼 때 출애굽기는 단지 고통과 압박으로부터 한 민족을 해방시키는 것에 그 초점을 맞추고 있다기보다는 신화적인 창조의 세계로부터 하나님의 창조 작업이 역사적인 현실 속에서 이루어지고 있음을 강조한다. 더 세밀하게는 창조의 드라마가 실제적인 인간의 삶 속에서 그대로 성취되고 있으며, 또 그 완성을 향하여 달려가고 있다는 것을 드러내는데 그 목표가 있다. 그리고 그 완성은 이스라엘로 대표되는 창조된 피조물인 인간이 적극적으로 하나님의 창조 작업에 동참하는 것이라는 사실을 보여주고자 하는 뚜렷한 목표를 담고 있다. 하나님의 창조사역에 동참하는 것은 바로 안식일을 거룩하게 지키는 것이며 안식일을 거룩히 지키는 것이 바로 적극적인 순종임을 명시하고 있기도 하다. 이것은 성막 건축의 실행에서 보이고 있으며, 또한 다른 한 면으로는 출애굽기 16:13-36절에 나타나는 '만나 이야기'에서도 그대로 드러나고 있다. 홍해를 건넌 하나님의 새 창조의 시작인 이스라엘이 광야에서 창조의 과정을 겪어 나가는데 그 마지막은 역시도 안식에로의 동참이라는 데 의미가 있다. 만나 이야기는 하나님만이 창조하신 피조물들을 먹이시고 그 생명을 유지하도록 이끌고 나가시는 분이시라는 이스라엘의 신앙고백이 들어 있다. 이와 더불어 하나님으로부터의 안식일 준수에 대한 명령이 나타나는데 이것은 바로 이스라엘이 창세기의 시작에 명시된 창조의 완성에 속한다는 것과 그리고 이제는 하나님의 창조 작업에 동참하는 민족이 되어야 한다는 것을 분명하게 선언하는 증거라 할 수 있다. 그러므로 안식일을 지키는 것은 철저한 순종의 여부를 표현하는 것처럼, 창조의 완성에로의 동참은 바로 하나님께서 명령하신 것을 철저히 준수하는 순종의 삶에 있다는 것을 보여준다. 그러므로 예언자들이 항상 하나님의 법인 율법과 창조를 같은 선상에 놓고 역사를 해석하고 있다는 것은 결코 우연이 아닌 것이다. 즉, 하나님의 법을 어기는 것은 하나님의 창조 질서를 파괴하는 것이라는 확신인 것이다. 많은 예언자들이 이스라엘이 율법을 어기고 불순종의 길을 걸어갈 때에 하나님의 창조 질서가 무너져 내린다는 탄식을 내 뱉은 것을 통해 그 사실을 밝혀 볼 수 있다(렘 4:22-28; 호 4:1-3; 습 1:2-3).

이러한 사실을 통해 출애굽기는 단지 해방과 탈출에 관한 책이 아니라는 것을 알 수 있다. 출애굽기는 이스라엘 속에 깊이 뿌리박힌 창조의 신앙이 이스라엘을 하나님의 창조의 목표요, 완성으로, 나아가서는 적극적인 순종을 통해 하나님의 창조사역에 동참하는 민족이라는 것을 명시하고 있는 '신앙고백서'이며 '소명선언서'라고 할 수 있을 것이다. 즉, 이스라엘의 구원 그 자체가 목적이 아니라, 하나님께서 천지창조를 통해 계획하신 그 원래의 목적을 이루는 소명을 위한 구원이라는 사실이다. 그러므로 이스라엘은 하나님의 우주적인 계획을 성취하기 위한 부름 앞에 서 있는 것이다. 이를 통해 비로소 신화적인 세계라고 치부되던 것이 현실의 역사가 되어서 실체가 되는 것이다. 하나님의 백성은 세상 사람들이 신화요, 허구라고 폄하하는 하나님의 말씀을 삶을 통해 이루어 냄으로 그것이 역사적인 사실임을 입증해야 할 책임이 주어져 있는 존재들인 것이다. 우리가 천지창조의 질서를 이루어 내고 안식일을 바르게 지킴으로 그 질서를 이 땅에 실현해 낼 때 세상은 결코 하나님의 창조와 구원역사를 신화라고 조롱하지 못할 것이다. 특히 천지창조의 추상적인 안식일 준수에 대한 개념이 출애굽기에서는 구체적이고 현실감 있는 역사화가 이루어진 안식일을 이루는 길을 보여주고 있다는 점에서 의미가 크다.

안식일을 기억하여 거룩하게 지키라 엿새 동안은 힘써 네 모든 일을 행할 것이나 일곱째 날은 네 하나님 여호와의 안식일인즉 너나 네 아들이나 네 딸이나 네 남종이나 네 여종이나 네 가축이나 네 문안에 머무는 객이라도 아무 일도 하지 말라 이는 엿새 동안에 나 여호와가 하늘과 땅과 바다와 그 가운데 모든 것을 만들고 일곱째 날에 쉬었음이라 그러므로 나 여호와가 안식일을 복되게 하여 그 날을 거룩하게 하였느니라(출 20:8-11).

이처럼 출애굽기부터 시작된 구원의 대 파노라마는 창세기의 신화적으로 보이는 천지창조의 대서사시를 실제적인 역사 속에서 구체화시키는 것이라 할 수 있다.

	창조신앙(창세기)	구원신앙(출-수)
1	혼돈과 공허, 흑암이 깊음 위에 있고 (하나님의 창조를 막는 세력)	애굽의 바로 왕 (하나님의 창조를 막는 세력)
2	하나님께서	하나님께서
3	창조질서의 성립	애굽-창조질서의 파괴(열 가지 재앙) 이스라엘-창조질서의 성립(재앙 속에서)
4	물과 물이 갈라진 사이로 마른 땅 드러남	홍해가 갈라진 사이로 마른 땅 드러남
5	인간의 창조(마른 땅에)	이스라엘 민족의 창조(마른 땅 통해)
6	안식일	안식일(만나)
7	에덴동산과 하나님의 명령(선악과)	성막과 하나님의 명령(율법)
8	에덴동산에서의 타락(인간의 말을 듣고) - 뱀	금송아지 사건(인간의 말을 듣고) - 우상(가루로 만들어 없앰)
9	가나안 땅을 향한 족장들의 여정	가나안 땅을 향한 민족의 여정
10	죽어서도 가야할 땅(요셉의 뼈; 창 50:25)	가나안 땅 정착(요셉의 뼈; 수 24:32)

이러한 연결고리를 통해 이스라엘은 세상이 신화요 허구라고 폄하하는 창조를 그들의 구원된 삶으로 이 땅에 완성시켜 나감으로 실제라

는 것을 입증하는 사명인 것이다. 이스라엘 백성은 분명 애굽에서의 구원을 먼저 체험하였다. 즉 구원사가 먼저 삶의 중심에 자리 잡았다는 것이다. 이 구원체험을 통해 만난 하나님을 묵상하며, 배우고, 체험하고, 깨달아가며 가슴 속에 점점 크게 자리 잡는 것이 있다. 그것은 다름 아닌 이 모든 것이 하나님에 의해 탄생 전부터 계획된 놀라운 섭리라는 것이다. 이를 통해 이스라엘이라는 민족이 이 땅에 우연히 있게 된 존재가 아니라 하나님의 뚜렷한 계획 속에 탄생된 피조물임을 깨달은 것이다. 즉 이스라엘의 구원 자체가 목적이 아니라, 구원을 통해 이루시려는 목적이 있다는 것이다. 그렇다면 어느 것이 먼저인가? 분명 신앙의 체험은 첫째가 이스라엘의 구원이었고, 그 다음이 창조신앙이었다. 그러나 본래 하나님께서 행하신 순서는 분명 첫째가 세상의 창조였고, 둘째가 이스라엘의 구원이었다. 그러나 체험이 늦었다고 순서조차 그렇게 되는 것은 아니다. 이스라엘이 애굽에서 구원 받고 시내산에서 하나님과 만나 언약을 맺었다고 이스라엘의 시작이 시내산에서라고 할 수는 없는 것이다. 하나님께서 아브라함을 부르신 곳까지 거슬러 가야하고, 또 아브라함을 부르실 수밖에 없었던 상황인 태초의 불순종까지 더듬어 올라가야 한다. 그리고 마침내 천지창조와 에덴동산에서 모든 의문의 실마리가 풀린다. 하나님의 계획하심이 보이고, 그 계획이 어떻게 뒤틀리게 되었는지를 깨닫게 되며, 아브라함을 부르신 이유도, 그 후손들인 이스라엘 백성을 구원하신 의미도 새롭게 살아나는 것이다. 성경 또한 출애굽기가 먼저가 아니라, 창세기가 앞서고 있다는 것은 출애굽기에서 구원받은 이스라엘 백성은 자신들만의 유익을 위해 구원된 존재가 아니라, 창세기에서 이루고자 하셨던 하나님의 뜻을 실현하기 위해 부름 받은 소명자들임을 깊이 자각해야 하는 것이다. 그 소명은 창조 속에 포함된 온 인류와 모든 피조세계가 하나님의 구원을 찬양하기까지 전진해 나가야 하는 것이다.

이와 같은 사건은 현재 그리스도인들에게도 역시 동일하다. 우리가 그리스도인이 된 것은 분명 예수 그리스도께서 우리를 위하여 십자가를 지시고 우리 죄를 모두 사하셨다는 그 구원으로 인해 가능해진 것이다. 그리고 이런 죄인된 우리를 위해 기꺼이 생명을 주신 하나님이신 예수 그리스도를 영접함으로 구원이 이루어졌음을 믿는다. 그러므로 우리의 신앙의 출발선은 하나님의 놀라운 구원의 체험이다. 그러나 여기에 머물러 있어서는 결코 소명으로 나아갈 수 없다. 우리를 구원하신 목적은 이 세상의 창조를 완성하기 위한 하나님의 계획이라는 점을 인지해야만 한다. 신약 앞에 구약이 놓여 있다는 것은 그리스도인들 앞에 구원의 길로 이끌어야 할 세상이 놓여 있다는 것과 같다. 하나님의 창조세계는 아직도 하나님의 아들들이 나타나기를 간절히 소망하고 있다(롬 8:19-23). 구원 받은 자가 이러한 소명을 망각한다면 이 세상은 아무것도 변하는 것이 없다. 그러므로 구원은 항상 창조의 완성을 위한 길로 나아가야 제 길을 바로 찾은 것이 되는 것이다. 이스라엘의 구원도, 그리스도인의 구원도 모두 동일한 소명으로의 부름이라는 것을 인식해야 할 필요가 있다. 차이점이 있다면 이스라엘은 시작을 열었고, 우리 그리스도인들은 완성을 이루어야 한다는 점이다.

II. 출애굽기의 개요

출애굽기는 창세기의 끝에서 완성된 하나님의 백성 이스라엘의 탄생을 바탕으로 출발한다. 창세기가 선택된 한 민족의 창조를 향하여 그 숨 가쁜 경주를 달렸다면, 출애굽기는 두 말할 필요도 없이 그 연속되는 주제로 그럼 **"이스라엘은 무엇을 하기 위한 백성인가?"**라는 이들의 **'존재 목적'**을 다룬다. 그리고 이들의 존재 목적을 놓고 출애굽기에서는 극렬한 전쟁이 벌어진다. 바로 소유권 다툼인 것이다. 이스라엘이 누구의 소유냐에 따라서 그 존재의 용도가 달라지기에 소유권 다툼은 이스라엘의 운명을 가름 짓는 결정적인 요소를 내포하고 있다. 결국 **"이스라엘은 무엇을 하기 위한 백성인가?"**라는 존재의 목적에 관한 질문은 **"이스라엘은 누구의 소유인가?"**[9]라는 소유권에 대한 질문과 동일한 것이 된다.

이것을 입증하듯이 출애굽기의 전반부는 두 거대한 세력의 대결이 그 중심 주제를 이루고 있다. 여호와 하나님과 애굽의 바로 왕의 대결이다. 하나님은 이 세상을 창조한 우주의 왕이시며, 만왕의 왕이시고, 만유의 주이시다. 그의 맞상대 또한 위력에 있어 만만치 않은 존재로 최고의 신이라 숭배되는 태양신 레의 아들로 고대 근동에서 이 세상의 질서를 유지하고, 만물을 주관한다고 큰소리치는 자칭 성육신한 신격체인 바로 왕이다. 천지를 만드신 창조주 하나님과 인간이 만든 신인 바로 왕, 이 두 신격체의 대결인 것이다. 이 두 존재가 이스라엘의 소유권을 주장하며, 팽팽한 싸움을 벌인다. 여호와께서 이스라엘을 '내 백성'(출 5:1)이라 부르시며 숭고한 사명을 이루기 위해 보내라고 하시니, 바로 또한 이스라엘을 '백성'(출 5:4)이라 칭하며 이들을 자신의 사사로운 목적을 위해 '노예화'시킨다. 출애굽기는 이 두 왕의 특징을 전하며 이스라엘을 선택 앞에 가져다 둔다. 이제 이스라엘은 어떤 신격체를 자신들의 왕으로 섬길 것인지를 선택하여야 한다. 그리고 그 선택은 결코 강제화 되지 않는다. 올바른 결정을 하도록 하기 위해서 출애굽기는 이 두 존재의 특징들을 날카롭게 비교하여 제시하고 있을 뿐이다. 분명하게 알아야만 올바른 선택을 할 수 있기 때문이다. 출애굽기가 제시하는 두 존재의 특징은 다음과 같으며, 선택은 이스라엘의 몫으로 남는다. 물론 지금 현재를 살아가는 우리 또한 동일한 선택 앞에 놓여 있기는 마찬가지이다.

1. 이스라엘은 누구의 소유인가?

1) 바로 왕 밑에서

먼저 바로 왕이 어떤 특징을 가진 존재인지를 알아볼 필요가 있다. 그 특징은 성품과 밀접한 연관이 있을 것이다. 그리고 그 성품은 바로라는 존재가 하나님의 백성 이스라엘이 따를 만한 존재인지를 평가하는 기준이 될 것이기 때문이다. 출애굽기는 두 세대에 걸쳐서 살펴본 바로의 특징을 다음과 같이 평가한다.

1	**출 1:8**	요셉을 알지 못하는(לֹא־יָדַע 로-야다) 새 왕이 일어나 애굽을 다스리더니
2	**출 5:2**	바로가 이르되 여호와가 누구이기에 내가 그의 목소리를 듣고 이스라엘을 보내겠느냐 나는 여호와를 알지 못하니(לֹא־יָדַע 로-야다) 이스라엘을 보내지 아니하리라

애굽의 바로 왕은 언제나 "아무 것도 모른다"라는 것이 그의 특징으로 나타난다. '알다'라는 히브리어 단어는 '야다'(יָדַע)로 단순히 지식적인 앎만을 의미하지 않고, 모르는 것 없이 속속들이 깊이 있게 아는 것을 의미한다. 이 단어가 "아담이 그의 아내 하와와 동침하매 하와가 임신하여"(창 4:1)라는 구절에서 '동침하다'라는 단어와 동일한 것이란 점에서 '알다'는 부부의 성관계와 같이 깊은 앎의 세계를 의미한다. 그러므로 이 단어는 지식의 차원보다 관계성의 차원을 드러내는 단어라 할 수 있다.

그렇다면 바로가 요셉을 알지 못하고, 여호와를 알지 못한다는 것은 그의 역사적 지식의 결핍을 말하려는 것이 아니라 관계성의 단절을 의미하는 표현법이라 할 수 있다. 먼저 요셉을 모른다는 것은 이스라엘의 과거를 모른다는 것이다. 요셉이 하나님의 지혜로 어떤 은혜를 애굽에 베풀어 애굽이 생존하게 되었는지에 대한 과거사를 청산해 버린 것이다. 이것은 의도적인 관계 청산이다. 과거에 베풀어준 은혜를 폐기해야만 그 사람을 내 마음대로 부릴 수 있게 되는 것이다. 그렇지 않으면 늘 양심의 가

책으로 시달릴 것이기 때문이다. 이처럼 과거의 은혜를 잊으면, 관계 파괴가 일어나고, 인간이 완악해지는 것은 시간문제일 뿐이다.

그 다음으로 여호와를 알지 못한다는 것은 이스라엘이 걸어갈 미래를 모른다는 것과도 동일하다. 오직 창조주이신 여호와 하나님만이 그의 피조물인 사람을 향한 완전한 미래를 제시할 수 있으시다. 그런데 바로가 그 하나님을 모른다는 것은 이들의 미래의 비전에 대해 무지할 수밖에 없다는 것이다. 여호와를 안다는 것은 왜 이스라엘이 애굽에 들어와 있는지에 대한 목적을 아는 것이다. 애굽에서 한 민족으로 생육하고, 번성하게 하시기 위한 의도를 아는 것이고(창 46:3), 이들은 또한 생육하고 번성하여 약속의 땅으로 돌아가, 세상을 하나님의 나라로 바꾸어 가야 할 사명이 있다는 것을 인지하는 것이다(창 50:24; 참조 창 15:12-16). 그러나 바로는 여호와를 알지 못하기에 이스라엘을 향한 하나님의 뜻이 무엇인지에 대해 관심조차 없다. 이처럼 바로는 이스라엘의 과거의 근본에도 관심이 없고, 이들의 미래에 대한 비전에도 관심이 없다. 자신에게 속해 있는 사람들의 과거의 근본도 모르고, 미래의 비전도 모르는 이런 주인을 만나게 되면 현재 무슨 일이 벌어지게 될까? 출애굽기는 날카롭게 여러 차례에 걸쳐서 그것을 전하고 있다.

1	**출 1:13-14**	이스라엘 자손의 **일을 엄하게** 시켜 **어려운 노동**으로 그들의 생활을 괴롭게 하니 곧 흙 이기기와 벽돌 굽기와 농사의 여러 가지 **일**이라 그 시키는 **일**이 모두 엄하였더라
2	**출 2:23**	여러 해 후에 애굽 왕은 죽었고 이스라엘 자손은 **고된 노동**으로 말미암아 탄식하며 부르짖으니 그 **고된 노동**으로 말미암아 부르짖는 소리가 하나님께 상달된지라

3	출 5:18	이제 가서 **일하라** 짚은 너희에게 주지 않을지라도 벽돌은 너희가 수량대로 바칠지니라

계속해서 나타나는 단어는 일과 노동으로 고되고 엄한 것이라는 수식어가 따라붙는다. 바로 왕 밑에서는 무엇을 하든지 그것은 고역의 노동이 되고 고통스런 일이 될 수밖에 없다는 것이다. 왜냐하면 바로 왕은 하나님의 백성이 존재하는 이유를 모르기 때문에 자기 마음대로 그들을 이용하기 때문이다. 인간이 만든 어떠한 물건이든지 그 본래 고유의 용도인 목적이 있다. 그 용도대로 사용하지 않으면, 기능면에서 제 성능을 발휘하지 못할 것이며, 그 물건의 수명에 있어서도 현저하게 짧아질 것이 분명하다. 이것은 사람에게도 동일할 것이다. 이 땅에 보내어진 목적과 관계없는 일을 할 때 소명의식도, 기쁨도 누릴 수 없이 단지 일을 위한 존재만 될 것이기 때문이다. 이스라엘 민족은 이와 같이 바로 왕 밑에서는 백성으로서의 지위도 보장 받지 못하는 노예화된 삶을 살아가고 있다. 이들의 존재목적은 오직 '노동'이라는 단어로 표현될 수 있을 것이며, 존재가치는 이들이 만들어 내는 노동의 양인 생산량으로 평가될 것이 분명하다. 사람의 가치가 전인격적인 존재에 의해 측정되는 것이 아니라 오로지 그가 만들어 내는 노동의 양, 즉 생산량으로 계산되는 사회는 분명 빈부의 격차가 현저하게 드러나는 경쟁세상을 만들어 내고 말 것이다. 이런 사회 속에서는 인간은 그 노동의 짐에 눌려 신음하는 현실을 경험하며 살아갈 것임에 틀림없다.

과거로부터 지금 우리 시대까지 이러한 바로치하에서의 삶은 계속되고 있다. 세상 속에서 살아가는 수많은 사람들이 가정이면 가정, 학교면 학교, 직장이면 직장에서 동일한 경험을 하며 살아가는 것이다. 가정에서 부모가 하나님의 뜻을 깨닫지 못한다면 자녀들은 탄생의 고귀한 목적을 상실한 채 부모가 만들어 놓고 세워 놓은 목표를 따라 학교에서 학원으로 독서실로 숨 가쁘게 달려야 한다. 2006년 한국을 방문했던 미래학자 앨빈 토플러는 "한국학생들은 하루 15시간 동안 학교와 학원에서 미래에 필요하지 않을 지식과 존재하지도 않을 직업을 위해 시간을 낭비하고 있다. 아침 일찍 시작해 밤늦게 끝나는 지금 한국의 교육제도는 산업화 시대의 인력을 만들어 내기 위한 것이었다"고 피력했다.[10] 이런 상황은 10년이 넘는 세월이 더 지난 지금도 변함이 없으며 그 뒤에는 자녀들을 위한다는 명목으로 포장된 부모들의 무분별한 욕망 또한 한 몫을 하고 있는 것이 사실이다. 정해놓은 성적과 상위권 대학이라는 목표치에 도달하지 못하면 질책과 압박으로 위협하며, 결국은 죽음으로 몰아가는 경우도 발생한다. 학교에서 가르치는 선생님들이 하나님의 뜻을 알지 못한다 해도 결과는 동일하다. 좋은 대학이 목표가 되고 그 기준에 부합하지 못한 아이들은 도태되어 생명의 존엄한 가치조차 인정받지 못하는 삶을 살아갈 때가 많다. 성적이라는 숫자가 숭고한 탄생의 의미를 대치해 버린다. 뉴욕에서 세 번이나 '올해의 교사'로 선정된 존 테일러 개토는 "우리 교육 시스템은 아이들 스스로 생각하는 법을 가르치기 위한 것이 아니다…아이들을 명령에 복종하게끔 만들고, 시키는 대로 행동하게끔 가르치는 것이 진짜 목적이다. 고분고분하고 순종적인 학생들은 장차 부자를 위해 평생 일하는 것에 만족하는 피고용자가 될 것이고, 부자의 재산을 보호하기 위해 기꺼이 전쟁에 나가 목숨까지 바치는 군인이 될 것이다."

라고 미국 공교육의 치부를 드러낸다.[11] 이러한 상황은 비단 미국만의 문제는 아닐 것이다.

2011년부터 2016년까지 11명의 학생들이 자살한 한국의 명문 대학인 카이스트 사건은 이와 같은 문제들이 만들어낸 전형적인 비극이라 할 수 있다. 특히 2011년에는 1월부터 4개월간 연이어 4명의 학생들이 자살하며 이른바 '카이스트 사태'라는 초유의 사건이 발생했다. 이에 대해 학생들이 교내에 대자보를 붙이면서 그 사건의 원인이 드러나기 시작했다. 그 대자보의 일부를 인용하면 다음과 같다.

> 카이스트의 진정한 주인은 바로 우리 사천 학우다. 올해만 세 명(곧이어 한 명 더)의 학우가 우리 곁을 떠났다. 무엇이 문제였는지는 자명하다. 성적에 따라 수업료를 차등지급하는 미친 등록금 정책, 실패를 용납하지 않는 재수강 제도를 비롯한 ○ 총장의 무한경쟁, 신자유주의적 개혁정책은 단순히 학업부담을 가중시키는 데에 그치지 않고, 말도 안 되는 학내 분위기를 조성하고 있다. 우리는 학점경쟁에서 밀려나면 패배자 소리를 들어야 하고, 힘든 일이 있어도 서로 고민을 나눌 여유조차 없다. 이 학교에서 우린 행복하지 않다. 학교는 대외적으로는 개성 있고, 창의적인 인재 육성을 표방하면서 그 일환으로 입학사정관제 제도를 시행해 왔다. 그렇게 선발된 우리에게 학교는 컨베이어 벨트 위에 줄 세워놓고, 네모난 틀에 억지로 몸을 끼워 맞추도록 강요한다. 숫자 몇 개가 사람을 평가하는데 있어서 유일한 잣대가 되었고………[12]

여러 학생들은 성적을 향한 무한경쟁 요구가 결국 학생들의 부담을 가중시켰고, 삶을 지옥으로 만들어 놓았다라고 평가하기도 한다.[13] 이렇게 학생들이 어떻게 자라왔는지의 과거와 어떤 꿈을 꾸고 있는지의 미래에 관심조차 없으니 현재 하는 것은 조직이 만들어 놓은 목표만을 이루라고 채찍질을 해대는 것이다. 이것이 바로 왕 아래의 삶과 무엇이 다를 바가 있을까!

이렇게 모든 경쟁을 뚫고 직장 생활을 시작해도 역시 그 흐름은 끊어지지 않는다. 지식과 능력 그리고 참신한 아이디어가 상실되기 시작하면 나이에 관계없이 해고와 명예퇴직이라는 수모를 겪어야 한다. 인간의 가치가 오로지 숫자와 생산량으로 평가되는 세상인 것이다. 이것이 바로 왕 아래에서의 삶이며, 세상 속에서의 삶인 것이다. 이런 바로 왕과 같은 세상 속에서는 사람들이 기쁨이 없는 신음소리 나는 노동에 시달린다.

공교롭게도 바로 왕이 시키는 '일, 어려운 노동, 고된 노동'이라는 단어들은 모두 동일한 히브리어 단어의 명사형과 동사형을 사용하고 있다. 그 단어는 바로 '아바드'(עָבַד)이다. 즉 바로 왕의 소유가 되면 이스라엘 민족이 해야 될 일은 다름 아닌 고역의 노동을 뜻하는 '아바드'인 것이다. 이러한 사항을 일목요연하게 도표화 하면 다음과 같다.

바로의 특징 (과거와 미래를 모름)	① **출 1:8** 요셉을 알지 못하는(לֹא־יָדַע 로-야다/알지 못한다) 새 왕이 일어나 애굽을 다스리더니 ② **출 5:2** 바로가 이르되 여호와가 누구이기에 내가 그의 목소리를 듣고 이스라엘을 보내겠느냐 나는 여호와를 알지 못하니(לֹא־יָדַע 로-야다/알지 못한다) 이스라엘을 보내지 아니하리라	**(아무것도 모름)** 이스라엘의 과거를 모름 - 근본, 바탕, 존재의 의미를 모름, 은혜를 잊음 이스라엘이 나아가야할 미래를 모름 - 창조자가 아니기에, 비전제시 실패

바로가 만드는 결과 (현재 벌어질 일)	① **출 1:13-14** 이스라엘 자손의 **일을 엄하게** 시켜 **어려운 노동**으로 그들의 생활을 괴롭게 하니 곧 흙 이기기와 벽돌 굽기와 농사의 여러 가지 일이라 그 시키는 **일**이 모두 엄하였더라 ② **출 2:23** 여러 해 후에 애굽 왕은 죽었고 이스라엘 자손은 **고된 노동**으로 말미암아 탄식하며 부르짖으니 그 **고된 노동**으로 말미암아 부르짖는 소리가 하나님께 상달된지라 ③ **출 5:18** 이제 가서 **일하라** 짚은 너희에게 주지 않을지라도 벽돌은 너희가 수량대로 바칠지니라	**(고된 노동)** 아무것도 모르는 바로 왕 밑에서 벌어지는 일은 고된 노동이다. - 이스라엘의 현재는 노동하는 존재가 된다.
노동과 일	'아바드'(עָבַד)	**(노동과 일의 어원)** '노동'과 '일'을 뜻하는 히브리어 단어의 어원은 모두 동일하다.

그럼 이제 아무것도 모르는 바로 왕이 이스라엘의 소유권을 주장하면 이스라엘이 해야 할 것이 분명하게 드러났다. 삶 속에서 신음소리를 내면서 바로를 위해서 고역의 노동을 해야 한다는 것이다. 이렇게 그를 위해 중노동에 시달림에도 바로는 이스라엘의 안위에는 관심조차 갖지 않는다. 단순히 자신의 만족이 채워졌느냐, 그렇지 않느냐 만이 평가의 기준이 되는 것이다. 그런 사회는 한 사람을 위하여 다수가 희생하는 세상이 되는 것이다.

2) 여호와 하나님 밑에서

이스라엘 민족을 가운데 두고 소유권 분쟁에 나선 첫 번째 당사자인 바로 왕의 특징을 살펴보았으니, 경쟁자인 여호와 하나님의 특징 또한 분명히 할 필요가 있다. 경쟁은 공정해야만 한다. 그래야 어느 누구도 불평할 수 없기 때문이다. 혹여 힘에 의한 강압에 의해 하나님을 선택했다면 누구든 불평의 여지가 있다. 그러나 하나님의 백성은 결코 그렇게 탄생되는 것이 아니다. 하나님께서는 기뻐서 자원하는 마음을 원하신다. 이것은 성막을 지을 때에도 그대로 드러난 것이다(출 25:1-2; 35:21-22). 이러한 기쁨의 자원을 위하여 하나님께서는 자신의 특징을 기꺼이 보여주신다.

1	**출 2:24-25**	하나님이 그들의 고통소리를 들으시고 하나님이 아브라함과 이삭과 야곱에게 세운 그의 언약을 **기억하사** 하나님이 이스라엘 자손을 **돌보셨고** 하나님이 그들을 **기억하셨더라**(יָדַע, ***아셨다***)
2	**출 3:7-10**	여호와께서 이르시되 내가 애굽에 있는 내 백성의 고통을 분명히 보고 그들이 그들의 감독자로 말미암아 부르짖음을 듣고 그 근심을 알고(יָדַע, 야다/***아셨다***)…이제 가라 이스라엘 자손의 부르짖음이 내게 달하고 애굽 사람이 그들을 괴롭히는 학대도 내가 보았으니 이제 내가 너를 바로에게 보내어 너에게 내 백성 이스라엘 자손을 애굽에서 인도하여 내게 하리라"

하나님은 이스라엘의 과거를 아신다. 어떻게 만들어진 존재인지, 아브라함, 이삭, 야곱과 하나님께서 맺으신 언약의 결정체임을 아신다. 그리고 이들의 고통과 근심을 아신다. 하나님은 이들이 애굽에 머물러 고된 노동의 신음 가운데 거해야 할 존재가 아니라 하나님께서 약속하신 그 땅으로 가야 할 존재들이란 사실을 기억하고 계신다. 즉, 이스라엘이 걸어가야 할 미래를 아시는 것이다. 또한 하나님께서는 이스라엘이 약

속의 땅에서 어떻게 살아야 할 것인가를 분명하게 아시기에 이들을 바르게 인도하실 수 있으시다. 출애굽기 2:25절에 나타난 '기억하셨더라'는 단어는 기억과 관련된 의미로 번역하기 보다는 '아셨다'라고 번역하는 것이 더 바르다 할 수 있다. 왜냐하면 바로 왕의 특징을 말 할 때 사용된 '알지 못한다'(לֹא־יָדַע 로-야다)에서 부정어를 뺀 '야다'(יָדַע 알다)라는 단어를 사용하고 있기 때문이다. 바로 왕의 특징이 "모른다"로 일관하고 있다면, 그와 반대로 여호와 하나님의 특징은 모든 것을 다 "아신다"라는 극적인 차이점을 보이고 있다. 이것은 분명 바로 왕과 하나님의 성품의 차이를 극명하게 대조하기 위해 의도적으로 사용된 단어일 것이다. 바로는 이스라엘에 대하여 아무것도 모르지만, 하나님은 이들의 모든 것을 다 아신다는 것이다. 이렇게 이스라엘의 과거와 미래의 모든 것을 다 아시는 하나님의 손에 쥐어지면 분명 바로 왕과는 다른 결과가 나타날 것이며, 현재의 삶은 다른 옷을 입게 될 것이 분명하다.

이처럼 바로 왕의 특징과는 반대로 우리 여호와 하나님은 늘 "기억하시고, 돌아보시고, 아신다"는 특성이 있으시다. 먼저 하나님은 이스라엘의 과거를 아신다. 어떻게 만들어진 존재인지를 기억하시는 것이다. 하나님께 이스라엘은 태초부터 이 순간까지 사랑과 관심의 결정체이며, 그 증거가 바로 아브라함과 이삭과 야곱과 맺으신 언약이라는 것을 분명히 아신다. 하나님께서는 부부관계처럼 이스라엘을 속속들이 아신다는 것이다. 그리고 하나님께서는 이스라엘이 가야 할 미래의 길 또한 아신다. 이들은 애굽에 머물러 있어야 할 존재가 아니라 하나님께서 약속하신 그 땅으로 가야 할 존재들이라는 것을 선언하심을 통해 이루어야 할 비전이 무엇인지를 제시하시는 것이다. 그리고 그 땅에서 어떻게 살아야 할 것인가 또한 하나님은 분명하게 아시기에 이들을 바르게 인도하실 수 있으시다.

바로 왕과 하나님의 이러한 상반된 성품은 우리의 대인관계 속에서도 동일하게 나타난다. 삶을 살아가며 사람이 사람을 해롭게 하는 것 자체가 바로 이러한 성품의 차이에서 오는 현상일 것이다. 사람이 사람을 오해하고 자신의 편의대로 해석하는 것 또한 이것과 다르지 않다. 우리는 어떤 사람을 처음으로 만날 때 그 사람이 어떤 사람인가를 판단하는데 어느 정도의 시간을 필요로 하는가? 보통 첫 대면의 몇 초, 몇 분 혹은 몇 시간으로 한 사람을 매도해 버리는 경우가 허다하다. 단 몇 초 만에 느끼는 첫 인상으로 판단하고, 몇 분간의 그 사람의 말과 행동으로 평가하여 계속 만날 사람인가, 아니면 멀리 해야 할 사람인가를 결정해 버린다. 이러한 속성은 바로 왕과 다를 바 없는 존재라는 것을 입증할 뿐이다. 바로는 요셉을 알지 못한다는 것을 통해 이스라엘의 과거를 왜곡시켜 버리고, 단지 현재 자신에게 필요한 도구로 밖에는 인식하지 못한다. 이와 같이 우리 또한 한 사람의 과거를 바로 이해하려고 하지 않고, 현재 그 사람의 모습으로 모든 것을 평가하고, 그 선입견으로 그 사람을 고정시켜버리는 경우가 있다. 때로는 그로 인해 한 사람을 매도하는 경우도 있고, 비판으로 일관하는 경우도 있다. 그러나 그 사람의 과거를 명확하게 이해하지 못한다면, 그 사람의 현재의 상태를 바르게 이해할 수 없다. 이것이 하나님과 사람이 다른 사람을 이해하는 방법의 차이이다. 하나님은 기억하신다. 그리고 아신다. 한 사람의 일생이 어떻게 형성되었는지를 명확하게 아시고 계신다. 왜, 저런 성격이 되었는지, 왜 저렇게 말하는지, 왜 저렇게 행동하는지를 이해하시는 것이다. 그가 태어난 환경, 부모, 만났던 사람들, 영향 받았던 사건들 이 모든 것이 하나님의 눈 안에 들어와 있다. 그래서 현재 그 사람의 상태를 바라보는 눈 또한 다르다. 그러나 만약 우리가 그 사람의 현재 보여주는 모습만 보고 모든 것을 평가해 버리고 만다면, 바로 왕과 다를 바가 없다. 한 사람의 과거도 필요 없고, 미래의 비전 따위는 안중에도 없는 태도를 취한다면 그 사람들이 우리 사이에서 생존하기 위해서는 신음소리 나는 노동을 해야만 할 것이다.

이 두 가지 성향 중에 우리는 어느 쪽에 가까운가? 어느 쪽에 가까우냐에 따라 우리가 따라가는 대상이 누구인가를 알 수 있기 때문에 중요한 질문이다. 하나님의 사람이라 자처하면서도 드러나는 성향이 바로 쪽에 가깝다면 그것은 거짓을 의미하는 것이며, 돌이켜야 한다는 것을 뜻한다. 그것은 우리 자신만 희생시키는 것이 아니라, 우리 주변을 살아가는 사람들에게도 노동을 강요할 것이기 때문이다. 우리에게는 반드시 하나님의 시선이 필요하다. 그래야만 한 사람을 전혀 다른 사람으로 매도하는 일은 하지 않을 것이며, 그 사람이 진실로 해야 할 미래를 바르게 이끌 수 있을 것이기 때문이다. 노동이 아닌 섬김의 예배하는 자로 인도하는 것이다. 그 옛날 하나님의 백성을 이끌었던 모세가 그 일을 감당했다면, 이 시대를 예배하는 세상으로 바꾸어야 할 우리 또한 그 일을 감당할 수 있다.

이렇게 이스라엘의 탄생과정인 과거와 미래의 비전을 아시는 하나님의 손에 쥐어지면 분명 바로 왕 밑에서와는 다른 현재를 살아갈 수 있을 것이다. 이것은 하나님께서 계속해서 이스라엘을 불러내시는 목적을 강조하는 한 단어 속에 명백하게 드러난다.

1	**출 3:12**	네가 그 백성을 애굽에서 인도하여 낸 후에 너희가 이 산에서 하나님을 **섬기리니** 이것이 내가 너를 보낸 증거니라
2	**출 4:23**	내가 네게 이르기를 내 아들을 보내 주어 나를 **섬기게 하라** 하여도 네가 보내주기를 거절하니
3	**출 7:16**	히브리 사람의 하나님 여호와께서 나를 왕에게 보내어 이르시되 내 백성을 보내라 그러면 그들이 광야에서 나를 **섬길 것이니라**
4	**출 8:1**	여호와께서 모세에게 이르시되 너는 바로에게 가서 그에게 이르기를 여호와의 말씀에 내 백성을 보내라 그들이 나를 **섬길 것이니라**
5	**출 8:20**	여호와께서 이와 같이 말씀하시기를 내 백성을 보내라 그러면 그들이 나를 **섬길 것이니라**
6	**출 9:1**	히브리 사람의 하나님 여호와께서 말씀하시기를 내 백성을 보내라 그들이 나를 **섬길 것이니라**
7	**출 9:13**	바로 앞에 서서 그에게 이르기를 히브리 사람의 하나님 여호와의 말씀에 내 백성을 보내라 그들이 나를 **섬길 것이니라**
8	**출 10:3**	네가 어느 때까지 내 앞에 겸비하지 아니 하겠느냐 내 백성을 보내라 그들이 나를 **섬길 것이니라**

하나님은 계속해서 자신의 백성이 살아가야 할 단 한 가지의 목적을 제시하신다. 그것은 다름 아닌 '섬김의 예배'이다. 이것이 하나님의 백성 이스라엘의 정체성인 것이다. 노동하는 존재가 아닌, 예배하는 존재인 것이다. 하나님과 함께하면 바로가 강압하는 노동이나 고역의 일이 아닌 기쁨의 예배를 행하는 백성이 되는 것이다. 하나님의 백성은 심지어는

고난이나 역경까지도 기쁨의 찬양이 어우러진 예배로 승화시킬 수 있다. 왜냐하면 하나님을 사랑하는 자에게는 모든 것들이 합력하여 우리를 위한 최고의 기쁨을 만들 것을 우리 하나님께서는 이미 아시고 계시기 때문이다. 히브리 사람의 하나님 여호와께서는 바로 왕 밑에서 고역의 '노동'을 하는 이스라엘을 구원하셔서 오직 한 가지 하나님을 '섬기는 것,' 즉 '예배하는 삶'으로 부르신다. 결국 하나님의 백성은 '노동'이 아닌 '섬김의 예배'로의 초대를 받고 있는 것이다. 고역의 노동을 할 것인가, 아니면 기쁨의 예배를 할 것인가? 이것은 지금 우리에게도 늘 주어지는 삶의 본질적인 질문이다. 그것은 곧 우리가 누구의 소유인가를 살펴볼 수 있는 비교 기준이기도 하다.

아무것도 모르는 바로 왕에 의해서 이스라엘 민족이 해야 했던 일, 노동이 '아바드'(עָבַד)였다면, 이제 모든 것을 다 아시는 하나님을 위해서 행하는 '섬김의 예배'는 어떤 히브리어 단어일 것인가? 히브리어를 모르는 사람들일지라도 추측해 볼 수 있는 힌트는 이미 주어졌기에 대답이 가능할 수 있다. 왜냐하면 그 히브리어가 이미 나왔기 때문이다. 하나님께서 자신의 백성 이스라엘이 하기를 원하는 한 가지 '섬기다, 예배하다'를 뜻하는 히브리어 단어는 '일, 노동, 고된 노역'을 뜻했던 단어와 동일한 '아바드'(עָבַד)이다. 동일한 단어가 가진 두 가지의 상반된 의미 그것이 바로 출애굽기가 보여주고자 하는 것이며, 또한 가리키고자 하는 방향이다. 이러한 사항을 도표화하면 다음과 같다.

여호와 하나님의 특징 (과거와 미래를 아심)	① **출 2:24-25** 하나님이 그들의 고통소리를 들으시고 하나님이 아브라함과 이삭과 야곱에게 세운 그의 언약을 기억하사 하나님이 이스라엘 자손을 돌보셨고 하나님이 그들을 기억하셨더라(יָדַע 야다/*아셨다*) ② **출 3:7-10** "이제 이스라엘 자손의 부르짖음이 내게 달하고 애굽 사람이 그들을 괴롭히는 학대도 내가 보았으니 이제 내가 너를 바로에게 보내어 너에게 내 백성 이스라엘 자손을 애굽에서 인도하여 내게 하리라"	**[모든 것을 다 아시고, 기억하심]** ·이스라엘의 과거를 기억하심 - 존재의 의미를 이해하심. ·이스라엘의 미래를 알고계심 - 어디로 가야 할 백성인지 아심.
여호와께서 만드시는 결과 (현재 벌어질 일)	① **출 3:12** 네가 그 백성을 애굽에서 인도하여 낸 후에 너희가 이 산에서 하나님을 섬기리니 이것이 내가 너를 보낸 증거니라 ② **출 4:23** 내가 네게 이르기를 내 아들을 보내 주어 나를 섬기게 하라 하여도 네가 보내 주기를 거절하니 ③ **출 7:16** 히브리 사람의 하나님 여호와께서 나를 왕에게 보내어 이르시되 내 백성을 보내라 그러면 그들이 광야에서 나를 섬길 것이니라 ④ **출 8:1** 여호와께서 모세에게 이르시되 너는 바로에게 가서 그에게 이르기를 여호와의 말씀에 내 백성을 보내라 그들이 나를 섬길 것이니라 ⑤ **출 8:20** 여호와께서 이와 같이 말씀하시기를 내 백성을 보내라 그러면 그들이 나를 섬길 것이니라 ⑥ **출 9:1** 히브리 사람의 하나님 여호와께서 말씀하시기를 내 백성을 보내라 그들이 나를 섬길 것이니라 ⑦ **출 9:13** 바로 앞에 서서 그에게 이르기를 히브리 사람의 하나님 여호와의 말씀에 내 백성을 보내라 그들이 나를 섬길 것이니라 ⑧ **출 10:3** 네가 어느 때까지 내 앞에 겸비하지 아니 하겠느냐 내 백성을 보내라 그들이 나를 섬길 것이니라	**[섬김의 예배]** 모든 것을 아시는 여호와의 소유가 되면 이스라엘은 노동이 아닌 섬김의 예배를 하게 된다. - 이스라엘의 현재는 섬김의 예배를 하는 존재가 된다.
섬김의 예배	'아바드'(עָבַד)	**['섬기다'의 어원]** '섬김'과 '예배'를 뜻하는 히브리어 단어의 어원은 모두 동일하다.

3) 이스라엘은 노동하는 존재인가, 예배하는 존재인가?

출애굽기는 이렇게 이스라엘 민족이 살아가는 두 상반된 모습을 보여주고 있다. 전반부에서는 바로 왕의 종으로 그리고 후반부에서는 하나님의 백성으로의 전이를 보여주고 있다. 그런데 이 두 정체성의 차이는 극히 자주 나타나는 표현을 통해서도 극명하게 대조된다. 바로 '노동'과 '예배'의 차이이다. 그렇다면 '노동'과 '예배'는 무엇이 다른가? 출애굽기는 동일한 한 단어를 가지고 언어의 유희를 벌이고 있다. '노동하다.' '일하다'라는 단어와 '섬기다, 예배하다'라는 단어는 히브리어로 동일한 동사형 단어인 '아바드'(עָבַד)이다. 이 단어의 명사형이 출애굽기에서는 바로의 '종'이라는 뜻의 '에베드'(עֶבֶד; 4:10; 5:15, 16; 13:3, 4; 14:31)이다. 이 단어 '아바드'는 출애굽기를 풀어가는 중요한 단어임과 동시에 또한 구원받은 백성이 살아가야 할 길을 명확하게 보여주는 지침서와도 같은 단어이다. 그러나 이 단어는 특이하게 '노동'이나 '섬김(예배)'이라는 두 가지로 해석되고 있다. '아바드'가 아무 것도 모르는 무지스런 바로 왕과 연결되면 그 뜻은 늘 '고역의 노동'이 되지만, 이 단어가 이스라엘을 너무나 잘 아시는 하나님과 연결되면 언제나 '섬김과 예배'의 뜻으로 전이된다.[14)]

여기서 중요한 것은 누구를 위해서 일을 하느냐에 따라 그것이 죽기만큼 싫은 고역의 노동이 될 수도 있고, 감사의 축제인 섬김의 예배가 될 수도 있다는 사실이다. 출애굽기 전체의 긴장감은 하나님의 백성인 이스라엘이 바로의 종이 되어 고역의 노동을 할 것인가, 아니면 하나님의 백성이 되어 자발적이고 헌신적인 섬김과 예배의 공동체가 될 것인가라는 선택의 기로 앞에 서게 한다. 자끄 엘룰은 "일의 경쟁, 다른 사람의 제거, 최강자의 승리, 성공했을 때의 시기유발! 이것이 노동이다"라고 정의한다. 그리고 "그것은 결국 인간에게 아무것도 주지 않으며, 어떤 유익도 주지 못하며, 그 업적은 쓸모없음과 부조리다. 헛된 것을 위해 서로 싸우는 인간들 사이에 적개심과 경쟁과 갈등을 불러일으키는 것이 바로 노동이다"라고 선언한다.[15] 결국 노동이 앞선 세상은 파괴의 지경에 까지 이르게 될 수 있다. 그러나 섬김의 예배는 하나님의 은혜 안에서의 연합을 의미한다. 경쟁이 아니라 돌봄이 있고, 능력제가 아니라 나눔이 살아 숨쉬기 때문이다. 하나님께서 꿈꾸시는 세상은 "많이 거둔 자도 남음이 없고 적게 거둔 자도 모자람이 없는 세상"이다(출 16:18).

이스라엘은 애굽의 부요함 가운데 그 성장을 거듭했으니 애굽의 바로 왕을 위해 억압과 착취 가운데 **고역의 노동**(출 1:13,14)을 하는 노예로서의 소유물인가? 아니면 하나님의 축복과 약속 가운데 그 돌보심의 섭리로 성장한 민족이기에 여호와 하나님을 위해 **예배하는**(출 3:12; 4:23) 신앙공동체인가? 바로 이 질문이 출애굽기 전체를 통해 면면히 흐르고 있다. 누구를 위해서 혹은 무엇을 위해서 일을 하느냐에 따라 고역의 의미없는 노동이 되기도 하고, 또 생명이 넘치는 살아있는 관계를 뜻하는 예배가 되기도 한다. 이것은 한 사람의 특성과 운명이 어디에 혹은 누구에게 소속되느냐에 따라 그 사람의 미래가 좌우 되듯이, 한 민족 또한 어느 편에 소속 되느냐에 따라 흥망성쇠가 결정 되는 것과 같은 이치이다. 요셉을 알지 못하고(출 1:8) 그리고 여호와를 알지 못하는(출 5:2) 바로 왕이 이스라엘의 소유권을 주장할 때의 이스라엘의 삶과 이스라엘을 너무나 잘 아시는 (출 2:25; 3:7) 여호와께서 이스라엘의 소유권을 주장하실 때의 이스라엘의 삶과의 차이점의 대조는 한 개인이나 한 민족이 어느 편에 속해야 하는가의 진리를 보여주기에 충분하다. 이것은 똑 같은 신선한 이슬을 뱀이 먹으면 모든 것을 해치는 독이 만들어 지고, 꿀벌이 먹으면 모든 것을 풍요롭게 하는 꿀이 생성 되듯이 누가 그 물건을 소유하느냐에 따라 그것이 악의 도구가 되기도 하고 선을 위한 도구가 되기도 하는 이치와 동일하다. 결국 출애굽기는 이스라엘을 향하여 그리고 시대를 초월하여 어느 세대의 사람에게든지 과거의 사건을 돌아보며 "어느 편에 설 것인가?" 혹은 "누구의 소유가 될 것인가?"를 묻는 신앙의 질문서라고 할 수 있다. 누구의 소유냐에 따라 그 목적 또한 현저하게 달라질 것이기 때문이다. 이러한 선택은 지금 현재를 살아가는 신앙공동체에게도 동일하게 요청되는 것이기도 하다.

그렇다고 하나님의 백성이 되는 순간에 세상 속의 바로와 함께 살아가는 삶이 일순간에 사라지는 것은 아니다. 우리는 세상 속에서 살아간다. 이스라엘이 이방인들 가운데서 하나님의 백성으로 살아갔듯이 이 시대의 그리스도인들 또한 세상의 소금이며 세상의 빛이다. 우리는 세상 사람들이 고용주가 되던, 세상 사람들을 고용하는 사람이 되던 세상 사람들과 함께 살아야 한다. 그런 상황 속에서 때로 바로를 벗어날 수 없는 상황이 펼쳐질 수도 있고, 바로 밑에서 일해야 할 때도 있다. 그러나 한 가지 만큼은 분명해야 한다. 바로가 결코 세상의 주권자가 아니라는 사실이며, 오직 하나님만이 천하만물의 주관자이시며 전능자시라는 진리이다. 바로로부터 생계의 근원이 공급되는 것이 아니라, 하늘 아버지로부터 모든 것이 공급되는 것이란 믿음으로 살아가야 한다. 그래야 누구 밑에 있든 진리 따라 사는 삶에 흔들림이 없을 것이며, 불의와 부정의를 배격하는 길을 걸을 것이다. 출애굽기는 애굽을 탈출하는 이스라엘의 행보를 다룬다. 지금 우리에게 애굽의 탈출은 세상 속에서 세상을 이기는 믿음의 승리를 의미하는 것이다. 섬김의 예배는 이러한 삶과 직결되어 있을 것을 예상해 볼 수 있다.

이제 출애굽기는 우리에게 가장 중요한 한 가지 답을 제시할 필요가 있다. 하나님께서 원하시는 '섬김의 예배'는 무엇인가라는 질문에 대한 답이다. 하나님 백성의 정체성이 예배하는 존재라면, 예배가 무엇인지에 대해서 분명한 제시가 필요하기 때문이다.

2. 예배의 본질은 무엇인가?

하나님의 백성이 지켜야 할 정체성은 바로 예배하는 존재라는 것은 더 이상 의문의 여지가 없다. 출애굽기의 전반부(출 1-24장)는 그것을 분명하게 각인시키고 있다. 그리고 이제 그 후반부(출 25-40장)는 하나님의 백성이 행해야 할 예배가 무엇인지에 대해 모든 총력을 집중한다. 예배가 존재의 의미라고 하면서, 정작 예배가 무엇인지에 대해 모른다면 올바른 실행은 기대해 볼 수가 없기 때문이다. 앎과 실천은 반드시 공존해야만 한다. 예배는 결코 작은 일이 아니다. 하나님께서 예배를 통해서 이루고자 하시는 이상을 살펴본다면 우리는 결코 하나님의 백성으로서 예배를 소홀히 할 수 없음을 알게 될 것이다. 출애굽기에서 예배의 이상은 성막건축에 고스란히 농축되어 있다. 출애굽기의 나머지 절반이 성막건축에 할애되는 것이 결코 우연이 아닌 것이다.

1) 고역의 노동에서 기쁨과 감격의 예배로

지금 우리는 그 옛날 이스라엘 민족에게 주어졌던 질문인 "고역의 노동을 하는 사람이 되려는가, 아니면 기쁨과 감격의 예배를 하는 사람이 되려는가?"라는 동일한 질문 앞에 서있다. 우리가 하나님이 아닌 어떤 다른 것에 소속되어 우리 삶을 이끌고 나간다면 우리의 삶은 무엇을 하고 있건 '고역의 중노동'이 될 수 있다. 왜냐하면 하나님 이외의 어떠한 존재도 우리에게 우리 삶의 의미를 정확하게 가르쳐 줄 수 있는 것이 없기 때문이다. 오직 한 분이신 하나님, 우리를 이 땅에 보내신 우리의 창조주이시며 구원자이신 하나님만이 우리가 무엇을 하기 위해 이 땅에 왔는지를 알고 계시며 우리가 해야 할 일들을 정확히 인식하고 계시기 때문이다. 그 하나님 안에서 우리가 하는 일들은 그것이 어떠한 일이든지(귀하든지 천하든지) 구별이 없이 하나님을 섬기고 예배하는 일이 될 것이다: "그런즉 너희가 먹든지 마시든지 무엇을 하든지 다 하나님의 영광을 위하여 하라"(고전 10:31). 물론 그 일들을 통하여서 우리 안에서 솟아나는 기쁨 또한 우리가 하나님의 일, 즉 예배를 드리고 있다는 의식을 한층 깊이 깨닫게 해 줄 수 있을 것이다.

이스라엘 민족이 처음에 한 일은 강제로 바로를 위하여 국고성인 비돔과 라암셋을 건축하는 고역의 노동을 하던 종살이였다(출 1:11). 그러나 이들이 시내산에서 하나님의 백성으로 거듭난 후에 하는 일은 자발적으로 헌신하여 하나님의 집인 성막을 기쁨 가운데 짓는 백성으로 새롭게 거듭난다.[16]

바로 (출 1:11)	감독들을 그들 위에 세우고 그들에게 무거운 짐을 지워 괴롭게 하여 그들에게 바로를 위하여 국고성 비돔과 라암셋을 건축하게 하니라
여호와 (출 25:2, 8-9)	내게 예물을 가져오라 하고 기쁜 마음으로 내는 자가 내게 바치는 모든 것을 너희는 받을지니라…내가 그들 중에 거할 성소를 그들이 나를 위하여 짓되 무릇 내가 네게 보이는 모양대로 장막을 짓고 기구들도 그 모양을 따라 지을지니라

어느 누구도 하나님을 억지로 예배할 수 없다. 왜냐하면 그것은 이미 예배가 아니기 때문이다. 예배의 중심인 성막 건축의 본질은 '자원하는 심령'이다. 여호와께서 모세에게 말씀하시기를 반드시 예물을 가져오되 기쁜 마음으로 내는 사람이 바치는 모든 것을 받으라고 하신다. 이것이 바로와 여호와 하나님의 현저한 차이점이다. 모세를 통해 주어진 하나님의 말씀을 듣고 마음이 감동된 자와 자원하는 모든 자가 와서 성막을 짓고 그 속에서 쓸 모든 것을 위해 예물을 가져다가 여호와께 드렸다(출 35:21). 백성들이 너무 많이 가져와 여호와께서 명령하신 일에 쓰기에 넉넉하여 오히려 남음이 있는지라 막아야 할 정도가 되었다(출 36:4-7). 예배는 이와 같이 감사와 감격으로 이루어지는 것이다.

하나님을 섬기고 경배를 올리는 예배는 하나님께로부터 지음을 받은 피조물에게 주어진 기쁨이다. 창세기 1장 1절에서 2장 4절로 연결되는 이 세상의 창조 이야기에는 엿새 동안에 하나님께서 필요한 모든 것들을 다 만드셨고 그 마지막에는 창조의 걸작품인 인간을 만드셨다. 하지만 인간을 창조하신 것으로 천지창조의 대 계획이 마감되는 것이 아님을 기억할 필요가 있다. 만약 여기에서 하나님의 창조가 마감되고 이 땅의 역사가 시작되었다면 인간은 하늘과 땅에서 최고의 권위를 누려도 될 것이다. 그러나 창조의 완성은 일곱째 날까지 감으로 이루어진다. 하나님께서 일곱 째 날을 안식일로 제정하시고 그 날을 축복하시고 거룩히 구별하는 것으로 하나님의 놀라운 창조가 완성된다. 이것은 일곱째 날이 천지창조의 정점임을 보이는 것이다. 이것을 도표를 통해서 보면 더욱 명확해질 것이다.

땅이 혼돈하고 공허하며 흑암이 깊음 위에 있음	
첫째 날: 빛	넷째 날: 해, 달 별들
둘째 날: (물) 궁창 (물)	다섯째 날: 물-물고기류, 궁창-조류
셋째 날: 육지 - 풀, 채소, 과목	여섯째 날: 땅의 짐승, 인간
일곱째 날: 안식하심	

첫째 날부터 셋째 날까지는 배경을 이루고, 넷째 날부터 여섯째 날까지는 그 배경을 바탕으로 존재하는 피조물들을 다루고 있다. 그리고 혼돈과 공허가 하나님의 창조질서에 의해서 쫓겨나고 모든 피조물들이 일곱째 날의 안식일로 그 방향을 향하고 있다. 그러므로 하나님의 창조의 목표는 인간을 그 대표자로 하는 모든 피조물들이 안식일을 거룩히 구별하여 여호와 하나님께 온전한 찬양과 경배를 올려 드리는 예배하는 세상을 만드는 것임을 살펴 볼 수 있다.[17]

출애굽은 새로운 천지창조가 이루어지는 대 격변이었다. 흑암의 깊은 세력인 바로 왕을 비롯하여 모든 피조세계가 혼돈과 공허 속에 뒤흔들리는 가운데 하나님께서 새롭게 창조하신 백성인 이스라엘이 완성된다. 이제 이들이 가야 할 목표는 분명하다. 바로 섬김의 예배 그것을 온전히 이루어 내는 것이다. 그러므로 우리에게 절실히 요구되는 것은 무엇이 예배의 본질인가를 분명히 하는 것이다. 이것은 천지창조의 감동이 채 가시기도 전에 그 진정한 예배의 본질을 상실해 버린 에덴동산에서의 잘못을 회복하는 것이기에 참으로 중요하다. 구원받은 이스라엘 민족의 이야기는 이 예배의 본질을 너무도 잘 보여주고 있다. 이제 하나님의 놀라운 구원을 체험한 공동체는 오직 하나님만 찬양하는 섬김과 예배의 공동체로 변화되어 가야 하는 것이다.

2) 성막건축과 예배

성막건축은 구약성경 속에서 유일한 한 가지 상황을 전개하고 있다. 이 유일한 상황은 성경을 읽고자 하는 이들에게 때로 걸림돌이 되기도 한다. 그것은 바로 하나님께서 성막건축을 지시하는 명령과 이스라엘의 성막건축 실행에 나타난 상관관계이다. 구약성경 속에서 유일하게 하나님이 명령한 내용을 그대로 반복하며, 세세하게 나열하고 있다는 것이다. 그 구조는 다음과 같다.

출애굽기 25-31장	출애굽기 32-34장	출애굽기 35-40장
하나님의 성막건축을 지시하는 상세한 설계도 제시	금송아지 사건 발단과 해결	이스라엘의 성막건축 지시 실행에 대한 상세한 보고
하나님의 명령	인간의 의지	이스라엘 민족이 하나님의 명령 실행

도대체 무엇을 가르쳐 주시기 위해서 이렇게 장황하게 나열하는 것일까? 출애굽기 25-31장의 일곱 장에 걸친 성막건축 명령과 또 다시 그것을 세

세하게 나열해 가며 반복하고 있는 건축 실행을 다루고 있는 출애굽기 35-40장까지의 여섯 장은 쓸데없는 반복으로 보이기까지 하기 때문이다. 단지 한 마디 "모세와 이스라엘은 여호와께서 명령하신대로 그대로 성막을 건축하였더라"라고 하면 장황한 반복인 출애굽기 35-40장의 여섯 장을 간단히 한 절로 줄일 수 있기 때문이다. 그러나 출애굽기는 그렇게 하지 않는다. 이 속에는 분명 의도적인 이유가 있을 것이 분명하다. 수천 년의 역사 속에 하나님께서 66권의 성경을 주셨다는 것은 간추리고 간추리셔서 꼭 필요한 사항들만 우리에게 주신 것이란 점에서 이 반복 또한 의미를 숙고할 필요가 있을 것이다. 분명 가르치시고자 하는 예배와 관계가 있을 것이기 때문이다. 성막건축 지시와 실행에 나타난 이념을 살펴보면 그것을 분명히 알 수 있을 것이다.

하나님의 성막건축 명령과 이스라엘 민족의 실행이 만나서 이루는 구조적인 일치를 살펴보면 성막건축이 품고 있는 진정한 의미를 분명하게 파악할 수 있게 한다. 이 구조는 하나님의 명령의 7단계와 이스라엘의 실행에 나타난 7단계의 조화를 통해 이루고자 하는 목적에 도달하는 것이다. 그 관계성은 아래의 도표를 통해 비교할 수 있다.

어느 모로 보나 성막건축 지시는 칠일 동안의 천지창조의 이상을 그대로 보여주고 있다. 하나님께서 일곱 번 말씀하시고, 마지막 일곱 번째는 하나님께서 거룩하게 하신 안식일 준수 명령으로 그 결론에 이르고 있다(창 2:3; 출 31:14, 15). 이것은 성막이 천지창조의 이상을 그대로 간직하고 있다는 것이다. 그리고 성막건축 실행의 하이라이트는 모세가 하나님의 명령대로 제작이 완성된 성막의 모든 부속품들을 조립하여 성

출 25-31장 성막건축 지시(하나님)		출 35-40장 성막건축 실행(이스라엘)
① 출 25:1 여호와께서 모세에게 말씀하여 이르시되	출 32-34장 금송아지 사건	① 출 40:19 여호와께서 모세에게 명령하신 대로 되니라
② 출 30:11 여호와께서 모세에게 말씀하여 이르시되		② 출 40:21 여호와께서 모세에게 명령하신 대로 되니라
③ 출 30:17 여호와께서 모세에게 말씀하여 이르시되		③ 출 40:23 여호와께서 모세에게 명령하신 대로 되니라
④ 출 30:22 여호와께서 모세에게 말씀하여 이르시되		④ 출 40:25 여호와께서 모세에게 명령하신 대로 되니라
⑤ 출 30:34 여호와께서 모세에게 말씀하여 이르시되		⑤ 출 40:27 여호와께서 모세에게 명령하신 대로 되니라
⑥ 출 31:1 여호와께서 모세에게 말씀하여 이르시되		⑥ 출 40:29 여호와께서 모세에게 명령하신 대로 되니라
⑦ 출 31:12 여호와께서 모세에게 말씀하여 이르시되 ⬇ **안식일 준수 명령** **(출 31:13-18)**		⑦ 출 40:32 여호와께서 모세에게 명령하신 대로 되니라 ⬇ **모세가 이같이 역사를 마치니라** **(출 40:33)**

막을 완성시키는 것인데, 그 조립이 정확하게 일곱 번의 실행으로 이루어져 있다는 것이다. 성막건축은 일곱 번 하나님께서 말씀하시고, 하나님의 백성 이스라엘이 일곱 번 정확하게 하나님께서 명령하신 대로 이루는 것으로 완성된다. 그리고 "모세가 이같이 역사(하던 일)를 마치니라"(출 40:33)는 천지창조에서 하나님께서 일곱 째 날에 "그가 하시던 일을 마치시니"(창 2:2)와 그 단어와 표현에서 일치된다.[18] 이것은 하나님께서 하셨던 일을 이제 이스라엘이 연결시켜 궁극적인 선한 결론에 이르게 해야 한

다는 것을 의미하는 것이다. 하나님께서 하셨던 것처럼 이스라엘이 하나님의 말씀을 따라 역사를 마친다면 어떤 세상이 이루어질 것인가? 출애굽기는 그것을 기대하며 성막건축이 마감된다. 이제 남은 것은 이스라엘을 통해 이루어질 미래상인 "하나님이 보시기에 심히 좋았더라"의 완성인 것이다.

예배가 바로 이런 것이다. 예배는 하나님께서 말씀하신 대로 그대로 이루는 것이다. 하나님께서 말씀하셨고, 우리가 듣는 것이며, 그 들은 말씀을 한 치의 어김도 없이 그대로 이루는 것이다. 그리고 하나님께서는 우리가 그런 예배를 이루어 갈 때 그 예배를 통해서 천지창조의 이상이 이 땅에 실현되는 것이란 사실을 알려주신다. 성막이 존재하는 이유는 망가지고, 무너진 세상을 새롭게 만들고자 하시는 하나님의 숭고한 뜻의 표현이다. 하나님께서 하늘에서 음성을 발하시어, 그 말씀대로 그대로 이루어짐으로 천지가 창조되었다. 하나님께서 말씀하신 대로 그대로 이루어짐으로 천지만물, 우주와 세상이 만들어진 것이다. 이제 그 하나님께서 성막에서 말씀하신다.

> 거기서 내가 너와 만나고 속죄소 위 곧 증거궤 위에 있는 두 그룹 사이에서 내가 이스라엘 자손을 위하여 네게 명령할 모든 일을 네게 이르리라 (출 25:22).

성막이 이스라엘의 삶의 중심에 서 있다는 것은 이제 이 백성을 통해 천지를 새롭게 만드시겠다는 하나님의 이상이 들어가 있는 것이다. 누가 하나님의 이 꿈을 가슴에 품을 것인가? 인간은 늘 자신의 꿈을 꾸며,

자신이 만들어 놓은 이상을 이루기 위해 안간힘을 써댄다. 그것을 이루기 위해 심지어 하나님까지도 이용하려는 불경스런 짓을 저지르는 것을 주저하지 않기도 한다. 그러나 하나님의 백성은 오직 하나님의 꿈과 이상을 가슴에 품을 줄 알아야 한다. 이 꿈을 이루는 것은 멀리 있는 것이 아니라, 바로 예배하는 백성이 되면 되는 것이다. 하나님께서 말씀하시면, 우리를 통해 그것이 그대로 이루어질 때 예배가 되고, 천지의 질서가 새롭게 창조되는 것이다.

성막은 여기서 한 걸음 더 나아간다. 이스라엘에서 성막이나, 성전이 상징하는 것이 무엇인지를 살펴본다면 성막건축은 또 하나의 이상을 더 품고 있다는 점을 쉽게 살펴볼 수 있다. 먼저 성막이나 성전에는 물의 근원이 있다. 성막에는 물두멍이 있고, 그 물두멍은 상징적으로 근원적인 물을 상징한다. 이것은 에스겔의 성전의 이상과 요한계시록의 회복된 새 하늘과 새 땅에서는 성전 문지방과 하나님과 및 어린 양의 보좌로부터 물이 흘러나와 강을 이루고 온 땅을 적시는 이상으로 발전한다. 그리고 그 주변에는 갖은 과실을 맺는 나무가 서고, 심지어 생명나무도 자라게 된다(겔 47:1-12; 계 22:1-2). 인간이 잃어버렸고, 가는 길이 막혔던 생명나무로의 길이 성전으로부터 가능해진다는 것이다. 이것은 에덴동산에서 흘러나온 물이 온 세계를 적신다는 것과 일맥상통하는 것이다. 성막을 짓기 위해 사용되는 갖은 보석들은 에덴동산에서는 땅에 흩어져 있었다(창 2:11-12). 그리고 에덴동산에서 아담의 역할이 그 동산을 '경작하며 지키는' 것이었다. 이 두 단어 '경작하며 지키다'라는 동사들이 동시에 나타나는 경우는 모세오경 속에서 오로지 성막에서 일하는 제사장의 직무를 이야기 할 때뿐이다(민 3:7-8; 8:26; 18:5-6). 에덴동산에서 하나님께서 아담을 위해 "옷을 지어 입히다"라는 표현은 오직 성막에서 일하는 제사장들의 "옷을 지어 입히다"라는 표현에 밖에는 더 이상 등장하지 않는다(창 3:21; 출 28:41, 42; 29:8; 40:13, 14). 하나님께서 에덴에서 행하셨던 것처럼, 이스라엘과 함께 행하시는데 오직 성막에서 행하신다(창 3:8; 레 26:12; 신 23:15; 삼하 7:6-7). 그리고 성막과 에덴동산은 동일하게 동쪽에 입구가 있고, 그 길을 그룹들이 지키고 있다는 점에서 또한 동일하다(창 3:24; 출 26:18, 20, 22; 25:18-20; 37:7-9). 이런 치밀한 유비관계는 성막이 에덴동산의 이상을 그대로 품고 있음을 보게 한다. 즉, 하나님과 인간의 긴밀한 영적 교제가 있었던 에덴동산의 이상이 그대로 축소되어 인간의 삶 속에 주어진 것이 바로 성막이요, 성전이라는 것이다.[19]

이처럼 성막과 에덴동산을 비교해 보면 성막에는 하나님의 또 하나의 이상이 숨쉬고 있는 것을 느껴 볼 수 있다. 성막이 서 있다는 것은 거기에 에덴동산의 이상이 서 있다는 것이다. 성막은 바로 에덴의 실체가 되고, 회복이 되는 것이다. 하나님께서는 성막을 통해 천지창조는 물론이요, 에덴의 회복을 꿈꾸시고 계신다.

	천지창조-에덴동산 (창 1:1-2:25)	**사명의길**	**성막건축 지시-실행 (출 25-40장)**
하나님께서 행하신 일을 기억할 때	말씀대로 되는 세상 하나님이 이르시되	하나님이 보시기에 좋았더라 (7번) ⬇	말씀대로 되는 세상: 여호와께서 모세에게 말씀하여 이르시되

안식일 예배로 향하고	일곱째 날 안식하시며 그 날을 복되고 거룩하게 하심	안식일 예배 통해서	일곱째 날에 안식하라는 명령 주심
인간이 행할 일로 나아간다	창조의 이상대로 사는 것: (에덴동산에서 이루어져야 할 일들)	⬇ 하나님이 보시기에 좋은 세상 이루기	성막건축 말씀대로 행하는 것: 여호와께서 모세에게 명령하신 대로 되니라

지금 우리의 예배는 단순한 것이 아니다. 바로 이러한 하나님의 원대하신 꿈을 같이 꾸는 것이다. 이를 통해 인간이 잃어버린 것, 그것을 회복하는 것이다. 그러므로 성막을 통한 예배의 이상은 멀리 있는 것이 아니라, 하나님의 음성을 신실하게 듣는 것에 있다. 들어야만 그 뜻을 그대로 실현할 수 있기 때문이다.

3) 예배의 성취를 위해 듣고 행해야 할 구체적인 말씀들

그렇다면 무엇을 들어야 하나라는 의문이 든다. 그것은 다름 아닌 듣고 순종해야 할 말씀의 내용이 무엇인가라는 질문일 것이다. 예배의 정의가 "하나님께서 말씀하신 대로 그대로 행하는 것"이라면 하나님의 백성이 듣고 삶 속에 구체적으로 실현해야 할 말씀이 필요한 것이다. 출애굽기는 삶으로 행해야 할 구체적인 말씀 또한 분명하게 주어져 있다. 바로 시내산에서 주어진 언약법이다. 그래서 출애굽기는 예배를 위해서 불러내신다는 구원의 이야기(출 1-18장)와 예배의 본질을 가르치는 성막건축 이야기(출 25-40장) 사이에 하나님의 백성 이스라엘이 들어야 할 예배의 중심내용(출 19-24장)을 다루고 있다. 하나님께서는 이스라엘을 시내산까지 데려오셔서 언약을 맺으시는데, 그 언약의 핵심은 바로 함께 예배하는 백성이 되자는 것이다. 그것은 다름 아닌 시내산에서 주신 하나님의 법을 성심성의껏 듣고 실행하는 삶을 사는 것이다.

세계가 다 내게 속하였나니 너희가 내 말을 잘 듣고 내 언약을 지키면 너희는 모든 민족 중에서 내 소유가 되겠고 너희가 내게 대하여 제사장 나라가 되며 거룩한 백성이 되리라(출 19:5-6).

시내산 언약법은 십계명(출 20장)을 필두로 그 십계명을 구체화하여 살아갈 수 있게 주어진 세세한 율례와 법도들(출 21-23장)로 구성되어 있다. 그리고 십계명이든지 혹은 세세한 율례와 법도든지 모두 '하나님 사랑과 이웃 사랑'이라는 두 가지의 정신으로 축약된다(마 22:34-40). 언약 법이 이와 같은 두 가지의 정신을 품고 있다는 것은 곧 창세기에서 믿음의 조상들에 의해 회복된 관계를 지키는 길 또한 들어 있다는 것을 깨닫게 한다. 창세기에서 탄생된 이스라엘 12지파는 아브라함이 회복한 하나님과의 사랑의 관계와 그 후손들인 요셉과 형제들에 의해 회복된 사람과의 사랑의 관계를 지키고, 세상으로 확대하여 하나님 나라를 이루는 소명을 갖고 있다.[20] 이제 그 소명을 대대에 이루어갈 구체적인 길로 하나님께서 시내산에서 하나님 사랑과 이웃 사랑을 구체화 시킨 언약법을 주신 것이다. 이 법을 삶으로 살아간다면 세상은 하나님께서 뜻하신 에덴으로 아름답게 변해 갈 것이다.

이 언약법이 출애굽기 전체의 중심에 위치하고 있다는 것이 그 중요성을 또한 말하고 있다고 할 수 있다.

출 1-18장	출 19-24장	출 25-40장
바로인가, 여호와인가?	시내산 언약법	성막건축
노동인가, 예배인가? ▶▶ (예배하는 삶으로)	예배의 구체적인 내용 살아야 할 말씀	◀◀ 예배란 무엇인가? (말씀대로 그대로 행하는 것)

전반부인 출애굽기 1-18장은 이스라엘은 바로 왕 밑에서 노동하는 존재가 아니라, 하나님을 예배하는 존재라는 정체성을 향한 방향 전환이 이루어진다. 그리고 후반부인 출애굽기 25-40장은 예배하는 존재라는 정체성으로 전환이 이루어진 이스라엘에게 "예배란 무엇인가?"라는 정의를 가르친다. 그것은 다름 아닌 하나님께서 명령하신대로 그대로 행하는 삶이라는 것이다. 예배자라는 정체성과 명령대로 행하는 예배를 실행하기 위해 중심에 위치한 시내산 언약법은 필수불가결한 요소이다. 이제 하나님께서 주신 이 말씀대로 삶 속에서 하나님 사랑과 이웃 사랑을 구체적으로 행하며 살아가는 삶이 이스라엘에게 과제로 주어져 있는 것이다. 바로 삶속에서 하나님을 향한 예배를 실행하는 것이다. 이 과제가 결코 버겁지 않은 이유는 이스라엘은 하나님의 예배인 은혜를 받은 존재로서 그 감동이 가슴에 생생하게 새겨져 있기 때문이다.

이와 같이 하나님의 말씀을 잘 듣는 것에서부터 예배의 본질이 시작되며, 하나님께서 부여해 주신 언약법의 실행을 통해 이스라엘의 정체성 실현이 이루어진다. 그러나 그것은 결코 예배의 진정한 출발선이 못된다. 왜냐하면 "왜 우리가 하나님의 말씀의 핵심이라 할 수 있는 언약법을 이렇게 철저하게 들어야만 하는가?"라는 반문을 쏟아 부을 수 있기 때문이다. 이 질문에 대한 바른 응답이 예배의 출발선이 될 것이다. 우리가 하나님의 말씀을 들어야만 하는 이유, 바로 그 곳에 우리가 예배해야 할 이유가 있기 때문이다.

4) 예배해야 하는 진정한 이유

왜 우리는 하나님의 말씀을 세심하게 귀 기울여 듣는 예배를 해야 하는가? 그 해답은 예배에 관하여 우리에게 가르치는 다음 구절이 대답해 줄 것이다.

> 여러 해 후에 애굽 왕은 죽었고 이스라엘 자손은 고된 노동으로 말미암아 탄식하며 부르짖으니 그 고된 노동으로 말미암아 부르짖는 소리가 하나님께 상달된지라 하나님이 그들의 고통 소리를 들으시고 하나님이 아브라함과 이삭과 야곱에게 세운 그의 언약을 기억하사 하나님이 이스라엘 자손을 돌보셨고 하나님이 그들을 기억하셨더라(출 2:23-25).

하나님께서 먼저 들어주셨다. 그렇다. 하나님께서 먼저 우리의 신음소리, 부르짖음, 간구, 요구, 탄식을 들어주셨다. 예배는 결코 우리 인간에게서부터 출발하는 것이 아니다. 하나님으로부터 출발한다. 진실로 듣는 것이 예배라고 한다면, 우리가 아닌 하나님께서 먼저 우리의 음성을 들어 주신 예배를 행해 주셨다. 그러므로 섬김의 예배는 인간이 시작한 것이 아니라, 하나님께서 먼저 하신 것이다.

이에 반해 바로 왕은 노동의 짐을 조금만 줄여주면 그의 종으로 남겠다는 이스라엘의 간곡한 청탁을 듣는 것을 일언지하에 거절한다. 그리고 거절로만 끝나는 것이 아니라 게으르기 때문이라며 더욱더 가혹하게 채찍을 가한다(출 5:15-17). 이처럼 바로가 강제적일 수밖에 없는 것은 이스라엘을 위해서 베풀어 준 것이 아무것도 없기에 자발적인 것을 기대할 수가 없기 때문이다. 그러기에 바로는 강제적인 억압과 채찍을 통해서 섬김을 강요할 수밖에 없다. 바로 왕은 먼저 섬기면, 살려준다는 조건을 내건다. 예배하면 뒤를 책임져 주겠다는 것이다. 그리고 그것이 용이하지 않을 때는 채찍을 휘두르고, 그것도 먹혀들지 않으면 화려한 외양과 물질로 섬김을 매매하려 한다. 사탄도 역시 마찬가지다. 예수님을 시험할 때, 사탄은 가장 높은 산으로 예수님을 데려가, 천하만국의 영광을 보여주며, 자신에게 절하면 이 모든 것을 다 주겠노라는 유혹을 한다. 아무것도 해 준 것이 없는 자는 결국 섬김을 거래할 수밖에 없는 것이다. 만약 우리 또한 하나님께 예배하기에 하나님께서도 우리가 원하는 무언가를 해 주셔야 한다는 태도를 갖고 있다면 이것은 예배가 아니라 거래가 될 것이다. 거래가 이루어지는 곳에는 늘 대가가 존재한다. 그러나 우리의 예배는 하나님의 은혜로부터 출발하기 때문에 결코 거래가 될 수 없으며, 대가라는 것은 결코 존재하지 않는다. 하나님의 은혜를 경험한 자, 그 사람만이 대가를 바라지 않는 진정한 예배를 할 수 있다. 하나님께서는 창조와 구원이라는 은혜의 선물을 값없이 자신의 백성을 위하여 베풀어 주셨다. 모든 것을 다 베풀어 주신 후에도 그것을 깨닫고 '기쁨과 자원하는 심령'으로 나아오는 자의 것을 즐거이 받으신다. 여호와 하나님께서 먼저 섬겨주셨음에도 하나님을 섬길 것인가의 선택까지도 백성들이 자유롭게 결정하게 하시고, 섬기는 것 또한 자원하는 마음으로 하게 하신다. 그러므로 하나님은 우리가 무슨 일에든지 자유하기를 원하신다. 이스라엘 백성들은 하나님께서 자신들에게 새롭게 부여해 주신 '하나님의 백성'이라는 정체성이 너무도 감격스러웠다. 하나님의 놀라운 구원을 통해 종에서 백성으로 새로운 창조가 일어난 것이다. 이 모든 것이 먼저 들어주신 하나님으로 인해 가능해 졌다. 그래서 우리 예배의 본질은 들어주신 하나님께 응답하여 우리 또한 하나님의 음성을 듣는 것이다.

여호와께서 번제와 다른 제사를 그의 목소리를 청종하는 것을 좋아하심 같이 좋아하시겠나이까 순종이 제사보다 낫고 듣는 것이 숫양의 기름보다 나으니(삼상 15:22).

그러므로 서로가 듣지 않는 곳에는 예배란 성립조차 될 수 없는 것이다. 하나님께서 예레미야 선지자를 통하여 다음과 같은 예배의 파기를 선언하신다.

그런즉 너는 이 백성을 위하여 기도하지 말라 그들을 위하여 부르짖어 구하지 말라 내게 간구하지 말라 내가 네게서 듣지 아니하리라(렘 7:16).

그러므로 나 여호와가 이와 같이 말하노라 보라 내가 재앙을 그들에게 내리리니 그들이 피할 수 없을 것이라 그들이 내게 부르짖을지라도 내가 듣지 아니할 것인즉(렘 11:11).

하나님께서 예배하지 않으시겠다고 하신다. 그 이유는 동일하다. 하나님께서 **"내 목소리를 들으라 그리하면 나는 너희 하나님이 되겠고 너희는**

내 백성이 되리라 하였으나" 이스라엘이 순종하지도, 귀를 기울이지도 않고, 거역에 거역으로 일관했다는 것이다(렘 7:21-28; 11:1-10). 이스라엘이 듣지 않으니, 하나님께서도 듣지 않으시겠다는 것이다. 하나님이 듣고, 이스라엘이 듣고, 또 하나님이 들으시는 이것이 예배인데, 하나님은 들으시나, 이스라엘이 듣지 않는다는 것은 예배가 무너지는 것이다. 결국 하나님도 듣지 않으신다.

하나님이 들으시고, 사람이 듣는 예배가 이루어지는 곳에는 다른 세상이 만들어진다. 먼저 하나님께서 이스라엘의 탄식을 들으시고, 응답해 주심으로 놀라운 구원의 역사와 더불어 삶의 기쁨이 회복되고 자원하는 심령이 살아나는 복된 삶이 되었다. 이제 이스라엘이 하나님의 음성(말씀=율법)을 듣고 바르게 응답하여 돕고, 나누며 살아간다면 세상의 고통 가운데 거하며 신음하는 사람들에게 구원의 기쁨과 축복이 살아나게 할 수 있다. 예배는 이렇게 역동적인 변화를 가져온다.

그러므로 이렇게 서로가 듣고 행하는 예배가 살아나는 곳, 그곳에는 천지가 새롭게 살아나고, 에덴동산이 회복되는 대 역사가 펼쳐질 것이다. 이 시대에 성막이 아니라, 교회가 서 있다는 것은 바로 이러한 이상을 이어받은 것이다. 교회는 놀라운 십자가의 구원을 체험한 자들이 부르심을 받아 모인 무리이다. 이제 교회 강단을 통하여 하나님의 말씀이 쏟아져 나간다. 그 말씀이 우리의 삶 속에서 그대로 실행되는 그 순간에 이 천지는 새롭게 질서를 찾아가고, 이 땅이 하나님께서 꿈꾸셨던 그 아름다운 땅 에덴으로 회복되고 또한 완성되는 것이다. 우리의 예배는 이와 같이 위대한 능력을 그 안에 품고 있다. 우리 하나님께서는 우리와 함께 이러한 예배를 하기를 원하신다.

Ⅲ. 출애굽기의 문학적인 구성

이제 출애굽기를 통하여 흐르는 전체를 한눈에 볼 수 있는 구조를 통해 그 중심주제의 흐름을 살펴볼 필요가 있다. 출애굽기가 아무런 형식이 없이 그저 역사적인 자료들을 무질서하게 나열해 놓았다고 보는 사람들은 거의 없다. 대부분 출애굽기에는 창세기와 같은 어떤 특별한 구조는 아니지만 그럼에도 전체의 흐름을 볼 수 있는 형식이 있다는 것에 동의 한다. 학자들에 따라서 구조를 나누는 방식은 다양하다.

첫째는 하나님의 행하심과 이스라엘의 반응이라는 주제로 나누어서 크게 두 부분으로 보는 방법이 있다. 출애굽기 1-19장은 하나님께서 행하신 일들을 부각시키고 있다면, 20-40장은 이스라엘의 응답을 기술하고 있다는 것이다.[21]

둘째는 출애굽기가 시간적인 흐름의 순서에 의해 사건들이 질서있게 정렬되었다는 견해가 있다. 이 방식은 시간적인 흐름에 따라 출애굽기를 세 부분으로 나눈다. 출애굽기 1-15장은 애굽으로부터의 탈출을 박진감 넘치게 전하고 있다면, 15:22-18:27절은 광야여정을 보여주고 있고, 마지막 19-40장은 시내산 계약과 그 규정들을 제시하고 있다는 것이다.[22]

그 다음은 출애굽기 전체를 세 부분으로 나누되 가운데 중심축을 두고 양 옆의 내용들이 주제적으로 평행구조를 보여주며 신앙적인 발전된 양상을 드러내고 있는 형태이다. 이 구조는 출애굽기의 내용이 무작위가 아니라 신중하게 계획된 형식임을 강조한다. 이 평행구조에서 중심의 전환점은 바로 시내산에서 이스라엘이 하나님과 계약을 맺는 사건이다(출 19-24장).[23]

A. 1:1-11:10 출애굽에 대한 준비와 지시사항들(284절)
B. 12:1-13:16 첫 명령들 - 유월절, 무교절, 초태생(67절)
C. 13:7-18:27 출애굽의 실행(164절)

D. 19:1-24:18 시내산 계시와 언약법전(169절)

A'. 25:1-31:18 성막건축에 대한 준비와 지시사항들(243절)
B'. 32:1-34:35 첫 불순종(93절)
C'. 35:1-40:38 성막건축의 실행(214절)

이 구조는 크게 보아 중심에 위치한 D의 '시내산 계시와 언약법전'을 중심으로 대칭구조를 형성하고 있다고 해도 무리는 없을 것이다. 이를 바탕으로 살펴보고 싶은 구조는 역시 창세기에서 흔히 볼 수 있었던 교차대칭구조(chiasm)를 통해 출애굽기가 다루고자 하는 주제인 "이스라엘은 누구의 소유인가?"와 "무엇을 위한 부르심인가?"와의 연관관계를 살

펴보려한다.[24)]

먼저 전체적인 구조를 교차대칭구조로 단순화 시키면 다음과 같은 형태를 유추해 볼 수 있다.

A. 1-17장 바로에서 여호와로 - 애굽에서의 구원 - 노동에서 예배로의 전이(예배의 시작) B. 18장 전환점: 애굽에서 시내산으로 - 구원에서 율법준수로 ① 18:1-12 애굽에서의 구원 완성에서 ② 18:13-27 구원받은 자의 삶을 위한 법 (율례와 법도-토라)으로의 전환	예배를 위해 순종해야 할 말씀 ↵
C. 19:1-24:11 시내산 언약 체결과 준수할 하나님의 법 **- 예배의 본질** B'. 24:12-18 전환점: 시내산에서 성막으로 - 율법준수에서 하나님(영광)과의 동행으로 ① 24:12-14 하나님의 율법(토라)과 계명의 두 돌판에서 ② 18:15-18 그 법을 지킴으로 하나님의 영광의 동행으로 (성막과 법궤인도) A'. 25-40장 여호와와 함께 - 여호와를 위한 성막건축과 이스라엘의 동행 - 예배 안에 머물기(예배의 완성)	↰ 동행을 위해 순종해야 할 말씀

전반부에서 이스라엘은 바로의 종에서 여호와의 백성으로의 전이가 일어난다(A; 출 1-17장). 그리고 여호와의 백성이 된다는 것은 여호와의 법을 삶으로 이루며 살아가는 존재가 되어야 한다는 점에서 출애굽기 18장은 구원의 성취에서 구원의 완성으로의 길인 율법을 지키는 삶이

필요하다는 것을 드러내는 전환점의 기능을 한다(B). 즉 구원은 끝이 아니라, 시작이라는 것을 전하며 가야 할 방향을 지시하고 있는 것이다. 이제 주어질 것은 출애굽기 전체의 중심이요, 핵심이라 할 수 있는 하나님과의 언약과 법의 구체적인 내용이다(C; 출 19:1-24:11). 언약식 때 주어진 이 법을 따라 살아가는 것이 바로 하나님의 백성으로서의 정체성을 지키는 길임을 제시하고 있는 것이다. 시내산 언약이 끝난 후에 이제 그 법을 지키는 삶을 통해 함께하시는 하나님과 동행하는 삶이 되어야 하는 길로 나아가야 한다는 전환점이 주어진다(B'; 출 24:12-18). 즉 율법을 지키는 삶을 통해 여호와의 영광 속에 거하는 삶인 것이다. 그 동행은 마지막에 주어진 성막건축 지시와 실행을 통해 여호와를 위한 성막을 건축하는 것으로 성취의 길을 향한다(A'; 출 25-40장). 이렇게 이스라엘의 정체성은 노동에서 예배로, '바로를 섬김'에서 '여호와만을 섬김'으로의 완전한 전환이 이루어지며 미래를 향한 현재가 준비된다.

이 구조를 좀 더 세분화 하면 다음과 같다.

A. 1:1-7 서론: 이스라엘 민족의 번성(애굽에서) - 창세기의 완성
- 온 땅에 가득한 이스라엘
- 애굽에서 큰 민족의 약속 성취(과거➡현재)(창 46:3절의 약속 성취)
- 생육, 번성, 땅에 가득함은 그 다음 단계인 땅을 정복함과 다스림 필요

B. 1:8-4:31 요셉을 모르는 바로와 이스라엘의 노동: 국고성 비돔과 라암셋 건축
- 이스라엘의 고역의 노동
- 모세의 탄생과 소명
- 호렙 산(시내산)에서 모세 여호와의 영광 가운데 소명 받음 (반드시 함께 하실 것을 약속)

C. 5:1-7:7 여호와를 모르는 우상화된 바로로 인해 이스라엘 노동으로 고통

- 모세의 흔들림과 회복

D. 7:8-17:16 바로는 창조의 파괴, 이스라엘 새 창조(안식일 준수)

- 하나님께서 행하신

E. 18장 전환점: 애굽에서 시내산으로

- 구원에서 율법수여로

F. 19:1-24:11 시내산 언약(율법수여)

(바로의 종에서 여호와의 백성으로)

E'. 24:12-18 전환점: 시내산에서 성막으로

- 율법수여에서 여호와의 영광 임재 위한 실행으로

D'. 25-31장 성막건축, 이스라엘의 새 창조(안식일 준수까지)

- 하나님의 명령(십계명 두 돌판을 주심)

C'. 32-34장 이방인과 같은 우상숭배로 인해 이스라엘이 심판을 겪음

- 이스라엘의 흔들림과 모세의 중재로 회복됨

B'. 35:1-40:33 이스라엘을 잘 아시는 여호와와 이스라엘의 예배: 성막건축 실행

- 이스라엘의 기쁨의 예배
- 여호와께서 모세에게 명령하신 대로 되었더라
- 시내산(호렙 산)의 여호와의 영광이 임할 성막의 완성

(반드시 함께 하심의 약속 성취향해)

A'. 40:34-38 결론: 이스라엘 민족의 여정(약속의 땅으로) - 레위기와 민수기를 향하여

- 여호와의 영광이 함께하는 이스라엘
- 성막을 중심으로 살아가는 예배하는 백성으로(현재➡미래)
- 법궤를 앞세우고 구름기둥, 불기둥의 인도로 약속의 땅을 향하여

위의 구조에서 볼 수 있는 것처럼 시내산 계약의식을 중심으로 이스라엘 민족의 소유주가 바뀜과 동시에 삶의 위치가 바뀌며 또한 삶의 질 또한 현저하게 바뀌고 있음을 확인할 수 있다. 바로를 위한 노동(섬김)

에서 하나님을 위한 예배(섬김)로의 전이이다. 이제 서로의 대칭들을 비교하면서 상세한 설명을 해 보기로 하겠다.

A(1:1-7)와 A'(40:34-38)의 대칭의 비교는 약속의 성취라는 과거와 현재의 만남을 서론으로 하여 이스라엘이 가야 할 미래상을 제시하는 결론의 비교라 할 수 있다. A에서는 애굽 땅에서 이스라엘 민족이 긴 세월동안 하나님의 숨은 섭리 가운데서 생육하고 번성하며 그 땅을 가득 채웠다는 표현에 걸맞게 성장하고 있는 모습을 보이고 있으며, A'에서는 이 이스라엘은 마침내 여호와의 영광이 함께하는 백성으로 애굽이나 광야에 머물러 있어야 할 백성이 아니라 바로 하나님을 향한 적극적인 순종을 통해 약속의 땅을 향해서 나아가는 민족이어야 함을 보이고 있다. 즉 출애굽기에서 생육하고 번성하여 땅에 가득 차게 된 이스라엘의 시작은 여호와의 영광이 함께하는 임재와 함께 순종의 예배를 통하여 약속의 땅으로 행진해 나가는 삶을 이루어야 한다는 것으로 결론에 이르는 것이다.

B(1:8-4:31)와 B'(35:1-40:33)은 이스라엘의 변화된 예배를 비교 대조하고 있다. B에서는 만왕의 왕 여호와 하나님과 그 당시 세계의 경제, 문명, 과학, 종교 그리고 지혜의 중심이요 최강의 국력을 자랑하는 바로 왕 사이에 이스라엘 민족을 향한 주도권 다툼이 숨 가쁘게 펼쳐진다. 이스라엘의 고통은 '요셉을 알지 못하는'(출 1:8) 이름을 알 수 없는 애굽의 바로 왕이 자신의 만족을 채우기 위한 궁전과 자신의 신들을 위한 신전을 세우는 건축사업을 완성하기위해 억압과 착취의 중노동(출 1:13,14)에 이스라엘을 희생시키고 있다.[25] 하지만 이에 반해 여호와 하나님은 이스라엘을 "기억하시고, 보시고, 아신다"(출 2:25)라고 말씀하시며 그들을

예배하는(출 3:12; 4:23) 그들 본연의 목표로 이끌기 위해 이스라엘을 위한 구원계획을 차근차근 펼쳐나가신다. 그리고 자신이 이 세상의 참 주권자임은 물론이요 이스라엘의 진정한 소유주임을 증명해 나가신다. 이 이야기 속에 모세를 살리시고 키우시는 섭리를 통해 지혜에 대한 전통으로 유명하며, 지혜의 근원이라고 주장하는 애굽의 바로 왕의 인간적인 지혜가 보잘 것 없음을 증명한다.

B'에는 이스라엘이 여호와 하나님을 위해 자원하여 헌신하는 공동체임을 강조하고 있다. 그리고 이스라엘 민족이 건축에 필요한 그 이상으로 자원하여 물품들을 가져오므로 오히려 그만 가져올 것을 명령받을 정도로 헌신하는 민족이 되었음을 보이고 있다(출 36:2-7). 바로 왕을 위해 강제와 억압 가운데서 성을 만들던 민족이 이제 하나님을 위해 즐거이 자원하는 마음으로 하나님께서 거하실 성막을 건축하는 모습은 실로 아름다운 삶의 질적 변화라고 하겠다. 이 부분은 성막 건축이 완성되며 여호와께서 성막으로 자신의 임재를 옮기시는 장면을 기대하며 마감한다(출 40:34-35). 성막에 임할 이 '여호와의 영광'은 시내산에 나타나셨던 그 하나님 임재의 모습(출 24:15-18)이 그대로 옮겨진 것으로 하나님의 산에서 자신을 나타내시던 하나님께서 이제 이스라엘의 중심에서 그들과 함께 생활하시는 이스라엘의 하나님이 되시겠다는 그분의 철저한 의지를 보이시는 것이다. 이스라엘은 이로써 바로를 섬기던 삶에서 하나님만 예배하는 공동체로의 삶을 본격적으로 시작한다. 출애굽기의 이러한 특성을 인지한 그래함 데이비스(G. Davies)는 출애굽기의 중심주제가 '예배'에 있다고 피력한다. 그는 구스타프 구티에레즈(G. Gutierrez)의

출애굽 구원사 중심의 해방신학적인 주제를 중심에 두는 것과 제임스 바아(J. Barr)의 주장인 출애굽기는 율법을 준수하는 것이 계약관계를 지키며 이스라엘의 미래를 향한 책임이라는 전제하에 '율법'을 출애굽기의 중심주제로 놓는 것 둘 다를 출애굽기를 바르게 보는 것에서 벗어난 것이라 주장하고 있다.[26] 그에게 있어 이스라엘의 구원도 율법 수여도 결국은 하나님을 향한 예배로 완성에 이르러야 한다는 점에서 과정이라고 보는 것이다. 즉 비록 시내산 율법 수여가 출애굽기 구조의 중심에 위치하고 있을지라도 그 율법이 성막을 건축하는 이념처럼 "명령하신 대로 그대로 하였더라"(출 39-40장)라는 결론에 도달하지 않는다면 율법수여가 그 의미를 상실하는 것이다. 그런 점에서 중심의 율법수여는 성막건축의 완성이라는 목적지까지 도달하여야 하는 과정인 것이다.

이러한 삶의 전이는 하나님께서 탄생시키시고 자라게 하시며 소명을 부여한 모세로 인해 가능케 되었다. B에서는 모세의 탄생과 소명이 등장한다면 B'에서는 그 모세의 소명 감당을 통해 하나님의 명령이 그대로 실행되었다는 선포가 메아리치고 있다는 점이 이를 입증한다. B에서 호렙 산 불꽃 가운데 하나님의 임재를 체험한 모세에게 하나님께서 "내가 정녕 너와 함께 하리라"(출 3:12)는 약속을 주셨다면, B'에서는 하나님의 영광이 임재하시어 이스라엘과 함께 하시는 역사가 시작될 성막의 완성으로 그 약속의 성취에 이를 것이다. 모세의 체험이 이스라엘의 체험으로 확대되었다는 점에서 지도자로서의 모세의 소임이 성공적이었음 또한 드러내고 있다.

C(5:1-7:7)와 C'(32-34장)은 우상화된 바로와 우상을 따라가는 이스라엘의 대조를 통하여 이스라엘의 상황을 비교한다. C에서 바로 왕

의 모세의 선언에 대한 응답인 “여호와가 누구관대 내가 그 말을 듣고 이스라엘을 보내겠느냐 나는 여호와를 알지 못하니 이스라엘도 보내지 아니하리라” (출 5:2)는 인간교만의 죄는 하나님보다 자신을 높이는 우상화 내지는 신격화를 의미한다. 이를 통해 하나님의 명령이 묵살되고, 바로의 명령만이 이스라엘의 삶을 피폐하게 만든다. 이렇게 우상화된 바로 밑에서 이스라엘은 고통의 신음소리를 내며 중노동에 시달렸다. 그리고 이런 상황이 결코 호전되지 않음으로 인해 이스라엘은 물론 모세까지도 하나님 앞에 불평하며 탄식하는 존재가 된다(출 5:22-23). 이러한 모세의 소명에 대한 원망은 그에게 소명을 재인식 시키는 것으로 일단락된다(출 6장). C'에서는 이러한 상황이 이스라엘 전체에게 확대되어 적용된다. 이스라엘이 고통 가운데 거했던 우상숭배화된 세상으로 다시 돌아가려는 죄를 범하고 있다. 금송아지를 만듦으로 인해 십계명 두 돌판이 깨지는 불운을 겪는다. 곧 하나님의 말씀이 사라지는 것이다. 하나님께서는 우상화된 바로를 치셨듯이 우상숭배하는 이스라엘을 치신다. 그리고 모세에게 재소명의 기회를 주셨듯이 이스라엘에게 재소명을 주셔서 자신의 언약백성으로 회복시키신다. C와 C'에서 우상화된 존재에게 고통을 당할 것인가, 아니면 스스로 우상화에 빠짐으로 자멸의 길로 갈 것인가라는 갈림길에서 재소명은 하나님께서 부여해 주시는 새로운 희망인 것이다.

D(7:8-17:16)와 D'(25-31장)은 애굽을 향한 하나님의 열 가지 재앙과 그 이후의 이스라엘의 구원과 돌보심의 내용이 하나님의 성막건축 지시와 만나고 있다. 언뜻 보기에는 전혀 연관이 없어 보이는 내용들이지만 그 깊이에는 하나님에 대한 동일한 신앙관이 숨 쉬고 있다. 그것은 다

름 아닌 창조주 하나님께 대한 확고한 신념이다. D는 우상화된 바로의 인간교만을 징계하기 위해 애굽에 부어진 10가지 재앙을 통해 여호와가 누구신가를 강력하게 인식시켜 준다. 이를 통해 애굽의 힘과 종교, 그리고 그들이 믿는 신들이 아무 생명이 없는 허울뿐이라는 것을 세상에 폭로한다. 10가지 재앙은 애굽의 구석구석을 통치한다고 믿었던 애굽의 신들이 아무런 힘도 발휘하지 못하고 여호와 하나님의 징계 앞에 속수무책 무너져 내리는 것을 통해 이 세상의 창조 질서를 주관한다고 믿었던 바로나 애굽의 신들에 대한 이념들이 송두리째 파괴되어 버리는 모습을 낱낱이 보여주고 있다. 결국 바로 왕도, 애굽의 신들도 이 세상을 창조하는 능력자들이 아니며, 창조의 질서를 가져다주는 실제가 아니라는 폭로인 것이다. 그들은 살아있는 신들이 아니며 오직 여호와만이 참 신이라는 신앙고백인 것이다. D'의 성막 건축은 시내산에서의 율법수여를 중심으로 그 맞은편에 위치하고 있는 애굽에 내려진 10가지 재앙들에서 드러나는 애굽인들에 대한 창조질서의 철저한 파괴에 대한 반대현상이다. 애굽은 창조의 철저한 파괴로 이스라엘은 하나님의 새 창조의 목적인 예배하는 백성으로 만들어진다. 하나님에 의해 선택되고 구원된 이스라엘이 이 하나님의 창조 사역에 동참하고 있음을 보이는 것으로 그 동참이 바로 신앙공동체가 해야 할 일임을 보이고 있기도 하다. 이 성막의 건축은 이스라엘 민족의 자원하는 예물들을 통해 건축할 것을 명령하고 있으며(출 25:1-9), 이 성막건축 지시가 천지창조와 유비 관계를 가진다는 것은 이미 입증되었다. 부연설명하자면 성막건축 지시가 일곱 번의 명령으로 이루어져 있고 마지막 일곱 번째는 안식일 명령으로 그 결론에 이른다는 것이다. D에서는 이스라엘이 홍해를 건너면서 새 창조가 일어나고 마침내 만나를 통해 안식일을 지키는 백성으로 거듭나는 것으로 그 결론에 이른다면, 성막건축 지시 또한 안식일 준수명령으로 그 결론에 이르고 있다는 것이 결코 우연은 아닐 것이다. 구원은 곧 예배로 그 결론에 이르러야 함을 의미하는 것이 될 것이다.

E(18장)와 E'(24:12-18)은 시내산 율법수여라는 중심을 향한 전환점과 그 중심에서 실행을 향한 전환점이 된다. E가 출애굽기의 전반부(1-17장)에서 벌어진 구원사를 정리하고 구원받은 백성이 지켜야 할 율법(19-24장)으로 방향을 전환시키고 있다면, E'은 율법수여가 끝난 후에 그 율법의 실행인 성막건축(25-40장)으로 방향을 전환시키고 있다. 그런 점에서 E는 과거에서 현재로(구원→율법), E'는 현재에서 미래로(율법→실행)라는 시점의 전환을 이루는 것이다.

F(19:1-24:11)는 중심부분으로 시내산에서의 이스라엘을 중점적으로 다루고 있으며 한 민족이 새로운 민족으로 거듭나는 구체적인 모습이 여기에서 보인다. 이스라엘 민족은 시내산에서 모세에게 자신을 계시 하셨던 여호와 하나님을 공동으로 만나게 되고 그 하나님과 언약을 맺음으로 여호와의 백성으로 탄생하게 된다. 이스라엘 민족은 하나님의 약속의 음성 "세계가 다 내게 속하였나니 너희가 내 말을 잘 듣고 내 언약을 지키면 너희는 열국 중에서 내 소유가 되겠고 너희가 내게 대하여 제사장 나라가 되며 거룩한 백성이 되리라"(출 19:5-6)에 대해 절대적인 동의인 "여호와의 명하신 대로 우리가 다 행하리이다"(출 19:8)라는 결의를 통해 하나님의 백성으로 새롭게 탄생하게 된다. 이스라엘이 시내산에서 받는

율법의 내용은 바로의 모든 폭력과 힘을 무효화시키는 것으로 그 어떠한 형태의 억압도 거부하는 새로운 삶의 방식이다. 그들이 지켜야 할 언약법의 구체적인 내용은 출애굽기 20:1-23:33절에 표현된 십계명과 언약법전에 기록된(출 24:7) 그 부속 계명들로 이것은 여러 가지 다양한 항목을 다룬 생활의 법들로 구성된다. 이 언약서가 낭독된 후 백성들은 또다시 여호와의 이 모든 말씀을 다 준행하겠다는 서약을 하게 된다(출 24:3, 7). 이 계약의 형식을 통해 이스라엘은 명실상부 하나님의 뜻을 이 땅 위에 실현하며 살아가는 여호와의 백성으로 새롭게 거듭나는 것이다. 이 말씀 준행의 서약은 하나님께서 이스라엘을 위해 행하신 일에(출 20:2) 올바르게 응답하는 유일한 길이며 바로 그것이 이스라엘을 향하신 하나님의 뜻임을 또한 살펴볼 수 있다. 과거에 하나님께서 행하신 일들이 현재의 이스라엘을 하나님의 말씀에 순종하는 삶으로 이끌며, 이 올바른 연결 관계가 이스라엘의 미래를 밝게 비춰주는 등대의 역할을 한다는 것이 출애굽기 전체를 통해서 흐르는 이스라엘의 신앙적인 역사 진술이 된다. 이 새로운 계약관계는 이스라엘에게 바로의 종이라는 불명예로부터 하나님의 소유된 거룩한 백성이라는 새 생명의 존귀로의 전환점을 제공해 주고 있는 것이다.

[1부 주석]

1) James B. Pritchard (ed.), *Ancient Near Eastern Texts: Relating to the Old Testament* (3rd ed.; Princeton, New Jersey; Princeton University Press, 1969), 259쪽.

2) 연구원자료, "성경지리: 이집트 제국과 출애굽; B. C. 1275년경(참고본문: 출애굽기 1장-15장)," 교회교육 175 (1990), 64쪽.

3) 안토니우스 H. J. 군네벡(A. H. J. Gunneweg), 『이스라엘 역사: 고대부터 바 코흐바까지(*Geschichte Israels: Von den Anfn?gen bis Bar Kochba*)』 (문희석 역) (서울: 한국신학연구소, 1996), 15-28쪽.

4) Pritchard (ed.), *Ancient Near Eastern Texts*, 470-71쪽.

5) D. B. Redford, "Exodus I 11," *VT* 13 (1963), 401-18쪽; E. P. Uphill, "Pithom and Raamses: Their Location and Significance, Part 1," *JNES* 27 (1968), 291-316쪽; idem, "Pithom and Raamses: Their Location and Significance, Part 2," *JNES* 28 (1969), 15-39쪽; J. K. F. Hoffmeier, *Israel in Egypt: The Evidence for the Authenticity of the Exodus Tradition* (New York: Oxford University Press, 1997); K. A. Kitchen, *On the Reliability of the Old Testament* (Grand Rapids: Eerdmans, 2003), 254-59쪽.

6) 마르틴 노트(M. Noth), 『이스라엘 역사(History of Israel)』 (박문재 역) (서울: 크리스챤다이제스트, 1996), 150-51쪽.

7) 존 브라이트(J. Bright), 『이스라엘의 역사(*A History of Israel*)』 (엄성옥 역) (제4판; 서울: 은성, 2002), 105쪽.

8) Henri Frankfort, *Kingship and the Gods: A Study of Ancient Near Eastern Religion as the Integration of Society & Nature* (Chicago: University of Chicago Press, 1948), pp. 148-159.

9) William H. C. *Propp, Exodus 1-18: A New Translation with Introduction and Commentary* (ABC; New York: Doubleday & Company, Inc., 1999), 34쪽.

10) http://seouleducation.tistory.com/2309(서울시교육청 블로그 서울교육나침반).

11) blog.naver.com/eduberry/110108067466(부자들은 자녀들을 왜 일반 학교에 보내지 않을까?-공교육의 숨겨진 진실). 참조, 존 테일러 개토, 『바보 만들기: 왜 우리는 교육을 받을수록 멍청해 지는가?(Dumbing Us Down)』 (김기협 역) (서울: 민들레, 2005).

12) http://blog.daum.net/ihanpeace/4355; "우리는 행복하지 않다! 카이스트의 진정한 주인은 바로 우리 사천 학우다."

13) http://v.media.daum.net/v/20160724230425182; "6년간 11명 자살…카이스트에 무슨 일이."

14) Propp, *Exodus 1-18*, 37쪽.

15) 자끄 엘룰(Jacques Ellul), 『존재의 이유(*La Raison D'?tre*)』 (박건택 역) (서울: 규장, 2005), 65쪽.

16) 테렌스 E. 프레다임(T. E. Fretheim), 『출애굽기(*Exodus*)』 (현대성서주석; 서울: 한국장로교출판사, 2001), 23쪽.

17) Gordon J. Wenham, *Genesis 1-15* (WBC; Waco, Texas: Word Books, 1987), 6-10쪽.

18) P. J. Kearney, "Creation and Liturgy: The P Redaction of Exod. 25-40," *ZAW* 89 (1977), 380쪽 이하.

19) Gordon J. Wenham, "Sanctuary Symbolism in the Garden of Eden Story," in *I Studied Inscriptions from before the Flood; Ancient Near Eastern, Literary and Linguistic Approaches to Genesis 1-11*, eds. R. S. Hess & D. T. Tsumura (Winona Lake, Indiana: Eisenbrauns, 1994), 399-404쪽.

20) 김재구, 『창세기 로드맵』 (하임바이블아카데미 시리즈 2; 서울: 홍림, 2018), 27-46쪽.

21) H. J. Flanders, Jr, R. W. Crapps and D. A. Smith, *People of the Covenant: An Introduction to the Hebrew Bible*, 4th ed. (Oxford University Press: New York, 1996), 174-75쪽.

22) B. S. Childs, *Introduction to The Old Testament as Scripture* (Fortress Press: Philadelphia, 1979), 170-71쪽.

23) Yehuda T. Radday, "Chiasmus in Hebrew Biblical Narrative," *Chiasmus in Antiquity: Structures, Analyses, Exegesis*, ed. by John W. Welch (Gerstenberg Verlag: Hildesheim, 1981), 90-91쪽.

24) 김재구의 『창세기 로드맵』 에는 창세기의 부분별은 물론, 전체 구조 또한 교차대칭 구조로 이루어져 있다는 것을 드러낸다.

25) Brevard S. Childs, *The Book of Exodus: A Critical, Theological Commentary* (The Westminster Press: Philadelphia, 1974), p. 20. 여기에서 차일즈는 히브리어로 쓰여진 이집트어 비돔(Pr-Tm)을 Tem'(Atum)의 신전으로 보고 람세스(Pr-r'-ms-sw)를 바로 왕 람세스의 궁전으로 이해하고 있다.

26) Graham Davies, "The Theology of Exodus," *In Search of True Wisdom: Essays in O.T. Interpretation in Honour of R. E. Clements* (JSOTSup. 300; Sheffield: Sheffield Academic Press, 1999), 137-152; James Barr, "An Aspect of Salvation in the Old Testament", in E. J. Sharpe and J. R. Hinnells (eds), *Man and His Salvation: Studies in Memory of D. G. F. Brandon* (Manchester University Press: Manchester, 1973), 39-52쪽; G. Gutierrez, *A Theology of Liberation*, tran. Maryknoll (Orbis Books: New York, 1973), 155-59쪽.

제 2 부

출애굽기는 어떤 내용인가?

본론 부분이라 할 수 있는 제2부에서는 출애굽기의 문학적인 구조에 나타난 분류를 따라 세세하게 추적하며 해석해 나갈 것이다. 출애굽기 전체를 열한 부분으로 나누어서 각각의 부분들과 그 다음으로 이어지는 부분들의 연결되는 의미들을 분명하게 제시하며 출애굽기의 이야기들이 보여주는 통일성을 논증할 것이다.

I. 서론: 이스라엘 민족의 번성(애굽에서)(출 1:1-7)

II. 요셉을 모르는 바로와 이스라엘의 노동: 국고성 비돔과 라암셋 건축(출 1:8-4:31)

III. 여호와를 모르는 우상화된 바로로 인해 이스라엘 노동으로 고통(출 5:1-7:7)

IV. 바로는 창조의 파괴, 이스라엘 새 창조(안식일 준수)(출 7:8-17:16)

V. 전환점: 애굽에서 시내산으로 - 구원에서 율법수여로(출 18장)

VI. 중심: 시내산 언약과 율법수여(출 19:1-24:11)

VII. 전환점: 시내산에서 성막으로 - 율법수여에서 실행으로(출 24:12-18)

VIII. 성막건축, 이스라엘의 새 창조(안식일 준수까지)(출 25-31장)

IX. 이방인과 같은 우상숭배로 인해 이스라엘이 심판을 겪음(출 32-34장)

X. 이스라엘을 잘 아시는 여호와와 이스라엘의 예배: 성막건축 실행(출 35:1-40:33)

XI. 결론: 이스라엘 민족의 여정(약속의 땅으로)(출 40:34-38)

전개 방식은 11개의 단락을 차례차례 집중적으로 분석하며, 각각의 단락이 보여주는 신학적이고 신앙적인 내용들을 드러낼 것이다. 각 장마다 세 단계로 나누어 분석할 것인데 첫째 각각의 단락을 개관하고, 둘째 그 개관을 기초로 하여 각 단락의 문학적인 구성을 그려보는 것을 통해 전체를 살펴본 후에 마지막으로 세부적으로 들어가 각 단락 안에 나타난 중요주제들을 심도 있게 다룰 것이다.

주제의 중요도에 따라서 때로는 개개의 절 단위로 세심하게 다루기도 할 것이며, 그렇지 않을 때에는 굵직한 주제를 풀어가는 형태를 취할 것이다. 이를 통해 출애굽기의 시작을 열고 있는 이스라엘의 생육과 번성, 충만함이 마침내 어떤 결론에 다다르게 되는지를 이스라엘의 구원의 과정을 통해 살펴볼 것이다. 이스라엘의 구원이라는 주제가 중요한 이유는 이스라엘이 걸어가는 삶의 길들이 곧 인류가 하나님의 부르심 안에서 걸어가야 할 길이라는 점이다. 즉 이스라엘의 본이 인류의 삶이 되어야 한다는 점에서 중요한 것이다.

하나님께서 이스라엘을 시내산으로 부르시고, 그들에게 소명을 부여 하신다.

> 세계가 다 내게 속하였나니 너희가 내 말을 잘 듣고 내 언약을 지키면 너희는 모든 민족 중에서 내 소유가 되겠고 너희가 내게 대하여 제사장 나라가 되며 거룩한 백성이 되리라 너는 이 말을 이스라엘 자손에게 전할지니라(출 19:5-6).

이 소명이 마침내 베드로전서에서 그리스도인들에게 주어지고 있다는 것은 시내산의 역사는 아직도 끝나지 않았다는 것을 의미한다. 차이점이 있다면 이스라엘에게 주셨던 소명이 이제 예수 그리스도를 주로 고백하는 모든 인류에게 주어져 있다는 것이다.

> 그러나 너희는 택하신 족속이요 왕 같은 제사장들이요 거룩한 나라요 그의 소유가 된 백성이니 이는 너희를 어두운 데서 불러 내어 그의 기이

한 빛에 들어가게 하신 이의 아름다운 덕을 선포하게 하려 하심이라(벧전 2:9).

이와 같은 관계성은 출애굽기는 이미 닫혀 지고, 결론에 이른 책이지만 그 성취는 지금도 현재형으로 계속되고 있다는 사실을 드러내고 있다. 그러므로 출애굽기를 연구하고 배울 때 반드시 기억해야 할 것은 우리는 결코 과거에 지나간 이야기를 배우는 것이 아니라는 점이다. 지금도 그 성취를 기다리고 있다는 점에서 출애굽기는 이스라엘의 책에서 이제 그리스도인들의 책으로 그리고 전 인류가 성취해야 할 책임과 소명으로 자리 잡고 있는 것이다. 이러한 숭고한 의미를 먼저 깨달은 사람들은 출애굽기를 통해 어떻게 그 소명을 이룰 것인가를 고민해야만 한다.

1. 서론: 이스라엘 민족의 번성
(애굽에서)(出 1:1-7)

1. 이야기 전체를 한 눈에 읽기

성경의 가장 첫 책인 창세기는 가족의 이야기를 펼쳐나갔다. 태초의 시작도 가족부터이고, 한 가족이 실패 했을 때는 또 다른 가족을 택하셔서 그 뒤를 이어가게 하신다. 마침내 아브라함을 통하여 하나님의 뜻을 이루어가는 가족을 만드셨다. 아브라함-이삭-야곱으로 이어지는 연결고리는 마침내 하나님과의 관계와 사람사이의 관계를 회복하여 하나님의 기나긴 세월의 뜻을 이루어 낸다. 이제 출애굽기와 그 이후 여호수아서까지는 이러한 회복이 가족의 차원에서 민족과 나라의 차원으로 확장되는 과정을 보이는 것에 주력한다. 즉, 가족이 나라가 된 것이다. 그러나 단순히 확장되는 차원에 머무는 것이 아니라, 삶의 모습이 더욱 구체화 된다는 점에서 의의가 있다.

성경의 두 번째 책인 출애굽기는 창세기와 그 주제의 흐름에서 긴밀한 연관관계를 가지고 있다는 것은 누구나 쉽게 인정할 수 있는 부분이다. 히브리어 원전의 출애굽기의 시작이 “그리고 이는 이름들이니라”(וְאֵלֶּה שְׁמוֹת 웨엘레 쉐모트)로 ‘그리고’라는 접속사로 시작한다는 점이 이를 입증한다. 창세기가 끝에 이르고 출애굽기가 ‘그리고’로 시작하고 있다는 것은 곧 창세기의 이야기를 그대로 연결시키고 있다는 것을 보여주는 것이다.

창세기가 절대적인 강조점을 가지고 관심을 기울이고 있는 부분은 바로 다름 아닌 결론 부분에서 드러난 ‘선택된 한 민족의 형성’이다. 이것은 창세기 전체를 통하여 흐르고 있는 인간을 향한 축복의 메시지인 창세기 1:28절의 명령이 계속해서 한 선택된 민족을 향해서 그 초점이 맞춰지고 있다는 데서 그 증거를 찾아 볼 수 있다.

> 하나님께서 그들에게 복을 주시며 그들에게 이르시되 생육하고(פְּרוּ 페루) 번성하여(רְבוּ 레부) 땅에 충만하라(מִלְאוּ 밀우) 땅을 정복하라(כִבְשֻׁהָ 키브슈하) 바다의 고기와 공중의 새와 땅에 움직이는 모든 생물을 다스리라(רְדוּ 레두)

이렇게 인류에게 주신 명령은 결코 사라지지 않고 창세기 안에서 그 구체적인 실현을 향해 전진해 나간다. 이 축복의 명령이 누구에게 실현되고 있는가가 창세기가 그 결론 부분에서 관심하는 바이다. 그 백성이 바로 하나님께서 기다리시는 존재들이기 때문이다. 창세기에서 이 축복의 명령이 약속으로 계속해서 주어지다가 마지막에 처음으로 성취를 맛보는 백성이 있다. 그 백성이 누구인가는 약속과 성취의 흐름을 추적해 보면 분명하게 드러난다.

	인류 (창 1:28)	생육하고 (파라 פָּרָה)	번성하여 (라바 רָבָה)	땅에충만하라 (말라 מָלֵא)	땅을 정복 (카바쉬 כָּבַשׁ)	다스리라 (라다 רָדָה)
약속	아담 후손 (창 6:1)	번성하기 시작				
	노아 (창 9:1)	생육하고	번성하여	땅에 충만하라	모든 피조물들 두려워할 것	
	아브라함 (창 17:6)	심히 번성케 하리라				
	이스마엘 (창 17:20)	매우 크게 생육하고	번성하게 하리라	(사라짐)		
	이삭 (창 26:24)		번성하게 하리라			
	야곱 (창 35:11)	생육하고	번성하라			
성취	이스라엘 (창 47:27)	생육하고	번성하였더라	➡ 가야할 길		
	이스라엘 -애굽에서 (출 1:7)	생육하고	불어나 번성하고	매우 강하여 온 땅에 가득(충만)하게 되었다	➡ 가야할 길	

이 축복의 명령은 창세기의 결론에 이르러서 마침내 애굽에 정착한 이스라엘에게 성취되고 있다고 증거하고 있다. 이렇게 천지창조에서 인류에게 주어진 하나님의 축복의 명령이 이스라엘에게 능력 있게 성

취되고 있다는 것을 이보다 더 명확하게 설명하고 있는 부분은 드물 것이다.[27] 창세기는 이 선택된 민족이 이 세상의 모든 풍요를 상징하는 애굽 땅의 가장 기름진 곳에 정착하여 그 성장을 계속해 나가는 모습과 그들을 그 곳에 있도록 중개해준 요셉의 죽음으로 그 막을 내리고 있다.

출애굽기는 이것이 창세기 이야기의 계속적인 연결임을 보이기 위해 그 서두인 1:1-7절에 창세기 46:8-28절의 애굽으로 내려간 야곱의 자손 70명의 이야기와 창세기 1:28절의 축복의 명령을 한데 묶어서 창세기의 출발과 결론을 연결하여 요약하고 있다. 그리고 이스라엘이 야곱과 그의 아들들이 모두 다 죽고 난 후에도 무려 430년 동안 창세기에서 주어진 하나님의 축복의 약속을 성취하고 있다는 보고로 이 두 책 사이의 긴 공백을 메우고 있다. 이것은 창세기에서 이루고자 하셨던 한 선택된 민족을 향하신 하나님의 뜻이 그대로 성취되었음을 분명하게 보여주기 위한 것이다.

> 이스라엘 자손은 생육하고(פָּרוּ 페루) 불어나 번성하고(יִּרְבּוּ 이르부) 매우 강하여 온 땅에 가득하게(תִּמָּלֵא 티말레/충만하게)되었더라(출 1:7, 비교 창 1:28).

이처럼 출애굽기의 시작은 창세기 전체의 목표라고 할 수 있을 정도로 간략하게 요약된 일곱 절의 서론으로 그 출발을 열고 있다. 출애굽기의 출발점에서 창세기 전체의 핵심을 요약하는 이유에 대해서는 몇 가지를 생각해 볼 수 있다.

첫째로, 출애굽기는 성경 이야기에서 별개의 책이 아니라 창세기의 주제를 그대로 연결시키고 있는 연속되는 이야기의 흐름을 가지고 있다는 점이다. 창세기의 올바른 이해가 없이는 출애굽기 또한 올바로 해석될 수 없다는 것을 강조하기 위함이다. 둘째로, 그 연결로써 출애굽기에 나타나는 이스라엘 민족이 비록 400년 이상의 공백이 있었다 할지라도 그들은 창세기에서 하나님의 약속을 부여받고 미래를 향하여 걸어갔던 아브라함, 이삭, 야곱의 후손이라는 것을 그 계보를 통해 분명히 밝히고 있다. 그리고 지금 현재 애굽에서 고난당하는 이스라엘은 여전히 그 약속의 성취를 바라볼 수 있는 희망이 있다는 것을 보이고자 하는 것이다. 셋째로, 창세기에서 다루어진 창조에 대한 여러 가지 특징적인 표현들을 출애굽기 1:1-7절에서 그대로 반복함으로써 하나님께서 원하셨던 그 창조의 목적이 이스라엘을 통해서 이루어지고 있음을 강조하는 것이다. 이것은 이스라엘이 바로 하나님 창조의 가장 핵심적인 목표라는 것을 뚜렷이 선포하고자 하는 목적을 가지고 있다. 하지만 창세기 1;28절의 "생육하고, 번성하여, 땅에 충만하고, 땅을 정복하고, 모든 것을 다스리라"는 소명은 인류에게 주어진 것이란 점에서 이스라엘의 존재의미는 최종적인 목적이 아니라, 또 하나의 과정임을 분명히 알 수 있다. 즉 이스라엘을 구원하시고, 택하신 이유는 마침내 천지창조에서 계획하셨던 그 인류의 구원을 위한 시작점이며 그 성취를 위한 사명자로의 부르심이라는 것이다. 이는 이스라엘이 올바른 다스림을 통하여 세상을 하나님의 품으로 이끌어야 한다는 것을 의미한다.

2. 이야기의 문학적 구조 따라 읽기

출애굽기 1:1-7절은 특별한 구조를 취하지는 않는다. 단지 창세기 46:8-28절의 내용을 간략하게 표현하고 있다는 점에서 비교가 가능할 것이다. 창세기의 내용은 야곱과 그 열 두 아들들과 그들의 자손들을 같이 상세히 언급하며 애굽으로 내려간 인구가 70명이라는 것을 보이고 있다. 그와 달리 출애굽기는 단순히 야곱과 그 열 두 아들들의 이름만을 언급하며 이것이 창세기의 내용을 요약하기 위함이며, 또한 그 연속이라는 점을 보이고자 한다. 그리고 야곱의 12아들들의 배열에 있어서 창세기와 약간의 차이점을 보이고 있다.

	창 46:8-28	
야곱	르우벤	레아
	시므온	
	레위	
	유다	
	잇사갈	
	스불론	
	갓	실바
	아셀	
	요셉	라헬
	벤야민	
	단	빌하
	납달리	
	총 70 명	

	창 7:1-7	
야곱	르우벤	레아
	시므온	
	레위	
	유다	
	잇사갈	
	스불론	
	베냐민	라헬
	단	빌하
	납달리	
	갓	실바
	아셀	
	요셉	라헬
	총 70 명	

창세기 48장의 족보는 그 나열 순서를 레아와 그의 몸종 실바의 아들들을 먼저 나열하고 후에 라헬과 그의 몸종 빌하의 아들들을 나열하고 있다면, 출애굽기 1장은 레아와 라헬의 아들들을 먼저 나열하고, 그들의 몸종들인 빌하와 실바의 아들들을 그 다음으로 서술하고 있다. 출애굽

기의 순서에서 요셉이 베냐민과 같이 라헬의 아들임에도 나중에 거론되는 이유는 야곱과 함께 애굽에 이른 아들들을 먼저 나열하고 있기 때문인 것으로 보인다. 요셉은 애굽에 미리 와 있었기 때문이라 할 수 이다.

그리고 양쪽의 족보에서 다 사용되고 있는 70이라는 숫자는 문자 그대로의 숫자라고 생각해 볼 수도 있고, 혹은 상징성을 내포한 숫자라고 볼 수도 있다. 그 이유는 이 70이라는 숫자를 만들기 위해 보통 여자들은 숫자 계수나 족보에 거론되지 않음에도 불구하고 야곱의 딸인 디나(창 46:15; 참조 창 34장)와 아셀의 딸인 세라(창 46:17)가 같이 포함되어 지는 것으로 보아 그 상징적인 의미 또한 내포하고 있음을 느껴볼 수 있다. 성경 속에서 70이라는 숫자가 풍부함과 다수 혹은 완전성의 의미를 나타내기 위해 자주 쓰인다는 점이 그 예다(출 15:27; 24:1, 9; 삿 8:30; 12:14). 창세기 10장은 70개의 나라들이 홍수 이후에 노아로부터 퍼져 나간 것을 기록하고 있다. 그러므로 야곱의 자손 70인이 애굽에 내려갔다는 것은 이스라엘 전체가 야곱과 함께 애굽에 내려갔다는 사실의 축소형으로서의 역할을 하고 있다는 것으로 볼 수 있다.[28)]

사도행전 7:14절에는 “요셉이 보내어 그 부친 야곱과 온 친족 일흔 다섯 사람을 청하였더니”라고 기록하고 있다. 이것은 히브리어 구약성경을 B.C. 3세기 경에 헬라어로 옮긴 ‘70인역’에 의한 것으로 이 ‘70인역’ 창세기 46:20절은 우리가 읽고 있는 히브리어 원본에서 번역한 한글성경과 다소 차이를 나타낸다. 두 가지를 여기에 비교해 보면 다음과 같은 차이점이 있다.

히브리어와 한글성경(창 46:20)	헬라어(70인역; 창 46:20)
애굽 땅에서 온의 제사장 보디베라의 딸 아스낫이 요셉에게 낳은 므낫세와 에브라임이요	애굽 땅에서 온 제사장 보디베라의 딸 아스낫이 요셉에게 낳은 므낫세와 에브라임이요, 므낫세는 마키르를 낳고 마키르는 갈라아드를 낳고, 므낫세의 형제 에브라임의 아들들은 수탈라암과 타암이요 수탈라암의 아들은 에뎀이요

이상에서 보는 바와 같이 헬라어 70인역은 므낫세와 에브라임의 후손들을 손자들대까지 기록하고 있으며 이로 인해 5명인 '마키르, 갈라아드, 수탈라암, 타암, 에뎀'이 야곱의 족보에 더 첨가되기 때문에 사도행전은 70명이 아닌 75명으로 기록하고 있는 것이다.

이제 이러한 내용들을 그 출발점에 두고 출애굽기 1:1-7절에 나타난 중요한 단어들을 중심으로 좀 더 깊이 있게 살펴보는 것이 필요하다. 특히 창세기 1:28절에는 사용되지 않았으나 출애굽기에만 사용되는 특별한 단어들을 통해 이스라엘의 생육과 번성 그리고 충만함이 어느 정도로 대단한 것인지의 비교는 놀라움을 더해줄 것이다.

3. 이야기의 세부적인 주제 따라 읽기

1) 출애굽기 1:5절과 창세기 46:26절의 '환도뼈'(יֶרֶךְ 예레크)

창세기와 출애굽기는 이스라엘 민족의 근원을 표현할 때 특이한 표현을 쓰고 있다. 바로 '야곱의 환도뼈로부터 나온 자손'이라는 표현이다(창 32:26[2번], 32, 33[2번]; 46:26; 출 1:5).

창 46:26	출 1:5
야곱과 함께 애굽에 들어간 자는 야곱의 며느리들 외에 육십육 명이니 이는 다 야곱의 '몸에서 태어난'(יֹצְאֵי יְרֵכוֹ 요쯔에 예레코/그의 환도뼈에서 나온자) 자이며	'야곱의 허리에서 나온 사람'(יֹצְאֵי יֶרֶךְ־יַעֲקֹב 요쯔에 예레크-야아콥/야곱의 환도뼈에서 나온 자)이 모두 칠십이요 요셉은 애굽에 있었더라

환도뼈를 뜻하는 히브리어는 예레크(יָרֵךְ)로 이 환도뼈는 이스라엘 사람들이 맹세를 할 때 손을 놓는 자리이기도 하며(창 24:2, 9; 47:29), 야곱의 이야기에서 빼놓을 수 없는 중요한 요소이기도 하다. 야곱이 얍복 강가에서 밤이 새도록 하나님과 결투를 치른 후 하나님의 치심을 받고 "하나님과 겨루어 이긴 자"라는 칭호인 '이스라엘'로 이름이 바뀐 사건의 상징이 바로 '부서진 환도뼈'(תֵּקַע כַּף־יֶרֶךְ יַעֲקֹב 테콰 카프-예레크 야아콥/환도뼈 관절이 어긋남; 창 32:25)이다. 그런데 특징적으로 성경에서 유일하게 오직 이스라엘을 지칭할 때 이 '야곱의 환도뼈의 자손'이라는 표현을 쓰고 있다. 결국 이스라엘은 하나님의 다루시는 섭리를 통과한 선택된 백성이라는 의미가 그 속에 들어 있다고 볼 수 있다.

2) 출애굽기 1:7절과 창세기 1:28절의 비교 - 불어남과 매우 강함

출애굽기 1:7절은 "이스라엘 자손은 생육하고 불어나서 번성하고 매우 강하여 온 땅에 가득하게 되었더라"고 그 서론의 마지막을 장식하고 있다. 이 구절은 창세기를 읽어본 사람이라면 누구나 쉽게 그 인용된 근원을 찾아 볼 수 있으리라 여겨진다. 창세기 1장은 하나님의 놀라운 창조의 화음이 질서 정연하게 펼쳐져 나가는 가운데 마지막으로 하나님 창조의 걸작품인 인간을 창조하신 후에 그 인간들에게 주신 축복의 선언을 다루고 있다. 그리고 인간에 대한 하나님의 축복이 창세기 전체를 통해 그대로 이스라엘의 삶 가운데 성취되고 있다는 사실은 그 시사하는 바가 크다. 이것은 하나님의 창조의 목적이 바로 이 이스라엘을 형성하는데 있다는 사실이며, 그것은 이 축복의 초점이 이스라엘을 향해서 점점 좁혀져 간다는 사실에서 여실히 증명되고 있다.

여기 두 구절에서 사용되는 중요한 단어들을 비교, 분석해 보는 것을 통해 위의 사실들을 확인하고, 그 의미를 살피는 것은 그 미래를 볼 수 있는 좋을 길이 된다.

히브리어 단어	창세기 1:28	출애굽기 1:7
생육하다(פָּרָה 파라)	생육하고	생육하고
불어나다(שָׁרַץ 샤라쯔)	**없음**	불어나(물속의 무수한 생물처럼) (창 1:20, 21)
번성하다(רָבָה 라바)	번성하여	번성하고
매우 강하다 (עָצַם בִּמְאֹד מְאֹד 아짬 베메오드 메오드)	**없음**	매우 강하여 (창 26:16)
충만하다(מָלֵא 밀레)	땅에 충만하라	온 땅에 가득하게 되었더라
정복하다(כָּבַשׁ 카바쉬)	땅을 정복하라	**없음**
다스리다(רָדָה 라다)	다스리라 (모든 생물들을)	**없음**

이상에서 보는 것처럼 창세기 1:28절에서 사용되었던 단어들이 출 1:7절에서 거의 반복적으로 사용되고 있으며 특징적으로 출 1:7절은

창 1:28절에서 사용되지 않은 두 단어 '불어나다'와 '매우 강하다'를 더 첨가하고 있다. '불어나다'의 '샤라쯔'라는 단어는 천지창조에서 물속의 무수한 생물의 번성을 지칭할 때 사용되었다: "물들은 생물을 번성하게(שָׁרַץ 샤라쯔) 하라"(창 1:20, 21), 이 단어가 출애굽기에서 이스라엘 민족의 성장을 표현하는데 사용되었다는 것은 큰 의미가 있다. 그것은 이스라엘의 수적인 번성이 생물들이 번식하는 것처럼 어느 누구도 제어할 수 없이 무섭게 불어나고 있다는 것을 강력하게 드러내는 표현이라고 여겨진다.[29] 물에서 번성하는 생물의 대표적인 예를 물고기로 든다면 한 번에 낳는 알의 양이 바로 불어난다는 뜻의 의미일 것이다. 그 정도로 이스라엘이 놀랍게 확장되고 있다는 것이다.

그리고 '매우 강하다'의 '아쨤 메오드'는 창세기에서 단 한 번 사용되고 있는 단어로 그 구조적인 유사성으로 보아 창세기 26:16의 이삭의 이야기에서 빌어온 것으로 보인다. 이삭이 하나님의 축복으로 강대하게 된 것을 이방인 왕 아비멜렉이 두려워하는 것에 사용된다: "아비멜렉이 이삭에게 이르되 네가 우리보다 '크게 강성한즉'(עָצַם מְאֹד 아쨤 메오드) 우리를 떠나라"(창 26:16). '강하다'라는 동사 '아쨤'(עָצַם)의 명사형이 '에쩸'(עֶצֶם)으로 뼈라는 뜻을 갖고 있다는 것을 볼 때 그 강함의 강도를 느껴볼 수 있다. 출애굽기 1:7절에 나타난 '불어나다'와 '매우 강하다'라는 두 단어는 이스라엘이 물속의 생물들처럼 퍼져나가지만 결코 허약한 모습이 아니라 세상이 두려워할 정도로 강력한 위력을 갖고 있다는 것을 의미하는 것이다. 이것은 그 축복을 그대로 이어받은 이스라엘이 애굽의 바로에게도 동일한 두려움을 끼칠 것임을 직감해 볼 수 있다. 차이점이라면 과거 일개 개인 이었던 이삭이, 이제는 이스라엘이라는 민족으로 그 강함을 통해 제국을 두렵게 만들고 있다는 것이다. 출애굽기 1:7절이 이 사건을 염두에 두고, 이제 이스라엘이 대단히 강대해졌으므로 애굽의 바로 왕은 이삭 때의 블레셋 왕 아비멜렉 보다 더 이스라엘의 강대함을 두려워 할 것이라는 점을 은연중에 비치고 있고. 특히 출애굽기 1:7절이 '대단히, 매우'라는 강조를 뜻하는 히브리어 단어인 '메오드'(מְאֹד)를 두 번에 걸쳐서 연속으로 사용하는 것을 통해 이스라엘의 번성과 바로의 두려움의 강도를 느껴 볼 수 있다. 이처럼 이 단어들은 출애굽기 1:8절 이후로 연결되는 바로 왕의 이스라엘의 번성에 대한 두려움에 대한 뚜렷한 원인을 제공해 주고 있다.

3) 출애굽기 속에서 출애굽기 1:1-7절의 역할

창세기 1:28절의 끝에 사용된 두 단어인 땅을 '정복하다'(כָּבַשׁ 카바쉬)와 만물을 '다스리다'(רָדָה 라다)라는 단어들은 출애굽기 1:7절에 의도적으로 나타나지 않는다. 그 이유를 살펴보면 출애굽기가 전진할 방향을 미리 이해할 수 있다. 이것은 아직 이루어지지 않았지만 미래에 이루어야 할 두 가지의 소명인 것이다.

먼저 "땅을 정복하라"는 명령에 나타나는 히브리어 동사는 '카바쉬'(כָּבַשׁ)로 창세기부터 여호수아서까지 '정복하다'라는 뜻으로는 단 4번밖에 등장하지 않으며(창 1:28; 민 32:22, 29; 수 18:1) 그 특징은 나타날 때마다 늘 약속의 땅과 연관된다는 사실이다. 그래서 여러 학자들은 하나님의 창조 때 명령과 축복으로 주어진 정복해야 할 그 땅은 바로 하나님의 백성 이스라엘이 정복해야 할 약속의 땅과 동일한 것을 뜻한다고 본다.[30] 그리고 '다스리라'는 명령은 이렇게 약속의 땅이 정복된 후에 그 땅에서 이스라엘이 영구히 이루어야 할 사명이라는 것을 뜻한다.

그러므로 '카바쉬'(정복하라 כָּבַשׁ)와 '라다'(다스리라 רָדָה)라는 단어들은 출애굽기에서 이스라엘이 걸어가야 할 미래의 사명을 다루고 있기에 출애굽기 1:7절에는 나타나지 않는다. 하나님의 축복 가운데 애굽에서 성장한 이스라엘은 이제 하나님의 인도하심 가운데 땅을 정복하고 그 땅에서 전체 피조세계와 평화를 이루는 '다스리는 사명'을 이루어 나가야 할 과제가 남아 있음을 볼 수 있다.

이처럼 출 1:1-7절은 요셉과 그의 형제들이 다 죽고 사라진 현재의 고난의 시간 속에 과거와의 연결을 통해 이스라엘 민족의 정체성을 새롭게 되새기는 의미가 있다. 그리고 과거에 그들의 조상들에게 나타나셔서 확고한 약속으로 함께 하셨던 그 하나님의 약속이 언제나 유효하게 작용하고 있다는 신념과 함께 그 약속을 부여잡고 미래에로 향하는 희망을 보이고 있다. 그러므로 이스라엘은 애굽에 머물러 있어야 할 바로의 종이 아니라 약속의 땅을 정복하기 위해 신앙의 여정을 떠나야 할 하나님의 백성이라는 확고한 신념이 이 짧은 일곱 절속에 숨 쉬고 있는 것이다. 결국 이 구절들은 이후의 출애굽기에 활력을 불어 넣는 시발점이 되고, 방향을 제공해 주는 역할을 한다.

II. 요셉을 모르는 바로와 이스라엘의 노동: 국고성 비돔과 라암셋 건축
(출 1:8-4:31)

출애굽기의 전반부(1-17장)는 서론격인 1:1-7절을 그 출발점으로 크게 두 부분으로 나누어진다. 첫째는 '요셉을 모르는 바로와 이스라엘의 노동'(1:8-4:31) 으로 주 내용은 하나님께서 바로의 창조 파괴시도(이스라엘 말살정책)를 무효화 시키고 하나님의 창조 역사를 이어가시는 것이다. 둘째는 '하나님의 권능의 승리와 이스라엘 민족의 탄생'(5:1-17:16)으로 하나님의 창조물을 파괴하려는 바로를 파괴하시고 이스라엘을 창조하시는 과정을 보여주고 있다. 두 부분 다 바로의 창조파괴 시도를 이기시고 이스라엘을 창조하시는 이야기라 할 수 있다.

그러므로 이 두 부분의 중심 내용은 하나님께서 이스라엘을 위하여 행하신 일들을 상세하면서도 박진감 넘치게 표현하고 있다. 그 첫 부분인 출애굽기 1:8-4:31절은 바로 왕이 자신의 지혜로 하나님의 창조의 목표인 이스라엘을 파괴하려는 음모를 다루고 있으며, 애굽의 바로 왕이 하나님의 창조를 파괴하는 도구로 나일강을 사용하나 도리어 그 나일강을 통해 하나님의 창조를 연결시켜 나갈 하나님의 사람 모세가 건짐 받는 사건이 펼쳐진다. 이를 통해 하나님의 숨은 섭리인 지혜가 하나님의 창조세계를 지켜나간다는 신념이 드러난다. 두 번째 부분인 출애굽기 5:1-17:16절은 하나님의 창조를 파괴하려는 역사적인 실재인 애굽의 바로 왕이 하나님의 창조에 어떠한 위협도 가할 수 없는 허상이라는 것을 폭로한다. 바로 왕이 통치하는 애굽을 향해서는 열 가지 재앙과 홍해사건을 통하여 철저한 창조의 파괴가 시행되고 있고(출 7:8-14:28), 이스라엘을 향해서는 하나님의 백성으로서의 새 창조가 이루어지며 하나님의 승리가 주어진다(출 14:29-17:16).

이 두 부분의 출발점은 애굽의 바로 왕에 대한 비웃음으로부터 시작하고 있는 것을 볼 수 있다. 첫 번째 이야기의 출발점인 출애굽기 1:8절은 “요셉을 알지 못하는 새 왕이 일어나서 애굽을 다스리더니”라고 전하며, 애굽이라는 나라가 그 명맥을 유지하도록 도와준 은인인 요셉을 모른다는 것을 통해 바로 왕의 무지스런 관계청산 의지를 폭로하고 있으며, 그로 인해 바로가 겪는 사건을 전하고 있다. 두 번째 이야기의 출발점인 출애굽기 5:2절은 “바로가 가로되 여호와가 누구관대 내가 그 말을 듣고 이스라엘을 보내겠느냐 나는 여호와를 알지 못하니 이스라엘도 보내지 아니하겠노라”라는 말을 통해 자신을 신격화 하고 천지를 주관하시는 여호와를 부인하는 인간 교만과 오만을 드러내고 있다. 그리고 그로 인해 발생하는 사건으로 바로의 오만을 꺾고 그가 신이 아닌 한갓 보잘 것 없는 피조물일 뿐임을 드러내는 사건의 연속으로 이루어진다.

이 두 실명이 주어지지 않은 정체불명의 바로들의 무지는 그 각각의 이야기에 중심 주제를 제공하며 그 무지가 어떠한 결과를 만들어 내는가를 그대로 드러내 주고 있다. 요셉을 알지 못하는 무지스런 바로가 자신의 지혜로 이스라엘을 말살하려할 때 하나님의 지혜와 부딪치며 하나님 지혜의 승리의 상징인 모세가 탄생하고, 자라고, 소명을 받는 사건으로 연결된다. 여호와를 알지 못하는 바로가 자신을 신격화 하고 교만을 드러낼 때 오직 여호와 하나님만이 천지를 주관하시는 분이라는 사실이 애굽에 쏟아진 재앙들을 통해 드러난다. 결국 애굽의 바로가 자신이 죄인인 인간임을 고백하게 하고 여호와만이 참 신이심을 드러내는 것으로 그 결론에 이른다.

1. 이야기 전체를 한 눈에 읽기

출애굽기 1:1-7절은 위에서 살펴보았듯이 이스라엘이 애굽 땅에서 하나님의 숨은 섭리 가운데 수도 셀 수 없을 만큼 기하급수적으로 불어나는 모습을 보여주고 있다. 그리고 세월의 흐름을 묘사하기 위해 요셉과 그의 형제들 그리고 그의 모든 세대들이 사라지고 난 다음이라는 것을 창세기(50:26)에 이어서 다시 한 번 언급함으로 옛 시대가 그 막을 내리고 새로운 시대가 시작 되었다는 것을 명시하고 있다.[31] 이스라엘의 번성은 바로 창세기 1:28절에 주어진 창조된 인류를 향하신 하나님의 축복과 삶에 대한 명령이 그대로 이스라엘 민족을 통해 이루어 졌다는 것을 보이고 있다. 이스라엘은 애굽에서 "생육하고 불어나 번성하고 매우 강하여 온 땅에 가득하게 되었다"(출 1:7). 이제 이후의 역사는 분명 창세기 1:28

절에서 나타났듯이 '땅을 정복하고, 다스리는 사명'을 이루기 위해 하나님께서 허락하신 약속의 땅을 향하여 전진하는 것이다.

그러나 바로가 막아서고 있다. 그는 이스라엘이 출발하는 것은 고사하고 아예 창조된 이스라엘의 숫자를 말살하는 정책을 시도하려 한다. 이 점에서 바로는 창조의 파괴자로 등장한다. 창조의 정점이라 할 수 있는 하나님의 형상을 부여 받은 대표 민족인 이스라엘을 말살하려고 시도한다는 것은 곧 하나님의 뜻을 막아서는 자이며, 궁극에는 분명 파괴자가 되고 말 것이다. 이렇게 창조의 파괴자로 나서는 바로의 특징은 "요셉을 알지 못하는 새 왕이 일어났다"(출 1:8)는 표현에서 드러난다. 요셉을 알지 못한다는 말과 이스라엘이 무수하게 불어났다는 것은 어떤 연관관계가 있는 것인가? 바로는 자신의 백성에게 "이 백성 이스라엘 자손이 우리보다 많고 강하도다"(출 1:9)라고 경고하고 있다. 이 속에는 바로의 두려움이 배어 있다. 요셉을 모른다고 했으니 이미 협력의 관계는 깨어진 것이다. 요셉을 통한 하나님의 능력을 깨닫는 다면 결코 이 협력관계를 무효화시키지는 않을 것이다. 그것은 창세기에서 요셉을 철저하게 인정했던 바로에게서 찾아볼 수 있는 특징이다.

바로가 그의 신하들에게 이르되 이와 같이 하나님의 영에 감동된 사람을 우리가 어찌 찾을 수 있으리요 하고 요셉에게 이르되 하나님이 이 모든 것을 네게 보이셨으니 너와 같이 명철하고 지혜 있는 자가 없도다 너는 내 집을 다스리라 내 백성이 다 네 명령에 복종하리니 내가 너보다 높은 것은 내 왕좌뿐이니라 바로가 또 요셉에게 이르되 내가 너를 애굽 온 땅의 총리가 되게 하노라 하고(창 41:38-45).

하나님의 영의 능력에 무릎을 꿇을 줄 아는 사람은 결코 파괴를 경험하지 않는다. 천지창조 때에 하나님의 영이 세상의 혼돈스런 수면 위를 운행하시며 창조의 질서를 만들어 가시듯이, 그렇게 절망과 파멸의 위기 속에서도 새로운 질서가 만들어 질 것이기 때문이다. 이러한 축복은 하나님의 영이 함께하는 사람을 인정할 때 가능하다. 그것을 보는 눈이 없을 때에는 새로운 창조의 질서가 아닌 오히려 혼돈과 공허로 가득 차 절망적인 파괴만이 남게 될 것이다. 창세기에 등장하는 바로가 하나님의 영이 함께하는 요셉을 알아보고 그에게 모든 것을 맡겼을 때 세상을 집어 삼키려는 혼돈과 무질서의 한 현상인 기근이라는 대 파괴 가운데서도 생명의 길인 창조질서의 회복을 경험했다.

그러나 출애굽기를 시작하며 나타난 바로는 하나님의 영이 함께 했던 요셉과의 협력관계에 결별을 선언했다. 이것은 곧 하나님의 영의 인도를 버리고 자신이 신이 되겠다는 결정과 다름이 없다. 자신이 신이 되어서 세상을 마음대로 움직이겠다는 결정이다. 그러나 하나님을 떠난 세상의 힘은 하나님 창조의 완성을 두려움으로 본다. 하나님의 뜻이 이루어지면 자신의 뜻이 무너지기 때문에 그것을 공포스럽게 여기며, 적으로 간주한다. 이렇게 자신의 뜻을 세우려는 자는 하나님의 뜻이 이루어지는 것을 거부한다. 그러므로 세상과 하나님의 나라는 동일 선상에 존재할 수 없다. 여기에는 피할 수 없는 대결이 존재할 수밖에 없다. 그리고 그 대결은 결국 창조의 파괴라는 대 파국으로 치달을 것이란 사실을 어렵지 않게 짐작해 볼 수 있다.

하나님과 바로의 첫 번째 대결이 시작된다. 바로가 "자 우리가 그들에 대하여 지혜롭게 하자"(출 1:10)라는 선포를 살펴볼 때 첫 번째 대결은 분명 지혜의 대결이 될 것을 직감해 볼 수 있다. 하나님의 창조를 파괴하려는 바로의 지혜와 그 창조세계를 지키시려는 하나님의 지혜가 맞붙는 것이다. 바로가 이스라엘을 말살하려고 시도하는 계획은 계속해서 좌절되고 무너진다. 결국 극도의 분노에 찬 바로는 애굽인들 모두에게 이스라엘의 사내아이들을 죽일 수 있는 살인면허를 부여한다. 사내아이를 발견하는 대로 나일강에 던지라는 것이다. 인간의 두려움과 분노로 만들어진 법은 결코 정의로울 수 없고 바른 목적을 이룰 수 없다. 바로는 자신이 내린 그 명령이 시행됨으로 인해 오히려 자신에게 대항하고, 이스라엘을 구원할 한 아이가 나일강에서 건짐 받는 계기를 제공해 주고, 버젓이 자신의 궁에서 자신의 후원으로 자라게 되는 길을 열게 된다. 인간의 지혜라는 것이 바로 이와 같은 결과에 도달한다는 것이다. 자신이 베푼 꾀에 자신이 빠지는 것이다.

이렇게 모세가 나일강에서 건짐 받고 바로의 궁에서 자라게 되었고, 40세 쯤 되었을 때의 바깥나들이가 인생의 전환점이 된다. 이틀 동안에 벌어지는 사건으로 첫째 날은 한 애굽인이 동족 히브리인을 치고 있는 것을 보고 그 애굽인을 쳐서 죽이고 모래에 묻은 사건이고, 그 다음 날은 한 히브리인이 다른 히브리인을 치는 폭력을 행하는 것을 보고 그 잘못한 사람에게 왜 동족을 치느냐고 재판장 역할을 하려 했다. 그때 그 잘못한 히브리인이 "누가 너로 우리의 지도자와 재판장으로 세웠느냐?"고 따지고 덤비는 말에 모세는 할 말을 잃었고, "어제 그 애굽인을 죽인 것처럼 나도 죽이려느냐?"는 항변에는 넋을 잃고 도망칠 수밖에 없었다. 애굽인을 죽인 살인사건이니 바로가 그대로 묵과 할 일이 아니었기 때문이다. 모세가 그렇게 미디안 광야로 도망쳐 제사장 집안 르우엘의 집에서 거하게 되었고, 르우엘의 딸을 아내로 맞이하여 게르솜이라는 아들을 낳고 장인의 양을 치는 나그네 생활을 이어간다. 40년을 양치기로 살아가며 풀을 찾아 이리저리 옮겨 다니다가 어느 날 호렙 산에 이르게 되고 그곳에서 가시떨기 불꽃 가운데서 하나님의 임재를 체험하고, 소명자로 거듭난다. 하나님께로부터 이스라엘 구원의 소명은 물론, 그 하나님이 누구이신가에 대한 지식과 더불어 하나님의 임재를 증명할 수 있는 이적과 기적의 능력을 부여받고 장인에게 돌아와 애굽의 형제들에게로 돌아가게 하여줄 것 요청한다. 이드로의 배웅을 받으며 하나님의 임재의 상징인 지팡이를 손에 잡고 애굽을 향하여 떠난다.

가는 도중에 하나님께서 할례 문제로 인하여 모세를 죽이려고 시도하셨으나 십보라가 돌칼로 아들의 포피를 베어서 던짐으로 죽음을 극복하고 마침내 하나님의 산에 이르러 아론을 만나 애굽의 동족들에게로 향한다. 백성들 앞에서 하나님께서 부여해 주신 이적을 행하자 백성들이 믿고, “여호와께서 이스라엘 자손을 찾으시고 그들의 고난을 살피셨다 함을 듣고 머리 숙여 경배”하는 장면으로 이 단락이 마감된다. 하나님께서 창조의 파괴를 시도하는 바로에게 대항하여 하나님의 뜻을 대변할 한 지도자를 세우시는 이야기가 전체의 이야기를 채우고 있다. 하나님께서 직접 전쟁을 치르시고 이스라엘을 구원의 길로 가게 하실 수 있으시지만 만약 그렇게 하신다면 인간의 창조목적은 상실될 것이며 인간의 존재이유가 그 의미를 잃을 것이다. 인간을 하나님의 형상으로 창조하신 그 이후부터 하나님께서는 인간에게 자신의 뜻을 계시하지 아니하시고는 결코 어떤 일도 행하지 않으시기 때문이다(창 18:17; 암 3:7). 그 다음의 이야기는 당연히 이 지도자의 사역으로 이스라엘이 구원의 길을 가는 이야기일 것을 기대해 볼 수 있다. 모세의 탄생과 소명은 곧 이스라엘의 탄생과 소명의 길로 연결될 것이기 때문이다.

2. 이야기의 문학적 구조 따라 읽기

바로와 여호와의 지혜 대결을 그리고 있는 출애굽기 1:8-22절은 마침내 모세의 탄생과 바로의 궁에서의 성장을 전하고 있는 출애굽기 2:1-10절까지의 내용으로 마감된다. 결국 하나님의 지혜가 이겼다는 것을 드러내고 있는 것이다. 그러나 하나님의 승리는 아직 애굽에 있는 이스라엘 민족의 삶에는 시기상조이다. 여전히 바로의 폭정은 계속되고 있고 고난이 이어지고 있기 때문이다. 그러나 살아계신 하나님께서 악이 승리하고 있는 상황 속에서도 하나님의 역사를 계속하고 계시다는 것을 볼 수 있는 믿음의 눈을 가진 자들에게는 악의 승리가 아닌, 하나님의 숨은 섭리가 승리하고 있다는 것을 확신할 수 있다.

이렇게 바로와 하나님의 대결 주제에서 모세라는 인물의 준비와 훈련으로 이야기의 초점이 바뀌게 된다. 출애굽기 2:11-4:31절까지는 오롯이 모세라는 인물이 하나님의 소명자로 거듭나는 이야기를 그 중심 주제로 한다.

이 전체는 보기 쉬운 구조를 형성하고 있다.[32]

* 서론(출 1:8-2:10): 바로와 하나님의 지혜대결과 모세의 탄생과 성장

A. 2:11-14 애굽: 모세가 구원자로서의 역할을 시도, 형제들이 그를 거부
- "누가 너를 우리를 다스리는 자와 재판관으로 삼았느냐?"

B. 2:15 바로가 모세를 죽이려고 함

C. 2:16-25 모세가 미디안으로 피신(애굽에서 미디안으로)

D. 3:1-4:17 전환점: 모세의 소명(호렙 산에서)

C'. 4:18-23 모세가 미디안 장인에게서 애굽으로(미디안에서 애굽으로)

B'. 4:24-26 하나님께서 모세를 죽이려고 함

A'. 4:27-31 애굽으로 돌아감 : 이적을 행하고 하나님의 계획을 전함
- "여호와께서 살피셨다 듣고 백성들이 머리 숙여 경배함"

전체의 서론은 바로와 하나님의 지혜 대결과 모세의 탄생과 성장이라는 주제를 보이며 다음에 전개될 본론의 이야기를 준비한다. 바로와 하나님의 지혜 대결은 세 단계로 이루어진다(① 출 1:11-14, ② 1:15-21, ③ 1:22). 각 단계마다 바로의 패배가 극명하게 드러나며 인간 지혜의 무능을 보여주고 있다. 이 대결의 끝에 모세가 탄생하고 바로의 왕궁에서 40년을 자라는 것으로 서론은 그 끝에 이른다. 그리고 본론은 전적으로 성인이된 모세의 이야기에 초점을 맞춘다.

A(2:11-14)와 A'(4:27-31)은 이스라엘 백성이 모세를 거부하는 장면에서 모세를 인정하는 장면으로 마감된다. A에는 모세가 어느 누구

에게로 부터도 보냄을 받지 않았음에도 지도자와 재판관의 역할을 하려는 것에 대해 이스라엘 백성들마저도 거부하는 장면으로 시작한다. 애굽인을 쳐서 죽이고, 이스라엘 동족을 구해내고, 또한 이스라엘 동족들의 다툼을 중재하여 재판하려는 시도를 하고 있는 것이다. 이러한 역할에 대한 거부는 모세에게 커다란 실망감을 안겨주었을 것이다. 그러나 A'에는 이스라엘 백성들이 기꺼이 모세를 받아들이고 자신들의 지도자로 인정하는 장면으로 결론에 이른다. 그리고 "누가 너를 우리를 다스리는 자와 재판관으로 삼았느냐?"는 항변도 하지 않는다. 왜냐하면 모세에게서 여호와의 권능이 드러나고 있기 때문이다. 이렇게 양 방향의 차이점은 극명하다. 이러한 반전의 원인은 중심에 위치한 하나님의 산 호렙에서의 하나님과의 만남일 것이다. 모세를 통하여 드러나는 이적들이 하나님의 권능으로 인한 것임을 눈으로 확인하였기에 의심을 거두고 하나님의 돌보심에 머리를 숙이는 것이다. 이처럼 지도자에게서 뿜어져 나오는 하늘로부터 오는 권위는 사역을 위하여 중요한 요소라 할 수 있다.

B(2:15)와 B'(4:24-26)은 모세가 죽음의 위협 앞에 놓인다는 점에서 동일성을 갖고 있다. 그러나 주체가 누구냐에서는 극명한 차이점이 존재한다. B에서는 바로가 애굽인을 살해한 모세를 죽이려 한다는 점에서 논리적이라 할 수 있으나, B'에서는 여호와께서 모세를 죽이려 하신다는 점에서 의문을 자아낸다. 분명 여호와께서 모세에게 애굽 땅으로 돌아가라고 명령하셨기에 모세가 가족을 데리고 그 길을 떠난 것이다. 그런데 그런 모세를 길에서 죽이시려는 것이다. 그 구체적인 이유는 세세하게 이야기를 풀어가는 다음 부분에서 다루기로 한다.

C(2:16-25)와 C'(4:18-23)은 주로 지리적인 방향에서의 차이점을 통해 모세의 소명을 살펴보고 있다. C에서는 모세가 바로의 낯을 피해 애굽에서 미디안으로 향하여 도망하고 있다면, C'에서는 모세가 하나님의 소명을 받고 미디안에서 애굽으로 향하는 길을 걸으려고 한다는 것이다. 미디안이 중심이 되지만 미디안으로 향하는 것인가, 미디안에서 나가는 것인가의 차이점이다. 자신의 목숨을 살리려고 도망간 땅에서 이제는 자신의 목숨을 잃을 수 있는 땅으로의 전진이 시작되는 것이다. 하나님을 만난 사람, 그 하나님께로부터 숭고한 소명을 받은 사람의 변화가 바로 이런 것이라 할 수 있다.

중심의 D에서는 모세의 삶에서나, 이 세상을 살아가는 모든 사람들의 삶에서 가장 중요한 부분이 등장한다. 전 세계 모든 사람들의 삶에서 중심이 되어야 할 장소이며, 내용인 것이다. 모세가 하나님을 만나 소명을 받고, 그 소명을 이룰 능력을 부여 받는 시간이며, 장소인 것이다. 모세에게나, 우리에게나 이러한 중심이 없다면 삶은 추진력과 방향을 잃고 좌초되고 말 것이다.

3. 이야기의 세부적인 주제 따라 읽기[33]

1) 하나님과 바로왕의 지혜의 대결(출 1:8-2:10)

애굽에서의 이스라엘 민족의 고통의 시작은 '요셉을 알지 못하는 새로운 왕'이 등극하면서 벌어진다. "요셉을 알지 못한다"는 의미는 이스라엘 민족의 역사를 알지 못한다는 이야기이며,[34] 그들이 어떻게 이 땅에 존재하게 되었는가라는 질문에 아무런 대답도 할 수 없다는 것을 의미한다. 과거에 요셉의 도움으로 구원을 얻게 된 애굽의 바로 왕이 부르짖었던 "이와 같이 하나님의 영에 감동된 사람을 우리가 어찌 찾을 수 있으리요"(창 41:38)라는 말 속에는 '하나님께서 함께 하시는 사람' 나아가서 '하나님께서 함께 하시는 민족'이라는 의미가 드러난다. 그러나 이제 이러한 과거가 다 상실되어 버린 현재를 너무나 극명하게 표현하는 말이 바로 '요셉을 모른다'라는 문장의 의미이다. 이러한 때 발생할 수 있는 일이 있다. 사람의 삶 속에서도 서로가 친분을 유지하며 조화롭게 공존하며 교류하다가 갑작스럽게 한 쪽이 일방적으로 관계의 단절을 시도할 때가 있다. 그럴 때면 어김없이 공격이 들어오게 마련이다. 관계청산의 이유는 상대방과의 면식을 끊어내는 것으로 그래야 그에게 하고 싶은 대로 할 수 있기 때문이다. 친분 있고, 우호적인 관계에서는 자신의 욕심을 차리기 위해 상대방을 도구로 이용하기는 힘들기 때문이다. 벗이요, 은인인 존재를 한 순간에 적으로 뒤바꿀 수 있는 것이 바로 관계청산인 것이다. 이제 바로가 이스라엘과의 과거의 관계를 청산했으니 자신의 욕구대로 공격을 가하는 것은 어렵지 않은 일이다. 자신보다 조금이라도 더 강한 면모를 과시하게 된다면 가차 없이 해를 끼치는 적으로 간주하고 해를 가할 것이다. 이것은 이스라엘 민족의 정체성을 오해한 데서 기인한 것이다. 이스라엘은 그 숫자가 많아지면, 많아질수록 요셉과 같은 사람의 숫자가 늘어난다는 점에서 세상에 득이 되는 것이지 결코 해가 되는 존재들이 아니기 때문이다. 그리스도인들 또한 세상을 향하여 이와 같은 존재들이라는 것을 계속해서 알려야 할 소임이 있다. 그리스도인들이 어느 곳에서든지 잘

되고, 높이 올라갈 때마다 그것이 그들이 속해 있는 공동체 전체에 지대한 유익이 된다는 것을 삶으로 드러내야 하는 것이다. 그러할 때 세상의 공격이 아닌 우호적인 환대 속에 선교의 길이 더욱 크게 열리는 것이다. 그러나 바로는 그러한 것을 보기 보다는 먼저 자신보다 다수이며 강한 면모를 보이는 이스라엘에 대한 두려움으로 행동에 나선다.

이에 반해 그 뒤에 나타나시는 하나님께서는 이스라엘이 고통 가운데 부르짖는 그 울부짖음을 들으시고, 그 민족의 과거인 아브라함, 이삭, 야곱과의 계약을 기억하시고 그들을 돌아보시고, 하나님께서 아셨다(יָדַע, 야다)라고 표현하고 있다(출 2:25). 바로 이 하나님만이 이스라엘이 어떻게 탄생된 민족인가 라는 그들의 과거를 아시고, 그러기에 그들의 현재의 고통을 돌아보시며, 궁극적으로 그들이 있어야 할 계획된 미래를 향해서 그들이 나아가게 할 수 있으시다. 바로 그것을 이루시기 위해 하나님께서 바로 왕을 향하여 이스라엘의 소유권을 주장하기 시작하신 것이다. 하나님의 소유권 주장은 바로 왕의 억압과 착취를 통한 절대적인 소유의 개념과는 달리 이 민족을 하나의 독립된 인격으로 세우시기 위해 그 일을 진행시켜나갈 한 지도자인 하나님의 종을 준비시키는 것으로 시작된다. 이 하나님의 기억하심과 아심이 있은 다음에 '모세의 소명이야기'(출 3-4장)가 펼쳐지는 이유는 하나님께서 이스라엘을 향한 자신의 소유권을 선포하실 준비를 철저히 하고 계시다는 것으로 볼 수 있다.

(1) 사건의 발단 - '우리'(출 1:9)

창세기 1:26절에서 "**우리의** 형상을 따라 우리의 모양대로 우리가 사람을 만들고" 라는 표현에서 드러난 하나님 창조의 걸작품으로 하나님의 형상을 드러낼 하나님께서 선택하신 민족 이스라엘이 마침내 역사의 무대에 등장했다. 그런데 바로 왕이 "자 **우리가** 그들에 대하여 더 이상 불어나지 못하게 지혜롭게 행하자"(출 1:9-10) 라는 말로 자신의 지혜를 이용해 하나님의 창조를 파괴하고자 하는 의도를 표명함으로 사건은 전개 된다. '하나님의 우리'와 '바로 왕의 우리'라는 의미 속에는 두 존재 다이 세상을 통치하는 주권자라는 점에서 '우리'의 정체성은 자신들의 통치 기구를 의미한다. 그러나 창세기에서 '우리'라는 표현은 창조적인 연합을 보여주고, 출애굽기에서의 '우리'라는 표현은 그 반대인 하나님 창조의 파괴를 의도하는 악의에 찬 연합이라는 점에서 그 대조가 날카롭게 비교되는 것이다. 지금 현재 '우리'는 어디에 속해 있는가? 하나님의 창조를 새롭게 이루어가는 편에 있는가, 아니면 그 창조를 파괴하는데 앞장서고 있는가? 즉, 우리는 지금 하나님의 우리에 포함되어 있는 사람들인가, 아니면 바로의 우리에 포함되어 있는 자들인가? 아무리 부정할지라도 우리는 모두 이 둘 중의 하나에 속해 있는 것이다. "나는 아무 것도 하지 않았으니 중립이다"라고 생각할지 모르지만 그것은 이미 사탄이 활동할 수 있는 공간을 제공한다는 의미에서 파괴 쪽에 손을 들어주고 있는 것이다.

하나님의 영을 벗어난 그룹인 '우리'는 늘 상대방을 협력의 대상으로 보는 것이 아니라 적으로 간주하는 경향이 있다. 특히, 그 상대방이 자신보다 더 나은 부분을 가지고 있을 때는 더욱더 강력하게 적대적으로 대한다. 바로는 하나님의 영의 능력을 거부한다. 그로 인해 더 커져만 가는 이스라엘을 협력과 동역의 관계가 아닌 적으로 간주하고 공격을 가하기 시작한다. 이것은 비단 이방의 왕인 바로에게서만 찾아볼 수 있는 현상은 아니다. 하나님의 백성이라고 하는 사람들의 삶 속에서도 동일한 현상을 발견할 수 있다는 점에서 심각하다. 그 대표적인 예가 바로 사울과 다윗의 관계 속에서 살펴볼 수 있다. 하나님의 영이 떠나고 악령에 사로잡힌 사울은 자신은 천천에 불과하다 하고 하나님의 영이 함께하는 다윗은 만만으로 인정받으며 점점 커져만 가는 것을 두려워하여 적으로 간주하고 죽이려는 시도를 서슴지 않는다(삼상 18:12). 사울도 바로처럼 하나님의 창조를 돕는 것이 아니라 하나님 나라의 파괴를 시도하고 있는 것이다. 우리 또한 하나님의 영 안에 거하지 않는다면 하나님 나라를 세우는 것이 아니라 파괴하는 존재가 되고 말 것이다. 마태복음 16장의 베드로 이야기는 한 순간에 성령에 속한 자가 되기도 하고 악령에 속한 자가 되기도 하는 두려운 경고를 전해주고 있다. 하나님의 일을 생각하는가, 사람의 일을 생각하는가에 따라 한 순간에 달라진다는 것이다.

바로의 우리와 하나님의 우리는 같은 편을 필요로 한다. 바로가 하나님의 창조를 파괴하기 위하여 우리라는 연합을 만들어 내고 있다. 그러한 경쟁과 대결의 구도에서 하나님께서 자신에게 속한 '하나님의 우리'를 만들기 위하여 바로의 지혜를 뚫고 모세라는 한 인물을 세우신다. 그렇다면 모세라는 인물을 통하여 하나님의 우리에 포함될 사람의 자격을 생각해 볼 수 있다. 그리고 그 모세를 통하여 동일한 뜻을 품은 우리라는 공동체가 탄생할 것이다. 모세가 경험한 것과 같은 것을 경험한 우리라는 공동체가 서는 것이다. 호렙 산에서 하나님을 만나고 소명을 받는 모세처럼 동일한 것을 경험한 사람들이 하나님의 우리가 될 것이다. 왜냐하면 소명 받은 우리 안에는 하나님의 영이 충만하게 활동하실 것이기 때문이다. 그리고 하나님의 뜻을 받들기 위해 최선을 다하는 삶을 살 것이기 때문이다.

(2) 사건의 요소 - 바로 왕의 지혜와 하나님의 지혜의 대결(출 1:10-22)

출애굽기 1:10절은 바로의 대결 선포로 시작한다: "**자 우리가 그들에게 대하여 지혜롭게 하자(חָכַם 하캄) 두렵건대 그들이 더 많게 되면 전쟁이 일어날 때에 우리 대적과 합하여 우리와 싸우고 이 땅에서 나갈까 하노라 하고.**" 이것은 바로가 이스라엘 백성을 보았을 때 자신들보다 많고 강한 것을 보고 공포심에 사로잡혀 하는 말이다(출 1:9). 여기서 바로 왕이 말한 "지혜롭게 하자"(חָכַם 하캄)라는 단어에 주의를 기울여야 할 것이다. 그 이유는 지금 출애굽기 1:8-2:10절 사이에는 하나님의 창조의 목적인 이스라엘을 바로가 자신의 지혜로 파괴하려는 음모와 그 시도를 무효화 시키시며 오히려 그 계획을 자신의 구원 사역을 위한 발판으로 삼으시는 하나님의 숨어있는 지혜와의 대결이 벌어지고 있기 때문이다.

애굽과 지혜의 관계는 이미 고대로부터 떼려야 뗄 수 없는 깊은 연관관계를 가지고 있다. 고대에 지혜를 이야기 할 때 애굽의 지혜는 그 근동에서 빼놓을 수 없을 만큼 중요한 영향력을 행사했다. 그 비근한 예로 애굽의 중요한 지혜서의 하나인 '아멘-엠-오펫'(Amen-Em-Opet)과 잠언서 22:17-24:22절 사이의 내용의 유사성에서도 살펴볼 수 있듯이 이러한 지혜에 관한 내용들이 서로 교류되고 있었음을 느껴 볼 수 있다.[35] 이처럼 지혜로 유명한 애굽, 그 중에서도 지혜의 중심으로 여겨지는 바로의 왕궁, 그 가운데서도 지혜 그 자체로 인정되며 신의 아들(태양 신 레의 아들; the Incarnate Son of Re)로 숭배되고 있는 바로 왕이 이 지혜라는 단어를 가지고 이스라엘을 말살하기를 시도하고 있는 것이다. 여기에서 보여주고자 하는 교훈은 이 교만한 인간의 지혜와 숨은 섭리 가운데 펼쳐지는 하나님의 지혜와의 한판 승부가 어떤 결론을 맺을 것인가라는 것이다. 누가 승리할 것인가? 사람들은 이구동성으로 분명 여호와라고 말할 것이다. 그렇다면 왜 당신은 지금도 하나님과 두뇌싸움을 벌이고, 기 싸움을 하고 있는가라고 말한다면 어찌 대답할 것인가? 그리스도인들도 때로 하나님과 이렇게 무모한 대결을 벌일 때가 있다. 결국은 여호와의 지혜, 여호와의 방법과 계획이 설 것임에도 불구하고 말이다. 바로 왕은 자신의 지혜를 동원해 세 번에 걸쳐서 이스라엘 말살 정책을 시행한다.

'지혜롭다'라는 히브리어 단어 '하캄'(חָכָם)은 명사형 '호크마'(חָכְמָה 지혜)와 더불어 구약성경 곳곳에서 나타나며 특히 지혜문학서들인 '잠언, 욥기, 전도서'에 집중적으로 나타난다. 그리고 그 곳에서는 늘 지혜의 정의를 "여호와를 경외하는 것"에서 찾고 있다.

> 또 사람에게 말씀하셨도다 보라 주를 경외함이 지혜요 악을 떠남이 명철이니라(욥 28:28).

> 여호와를 경외하는 것이 지식의 근본이거늘 미련한 자는 지혜와 훈계를 멸시하느니라(잠 1:7).

> 여호와를 경외하는 것이 지혜의 근본이요 거룩하신 자를 아는 것이 명철이니라(잠 9:10).

일의 결국을 다 들었으니 하나님을 경외하고 그의 명령을 지킬지어다 이 것이 모든 사람의 본분이니라(전 12;13).

"여호와를 경외하는 것이 지혜의 근본"이라면 여기서 드러나는 것은 바로는 이미 하나님의 영이 함께한 요셉과의 관계를 청산했으므로 분명 여호와를 알지도 못하는 존재이다. 그렇다면 여호와를 알지도 못하는 자의 지혜와 지혜의 근원이신 여호와의 대결은 어떻게 될 것인가? 고대근동에서 지혜의 산실이라고 하면 애굽의 왕궁이며, 또한 그 중심에 좌정하고 있는 바로는 지혜의 현현이라고 일컬어지며 신격화된다는 점을 이미 피력하였다.

자신의 땅에 살고 있는 한 백성, 그들은 분명 우연의 존재가 아니며, 그곳에 있게된 분명한 이유가 있을 것이다. 그러나 바로는 이들과의 관계를 별로 중요하게 생각지 않는다. 그것은 '요셉을 알지 못하는 바로'라는 표현 속에 그대로 드러난다. 요셉의 지혜는 결코 그 자신에게서 근원된 것이 아니라 '하나님의 영'이 함께하심으로 인한 것이다. 하나님의 영이 함께하는 백성과의 관계를 청산한 바로에게 지혜가 있을 것인가? 의도적이든, 실제의 무지이든 그 결과는 심각하다. 이러한 무지는 심각한 오류를 만들어 내고, 어리석은 결정에 이르게 하기 때문이다. 바로는 심각한 정치적인 오판을 행했다. 그들에게 우호적인 한 백성을 그들의 수적인 우세로 인한 공포심으로 자신의 적으로 간주하게 되는 것이다. 그의 말은 한 민족이 다른 민족을 대항하도록 촉구하는 선동적인 언사였으며, 대립과 갈등과 투쟁의 불 위에 기름을 끼얹는 말이었다.[36)]

이렇게 우리의 무지는 공포심을 자아내게 하고, 세상을 협력과 화합이 아닌 경쟁과 폭력으로 해석하는 경향이 있다. 자신보다 조금만 더 나아보이면, 그것을 인정하기 보다는 어떻게든 그 장점을 깎아 내려 바닥에 떨어뜨려야만 직성이 풀리는 세상을 만드는 것이다. 이것이 세상이 추구하는 지혜이다. 하지만 이와는 반대되는 세상을 이미 창세기에서 보여주었다. 창세기의 바로는 하나님의 뜻을 명확하게 분별하는 '하나님의 영'에 가득 찬 요셉을 바라보며 "이와 같이 하나님의 영에 감동된 사람을 **우리가** 어찌 찾을 수 있으리요"(창 41:38)라는 선언으로 그를 경쟁자가 아닌 협력자, 조력자로 바라보며, 최고의 권위를 자랑하는 자신의 인장반지까지 빼어서 요셉에게 위임하며 하나님의 우리에 연합한다. 그로 인해 자신은 물론 자신의 나라, 나아가서 고대 근동의 세계가 죽음으로부터 벗어나는 생명을 얻는다. 즉, 모든 죽어가던 세상이 새로운 생명의 창조로 재탄생되는 것이다. 그러나 출애굽기의 바로는 그 반대의 길을 택하며, 그 어떤 상대와도 대화하려 하지 않고, 자신을 낮추려 하지 않는다. 이러한 바로가 통치하는 곳에서는 서로를 인정하는 연합은 기대할 수 없을 것이다. 이것은 하나님의 백성 이스라엘이 겪을 미래가 무엇인지를 짐작케 한다.

(3) 사건의 전개 - 바로 왕의 세 번에 걸친 음모와 실패

이제 하나님에 의해 창조된 이 백성이 나아가는 길을 막고, 모든 것을 무(無 nothing)로 되돌리려고 하는 어둠과 혼돈의 세력이 그 힘을 발휘하기 시작한다. 창세기 1:28절과 6:11절에서는 하나님의 창조를 방해하는 세력이 혼돈과 파괴를 의미하는 신화적인 태초의 물인 '깊음'(תְּהוֹם 테홈)으로 나타나지만 이제 출애굽기에서는 역사적인 실재인 애굽의 바로 왕이 그 역할을 맡고 있다. 이러한 바로의 정체를 간파한 에스겔서는 애굽의 바로를 혼돈을 일으키는 악어라고 한다(겔 29:1-4; 32:1-4).[37] 이것은 바로 왕이 두려움 가운데 하나님의 창조의 목적인 이스라엘을 철저하게 파괴하고 말살하려는 그의 시도에서 너무나 잘 나타나고 있다.

이러한 상황을 깊이 있게 생각해 본다면 이제 앞으로 어떠한 일들이 벌어질 것인가를 미리 짐작해 볼 수 있으리라 생각된다. 하나님께서는 분명히 자신이 계획하신 창조의 완성을 향해 전진하실 것이며, 그에 반해 바로 왕은 어떻게든 그 하나님의 창조를 파괴하려고 시도할 것이기에 이 두 힘의 대결이 결국은 출애굽기의 전반부를 장식할 것임은 명백한 사실이 될 것이다. 창조를 파괴하려는 세력과 창세전부터 계획하신 자신의 창조의 목적을 그대로 이루어 가시려는 하나님의 창조 보존의 섭리가 부딪치는 그 첫 번째 대결은 두 힘 간의 지혜의 대결이다. 하나님과 바로의 지혜의 대결은 3회전을 흘러가며 진행된다. 누구의 지혜가 설 것인가? 하나님의 것인가 아니면 바로 왕의 것인가?

[1] 1회전: 극심한 탄압과 강제노동(출 1:11-14)

첫 회전은 바로의 단기적인 계획이 진행되며 빠른 시간 내에 이스라엘의 생식능력을 끊어내려는 시도에 대한 하나님의 응전이다. 바로의 이 방법은 극심한 탄압과 강제노동을 통해 시도된다. 이스라엘을 국고성 비돔과 라암셋을 건축하는 현장에서 혹사시킴으로 체력을 소진시키는 방법이다. 이러한 건축공사는 말 그대로 고통의 연속이었을 것이다. 바로는 일거양득의 계획을 실행하고 있는 것이다. 즉 자신이 목적하는 두 가지를 한 가지 계략으로 해결하는 방식이다. 이스라엘의 노동력을 쥐어짜서 자신이 원하는 것도 만들고, 그 가중한 노동을 통해 생존조차 힘겹게 만들어 생식능력을 무너뜨리는 것이다.

바로는 실제로 적은 식량, 뙤약볕, 과중한 노동, 채찍이라는 강제노동에 이스라엘을 몰아붙임으로 자신이 원하는 건축물을 만들어간다. 그 구체적인 노동의 내용은 흙 이기기와 벽돌 굽기와 농사의 여러 가지 일이라고 한다. 이 중에 벽돌을 만드는 것만 해도 들판에서 모은 짚과 물기 있는 진흙을 알맞은 비율로 배합 한 후 직사각형 나무틀에 넣고 모양을 만들어 햇볕에 3일 정도 말리고, 뒤집어서 또 3일을 말려서 완성한다. 고고학적인 발굴로 람세스 2세의 통치 15년 즈음에 기록된 한 두루마리에 따르면 40명의 노예들이 매일 8만개라는 상상을 초월하는 수량의 벽돌을 만들었다고 기록되어 있다.[38] 그리고 이러한 긴 시간의 강제노동에 이스라엘을 노출시키는 것은 육체적으로 혹사하여 그들의 생식능력을 인위적인 방법으로 제거하려는 것이다.

그러나 이 방법은 오히려 더 탄압하고 억압하면 할수록 이스라엘 민족이 더 '불어나고,' '번성한다'는 것으로 결론에 이른다. 결국 이런 고통과 괴로움 가운데서도 하나님의 창조의 목적은 결코 변함없이 이루어져 간다는 사실을 여실히 보여주고 있는 것이다. 궁극적으로 바로가 깨달은 것은 이스라엘의 남자들은 애굽인과는 다른 체질을 가진 사람들이라는 것만 확인하고 첫 회전은 이렇게 바로의 실패로 끝이 난다.

[2] 2회전: 이스라엘 산파들을 시켜 사내아이들을 모두 죽이게 함(출 1:15-21)

대결의 2회전은 시간이 걸리는 장기적인 계획이지만 실질적인 인구 억제 방법으로, 이스라엘 아이들을 받는 산파들을 시켜 사내아이들이 태어나면 그 자리에서 모두 죽이고 딸이면 살리라는 명령이다. 성별에 따라 죽이고 살리는 이유는 분명하다. 이스라엘 남자들이 사라지면 이스라엘 모든 여인들을 애굽 남자들이 차지함으로 애굽의 번성을 도모하겠다는 속셈인 것이다. 그 유사한 예가 과거에 애굽에 내려갔던 아브라함의 두려움 속에서 드러났다: **"애굽 사람이 그대를 볼 때에 이르기를 이는 그의 아내라 하여 나는 죽이고 그대는 살리리니"(창 12:12).** 아브라함을 죽이는 것은 곧 그의 아내를 차지하기 위함인 것이다. 출애굽 때에는 동일한 사건이 성인이 아닌 탄생 때부터 이루어진다는 차이점 밖에는 없다.

그러나 이 방법 또한 아이러니 하게도 두 산파들이 제국의 황제인 바로를 두려워하는 것이 아니라 하나님을 두려워하는 경외심으로 인하여 좌절되고 만다. 두 산파들이 하나님을 '경외했다'는 단어인 '야레'(יָרֵא)(출 1:17)는 이스라엘에서 지혜운동과 밀접하게 연관되어 있다. 이 '경외하다'라는 말은 지혜서들인 잠언, 욥기, 전도서를 설명해 주는 가장 중심 되는 단어 중의 하나이기 때문이다: "여호와를 경외하는 것이 지혜와 지식의 근본이라"(욥 28:28; 잠 1:7; 9:10; 전 12:13). 이와 같이 성경 속에서는 '여호와를 경외하는 것'이 가장 큰 지혜를 소유한 것이라는 결론을 내릴 수 있다. 출애굽기에서 보여주고자 하는 교훈은 애굽의 바로의 왕권을 통한 지혜보다도 아무 보잘 것 없는 두 산파의 하나님을 경외하는 지혜가 더 뛰어나다는 결론을 보여주고 있다. 그리고 하나님을 경외하는 두 산파들의 지혜가 바로의 위협을 뛰어 넘는 진정한 생명의 길이라는 것을 드러낸다. 바로를 비롯한 세상의 그 어떤 권력자도 육신은 죽일 수 있지만 영원한 생명은 결코 해할 수 없다는 점을 기억해야 한다.

> 몸을 죽이고 그 후에는 능히 더 못하는 자들을 두려워하지 말라 마땅히 두려워할 자를 내가 너희에게 보이리니 곧 죽인 후에 또한 지옥에 던져 넣는 권세 있는 그를 두려워하라 내가 참으로 너희에게 이르노니 그를 두려워하라(눅 12:4-5).

두 산파는 몸은 죽일 수 있으나 그 이상은 할 수 없는 인간을 두려워하는 것이 아니라, 몸과 영을 능히 멸하실 수 있는 하나님을 두려워하는 마음이 있었다. 그러기에 설사 자신들이 죽음으로 내몰릴지라도 하나님의 뜻을 지키겠다는 열심이 있었던 것이다. 이렇게 참 지혜를 소유한 자들이 있는 곳에는 헌신이 있고, 생명이 살아난다.

그리고 이 두 산파들의 입을 통해 오히려 '이스라엘 여인'들이 '애굽 여인'들에 비해 강하고 특출한 체질을 부여 받았다는 결론으로 막을 내린다. 이를 통해 이스라엘 민족은 여전히 "번성하고 심히 강대해 졌다"라고 표현하고 있다(출 1:20). 아이러니 한 것은 바로 왕이 자신의 지혜를 사용하면 할수록 그것은 오히려 이스라엘을 번성케 하고 강하게 만드는 요인이 된다는 것이다. 그리고 하나님께서는 이렇게 자신을 경외하는 두 산파에게 은혜를 베푸셔서, 그들의 집안을 흥왕하게 하셨다(וַיַּעַשׂ לָהֶם בָּתִּים 와야아스 라함 바팀/그리고 그들을 위해 집안을 세우셨다). 이것은 하나님의 집안을 지켜낸 용기를 가상히 여기셔서, 그 두 산파들의 집안을 든든하게 만드시는 하나님의 섭리를 뜻한다. 하나님의 뜻을 따르는 것이 때로 생명을 내어놓아야 할 만큼 절박할 때가 있다. 제국의 황제의 말을 들을 것인가, 여호와 하나님의 말씀을 들을 것인가라는 양 갈래 길에서 눈에 보이는 위력 앞에 굴복할 때가 많다. 왜냐하면 그 실권자의 말을 듣지 않으면 자신은 물론 가족들 그리고 친지들까지도 위험에 빠뜨릴 수 있기 때문이다. 그로 인해 집안이 멸족이 될 수도 있다는 것이다. 그러나 하나님께서는 바로의 말을 어기고, 하나님을 경외하여 그 말씀을 따른 용기 있는 두 산파의 집이 무너지는 것이 아니라 오히려 더욱 든든하게 서게 만들어 주셨다. 이렇게 하나님을 경외하는 사람들은 사탄의 계획을 무효화 시키는 위력이 있다. 2회전도 바로 왕의 참패로 끝이 난다. 이것은 곧 두 산파의 집과는 반대로 바로의 집이 무너질 것이라는 암시까지 내포하고 있는 것이라 할 수 있다. 다음의 3회전은 바로의 지혜가 얼마나 어리석은 근시안적인 것인지를 드러내고 있다는 점에서 인간 지혜의 무용성을 드러낸다. 여자들은 능히 자신의 편으로 만들 수 있을 줄로 알고 살리라고 하였지만 그 여인들이 모두 동참하여 바로 자신의 뜻이 아닌, 하나님의 역사를 세워간다는 것이다.

[3] 3회전: 애굽인들 모두에게 살인면허를 부여(출 1:22)

세 번째 대결은 바로 왕의 인내심이 한계에 달한 것을 보여주고 있다. 단기적인 계획도 실패하고 장기적인 계획도 수포로 돌아간 분노가 표출되어 이제는 애굽인들 모두에게 이스라엘 사람들에게 사내아이들이 탄생할 때에는 나일강에 던져버릴 수 있는 권한이 주어진다. 모든 것이 끝장 날 것 같은 위기감이 조성되지만 이 계획으로 인해 결국 자신의 계획을 좌절 시켜버릴 이스라엘의 지도자 모세를 자신의 왕궁에서 자신의 모든 권력과 부로 교육시키고 훈련시키는 결과를 가져오고 만다.[39] 여기에 덧붙여서 "아들이거든 그를 죽이고 딸이거든 살려두라"는 바로 자신의 명령 속에는 여자아이들은 자신의 민족을 확장시키는데 큰 도움이 되리라는 그의 묘책이 들어가 있는 듯하다. 그 당시에는 전쟁에서 가장 좋은 전리품 중의 한 가지가 바로 남자를 알지 못한 처녀들이다. 집안과 밭일도 시킬 수 있으며, 자녀를 낳아 가정을 번성케 할 수 있기 때문이다. 바로가 여자 아이는 살리라고 할 때 이와 같이 이스라엘 여자를 통하여 애굽인을 번성케 하려는 목적이 있었을 것이다. 그러나 오히려 자신의 계획을 수포로 돌리는데 자신이 살리라고 명령했던 여자들이 모두 동원되어 합력하고 있다는 것 또한 인간의 지혜가 얼마나 보잘 것 없는 것인가를 깊이 있게 깨닫도록 해준다.

두 히브리 산파들, 모세의 어머니와 그의 누이, 심지어 자신의 딸까지도 자신의 계획을 수포로 돌아가게 하고 있는 것이다. 그리고 이 여인들 모두가 합력하여 바로를 파멸시킬 미래를 준비하는데 한 몫을 하고 있다는 이 놀라운 해학적인 이야기를 통해 하나님의 지혜와 인간의 지혜가 맞설 때 인간의 것이 얼마나 하찮은 것인가가 여실히 드러나고 있는 것이다. 이것이 바로 모세가 탄생하는 배경이다. 모세의 탄생 이야기는 인간의 지혜에 대한 하나님의 지혜의 승리인 것이다.

그러나 분명히 인지하고 있어야 할 것이 있다. 눈에 보이는 승리는 80년의 세월 동안 바로의 손에 있는 듯하다. 모세가 태어나 바로의 왕궁에서 성장하는 40년과 그 이후 광야로 도망가 양치기로 살아가는 40년 도합 80년의 기간 동안에는 바로의 계획과 뜻이 승리하는 듯이 보인다는 것이다. 그 기간 동안 이스라엘 백성의 입에서 쏟아져 나가는 것이 있다: "여러 해 후에 애굽 왕은 죽었고 이스라엘 자손은 고된 노동으로 말미암아 탄식하며 부르짖으니"(출 2:23). 모세가 미디안 광야에서 세월을 보내는 동안에도 이스라엘의 탄식은 잦아들지 않는다. 이렇게 인간적인 눈으로 볼 때에는 하나님의 승리가 아니라, 바로의 승리가 명백해 보이는 상황 속에서 하나님을 향한 믿음을 지킨다는 것은 결코 쉬운 일이 아님에 틀림없다. 80년의 세월 동안 그 어느 누구도 하나님의 지혜의 승리를 감지하지 못하기 때문이다. 오히려 바로의 절대권력만이 보이기에 바로가 승리하고 있는 것으로 오해하는 것이다. 이로 인해 세상에 무릎 꿇고 자신의 본래 정체성을 망각하고 살아갈 때가 많다.

인간의 가시적인 상황 배후에 하나님의 역사가 움직이고 있다. 이것을 볼 수 있는 사람은 하나님의 우리에 연합할 수 있는 존재가 되어 눈앞에 보이는 현상에 무릎 꿇지 않고 희망을 하나님께 둘 수 있다. 그리고 신음소리 속에서도 노동에 굴복하지 않고, 예배하는 삶을 이루어갈 수 있는 것이다. 그러므로 육안으로 보이는 것에 의지를 두지 않고 숨은 하나님의 섭리를 볼 수 있는 믿음의 눈을 가진 사람만이 굴하지 않고 끝까지 견딜 수 있다. 지금 현재 나일강에 자신들의 아들들이 안타까이 버려지고 있는 상황이 다가 아니라, 하나님께서 구원의 역사를 진행시켜 가고 있다는 것을 보는 눈이 필요한 것이다. 하나님의 뜻을 이룰 한 지도자가 어딘가에서 하나님의 섭리 가운데 자라고 있기에 그 구원역사는 진행 중에 있다는 것을 확신하는 믿음인 것이다. 세상이 승리하는 것 같은 상황 속에서도 하나님의 역사는 계속되며 그 뜻을 이룰 사람들은 탄생되고, 준비되고 있기 때문이다.

(4) 모세의 탄생의 의미(출 2:1-10)

모세는 바로 왕의 마지막 명령인 "아들이 태어나거든 너희는 그를 나일강에 던지라"는 삼엄한 명령 가운데 태어난다. 모세의 어머니는 "모세가 잘 생긴 것을 보고" 석 달 동안 그를 숨겼다. '잘 생겼다'는 '선하다,' '좋다'를 뜻하는 단어로 "보기에 좋았다"라는 뜻이다. 이러한 표현법은 모세의 탄생이 새 창조의 역사가 펼쳐질 것이라는 기대감을 갖게 하려는 의중을 느끼게 한다. 하나님의 지혜의 승리로 '보기에 좋은' 한 아이가 탄생한 것이다. 이를 통해 이루어질 미래가 무엇일까를 기대하게 하는 것이다.

그러나 모세는 바로의 준엄한 명령으로 인해 태어난 지 삼 개월만에 위기를 겪게 된다. 그는 갈대상자에 넣어져 나일강 갈대 사이에 놓여지게 되는데, 이를 바로의 딸이 발견하고 건져냄으로 새로운 국면으로 접어든다. 이러한 구원의 역사에 하나님께서 하신 일은 간단하다. 자신이 사건의 전방에 나서지 않으시고 자신의 성품 중에 한 가지를 바로의 딸에게 불어넣어 주셨다. 공주의 마음에 '불쌍히 여기는 마음'(חָמַל 하말)을 넣었을 뿐이다.[40] 그런데 죽을 줄 알았던 모세는 오히려 삯을 받아가며 젖을 뗄 때까지 어머니의 품에서 자라게 된다. 만약 하나님의 모든 성품을 똑같이 닮는다면 이 세상에 어떤 역사가 펼쳐질까를 기대케 하는 대목이다. 한 가지 성품만 주어졌음에도 이렇게 자신의 아버지가 왕명으로 선포한 법을 깨며 이스라엘의 사내아이를 건져내어 자신의 아들로 삼는다면, 하나님의 성품으로 마음 전체가 뒤바뀐다면 가히 상상을 초월하는 신세계가 열릴 것이 분명할 것이다.

이런 공주로 인해 바로는 자신의 국고에서 돈을 지불해 가며 자신이 멸하려 한 이스라엘을 구원으로 이끌 지도자를 키우고 있는 것이다. 결국 모세의 탄생 이야기는 하나님의 지혜의 승리이면서 또한 하나님의 승리를 이루어야 할 지도자의 탄생을 가리킨다.[41] 이 탄생은 하나님에 의한 것이기에 하나님의 목표를 향한다. 결코 자신의 목적을 위하여 서 있는 것이 아니라는 것이다. 이것은 그에게 삶의 목표와 방향을 설정해 준다. 즉, 하나님의 사람에게 있어서 그의 탄생 이야기는 아무리 신비롭든지, 얼마나 대단하든지에 상관없이 하나님께서 계획하신 목적지를 가리키는 나침반의 역할을 하는 것이다. 이 나침반이 없으면 망망한 인생의 대해에서 길을 잃을 수밖에 없다. 그 전형적인 예가 바로 사사기의 마지막 사사였던 삼손이었다. 그는 자신의 놀라운 탄생의 의미를 전혀 감지하지 못하고 방향 없이 살았던 고독한 방랑자였다.

반드시 기억해야 할 것은 하늘의 계획에 의해 탄생한 지도자는 반드시 이루어야 할 사명이 있으며, 걸어가야 할 삶의 목적이 있다는 것이다. 그의 목적과 사명은 자신에게서 온 것이 아니라 그를 탄생 시키신 그 분의 것이다. 이러한 하나님께 근원을 둔 탄생의 이야기가 없이 만약 지도자가 자신이 세운 체계적인 훈련만으로 만들어 지며, 후천적인 요소만이 지도자를 세우는 요소가 된다면 그 사람은 스스로가 모든 것을 통제하고 이루어 나가는 주체가 될 것이다. 즉, 자신이 모든 것의 주권을 가지고 있다고 생각할 수 있다는 것이다. 미래도, 비전도, 목표도, 걸어가야 할 과정도 모두 그에게서 나오는 것이라고 오해할 수 있다. 거기에는 지도자 자신의 목표만이 있는 것이다. 이럴 때 그를 따르는 사람들의 삶은 단지 그의 목표를 이루는 도구요 수단으로 전락하기 쉽다. 거기에서 지배와 군림이 생겨난다. 하지만 지도자가 탄생될 때 선천적으로 부여받은 목표가 있다. 즉, 하늘의 뜻과 계획이 있다는 것이다. 이 하나님의 계획은 선재적인 것으로 지도자가 반드시 이루어 가야 할 목표이며 이를 이루기 위해 하나님께서는 의욕과 열정 또한 제공해 주신다.

궁극적으로 바로의 지혜는 패배의 쓴잔으로 마감되고 말 것이다. 하나님 창조의 파괴를 이루고자 시도하였던 바로는 자신의 왕국을 파괴할 하나님의 사람을 키우는 것으로 그 결론에 이르렀기 때문이다. 하나님의 지혜가 설 것인가, 인간의 지혜가 승리할 것인가? 아무도 하나님의 지혜를 결코 당할 수 없다. 이러한 예는 사울과 다윗의 관계 속에서도 명백하게 드러난다. 사울이 모든 노력을 기울여 다윗을 죽이려 해도 하나님이 함께 하는 사람은 결코 무너뜨릴 수 없다. 모든 것을 다 아시는 하나님께서 지키시고 돌보시기 때문이다. 이처럼 하나님의 영이 떠난 사람의 지혜는 가장 미련한 것이 되고 오히려 하나님의 뜻을 이루는 도구 밖에는 아니라는 사실을 보여준다. 그러므로 오직 두려워해야 할 분은 영원한 지혜를 소유하신 하나님이시다. 비록 눈에 보이는 삶은 인생을 기만하고 속일지라도, 하나님이 보시고 아신다는 믿음을 소유할 때 바로의 승리 속에서도 패배의 균열을 볼 수 있는 것이다.

2) 모세 – 하나님 없이 자신의 민족에게(출 2:11-14)

모세의 바로의 궁에서의 성장 이야기는 어린 아기로 시작하여 삽시간에 40세의 성년기로 접어들었음을 간략하게 언급하고 있으며(행 7:23), 왜 모세가 미디안 땅으로 도망가 긴 세월을 보내야 했는가를 보여주는 이야기로 끝에 이른다. 출애굽기 2:11-14절은 모세가 바로의 왕궁에서 자라던 40년과 미디안 광야에서의 40년 기간 사이에 정말 짧은 모세의 무용담으로 들어가 있다. 자신의 민족을 돕기 위해 애굽인을 죽이기까지 하지만 자신의 민족이 그를 거부하는 믿어지지 않는 일이 발생하고 만다. 그동안 처절하게 구원을 애원하며 부르짖었던 이스라엘 민족이 혜성처럼 나타난 건장한 청년을 왜 거부했는지를 출애굽기 전체의 문맥을 통해 이해하기를 시도해야 할 것이다.

이 짧은 모세의 이야기는 참으로 중요한 의미를 간직하고 있다. 이 이야기 속에는 앞으로 미래에 모세가 해야 될 사역이 그대로 농축되어 숨어 있다는 점에서 그렇다. 모세가 그의 삶을 통하여 행해야 할 커다란 두 가지 사역은 바로 이스라엘 민족을 애굽에서 이끌어 내는 것이며 그리고 이 민족에게 삶의 지표를 세우고 정의를 실현하는 법을 중계하는 것이다. 첫 번째의 것을 실현하기 위해 애굽인들을 쳐서 무력화시키는 일은 필연적인 것이며, 둘째를 위해서는 자신이 이스라엘을 위한 심판관의 자리에서 하나님의 법의 공정성을 보여주어야 한다는 것이다. 이러한 모세의 중요한 사역이 출애굽기 2:11-14절에서 그대로 시도되고 있다. 그런데 그 결과가 지극히 비관적이다. 그 이유는 무엇일까? 그것을 밝혀낼 때 지금 현재를 살아가는 우리에게도 하나님의 사람으로 하나님께서 맡겨주신 사명을 완수할 수 있는 일체의 비결을 배울 수 있다.

(1) 출애굽의 영웅은 누구인가?

출애굽의 영웅이 누구인가라는 질문이 떨어지면 너도 나도 모세라는 인물을 떠올리게 된다. 그러나 이것이 정답일까? 사도행전에서는 모세에 대하여 스데반의 선포를 통해 "모세가 '애굽 사람의 모든 지혜'(πάσῃ σοφίᾳ Αἰγυπτίων 파세 소피아 아이굽티온)를 배워 그의 말과 하는 일들이 능하더라"(행 7:22)라고 말하고 있다. 그러나 정작 모세의 이야기를 담고 있는 본문인 구약성경은 철저히 모세의 학문과 능력 그리고 그의 지혜에 대해 침묵한다. 우리는 이집트 연구 고고학자이며 소설가인 크리스티앙 자크의 장편소설인『람세스』를 통해 애굽 왕자들이 배웠음직한 서기관 교육에 대해 상식을 가져볼 수 있다.[42] 실제로 고고학적으로 발견된 애굽의 교육문헌들은 왕자들과 귀족의 자제들을 중심으로 한 처세와 삶의 지혜를 가르치는 내용들이 참으로 많다.[43]

그런데 왜 성경은 침묵하는 것일까? 오히려 모세의 탁월함을 한 단계 더 높일 수 있는 좋은 길일 터인데 말이다. 혹시 모세의 애굽 학문을 칭송하면 이스라엘 신앙의 독특성을 말하는데 걸림돌이 될까 두려웠기 때문일까? 그랬다면 모세의 장인의 직업이 미디안의 제사장이라는 것도 굳이 말할 필요는 없었을 것이다(출 3:1). 그리고 출애굽기 18장에서 이드로의 조언에 의해 이스라엘의 행정체계가 서는 것도 숨겼을 것이다. 하지만 한 가지 명확히 대답할 수 있는 것은 출애굽의 여정 내내 모세의 능력은 극소화 되고 있고 하나님의 능력은 그 반대로 극대화 되어 나타나고 있다는 것만큼은 너무도 분명하다. 비글(D. M. Beegle)이라는 학자는 모세의 명예를 훼손하지 않으면서 모세의 가치는 여호와의 조역을 맡는데 있다고 평가하며, 고로 모세의 이야기는 모세에 관한 이야기가 아니라 오히려 하나님에 관한 이야기라고 본다.[44)]

이 세상의 리더십은 이력서의 장수를 늘려가며 더 많은 경력과 화려한 능력을 과시하는 지도자를 존중하며 인정하지만 성경은 그것과는 오히려 무관하다. 세상이 요구하는 리더십의 표준에서 보면 성경 속의 지도자들은 분명 문제를 많이 가지고 있다. 이들이 정말 학력과 경력 위조가 필요한 사람들인지도 모른다. 적진을 눈앞에 두고 할례를 행하고 유월절 축제를 벌인 여호수아(수 5:2-12), 십팔만 오천이나 되는 앗시리아 군대가 예루살렘을 철벽처럼 둘러친 그 절체절명의 위기 앞에서 그저 성전에 올라가 엎드려 부르짖는 히스기야(왕하 19:14-19), 수많은 적들의 침공 앞에 **"우리 하나님이여 그들을 징벌하지 아니하시나이까 우리를 치러 오는 이 큰 무리를 우리가 대적할 능력이 없고 어떻게 할 줄도 알지 못하옵고 오직 주만 바라보나이다"(대하 20:12)**라고 고백하며 군대가 아닌 찬양대를 앞세우고 적진을 향해 무모히 뛰어드는 여호사밧, 이들은 모두 이 세상의 잣대로는 상황파악도 못하는 무능력한 리더십 그 자체이다. 인간 능력의 극대화를 통해 만들어 가는 승리주의와 인간의 극소화 하나님의 극대화를 부르짖는 믿음의 길이 어찌 동일할 수 있을까!

이에 반해 세상의 리더십에는 모든 것이 사람으로 시작해서 사람으로 끝이 난다. 소망을 갖는 것도, 자신을 믿는 것도, 목표를 세우는 것도, 행동하는 것도, 기회를 잡는 것도, 또한 끊임없이 도전하는 것까지 모두 하나도 빠짐없이 사람이 주체가 되어 행하는 일들이다.[45)] 이것은 받은 은혜에 기초한 사랑과 용서와는 정 반대의 길로 나아간다. 네 스스로 열정을 품고, 꿈을 만들고, 용서하며 사람을 움직이라고 말한다. 그렇다면 이 모든 것이 이루어졌을 때 그 성공과 성취는 누구의 것이 되겠는가? 어느 누구에게도 돌릴 수 없는 자신의 것이 될 것이다. 왜냐하면 그 자신이 이루어낸 업적들이기 때문이다. 이것은 누구와도 나눌 수 없는 내 것이 될 것이다.

결국 하나님의 교회 안에 세상적 리더십의 원리를 끌어들여 성경적 리더십을 세우려는 것은 교회 안에도 제국주의적 승리주의를 끌어들여 강자와 약자를 나누고 강자를 승리의 표본으로 약자를 패배자로 몰아 붙여 또 하나의 분열을 조장하고 말 것이다. 여기 모세라는 인물이 있다. 그의 탄생은 지도자를 기다리는 사람들에게는 희망의 소식임에 틀림없다. 그러나 그의 탄생은 그의 삶 전체가 나아가야 할 길을 가리키는 것뿐이다. 이제 중요한 것은 누가 그 방향을 지시할 것인가이다.

(2) 모세가 나서다

모세의 이야기는 그의 탄생과 젖 뗄 때까지의 유년기는 상세하게 그려지고 있지만 그때로부터 그가 성년이 될 때까지의 과정은 완전히 생략되어 있다. 그런데 그가 성년이 되었을 때 이틀에 걸쳐서 바깥으로 나가 세상을 살펴보는데 그의 눈앞에서 하루에 한 번씩 두 개의 사건이 펼쳐지고 있었다. 물론 그 전에도 많이 외출은 했었겠지만 이것은 그의 삶에 벌어진 중요한 전환점을 만들어 주는 것이기에 기록되었을 것이다.

그런데 이 두 사건들 속에서 볼 수 있는 놀라운 사실은 바로의 왕궁에서 애굽의 왕자로 자란 모세가 고역의 노동을 하고 있는 노예들이

'자기 형제'들이라는 것을 깨닫고 있다는 사실이다. 모세가 어떻게 자신의 정체성이 히브리인인줄 알았는지에 대해서는 성경은 침묵하고 있다. 한 가지 추측해 볼 수 있는 것은 모세가 어머니의 품에서 젖을 뗄 때까지 자랐다는 사실이다. 그 당시 고대 근동의 젖 떼는 시기는 요즘과 분명 다르다. 기원전 2세기경에 기록된 구약 외경인 마카비하 7:27절에는 한 어머니와 일곱 아들의 순교 이야기에서 그 어머니가 아들을 어떻게 키웠는지를 소개하고 있는데, "나는 너를 아홉 달 동안 뱃속에 품었고 너에게 삼년 동안 젖을 먹였으며 지금 내 나이에 이르기까지 너를 기르고 교육하였다"라고 한다.[46] 그리고 기원전 11세기경의 애굽의 지혜 문헌 중의 하나인 '아니의 교훈'(*The Instruction of Ani*)에도 이 풍습은 동일하게 나타난다: "너의 어머니에게 드리는 식물을 두 배로 하고, 그녀가 너를 안은 것처럼 안으라. 그녀는 네가 무거웠지만 내게 떠넘기지 않았다…그녀의 젖은 삼년 동안이나 꾸준히 너의 입에 있었다. 너의 불결함이 역겨웠을지라도 그녀의 마음은 '내가 어떻게 해야 하지?'하고 불결하게 생각하지 않았다."[47] 이와 같이 고대 근동에서 젖 떼는 시기는 네 살 때쯤으로 나타난다. 그 나이라면 말을 주고받을 수 있는 시기이기에 어렴풋하게나마 자신이 히브리인이란 정체성을 어머니와 가족들로부터 들을 수 있었을 것이라 짐작해 볼 수 있다. 그렇다면 이제 이러한 민족적인 정체성을 인식하고 있는 그에게 이틀에 걸친 나들이는 어떤 의미를 가지고 있는 것인가? 분명 모세의 눈앞에서 펼쳐지고 있는 두 사건은 그의 삶에 지대한 영향을 주고 있는 것임은 분명하다. 이 사건들의 의미를 파악하면 모세가 왜 미디안 광야에서 40년의 세월을 보내야만 했는지를 알 수 있다.

모세가 첫째 날 나들이에서 본 것은 '지기 형제들이 고되게 노동하는 것'과 '어떤 애굽 사람이 한 히브리 사람 곧 자기 형제를 치는 것'이었다(출 2:11). 여기에서 주목해야 할 것은 '히브리인의 노동,' '애굽인의 학대'와 '형제의 고통당함'이라는 단어들이다. 모세는 분명 동족애(同族愛)에 불타서 끓어오르는 격정을 견디지 못해 그 애굽인을 쳐 죽였고, 고통받는 동족 히브리인을 구해주었다.[48] 이것이 첫째 날의 사건 정황이다. 그 다음 날에는 모세가 밖으로 나갔을 때 두 히브리인이 싸우고 있었다. 분명 법적으로 시시비비를 가릴 필요가 있는 폭력이 동반된 다툼이었다. 이것은 모세가 그 잘못한 사람에게 "네가 어찌하여 동포를 치느냐"라는 말 속에서 드러난다(출 2:13). 이는 모세가 분명 자신의 판단력으로 누가 옳고, 그른지를 예리하게 파악하고 있다는 것을 의미한다. 아래 도표를 통해 이 두 사건의 연관관계를 비교하며, 연속적으로 배열된 의미를 살펴보아야겠다.

첫째 날	애굽인이 히브리인을 치다	모세가 애굽인을 쳐 죽이고 히브리인을 구하다
둘째 날	히브리인이 히브리인을 치다	모세가 잘못한 히브리인을 질책 하며 시시비비를 가린다

위의 표를 통해 어렴풋이 느껴볼 수 있는 것은 이 두 가지의 사건이 결코 우연히 배열된 것이 아니라는 사실일 것이다. 먼저, 주지해야 할 사실은 인종적인 대조이다. 첫째 날의 사건에는 애굽인과 히브리인이 연루되어 있고, 둘째 날에는 한 히브리인과 다른 동족 히브리인이 연루되어 있다는 것이다. 그렇다면 인종적인 대조를 명시하는 것, '치다'(נָכָה 나

카)라는 동일한 히브리어 단어가 두 사건의 전체를 지배하는 것, 그리고 모세라는 인물이 주도적인 역할을 하고 있다는 것이 그 본래의 의미를 풀어나가는 열쇠의 역할을 할 것임에 틀림없다.

이 두 개의 사건을 면밀히 살펴보면 모세의 전 일생과 연결시켜 전혀 낯설지 않다는 것이다. 이 두 가지는 언젠가는 모세가 해야만 할 사명을 다 묶어 놓은 것이다. 애굽인을 치고, 고역의 노동을 하는 히브리인을 구해내는 것,[49] 그리고 히브리인들끼리의 다툼과 치는 폭력을 법적인 재판을 통해 시시비비를 명확히 가리는 것을 통해 정의와 공의를 세우고 재발을 방지하는 것은 모세가 미래에 해야 할 모든 일들을 다 보여 주고 있다. 이것은 히브리어 '치다'(נָכָה 나카)라는 단어가 출애굽기에서 사용된 예들만 살펴보아도 분명하게 알 수 있다. 이 두 사건 외에 출애굽기에는 21번에 걸쳐서 이 단어가 사용되는데 단 한 경우를 제외하고는 모두다 여호와의 능력으로 10가지 재앙을 통해 애굽인을 치는 사건(13번)과 시내산에서 받은 율법규정 속에 동족 히브리인을 치지 말 것을 법적으로 명하는 사건(7번)에 나타난다. 한 가지의 예외적인 사용은 출애굽기 17:6절로 지팡이로 반석을 쳐서 광야에서 목마른 백성에게 물을 제공하는 사건에 사용 된다: **"내가 호렙 산에 있는 그 반석 위 거기서 네 앞에 서리니 너는 그 반석을 치라 그것에서 물이 나오리니 백성이 마시리라 모세가 이스라엘 장로들의 목전에서 그대로 행하니라."**

애굽인을 치는 사건 (재앙사건)	① 3:20 내가 내 손을 들어 애굽 중에 여러 가지 이적으로 그 나라를 **친** 후에야 ② 7:17 내가 내 손의 지팡이로 나일강을 **치면** 그것이 피로 변하고 ③ 7:20 지팡이를 들어 나일강을 **치니** 그 물이 다 피로 변하고 ④ 7:25 여호와께서 나일강을 **치신** 후 이레가 지나니라 ⑤ 8:16 네 지팡이를 들어 땅의 티끌을 **치라** ⑥ 8:17 아론이 지팡이를 잡고 손을 들어 땅의 티끌을 **치매** ⑦ 9:15 내가 손을 펴서 돌림병으로 너와 네 백성을 **쳤더라면** ⑧ 9:25 우박이 애굽 온 땅에서 사람과 짐승을 막론하고 밭에 있는 모든 것을 **쳤으며** ⑨ 9:25 우박이 또 밭의 모든 채소를 **치고** 들의 모든 나무를 꺾었으되 ⑩ 12:12 사람이나 짐승을 막론하고 애굽 땅에 있는 모든 처음 난 것을 다 **치고** ⑪ 12:13 내가 애굽 땅을 **칠 때**에 그 피가 너희가 사는 집에 있어서 ⑫ 12:29 여호와께서 애굽 땅에서 … 사람의 장자까지와 가축의 처음 난 것을 다 **치시매** ⑬ 17:5 나일강을 **치던** 네 지팡이를 손에 잡고 가라
히브리인을 치지 말 것 (율법)	① 21:12 사람을 **쳐죽인** 자는 반드시 죽일 것이나 ② 21:15 자기 아버지나 어머니를 **치는** 자는 반드시 죽일지니라 ③ 21:18 사람이 서로 싸우다가 하나가 돌이나 주먹으로 그의 상대방을 **쳤으면** ④ 21:19 지팡이를 짚고 일어나 걸으면 그를 **친** 자가 형벌은 면하되 ⑤ 21:20 사람이 매로 그 남종이나 여종을 **쳐서** 당장에 죽으면 반드시 벌을 받으려니와 ⑥ 21:26 사람이 그 남종의 한 눈이나 여종의 한 눈을 **쳐서** 상하게 하면 ⑦ 22:2 도둑이 뚫고 들어오는 것을 보고 그를 **쳐죽이면** 피 흘린 죄가 없으나

이와 같이 모세는 자신의 일생을 통해 이루어 내야 할 두 가지의 커다란 사명을 지금 실행하고 있는 것으로 나타난다. 애굽에 쏟아진 열

가지 재앙은 하나님께서 모세라는 인물을 통해 애굽을 철저하게 치시는 사건이다. 이 재앙을 통해서 결국 히브리인들을 구해내시려는 하나님의 계획인 것이다. 그리고 이렇게 구원받은 백성은 반드시 그 안에 불의와 부정의가 없어야 한다. 즉 서로 간에 불화로 인해 치고받는 폭력적인 사건을 일으켜서도 안 되며, 혹 발생했을지라도 신속하게 해결해야 공동체에 균열이 가지 않는 것이다. 이것은 모세가 시내산에 이르기 전부터 백성들의 시시비비를 가리는 출애굽기 18:13-27절에서 그대로 실현되고 있다. 그 실 예는 모세가 앉아서 백성들을 재판하고 그 일의 효율성을 위해 천부장, 백부장, 십부장을 세워서 그들로 작은 재판들을 행할 수 있게 하는 것을 통해 분명하게 드러나고 있다(출 18:13, 16, 21, 22, 25, 26). 그리고 그 모든 판단의 기준이 되는 율법이 하나님께로부터 모세를 통해 주어지는 것을 통해 그 구체적인 실현을 살펴볼 수 있다. 두 히브리인들이 싸울 때에 모세는 분명히 "그 잘못한 사람에게 네가 어찌하여 동포를 치느냐?"고 질책하고 있다. 여기에 사용된 '잘못한 사람'을 뜻하는 히브리어 단어 '라샤'(רָשָׁע)는 법정 용어로 율법에 비추어서 죄가 있다고 선포되어진 자를 말한다.[50]

모세는 이스라엘을 구원하는 지도자로서 그리고 법을 다루는 재판관으로서의 역할을 지금 자신의 동족을 위해서 행하고 있는 것이다. 그런데 모세는 자신의 동족 히브리인이 내 뱉은 단 한 마디의 말에 그대로 거꾸러져서 광야로 도망을 치게 된다. 그것은 바로 모세가 누구인가를 그대로 드러내 주는 그의 '정체성'에 관한 날카로운 질문이다.

> 누가 너를 우리를 다스리는 자와 재판관으로 삼았느냐(출 2:14; 행 7:27-29).

이 악의에 찬 항변은 모세가 바로잡으려고 했던 그 '잘못한 자'가 내뱉은 말이었다. 그는 모세가 행했던 애굽인을 쳐 죽이고 히브리인을 구해낸 모든 전모를 다 알고 있다. 왜냐하면 이 비밀스런 일이 그의 입에서 쏟아져 나오고 있기 때문이다: **"네가 애굽 사람을 죽인 것처럼 나도 죽이려느냐"(출 2:14b)**. 이 비밀을 정확하게 알고 있는 것을 보면 이 사람은 어제 모세의 도움으로 죽음을 면하고 애굽인으로부터 구원받은 사람이 틀림없다. 그리고 그것을 분명하게 드러내는 것이 "어제 **그** 애굽인을 죽인 것처럼"과 같이 히브리어 원전에는 애굽인에게 정관사가 붙어 있다. 한 애굽인을 죽였다는 소문을 들은 것이 아니라, 직접 목격한 그 애굽인이라는 점을 분명히 한다. 전날에 그런 은혜를 입은 사건에도 불구하고 이 사람은 조금도 모세를 향하여 감사의 마음을 갖지 않는다. 어제 자신을 구해준 그 모세가 자신에게 법적인 재판관으로서 행세하며 자신의 잘못을 지적하자 그는 결코 굴복하지 않고 대들기 시작한다. 그는 모세에게 '우두머리, 통치자, 관리' 심지어는 군대의 '장관'(창 21:22)의 의미까지 내포하고 있는 '다스리는 자'(אִישׁ שַׂר 이쉬 싸르)와 법적 소송은 물론 민족을 구하는 역할을 한 사사를 뜻하는 '재판관'(שֹׁפֵט 쇼페트)이라는 용어를 사용하여 맞대결을 펼치고 있는 것이다. "누가 네게 그런 일을 하라고 소명을 주었느냐?"는 반발이다. 애굽인을 치고 구해내는 것은 지도자 즉 다스리는 자의 역할을 의미하며, 잘잘못을 가리는 것은 재판관의 역할이라는 점에서 이 사람은 지금 이틀 동안 모세가 행했던 것에 대한 권위를 따지고 있는 것이다. 그런데 그렇게도 당당했던 모세가 아무 소리도 내지르지 못하고 도망을 치게 된다. 이것은 통치자나 재판관의 문제를 넘어서는 모세가 결코 대답할 수 없는 폐부를 찌르는 송곳 같은 질문이었기 때문이다. "누가 너를…삼았느냐?" 이 일을 행하는 권위가 어디에서 오는 것이냐는 것으로 "누가 너를 보냈느냐?"라는 배후를 캐는 질문인 것이다. 민족의 아픔을 보고 자신도 모르는 사이에 분노에 차 어느새 지도자의 위치에 서버린 모세였다. 지도자가 되려는 의식도 없었고, 동족이 고통을 당하고 있고, 동족끼리 싸우고 있는 것에 대한 안타까움으로 나선 것이다. 누군가의 소명을 받고 말고 할 겨를도 없었다. 소명이 아니라 인간적인 감정이 앞섰던 것이다. 그러나 하나님의 백성을 위하여 일한 다는 것은 하나님을 위하여 일하는 것이다. 하나님의 일을 하나님의 부름이 없이 감정 따라 행한다는 것은 이미 실패를 예고하고 있는 것과 같다.

모세가 자신의 감정과 분노로 애굽인을 죽인다면 그것은 살인 행위가 된다. 비록 불의를 행하는 애굽인이지만 무분별하게 사람을 죽이는 것은 결코 용인할 수 없는 일이기 때문이다. 하지만 하나님의 뜻을 받들어 소명을 행한다면 그를 통해 펼쳐지는 죽음의 심판은 죄악이 가득 찬 세상을 향한 정의와 공의의 실현이 되는 것이다. 이것이 바로 인간의 때와 하나님의 때의 차이인 것이다.

만약 모세가 하나님의 소명 없이 이스라엘을 구해 내는데 성공적이었다면 어떻게 되었을까? 여러 가지 문제점들이 분출되어 나올 것이다. 먼저 이스라엘에게는 목적지가 없어진다. 모세라는 인간이 구원한 것이기에 애굽 땅을 대신할 약속의 땅이라는 대안이 없다. 결국 광야에서 헤매는 존재들이 되고 말 것이다. 탈출은 했지만 광야와 홍해 사이에서 애굽 군대에 결국은 다시 붙잡혀 끌려오고 말았을 것이며, 더욱 가혹한 노동에 시달렸을 것을 추측해 볼 수 있다. 그리고 설사 애굽인의 손아귀에서 벗어난다 해도 광야에서 음식과 물 공급이 없으므로 죽음의 길로 가든지, 폭동으로 모세가 축출되고 자진해서 애굽으로 돌아갔을 수도 있다. 이 모든 과정을 다 극복하고 마침내 나라를 세웠다 해도 모세가 법을 만들어 주었을 것이고, 처음에는 애굽보다 조금 나은 인권이 보장된 세상이 열릴지 모르나, 하나님의 법이 없다는 것은 곧 차츰 애굽과 같은 전제 군주국으로 변질되어 갔을 것이 분명하다.

이처럼 모세가 하나님 없이 하나님의 일을 시작하고 있다는 것은 아무리 잘 되어도 이정도 밖에는 기대할 수 없다. 이제 반드시 필요한 것은 그가 40년 동안 바로의 왕궁에서 배운 모든 능력과 지식이 하나님의 부르심에 철저하게 굴복되어야만 한다. 하나님의 백성의 지도자로 나서는 사람은 반드시 그 백성의 하나님을 만나는 것으로부터 시작해야만 한다. 모세는 이제 "누가?"라는 질문에 확신에 찬 응답을 할 준비가 필요하다. 그것이 바로 지도자의 정체성이다. 이 "누가?"라는 질문에 신념의 대답을 할 수 없는 사람은 결국 자신의 야망을 이루어 가는 사람이 되고 말 것이기 때문이다.

이처럼 하나님 없이 인간의 능력으로는 아무 것도 이루어 낼 수 있는 것이 없다. 고작해야 한 명의 애굽인을 쳐서 죽이고 도망가는 것이며, 단 한 명의 이스라엘 백성도 설득할 수 없는 법적인 정의와 공의일 뿐이다. 그리고 작은 저항에도 두 손을 들고 모든 것을 포기하고 도망가 버리는 것이다. 부연설명 하자면 모세라는 인간의 잘잘못을 가리는 판단 기준은 결국 한 사람도 설득할 수 있는 것이 못 된다는 것을 의미하는 것이다. 잘못을 행한 히브리인은 분명 그 전날 모세의 도움으로 구원을 받은 사람이다. 모세가 학대하는 애굽인을 쳐서 죽이는 것과 같이 자신에게 필요한 존재가 될 때는 받아들이지만 자신의 잘못을 지적할 때에는 결코 받아들이지 않는다. 즉, 자신에게 유익이 될 때는 선이지만 그렇지 않고 자신의 잘못을 지적하며 공격해 올 때는 상대의 공정함에 관계없이 그는 악이 되는 것이다. 이것이 인간이 가지고 있는 선악의 개념인 것이다. 모세가 자신의 판단력으로 재판관이 되어 사람들의 선악을 분별하려 할 때에는 그 어느 누구도 그의 말을 들으려 하지 않는다. 그러나 언젠가 선악의 분명한 판단 기준인 하나님의 율법이 주어질 때는 모든 것이 달라질 것이다. 그리고 하나님의 말씀에 따라 가느냐, 그렇지 않으냐에 따라 하나님의 백성과 세상 사람이 갈라질 것이다. 이렇게 모세는 하나님의 소명 없이 자신의 힘과 능력으로 시작하려다 애굽인 한 명을 치고, 히브리인 한 명을 구했을 뿐이고, 그 구해낸 한 명마저도 설득하지 못하는 꼴이 되고 만 것이다. 그리고는 광야로 도망가 버린다.

지도자가 탄생의 의미 곧 소명이 없을 때 이런 일이 발생한다. 모세가 하나님 없이 하나님의 일을 하려는 것에서 돌아서, 하나님과 함께 하나님의 오랜 계획을 이루어 갈 때 다른 세상을 만들 수 있다. 이제 모세에게 필요한 것은 하나님과의 만남이며 탄생의 의미인 소명을 받는 것이다.

(3) "누가?"라는 질문에 대답하기 위하여(출 2:16-25)

앞에서 펼쳐졌던 두 가지의 사건은 왜 모세가 미디안 땅으로 도망가 기나긴 세월을 보내야 했는가에 대한 이유를 명확하게 보여주고 있다. 이 짧은 이야기(출 2:11-14)는 모세가 바로의 왕궁에서 자라던 40년과 미디안 광야에서의 40년 기간 사이를 가름 짓는 사건이 된다. 미디안에서의 이 기간도 바로의 왕궁에서의 기간만큼이나 모세의 삶에 대하여 철저하게 침묵을 지키고 있다. 우리가 분명하게 알 수 있는 것은 고작해야, 모세가 미디안 제사장의 딸 중에 한 명인 십보라와 결혼을 했고, 아들을 낳았고, 그리고 장인 이드로의 양을 치며 세월을 보냈다는 것 정도 밖에는 없다(출 2:16-3:1). 미디안 광야 여정 40년이 이렇게 짧은 이야기로 스쳐지나가고 있지만 한 가지 만큼은 짚고 넘어가야 할 부분이 있다. 모세가 미디안의 목자들의 행패에 대항하여 미디안 제사장 르우엘의 딸들을 위해 행한 일이다.

먼저 미디안 목자들이 르우엘의 일곱 딸들을 쫓아버리나 모세가 일어나 이들을 도와서 양떼에게 물을 먹인다(출 2:17). 여기서 '쫓아버리다'는 동사는 히브리어 '가라쉬'(גָּרַשׁ)로 미래에 애굽의 바로가 이스라엘을 애굽 땅에서 쫓아낼 것의 암시가 되고(출 6:1; 11:1; 12:39), 모세의 행위인 '돕다'라는 단어는 히브리어 '야샤'(יָשַׁע)로 '구원하다'라는 뜻이며 미래에 여호와께서 모세를 통해 이스라엘을 구원하시는 것에 대한 예표가 된다(출 14:13, 30; 15:2).[51] 그리고 모세가 이들을 도와 양떼에게 물을 먹이는 것은 모세의 인도로 광야에서 물을 공급받는 사건으로 연결될 것을 예기케 한다(출 15:25; 17:6). 이 사건 후에 르우엘의 딸들이 모세가 행한 일에 대해 그들의 아버지에게 전하는 내용이 어쩌면 모세의 광야 40년 여정의 핵심 내용인지도 모른다.

> 그들이 이르되 한 애굽 사람이 우리를 목자들의 손에서 건져내고 우리를 위하여 물을 길어 양 떼에게 먹였나이다(출 2:19).

모세가 불의로 인해 피해를 보고 있는 여인들을 '건져내고'(נָצַל 나짤) 그들의 양떼에게 '물을 길어 먹이는 것'이다. 물론 미래에 '건짐'(נָצַל 나짤)의 주체는 여호와이시고, 모세는 중재자의 역할을 감당할 것이다(출 12:27; 18:4, 9, 10). 이 속에도 결국 모세가 미디안 광야 40년의 여정을 끝낸 후에 이스라엘을 위해 행해야 할 일들의 핵심적인 내용들이 들어가 있는 것이다. 구원하여 생명의 길로 이끄는 것이라 할 수 있다. 이 여정을 통하여 탄생의 근원이신 하나님을 만나 소명의 길로 나아간다면 이스라엘이라는 길 잃은 양떼들이 구원의 길로 나아갈 것을 기대해 볼 수 있다. 그러므로 미디안 광야 40년 여정은 모세가 이러한 구원의 주체가 누구신가에 대한 명확한 답을 얻는 장소와 시간이 될 것이며, 그 구원을 이루는 중재자로 준비되는 시간이라 할 수 있다.

이와 같은 미래에 대한 기대는 모세가 미디안으로 가서 머무르는 기간(출 2:16-22)과 하나님의 산 호렙에서 여호와를 만나는 사건(출 3:1) 사이에 등장하는 막간의 언급으로 더욱 분명해진다. 바로 이스라엘 민족의 상황에 대한 언급이다.

여러 해 후에 애굽 왕은 죽었고 이스라엘 자손은 고된 노동으로 말미암아 탄식하며 부르짖으니 그 고된 노동으로 말미암아 부르짖는 소리가 하나님께 상달된지라 하나님이 그들의 고통 소리를 들으시고 하나님이 아브라함과 이삭과 야곱에게 세운 그의 언약을 기억하사 하나님이 이스라엘 자손을 돌보셨고 하나님이 그들을 기억하셨더라(아셨더라)(출 2:23-25).

모세의 사명은 아직도 유효하다. 하나님은 자신의 때를 기다리신다. 인간이 정하는 때가 아니라 하나님의 타이밍이다. 모세가 광야의 40년을 보내는 기간 동안 하나님께서는 한시도 자신의 백성에게서 눈을 떼 보신 적이 없으시다. 자신의 백성의 고통스런 울부짖음을 아픔으로 새기시며 한 사람의 지도자를 준비시키신다. 인간적인 심정이라면 의욕과 열정에 넘치고 젊은 패기가 가득 찬 모세를 40년 전에 쓰실 수도 있었지만 하나님께서는 이스라엘의 그 처절한 부르짖음을 삭히시며 인내하심과 철저한 준비하심으로 새 시대를 열어가고 계심을 볼 수 있다. 하나님은 기다리신다. 자신의 열정으로 나서는 사람이 아닌 하나님의 열정으로 나서는 사람을 기다리신다. 지도자는 이와 같이 하나님의 기나긴 아픔을 가슴에 함께 새기고 그것을 풀어나가는 사람이 되어야 하는 것이다. 하나님 아버지의 열정을 품지 않으면 불가능한 일인 것이다.

인간의 능력과 열정이라고 해 보아야 고작 한 사람의 반대에도 무너지고 마는 것이며, 자신의 도움을 받아 구원을 받은 사람이 돌변하여 자신을 공격할 때 그 때 실망감으로 좌절하여 모든 것을 포기하고 도망가 버리는 정도 밖에는 안 되는 것이다. 고작해야 한 사람을 구하는 것에도 진이 빠져버리고, 그 한 사람마저도 바르게 설득하지 못하는 어설픈 정의감에 빠진 실패자일 뿐이다. 이것이 지금 민족의 구원자처럼 나섰던 모세라는 인물을 통해서 배울 수 있는 부정적인 교훈이다.

하나님이 기다리는 사람은 하나님은 이렇게 기나긴 세월동안 인내하시며, 기억하시고, 돌보시고, 모든 것을 아시는 분이라는 사실을 깨닫는 사람이다. 한 순간만을 위해서 사는 자가 아니라, 자신의 전 생애를 통하여 하나님의 뜻을 이끌고 나갈 사람을 찾고 계시는 것이다. 배신감으로 따지면 모세보다 하나님께서 더 크게 느끼셔야만 한다. 수많은 사람들이 하나님께 실망과 좌절을 안겨드리고 그 가슴에 대못을 박았다. 그럼에도 이 모든 것을 가슴으로 삭히시며 인생의 구원을 위한 일심을 품으신 그 하나님의 뜻을 붙들 사람 그 사람을 세우시기 원하신다. 이것을 깨달은 사람은 일개 양치기일지언정 상관없다. 우리 하나님은 그 사람과 일하실 것이기 때문이다.

이러한 하나님의 들으심과 기억하심은 하나님의 백성들에게 "들으라!"(신 6:4; 11:27), "기억하라!"(신 5:15; 7:19) 그리고 "잊지 말라!"(신 4:23; 6:12)를 강조하실 수 있는 근거가 된다. 그리고 진정한 예배는 의식을 집행하는 것에 달려 있는 것이 아니라, 오히려 하나님의 음성에 순종하는 것에 달려 있다는 신학 또한 가능해진다.

사무엘이 이르되 여호와께서 번제와 다른 제사를 그의 목소리를 청종하는 것을 좋아하심 같이 좋아하시겠나이까 순종이 제사보다 낫고 듣는 것이 숫양의 기름보다 나으니 이는 거역하는 것은 점치는 죄와 같고 완고한 것은 사신 우상에게 절하는 죄와 같음이라 왕이 여호와의 말씀을 버렸으므로 여호와께서도 왕을 버려 왕이 되지 못하게 하셨나이다(삼상 15:22-23).

이러한 신학이 가능한 것은 하나님께서 먼저 들으셨고, 기억하셨기 때문이다. 그것은 하나님께서 먼저 자신의 백성을 예배하셨다는 것이다. 하나님께서 사람을 예배했다는 것이 신학적인 오해를 불러일으킬 수 있지만 진정한 예배가 하나님의 음성을 듣고 순종하는 것에 있다면, 하나님께서 먼저 이스라엘의 부르짖음의 목소리를 들으시고, 그 음성에 응답해 주셨다는 것만으로도 이미 동일한 것을 해주신 것을 알 수 있다.

3) 모세의 소명(출 3:1-4:17)

모세가 자신의 힘으로 고난 받는 자신의 형제들을 위해 무언가를 해보려고 시도했던 것이 머나먼 과거의 사건으로 기억되고 모세는 이제 80세의 나이로 그저 예전의 야곱처럼 자신의 장인의 양들을 치는 목자로서의 삶을 살아가고 있다. 이제 모세가 과거에 시도했던 '애굽인을 치고,' '형제들 사이의 시시비비를 재판하는 자'로서의 역할을 올바르게 해낼 수 있기 위해 하나님으로부터 소명을 받는 사건이 벌어진다. 이 소명을 받는 사건은 하나님과의 만남이 있어야 일어날 수 있는 일이기에 출애굽기 3장은 이 극적인 만남을 먼저 소개하고 있다. 모세의 소명은 하나님과의 만남의 체험이 있은 직후 출애굽기 3:9절에서 선포되고 있다. 자신의 백성이 당하는 고통을 돌아보시고 준비된 사람을 보내시는 하나님의 인내하심과 철저하신 준비하심이 새 시대를 열어가고 있음을 볼 수 있다.

하나님은 그 기나긴 과정 속에서 고통으로 자신의 백성의 탄식소리를 듣고 계셨다. 탄식이 아닌 찬양이 인간 창조의 목적이신데, 그 반대인 탄식을 들으심에도 기나긴 세월을 인내하신다. 그 탄식이 하나님을 향한 것이든(민 20:16; 신 26:7), 아니면 향방 없는 울부짖음이든 하나님께서 들으신다는 것이 희망인 것이다. 모세가 광야에서 40년의 세월을 보내는 동안 이스라엘의 상황은 이와 같은 여전한 고통 가운데 거하는 삶을 걸어가고 있다.

> 여러해 후에 애굽 왕은 죽었고 이스라엘 자손은 고된 노동으로 말미암아 탄식하며 부르짖으니 그 고된 노동으로 말미암아 부르짖는 소리가 하나님께 상달된지라(출 2:23).

이것이 한 사람의 지도자의 가치인 것이다. 우리 하나님의 가슴 아픈 인내와 고통의 심정이 만들어낸 걸작품이기 때문이다.

이제 지도자가 준비되었다. 하나님은 인간이라는 대리자 없이 자신이 직접 이적과 기적을 통해 신속한 구원을 이루실 수 있다. 그러나 하나님께서 인간을 자신의 형상으로 만드시고 이 세상을 맡기셨을 때에는 우리를 이 땅을 가꾸는 동역자로 부르셨다는 것을 의미한다. 하나님이 만왕의 왕이시라면 우리는 이 땅을 지키고 가꾸는 부왕의 자격인 것이다. 하나님은 이처럼 우리를 창조의 동역자로 세우셨고 결코 그 뜻을 무너뜨리지 않으신다. 모세라는 사람을 탄생시키시고, 그를 훈련시키시고, 그가 진실로 하나님만을 위하여 준비될 때까지 긴 세월을 준비하신다. 이런 지도자가 쓰러진다면 또 다른 세월이 소요될 것이란 점을 짐작할 수 있다.

그러므로 지도자에게 필요한 것은 하나님의 마음을 품는 것이다. 하나님께서 들으시고, 긍휼히 여기시며, 내려오셔서, 인도하시는 것과 같은 마음과 자세로 행하는 것이다(출3:7-8과 3:9-10의 비교). 모세에게 40년 동안 목자의 길을 걷게 하신 것이 결코 우연은 아닐 것이다. 그것도 자신의 양이 아닌 장인의 양을 치게 하신 것 속에도 분명 의미가 있을 것이다. 이제 그 양들이 하나님의 백성이 될 것이며, 자신의 양이 아닌 장인의 양들의 음성을 듣고, 그들의 필요를 채웠듯이, 모세는 이제 하나님의 마음이 되어 자신의 백성이 아닌 하나님의 백성을 이끌어야 할 것이다. 그래서 이스라엘의 위대한 지도자인 모세, 다윗은 모두 목자였다는 사실에 의미가 있다. 왜냐하면 하나님 또한 목자의 은유로 소개되기 때문이다(시편 23편).

(1) 모세의 사명 - 하나님과의 만남

성경을 읽노라면 의문점이 들어갈 때가 많다. 모세가 미디안 광야에서의 40년의 여정 동안에 특별한 지식을 배웠다든가, 기적을 일으키는 능력을 전수 받았다든가, 혹은 병법을 익혔다는 이야기는 전혀 없다. 단지 한 사람의 양치기였을 뿐이었다. 하나님의 기다림은 무엇이었을까? 하나님께서 쓰시는 지도자에게 가장 필요한 것은 무엇이었을까? 이 모든 궁금증이 해결되기 위해서는 80년의 세월을 거친 모세가 하나님을 만나는 것이다. 하나님을 만나 자신의 탄생의 의미와 80년 세월의 의미가 무엇인지를 분명하게 깨달아야 하는 것이다. 하지만 80세는 결코 그 당시에도 작은 나이는 아니다. 은퇴를 준비하고 뒤로 물러서야 하는 시기가 바로 그 나이일 것이기 때문이다.

드디어 하나님께서 양에게 먹일 풀을 찾아 하나님의 산 호렙에 이른 모세에게 떨기나무 불꽃 가운데서 자신의 임재를 드러내신다. 떨기나무와 불꽃, 보잘 것 없는 나무와 거기에 붙은 불, 이 조합은 도대체 어떤 의미인가? 모세 또한 떨기나무에 불이 붙었으나 나무가 소멸되지 않는 것에 놀라며 "이 큰 광경을 보리라"는 말과 함께 가까이 다가간다(출 3:3). 불꽃이 붙었음에도 떨기나무 같이 보잘 것 없는 잡목이 삽시간에 타서 재가 되지 않는 놀라운 광경은 소멸하는 불이신 여호와께서 함께하심에도 사람이 죽지 않고, 하나님의 소명 받은 자로 설 수 있는 길이 있다는 것을 암시한다(출 20:18-19; 신 4:33-36). 그 길은 단 한 가지 바로 여호와께서 거룩하시니 그 백성들도 거룩한 길을 걷는 것이다. 거룩하신 하나님의 불꽃이 활활 타오를 수 있게 거룩으로 구별한 삶을 드리는 것이다. 이를 입증하듯 하나님께서 "모세야 모세야!"라고 급히 부르시며 "이리로 가까이 오지 말라 네가 선 곳은 거룩한 땅이니 네 발에서 신을 벗으라"(출 3:5)고 하신다. 하나님의 불꽃 같은 임재에 다가가기 위해서는 거룩으로 준비되어야 한다. 그리고 80세가 된 보잘 것 없는 가시떨기 같은 존재일지라도 거룩으로 준비된 자는 불꽃같은 주의 임재를 체험할 수 있다.

이렇게 갑작스런 음성으로 어리둥절해 하고 있는 모세에게 하나님께서 단도직입적으로 소명을 주신다.

여호와께서 이르시되 내가 애굽에 있는 내 백성의 고통을 분명히 보고 그들이 감독자로 말미암아 부르짖음을 듣고 그 근심을 알고 내가 내려가서 그들을 애굽인의 손에서 건져내고 그들을 그 땅에서 인도하여 아름답고 광대한 땅 젖과 꿀이 흐르는 땅 곧 가나안 족속 헷 족속 아모리 족속 브리스 족속 히위 족속 여부스 족속의 지방에 데려가려 하노라(출 3:7-8).

하지만 이상스러운 것은 이 소명 속에는 매 구절마다 하나님이 주어로 이루어져 있다. 하나님께서 보고, 듣고, 알고, 직접 내려가서, 친히 건져내고, 이스라엘을 인도하여, 가나안 땅에 데려가시겠다는 결단이 들어가 있다. 모세의 동의 여부에 관계없이 먼저 하나님께서 자신의 백성의 고통을 "보시고, 들으시고, 아신다"라는 표현으로 시작하고 있다. 이것은 출애굽의 시작은 바로 하나님의 놀라운 사랑하심과 계획 가운데 선포되고 있음을 보이는 것이다. 그렇다면 이렇게 하나님께서 직접 다 하실 것이라면 모세를 부르실 이유가 없지 않은가라고 반문해 볼 수 있다. 하지만 이러한 선언은 오히려 부름 받은 자의 소명을 더욱더 강력하게 부각시키는 의미가 들어가 있다는 것을 깨달아야 한다. 하나님께서는 결코 그의 사람에게 알리지 않으시고는 일하지 않으신다. 그것은 가장 처음으로 예언자라는 칭호를 들은 아브라함에게도, 또한 아모스 선지자에게도 주셨던 음성이다.

그 사람들이 거기서 일어나서 소돔으로 향하고 아브라함은 그들을 전송하러 함께 나가니라 여호와께서 이르시되 내가 하려는 것을 아브라함에게 숨기겠느냐(창 18:16-17).

주 여호와께서는 자기의 비밀을 그 종 선지자들에게 보이지 아니하시고는 결코 행하심이 없으시리라(암 3:7).

그렇다면 하나님의 이 선언은 자신이 하시고자 하는 일을 소명 받은 자에게 알리는 것이라 할 수 있다. 이렇게 간절하게 직접 내려가서 확실하고, 분명하게 구원하여, 신속하게 약속의 땅으로 데려가고 싶으시다는 소망이신 것이다. 이러한 하나님의 간절한 소망을 이해하고, 그 길을 걸어갈 자를 하나님께서는 준비시키시고, 부르시는 것이다. 그리고 무슨 일을 하든지 하나님의 이 간절한 열정을 가슴에 품고 하나님께서 하시는 것처럼 그대로 행할 사람을 찾으시는 것이다. 이것은 또한 사람이 행하는 모든 사명의 길을 통하여 오직 하나님만이 영광 받으시는 세상을 이루시기 위함이다. 하나님께서 친히 하시겠다는 모든 역사는 이제 이 소명을 기꺼이 받는 자가 이루어야 할 사명이 되는 것이다. 이것은 하나님께서 모세에게 주시는 사명 속에 그대로 들어가 있다. 그리고 모세라는 지도자를 80년의 세월동안 준비시킨 이유가 바로 이것이다. 자신이 거두어지고, 오직 하나님의 뜻과 능력만으로 움직이는 사람, 그래서 그 사람이 하는 모든 일은 곧 하나님의 영광이 드러나는 길을 열기 위함이다: **"이같이 너희 빛이 사람 앞에 비치게 하여 그들로 너희 착한 행실을 보고 하늘에 계신 너희 아버지께 영광을 돌리게 하라"(마 5:16).** 이렇게 하나님의 간절함이 선포된 후에 모세에게 동일한 소명이 주어진다.

이제 가라 이스라엘 자손의 부르짖음이 내게 달하고 애굽 사람이 그들을 괴롭히는 학대도 내가 보았으니 이제 내가 너를 바로에게 보내어 너에게 내 백성 이스라엘 자손을 애굽에서 인도하여 내게 하리라(출 3:9-10).

드디어 "누가?"라는 질문에 대답할 절호의 기회가 모세에게 주어졌다. 그리고 그 때 하려고 했던 그 일을 성취할 수 있는 절호의 기회가 온 것이다. 그러나 모세는 더 이상 힘과 패기와 열정이 넘치던 그 옛날의 모세가 아니다. 하나님께서 주신 이 소명의 선포가 주어졌음에도 모세는 자신의 무능함을 토로한다. 그리고 이 소명의 선포를 기점으로 모세의 세 가지 질문이 모세의 소명 이야기 전체를 감싸고 있다. 그리고 이 세 가지 질문에 대한 응답은 모세에게 뿐만 아니라 어느 시대, 어느 누구에게나 주어진 소명을 완전하게 성취할 수 있는 힘을 제공해 주고 있다는 것에 그 중요성이 있다 하겠다. 왜냐하면 모세가 해야 할 일은 자신의 일이 아니라 하나님의 일이기에 하나님의 마음을 분명하게 깨닫는 것이 필요하다.

존 더햄(J. I. Durham)은 모세의 이 세 가지 질문을 권위(authority)라는 측면에서 해석하고 있다. 모세가 "내가 누구관대 바로에게 가며"라는 질문에 하나님께서 "내가 정녕 너와 함께 하리라"라는 대답은 모세의 소명에 권위를 부여하는 것으로 보고, "이름이 무엇입니까?"라는 질문에 하나님께서 자신의 정체를 밝히신 것은 "하나님 자신의 변함없으신 권위"를 드러내는 것이며, 모세가 "이스라엘 백성들이 믿지 않으면 어찌 합니까?"라는 질문에 세 가지의 이적을 예로 모세에게 하나님의 이적을 행할 힘이 부여됨을 통해 "모세의 권위"를 세우기 위함이라는 것이다.[52] 이제 세 가지의 질문을 거치며 모세가 소명 받은 지도자로 선다. 첫째, 내가 누구인가? 인간인가, 하나님인가? 둘째, 그렇다면 그 하나님은 누구이신가? 셋째, 그 하나님이 함께 하심의 증거는 무엇인가?

[1] "내가 누구이기에?"(출 3:11-12)

이 질문 속에는 애굽에서 자신의 형제를 구하기 위해 애굽인까지도 죽였던 모세의 패기와 열정은 보이지 않고 자신에 대한 신뢰나 신념이 다 사라져 버린 듯한 한 자연인의 모습을 살펴 볼 수 있다. 40여 년 동안의 방랑생활, 그리고 양치는 목자로서의 삶이 모세에게 자신에 대한 자긍심을 모조리 다 사라지게 하는 계기가 되었음 또한 생각해 볼 수 있다. 모세는 하나님의 갑작스런 소명 앞에 자신의 과거를 생각했고 이젠 그 때의 패기와 능력이 다 사라져 버린 노인이 되었으니 이스라엘 백성들이 자신을 거부할 것임은 불을 보듯 뻔하다는 생각을 했음에 틀림없다. 이제 필요한 것이 있다면 "내가 누구이기에?"라는 반문에서 "나를 보내는 자가 누구신가?"로 초점이 바뀌어야 할 것이다. 이는 파선의 위험 가운데 있었던 배 위에서도 담대하게 한 생명도 해를 당하지 않을 것이라 선포했던 바울의 확신을 가능케 했던 요소였다: "내가 속한 바 곧 내가 섬기는 하나님의 사자가 어제 밤에 내 곁에 서서 말하되 … 하나님께서 너와 함께 항해하는 자를 다 네게 주셨다 하였으니"(행 27:23-24). 이와 같은 믿음을 위해 하나님께서는 모세가 "누구에게 속하는가"를 분명하게 알려주실 것이다.[53] 그 구체적인 예는 하나님의 단순, 명료한 다음의 대답에서 찾아볼 수 있다.

내가 반드시 너와 함께 있으리라(출 3:12).

이 말씀은 늘 인간이 잊고 사는 명제이기도 하다. 모세는 **"내가 누구관대?"**라고 반문을 제시하나 하나님께서는 **"내가 너와 함께 하겠다"**

고 응답하신다. 모세의 '내가'와 하나님의 '내가'라는 두 주체가 부딪치고 있다. 하나님의 이 응답 속에는 일하는 사람의 위대함이 아니라 누가 그 사람과 함께 하고 있느냐는 배경을 강조하고 있다. 가나안 정복을 눈앞에 두고 두려워하는 여호수아가 이 약속을 받았고(수 1:5), 미디안을 치라는 소명에 두려워 주저하는 기드온에게도 똑같은 약속이 주어진다(삿 6:16). 아브라함, 이삭, 야곱, 요셉, 다윗, 엘리야, 예레미야, 에스겔 등 이 약속을 받은 사람들을 기록하려면 창세 이래로 지금까지 수도 셀 수 없을 만큼 많을 것이다.

지금 이 시대에도 동일한 것을 고백하는 사람들이 하나님의 일을 한다. 헨리 블랙커비(H. Blackaby)는 무디에 관한 일화를 한 가지 소개하고 있다. 조니 배서 아저씨(Uncle Johnnie Vasser)로 잘 알려진 한 전도자가 무디를 만난 자리에서 "하나님이 수많은 사람들을 그리스도께 돌아오게 하는데 사용하신 분을 이렇게 만나게 돼 정말 기쁩니다"라고 말했다. 그러자 무디는 몸을 구부려서 땅바닥에 흙 한 줌을 집어 올려, 손가락 사이로 바람에 날려 보내며 이렇게 고백 했다고 한다: "하나님이 쓰신다는 것을 빼고는 D. L. 무디도 이 흙에 지나지 않습니다."[54] 웨슬리 듀웰(W. Duewel)은 빌리 그래함의 고백에 관해 말하고 있는데, 그래함은 여러 차례 이렇게 말했다고 한다: "하나님께서 내 생활에서 그 손을 거두신다면 이 입술은 진흙으로 변할 것이다."[55] 그렇다, 우리는 능력의 심히 큰 것이 하나님께 있고 우리에게 있지 않은 흙으로 만든 그릇에 불과 하다(고후 4:7). 이것을 명확하게 깨달을 때 능력이신 하나님께서 우리 안에서 역사하실 수 있다.

이제 준비된 사람에게 필요한 것은 하나님께서 함께 하신다는 끊임없는 신념이며 항상 그 분의 임재를 느끼는 삶인 것이다. 모세가 어려움에 부딪칠 때 마다 하나님께 그 결정의 여부를 맡겨 놓듯이 계속적인 교통과 순종이 사명을 완수하는 유일한 길임을 모세의 이야기는 보여주고 있다. 결국 이 질문과 대답을 통해 느낄 수 있는 것은 모세가 아닌 하나님께서 하신다는 것이다. 그리고 소명 받은 자가 해야 할 일은 믿고 따라가는 적극적인 순종이라는 것을 살펴 볼 수 있다. 즉, 모세가 어떠한 사람이냐가 중요한 것이 아니라, 누가 모세와 함께 하고 있느냐가 사명의 성공 여부를 판가름 한다는 것이다. 모세는 하나님 없이는 도망치는 사람일 수밖에 없고, 한갓 양치기에 지나지 않았다. 그러나 하나님의 능력으로 바로를 향하여 발걸음을 당당히 떼놓을 수 있었다. 그러므로 지도자의 삶 속에 '내가'라는 주체가 누구인가를 분명히 깨닫는 것은 사명의 성패를 좌우하는 시금석이 될 수 있다. "내가 누구이기에"라는 인간 중심 사고가 "내가 반드시 너와 함께 한다"라는 하나님 중심으로 대체되어야 한다. 인간은 무능하지만 하나님은 유능을 뛰어 넘어 전능하시기 때문이다. 하나님은 우리의 유능이 필요하신 분이 아니라, 하나님의 전능하심이 막힘없이 통과할 통로가 필요하신 것이다.

모세의 탄생(1:1-2:10)은 하나님의 계획에 의해서 바로의 인간적 지혜에서 나온 계획을 무효화시키는 결과였다. 모세는 세상의 힘과 지혜를 무력화 시키는 하나님의 숨은 섭리이다. 모세의 탄생 이야기는 모세는 스스로 태어난 자가 아니라 하나님의 치밀한 계획과 섭리 가운데 태어난 인물이라는 것이 강조된다. 그렇다면 그 전에 모세가 스스로 구원자로 자처한 행동(출 2:11-15)은 하나님의 섭리로 탄생된 사람은 결코 스스로 일할 수 없다는 점을 강력하게 시사하고 있는 것이다. 그 이유는 어디로 가야 할지에 대한 방향이 없기 때문이다. 자신의 정체성 없음은 물론이요, 그 구원이 궁극적으로 어디로 향해야 할지의 목적지가 없는 것이 될 것이다. 나아가야 할 방향이 없는 자가 구원자가 된다면 그 백성은 어떻게 될 것인가? 우왕좌왕하다 길을 잃고 스스로 자멸하고 말 것이 분명하다. 심지어는 애굽을 뒤엎고 그 곳에 또 다른 제국을 만들 수도 있다는 것이다. 그러나 그러한 제국은 단지 이름만 다를 뿐 억압과 착취라는 동일한 결과에 이를 또 다른 제국을 만들 것이 분명하다. 이러한 이야기 전개를 살펴볼 때 모세의 소명은 하나님을 떠나서는 상상도 할 수 없는 것이다. 하나님의 계획에 의해 세상에 태어난 자는 하나님의 함께하심이 없이는 아무것도 아니다. 그러므로 "내가 누구관대?"는 "하나님의 함께하심"으로 무장되어야만 한다. 그 하나님의 능력으로 바로 앞에 서게 될 것이며 그 대결에서 바로가 모세 자신을 죽이기 위해서는 전능하신 하나님을 먼저 이겨야 한다는 확신을 갖게 될 것이다.[56] 그리고 그 하나님께서 목적지(약속의 땅)를 정해주실 것이고, 그 목적지에서 어떻게 살아야 할 것인가에 대한 길(하나님의 법) 또한 제시해 주실 것이기 때문이다.

이러한 하나님과의 만남이 있고 나서 모세는 지도자로서의 준비를 한다. 하나님에 관해 알아가는 것이다. 모세의 소명 이야기 전체는 모세에게 뿐만 아니라 어느 시대 어느 누구에게나 주어진 소명을 완전하게 성취할 수 있는 힘을 제공해 주고 있다. 모세는 자신과 함께 하는 하나님을 소개해야 할 책임이 있다. 그렇다면 이제 이 하나님은 도대체 누구이신가의 의문을 풀어야 할 차례이다. 이 하나님이 누구이시며, 어떤 분이 신가를 분명하게 알아야만 그 분께 의지할 수 있으며, 확신 있게 전할 수 있기 때문이다.

[2] "그 하나님은 누구십니까?"(출 3:13-22)

모세의 첫 번째 질문은 자신과 관계된 것이었고 이제 그의 두 번째 질문은 그럼 자신에게 사명을 부여하는 "당신은 누구십니까?"라는 질문과 동일하다고 하겠다. 모세가 하나님의 이름에 관하여 질문하였을 때 그는 단순한 하나님의 정체(identity) 이상의 것을 묻고 있었던 것이다. 그는 하나님의 진정한 본질에 관하여 묻고 있는 것이다. 즉, 이름 속에는 한 존재의 전인격적인 성품, 능력을 비롯한 모든 것이 다 포함되어 있기에 하나님이 어떤 분인가를 묻는 것이다. 이 질문 또한 모세의 과거의 아픔을 기억나게 하는 것으로 모세가 자신의 형제들이 싸우는 것을 중재하며 법에 비추어서 잘못한 사람에게(출 2:13) 질책을 했을 때 그 사람의 반응 속에 그 원인이 들어 있다. 그 사람이 **"누가 너를 우리를 다스리는 자와 재판관으로 삼았느냐"(출 2:14)**라는 강한 반응 속에는 "누가 네가 그 일을 하도록 우리에게 보냈는가?"라는 의미가 포함되어 있다. 모세는 이 강한 역반응에 아무런 대꾸도 하지 못하고 그저 도망을 칠 수밖에 없었다. 왜냐하면 아무도 그에게 그 일을 하도록 보낸 사람이나 단체가 없기 때문이다. 즉 모세는 아무런 소명 없이 자신의 열정을 따라 행동을 했다는 이야기이다. 잘잘못을 가리며, 법을 세우는 자에게 권위는 중요하다. 법을 집행하는 법관들과 경찰들이 아무런 배경 없이 그 일을 할 수는 없는 것이다. 만약 이들이 단순한 개인일 뿐이라면 사람들이 이들의 말을 들을 하등의 이유가 없기 때문이다. 그러나 이들에게는 국가라는 든든한 힘이 그 배경이 되고 있다. 국가가 법관들과 경찰들의 집행력에 공적인 지원을 하고 있는 것이다. 그러나 모세는 일개 한 개인일 뿐이며, 어떠한 공적 권위도 부여받은 바가 없기에 그가 행하는 재판은 효력이 전혀 성립되지 않는다.

이제 모세는 그때의 그 아픔을 기억하고 어떤 존재가 자신을 그 일을 하도록 보냈는가에 대한 정확한 근원을 알고 싶어 한다. 즉, "누가?"라는 질문에 당당하게 대답할 말을 갖기를 원하는 것이다.

> 하나님이 모세에게 이르시되 나는 스스로 있는 자이니라 또 이르시되 너는 이스라엘 자손에게 이같이 이르기를 스스로 있는 자가 나를 너희에게 보내셨다 하라(출 3:14).

하나님의 이름인 "나는 스스로 있는 자니라"(출 3:14)라는 '스스로 있는 자'(אֶהְיֶה אֲשֶׁר אֶהְיֶה 에흐예 아세르 에흐예)라는 말은 그 어느 누구도 정확하게 해석을 해 낼 수 없는 어려운 말다. 문법구조가 어려운 것이 아니라 그 숨은 의미가 난해하기 때문이다. 이 의미를 영어로 풀면 "I am who I am"이다. 더 정확하게는 "I will be who I will be"가 된다. '스스로 있는 자'라는 말 속에는 창조되지 않은 존재, 언제나 영원토록 존재하는 자 혹은 모든 만물을 존재하게 하는 자 등의 여러 가지 해석으로 풀이할 수 있으나 좀 더 정확하게 해석하기 위해서는 본문의 문맥 속에서 그 뜻을 찾아야 하리라 본다.

이 이름의 단순형은 '에흐예'(אֶהְיֶה)로 영어 번역으로는 "I am(will be)"이 된다. 즉 "나는 …이다"가 된다. 이것은 문법적으로 미완성의 문장으로 히브리어로도 역시 미완성인채로 남는다. 즉, 주어와 불완전 자동사로 이루어져 있어서 반드시 문장의 완성을 위해 보어가 필요하다. 이러한 구조를 동일한 문맥 속에서 찾아보면 출애굽기 3:12, 14절에 3번에 걸쳐서 나타난다. 그 중에서 출애굽기 3:12절의 내용이 해석에 중요한 실마리를 제공해 줄 수 있다. 모세의 "내가 누구관대 바로에게 가며"라는 반문에 "내가 반드시 너와 함께 있으리라"(כִּי־אֶהְיֶה עִמָּךְ 키-에흐예 임마크)는 말로 격려하시는 하나님의 말씀 속에 이 하나님의 이름이 부분적으로 나타나고 있다는 것은 참으로 중요한 의미를 가지고 있다. 여기서 '에흐예'(I am 혹은 I will be)는 "함께 존재 한다"는 의미를 가지고 있다. 즉, 어디를 가든지 "함께 있다"는 의미가 들어가 있는 것이다. 이를 통해 살펴볼 수 있는 하나님의 이름의 직접적인 의미는 바로 "하나님은 함께 하시는 하나님"이시라는 고백이다.57) 이 사실은 출애굽기 전체를 통해서 나타나는 중요한 주제 중의 하나이기도 하다.

출애굽기의 전반부에서는 이스라엘이 애굽에서 고난을 당하는 사건들 속에 이 사실이 명백히 드러나며, 이것은 "하나님께서 그들의 고통의 신음소리를 들으시고, 보시고, 아시고"(출 2:24; 3:7, 8, 9)라는 표현들 속에 하나님께서 그들과 늘 함께 하시며 지켜보고 계신다는 것을 쉽게 느껴볼 수 있다. 그리고 후반부에서는 이스라엘이 금송아지를 숭배하는 죄악을 저지른 후에 조차도 모세의 간절한 간구에 의해 하나님께서 자신의 '현존,' 즉 '함께 하심'을 옮기실 강한 의지를 돌이키시고 자신의 이름을 모세에게 그대로 '여호와'(יהוה 33:19; 34:5,6)로 선포하시며 자신의 현존을 옮기지 않으실 것과 늘 "함께 하신다"는 하나님의 성품을 바꾸지 않으실 것을 선포하고 계신다. 이를 통해 이스라엘은 하나님의 '현존' 즉, '함께 하심'은 하나님의 자비로우심의 표현 일 뿐만 아니라 더불어 공의로우심 또한 같이 공존 한다는 하나님의 속성을 깨닫게 된다.[58]

또한 출애굽기의 결론으로 하나님께서 이스라엘과 함께 하심의 상징인 성막에로 자신의 현존을 옮기시는 사건은 하나님의 속성을 계시하는 함께 하시는 하나님 '여호와'(יהוה)시라는 것을 여실히 증명하는 것이기도 하다. 이러한 사실들을 면밀히 살펴볼 때 이 하나님의 이름인 '스스로 있는 자'라는 단어는 하나님의 정확한 이름을 표시한다고 하기 보다는 더 정확하게 '하나님의 속성' 혹은 '성품'을 계시하고 있다고 볼 수 있다. 언제나 시간과 공간을 초월해서 존재하시며, 자신이 선택하신 백성들과 늘 함께 하시며 만물을 주관하시는 하나님, 바로 이것이 하나님의 이름의 진정한 의미라 하겠다.[59]

이에 덧붙이자면 '에흐예'(אֶהְיֶה) 자체가 미완성 문장을 의미하고, 뜻 그대로 "나는 …이다"(I am)라면 이 문장을 완성시키기 위해서는 늘 보어가 필요하다는 것이다. 즉, 하나님의 이름을 완성시키기 위해서는 늘 무언가 포함되어야 한다는 것이다. 우리말로 표현하자면 "나는 내가 되고자 하는 자가 될 것이라"는 뜻으로 해석될 수 있으며, 이를 부연설명 하면 "영원하시고 부족함이 없으신 하나님의 성품"(God's eternal and all-sufficient character)을 잘 드러낸다고 할 수 있다.[60] 이것은 하나님의 성품과도 맞는 것으로 그 안에 '함께 하시는 분, 구원하시는 분, 돌보시는 분,

지키시는 분, 인도하시는 분, 치유하시는 분' 등으로 역사를 주관하시고 이끌어 가시는 역동적인 하나님을 말한다. 그리고 이 속에는 미래의 그 어느 누구의 필요도 다 채우실 수 있는 하나님의 무한하심을 표현하는 방법일 수 있다. 해밀톤의 말대로 "하나님은 '나는 내가 있고자 하는 대로 있는' 하나님이시고, '나는 네게 필요한 대로 있는' 하나님이시다."[61] 이를 통해 하나님은 어떤 한 이름으로 제한하거나, 묶어 놓을 수 없는 전능하신 만유의 주시라는 것 또한 느껴볼 수 있다. 그러므로 이 용어는 하나님의 이름이라기보다 하나님에 대한 신학을 제공하고 있는 것이라 할 수 있다.[62]

신약성경의 복음서는 이러한 하나님의 속성이 예수님을 통하여 이 땅에 완전하게 계시되었다고 증거하고 있다. 그 구체적인 예는 히브리어 '에흐예'(אֶהְיֶה, I am)의 헬라어 대역인 '에고 에이미'(ἐγω εἰμι, I am)의 사용에서 입증된다. 복음서 중에 특히 요한복음은 의도적으로 7가지의 예수님의 속성을 '에고 에이미'(ἐγω εἰμι, I am)를 사용하여 설명하고 있다. 즉 'I am'이라는 문장에 완결을 이루는 보어로 예수님의 특별한 성품을 7가지 더하고 있는 것이다.

	성경 구절	내 용
1	요 6:35	나는(ἐγω εἰμι) 생명의 떡이다
2	요 8:12	나는(ἐγω εἰμι) 세상의 빛이다
3	요 10:7	나는(ἐγω εἰμι) 양의 문이다
4	요 10:11	나는(ἐγω εἰμι) 선한 목자다
5	요 11:25	나는(ἐγω εἰμι) 부활이요 생명이다
6	요 14:6	나는(ἐγω εἰμι) 곧 길이요 진리요 생명이다
7	요 15:1	나는(ἐγω εἰμι) 참 포도나무다

이러한 예수님의 성품은 그 때만을 위한 것이 아니라 어느 시대 어떤 공동체든지 예수님을 주로 고백하는 사람들이 체험할 수 있는 것이며, 결코 과거에 얽매여 사라진 것이 아니라는 사실을 기억해야 한다. 주님은 언제나 생명의 떡이며, 세상의 빛이시며 또한 부활이요 생명이시다. 과거에도, 현재에도, 미래에도 이 진리는 변함이 없을 것이다.[63] 이와 같이 예수님은 언제나 영원한 현재형으로 완전하신 하나님이신 '에흐예'(אֶהְיֶה, I am)시라는 것을 요한복음은 드러내고 있다.

호세아서는 이러한 출애굽 구원의 하나님이 이스라엘을 자신의 백성으로 삼으신 것을 무효화 시키는 선언을 한다.

> 여호와께서 이르시되 그의 이름을 로암미라 하라 너희는 내 백성이 아니요 나는 너희 하나님(אֶהְיֶה 에흐예)이 되지 아니할 것임이니라(호 1:9).

여기서 '로암미'는 내 백성이 아니라는 뜻이며, 그로 인해 하나님께서는 "나는 너희 하나님이 되지 아니할 것임이니라"고 선언하신다. 그런데 '하나님'이라 번역된 히브리어 단어가 출애굽기에서 자신을 계시한 단어인 '에흐예'(אֶהְיֶה)를 사용하고 있다는 것이 특징이다. 이제는 '에흐예'(אֶהְיֶה)가 되지 않을 것이라는 부정의 선언은 출애굽의 반전이라는 암울한 미래가 펼쳐질 것을 암시하는 것이라 할 수 있다. 이는 더 이상 이스라엘의 미래를 책임지지 않겠다는 선포라 할 수 있다.

'에흐예'(אֶהְיֶה)가 이처럼 하나님의 백성의 미래의 모든 필요를 채우실 수 있는 분이라면, 그럼 과거에는 어떤 하나님이셨는가? 그에 대한 대답 또한 이 부분은 해 주고 있다. 현재 하나님의 백성을 지키시는 분은 미래를 이끄시는 분이시기도 하지만 과거의 역사와 든든히 결속된 동일하신 분이라는 선포 또한 들어 있다.

> 하나님이 또 모세에게 이르시되 너는 이스라엘 자손에게 이같이 이르기를 너희 조상의 하나님 여호와 곧 아브라함의 하나님, 이삭의 하나님, 야곱의 하나님께서 나를 너희에게 보내셨다 하라 이는 나의 영원한 이름이요 대대로 기억할 나의 칭호니라(출 3:15).

함께하시는 하나님의 표징으로 이보다 더 놀라운 과거의 증거가 어디 있을까? 아브라함과 함께하셨고, 이삭과 함께하셨으며, 야곱과 함께하셨던 하나님, 즉 지금 현재의 이스라엘이 있기까지 늘 자신의 백성을 그 시작부터 현재까지 함께하시며 이끄셨다는 증거가 바로 하나님의 영원한 칭호 속에 들어가 있다. 이처럼 현재는 과거와 미래의 든든한 결속 위에 존재한다. 아브라함과 이삭과 야곱의 신실하신 하나님이 현재의 삶 속에 찾아오셔서 미래를 열어가는 "스스로 있는 자"가 되실 것이다.

여호와		바로	
스스로 있는 자	미래희망	미래희망 없음	여호와를 모르는 자
조상의 하나님 여호와	과거에 바탕	과거를 무시함	요셉을 모르는 자

과거와 미래가 하나님의 손 안에 있다. 그러나 이스라엘의 과거와 미래가 아무것도 모르는 바로의 손에 쥐어지면 현재 할 수 있는 것은 고통스런 노동밖에는 없다. 하나님은 이스라엘을 예배하는 백성으로 지

으셨다. 현재 이스라엘이 예배가 아닌 고역의 노동을 하고 있기에 그 노동을 예배로 전환하기 위해 하나님께서 백성들의 현재 삶 속에 기적을 행하신다. 이 기적을 통해 애굽은 파멸로 이스라엘은 구원으로 나아가는 것이다. 그러므로 하나님께서 모세에게 현재 기적을 행하는 능력을 부여해 주시는 것은 전적으로 예배로의 길을 열기 위한 목표를 가지고 있는 것이다. 이것은 다음에 모세에게 부여해 주실 이적을 행하는 능력이 어떻게 사용되어야 하는가에 대한 밑그림인 것이다.

바로와는 달리 하나님은 이처럼 이스라엘을 버리지 않으실 것이다. 그렇다면 하나님이 함께하심의 증거는 도대체 무엇인가? 즉, 하나님이 함께하실 때 나타나는 현상은 무엇인가라는 질문이 대두된다.

[3] "그들이 믿지 아니하면 어떻게?"(출 4:1-9)

이제 모세의 세 번째 질문으로 이스라엘이 지금까지 하나님께서 보여주신 하나님 자신의 권위는 인정하지만 그 하나님께서 모세 자신에게 나타나신 것을 믿지 않는다면 어찌 할 것인가라는 질문이다. 이 질문은 나아가서 소명을 받은 사람에게 나타나는 권위가 무엇인가라는 질문과도 동일할 것이다. 즉, 하나님께서 나타나셔서 모세에게 소명을 주시고 보내셨다면 그럼 모세가 그 일들을 수행할 수 있다는 증거가 나타나야 한다는 것이다. 신약시대에 "성령이 임하시면 너희가 권능을 받고 예루사람과 온 유대와 사마리아와 땅 끝까지 이르러 내 증인이 될 것이라"(행 1:8)는 선포 또한 그 예가 될 수 있다. 하나님이 함께하실 때 나타나는 '권능' 즉 '능력'이라는 증거들이 보일 때 사람들이 하나님께서 그 사람을 보냈음을 믿고 신뢰할 수 있다는 것이다. 이것은 출애굽기 4:1-9절에 5번이나 나타나는 “믿을 것이다”라는 뜻의 단어 ‘아만’(אמן 4:1, 5 ,8[2], 9)”을 통해서도 여실히 살펴볼 수 있다. 이 이야기는 신뢰감을 주기위해 하나님께서 함께 하실 때에 나타나는 권위 있는 능력들을 요구하는 것이다. 모세의 이 질문에 대해 하나님께서는 세 가지 요소로 차근차근 응답하신다. 첫째 것을 믿지 않으면, 둘째 것을, 그래도 믿지 않으면 세 번째 것을 이라는 형태로 모세에게 하나님의 함께하심의 능력을 부여해 주시는 것이다. 이 세 가지 권능의 표징은 다음과 같다. 첫째는 지팡이가 뱀으로 변하는 것(출 4:2-5), 둘째는 모세의 손에 나병이 생겼다 사라지는 것(출 4:6-8) 그리고 셋째는 나일강의 물이 마른 땅위에서 피가 되는 것이다(출 4:9).

지팡이가 뱀으로 변하는 것과 나일강 물이 피가 되는 것은 모세가 애굽의 바로와 부딪쳤을 때 벌어지는 이적들이며, 그 중에 지팡이가 뱀으로 변하는 이적은 성경전체를 통틀어 출애굽기에서만 나타나는 현상으로 항상 애굽과 연결해서 나타난다. 이것은 분명히 애굽에서 뱀이 신격화되어 있는 것과 관계가 있을 것으로 보인다. 즉 애굽에서는 신격화 되어 있는 뱀을 모세는 하나님께서 주신 능력으로 마음대로 만들어내고 없애기도 한다는 것이다. 이 이적을 행할 때 지팡이가 뱀으로 변하자 도망가는 모세의 모습은 보통 사람과 다름이 없으나, 하나님께서 뱀의 꼬리를 잡으라는 말씀에 적극적으로 순종하는 모세의 모습은 남다른 데가 있음을 알 수 있다. 어느 누구도 뱀을 잡을 때 꼬리를 잡지 않는 다는 것은 고대에나 현대에나 상식으로 남아있기 때문이다. 세 번째의 나일강의 물이 육지에서 피가 되는 이적은 행해지지는 않고 그저 그런 능력이 부여되었다는 것만 소개되고 만약 필요할 경우에 실행하라는 지시를 받는다. 손에 나병이 생겼다 사라지는 이적은 특징적으로 아론과 미리암이 모세의 권위에 도전했을 때 미리암에게 나타나는 징계로 모세의 권위가 하나님께서 주신 것임을 표현하는 것이라 하겠다(민 12:1-16).

그렇다면 이렇게 이적을 행하는 순서는 어떤 의미를 가진 것인가를 살펴볼 필요가 있다. 지팡이가 뱀이 되고, 손에 나병이 생기고 마지막은 나일강 물이 피로 변하는 것이다. 애굽이 뱀을 상징한다면 뱀의 꼬리를 잡음으로 무력화시켜 버린다는 의미가 들어가 있다. 그것은 명백한 하나님의 심판이 될 것이라는 것을 그 다음 이적인 나병이 든 손을 통해 드러낸다. 그 당시에 하늘이 내리는 천형이라 믿어졌던 나병을 통해 하나님의 심판임을 증거하고, 그 심판의 집행자로 모세를 보내셨음을 의미하는 것이다. 특히 미리암이 하나님의 권위를 침해했을 때 받았던 나병심판처럼 하나님의 권위를 침해한 애굽의 바로를 심판할 것을 암시하고 있음을 느껴볼 수 있다. 그리고 마지막 나일강이 피로 변하는 것은 심판의 이유가 무엇이며 그 결론이 무엇일지를 드러내는 것이라 할 수 있다. 애굽의 생명수로 숭배되는 나일강을 피로 물들임으로 그동안 이스라엘의 아들들을 죽인 것에 대한 피 값을 갚게 하는 것으로 그 결론은 애굽 군대가 홍해에 수장되는 것으로 마감될 것을 예고하는 것이라 할 수 있다.

이렇게 소명 이야기에서 모세는 처음에는 마지못해 억지로 시작했으나, 점점 소명의 당위성과 권능이 부여되고 있음을 살펴볼 수 있다. 여기서 분명히 알 수 있는 것은 모세의 지도력은 권력을 갈망하는 동기로 인해 유발된 것이 아니라, 하나님의 부르심이었다는 점이다. 이는 오직 하나님만이 그 일을 성취할 수 있으시며, 자신이 세우신 지도자를 통해 하나님은 자신의 일을 하실 것이며 백성들은 믿음으로 따를 것이다.

모세의 소명사건에서 처음 두 가지 '하나님의 함께하심'과 '하나님 자신의 이름의 계시'는 모세의 권위를 나타내는 것이 아닌 바로 하나님 자신의 권위와 속성을 드러내시는 것이며, 이것은 모세의 어떠함에 사명의 완수 여부가 달려 있는 것이 아니라 바로 하나님의 권능의 여부에 사명을 성취할 수 있는 유일한 길이 있음을 보이고 있는 것이다. 그리고 그 하나님의 함께하심 즉 하나님의 권위가 함께 할 때 나타나는 부수적인 이적을 행하는 능력들은 사람들에게 하나님께서 함께하신다는 사실을 증명하는 도구가 된다는 것이다. 즉, 신뢰감을 준다는 것이다.[64] 이를 통해 볼 때 소명 받은 자에게 필요한 것이 있다면 첫째로 하나님께서 함께 하신다는 하나님의 권위의 임재, 그리고 이적과 능력을 행하는 것으로 표현되는 소명 받은 자 자신의 권위 이것은 인간 교만을 위한 것이 아니라 사람들로 신뢰감을 주기위한 도구에 불과하다는 것을 잊어서는 안 될 것이다.[65] 우리에게는 모세라는 사람이 이미 유명한 사람이기에 '백성들이 믿지 않으면'이라는 모세의 말에 큰 무게감을 두지 않을지 모른다. 하지만 세상에 어느 누가 "하나님께서 자신에게 떨기나무 불꽃 가운데서 나타나셨으니 지도자로 인정해 달라고 하는 말"을 쉽게 받아들일 수 있을까? 모세를 통해서 하나님의 능력이 실현될 때마다 모세의 위치는 백성들 앞에서 상승한다. 이것은 모세를 믿는 것에서 끝나는 것이 아니라 백성들이 하나님을 믿게 하기 위함이다. 하나님께서 직접 말씀하실 때까지 모세가 하나님을 나타내는 유일한 중개자이기 때문이다.[66]

이스라엘 백성이 이 세 가지의 이적을 보고 믿고 여호와를 경배했다는 것은 그들의 마음이 완악하지 않다는 것을 의미한다(출 4:30-31). 그러나 그와 반대로 바로와 애굽의 경우는 완악의 극을 달린다. 하나님께서 모세에게 이스라엘이 처음 두 번의 이적을 통해서도 믿지 않으면 나일강 물을 조금 떠서 땅에 부으면 피가 되는 것을 통해서는 확신할 것이라 함에도 바로는 나일강 전체가 피로 물듦에도 불구하고 전혀 요동치 않고 여호와의 능력이라 믿지 않는다(출 7:22-23). 이를 통해 이스라엘은 애굽의 바로와는 달라야 한다는 것을 보여주고 있다.

(2) 모세의 소명 거부와 아론의 소명(출 4:10-17)

하나님의 권위와 이를 통한 모세 자신의 권위까지 다 갖추어졌음에도 불구하고 모세가 하나님의 소명을 거부하는 상황이 이 부분에서 묘사되고 있다. 모세는 자신은 입이 뻣뻣하고, 혀가 둔한 자라서 말을 잘 못한다는 것을 그 이유로 들고 있다. 이것이 정말 모세가 태어날 때부터 언어적인 장애나, 언어기관에 장애가 있었던 것인지,[67] 미디안 광야의 40년 세월로 인한 언어적 상실인지, 아니면 자신감 상실로 인한 의기소침인지는 불분명하다. 이에 대해 하나님께서 모세에게 "함께하시겠다"(출 3:12)고 하신 그 약속을 더욱더 확장하여 이제는 모세의 "입에 함께 하시겠다"(출 4:12 אָנֹכִי אֶהְיֶה עִם־פִּיךָ 아노키 에흐예 임-피카)고 자신의 '함께하심'을 더욱 구체적으로 선포하신다. 이는 곧 하나님께서 부여해 주시는 능력으로 충분히 극복할 수 있다는 점을 알 수 있다. 그러나 모세의 또 다른 거부가 있자 하나님께서는 더 이상 참지 않으시고 화를 내시나 또 다른 확증을 주신다. 하나님께서 모세의 형 레위 사람 아론을 모세의 입으로 세우시는 것이다. 그리고 "모세의 입과 아론의 입에 함께 하시겠다"(출 4:15 אָנֹכִי אֶהְיֶה עִם־פִּיךָ וְעִם־פִּיהוּ 아노키 에흐예 임-피카 베임-피후)는 약속을 주신다. 이 부분의 중요성은 아론이 처음으로 출애굽의 무대에 등장하는 것으로 아론의 임무와 그의 위치를 정확하게 표현하며, 모세의 연약성을 도우시는 하나님의 인도하심을 느낄 수 있다. 이렇게 간단하게 소개된 아론은 출애굽기 6:1-7:7절에 다시 등장하며 그 정통성이 주어지며 출애굽의 서막이 서서히 올려지고 있음을 시사하고 있다.

인간의 연약함은 결코 스스로의 힘으로 극복되는 것이 아니다. 하나님께서는 모세의 약점을 극복케 하기 위하여 함께 하신다. 그러나 그럼에도 뒤로 물러서는 인생의 허약함을 위하여 하나님께서는 동역자를 붙여주신다. 사람은 동역을 통하여 약점이 보완되고, 극복될 수 있다는 점을 인정하고, 자신의 부족한 부분을 잘 보완해 줄 수 있는 사람을 경쟁자가 아닌 동역자로 인정하고 함께하는 연합이 필요하다. 하나님의 일은 결코 혼자만의 일이 아니라, 함께해야 할 일이기 때문이다.

4) 사명과 함께 애굽으로 돌아가는 모세(출 4:18-31)

모세가 하나님을 만나고, 소명을 받고, 이적을 일으키는 권능까지 부여 받았음에도 거부의 몸짓을 보이다가 하나님의 설득과 동역자 아론을 붙여주심으로 맡겨주신 소명을 이루기 위해 드디어 떠난다. 모든 것이 제 자리를 찾아서 가고 있는 것이다. 그런데 이런 흐름이 이어지다가 갑자기 출애굽기 4:24절에서 **"여호와께서 길의 숙소에서 모세를 만나사**

그를 죽이려 하시는지라"는 표현을 읽게 된다. 이 부분은 고대로부터 지금까지 수많은 해석자들에게 의문을 제공해 왔다. 왜 하나님은 모세가 하나님의 명령에 순종하여 애굽의 바로에게로 가고 있는데 그를 죽이려고 하셨을까? 이와 비슷한 의문은 창세기 32:24-30절의 얍복 강에서의 야곱과 민수기 22:22-35절의 발람의 경우에도 제기된다. 야곱이 얍복 강을 건너 가나안으로 들어가려는 것은 하나님의 명령에 의한 것이고, 발람 또한 모압의 발락에게로 출발하는 것 역시 하나님의 승낙에 의해서이다. 하나님께서 야곱을 막아 세우시고 밤새도록 씨름 하신다. 그리고 발람을 길에서 칼을 들고 죽이려고 하신다. 이 모든 경우에 그 해답은 하나님의 뜻에 대한 온전한 순종의 자세에서 찾아볼 수 있다.[68] 야곱은 약속의 땅에 들어갈 변화가 준비되지 않았다. 약탈자, 사기꾼이라는 이름의 야곱으로는 그 땅에 들어갈 수 없다. 하나님께서 약속으로 주신 땅은 변화된 자만이 누릴 수 있는 땅이기 때문이다. 야곱으로 그대로 들어갔다가는 또다시 그 땅에서 그 망가진 삶으로 퇴출되고 말 것이다. 변화가 필요하다. 야곱이 이스라엘로 변화되어 들어가는 것이다. 발람 또한 발락의 청을 받고 가는 것이기에 하나님의 뜻이 아닌 발락의 청을 따라서 이스라엘을 향하여 저주를 시도할 수 있다는 것이다. 그러한 불순종을 감지하신 하나님께서 막아 세우시고 철저하게 한 가지를 강조하신 후에 보내신다: **"그 사람들과 함께 가라 내가 네게 이르는 말만 말할지니라"(민 22:35)**. 결국 하나님께서 막아 세우실 때에는 미진한 것이 있기 때문이라는 점을 분명하게 알 수 있다.

이스라엘의 해방을 위하여 부름 받고 나아가는 모세를 통하여 애굽에서의 마지막 밤에 해방의 기쁨을 감사하는 유월절 의식이 이루어져야 한다. 할례는 유월절 참여를 위한 필수조건이므로(출 12:48), 모세가 자기 아들에게 할례를 행하지 않았다는 것은 온전치 못한 마음의 표징이며, 구원의 축제인 유월절을 지킬 준비가 되어 있지 않다는 것을 의미한다. 그리고 하나님께서 아브라함 때에 할례 받지 않은 남자 곧 그 포피를 베지 아니한 자는 언약을 배반한 것이기에 백성 중에서 끊어질 것이라고 경고했는데도(창 17:14) 모세는 아들에게 할례를 행하지 않았기에 그런 위기에 빠진 것이라 할 수 있다. 그런 급박한 상황 속에서 십보라가 신속하게 그 아들에게 할례를 행한 것은 모세는 물론 그에게 주신 모든 사명까지 무사할 수 있는 길을 열었다.[69] 이 사건이 가르치는 요점은 하나님께 대한 이스라엘의 언약의 출발점에서 그 지도자 모세는 순종의 중요성과 불순종의 무서운 결과를 다시금 되새겨야 한다는 점이다.

하나님의 백성을 해방하기 위해 가는 자가 정작 해방의 축제에 기쁨과 감격으로 참여할 수 없다면 무슨 소용인가? 오히려 그 해방의 축제 때에 지도자라는 사람이 장자의 죽음과 장례를 치르느라 정신이 없다면 정작 백성들은 누가 이끌 것인가? 이스라엘은 그 자리에 주저앉고 더 극심한 애굽의 핍박이 주어질 것이 분명하다. 그리고 이스라엘은 더 이상 하나님을 신뢰하지도, 하나님께서 보낸 사람의 말을 듣지도 않을 것이다. 이와 같이 그 사람이 이스라엘을 해방할 자라도 그가 준비되어 있지 않으면 그 자리에서 가차 없이 끊어짐을 당할 수 있다. 이 점은 이스라엘 백성들에게 강력한 교훈과 경고로 자리 잡았을 것이다. 모세도 죽을 수 있다면 어느 누군들 하나님의 손길을 피해갈 수 있을 것인가? 이것이 하나님의 백성이 가져야 할 책임의식이다. 먼저 철저하게 준비되는 것, 그것이 해방 그 자체보다 더욱 중요한 선결과제이다.

하나님께서 모세를 죽이려고 하시는 사건은 이렇게 애굽에 내려지는 열 번째 재앙과 이스라엘이 행할 유월절 의식을 미리 내다보고 있다. 이 유월절 의식에 동참하기 위해서는 할례가 필수적이라는 점 또한 주지할 필요가 있다. 이것을 입증하듯이 이 사건 바로 직전에 하나님께서는 바로에 대하여 그의 장자를 죽일 것이라고 하셨다. 바로의 장자가 죽는다는 것은 애굽의 장자들이 모두 죽을 것에 대한 대표적인 이야기라는 점에서 열 가지 재앙의 마지막 것을 뜻한다. 그때까지 가야만 비로소 바로가 손을 들고 이스라엘을 보낼 것에 대한 예시가 이미 들어가 있는 것이다.

> 내가 네게(바로) 이르기를 내 아들(이스라엘)을 보내 주어 나를 섬기게 하라 하여도 네가 보내 주기를 거절하니 내가 네 아들 네 장자를 죽이리라 하셨다 하라 하시니라(출 4:23).

애굽의 장자들이 하루 밤에 모두 죽는 사건은 유월절을 예표하고 있는 것으로, 이는 바로의 장자뿐만 아니라 할례를 행치 않고, 피를 바른 문 안에 들어와 있지 않은 자들은 이스라엘인이건 애굽인이건 구별 없이 끊어질 것이라는 점을 모세의 예를 통해 그 명령의 심각성을 입증하고자 한다.

<table>
<tr><th colspan="2">모세를 죽이려 하시는 하나님
(출 4:22-26)</th></tr>
<tr><td>모세의 소명(4:22-23)
너는 바로에게 이르기를
내 장자 이스라엘을 보내주지 아니하니
내가 네 아들 네 장자를 죽이리라
- 마지막 재앙을 예고하고 있으며, 여기까지 가야만 바로가 이스라엘을 보낼 것임을 암시하는 것</td><td>열 번째 재앙과
유월절 의식
(출 12:21-36)</td></tr>
<tr><td>모세를 죽이려 하심(출 4:24-26)
할례를 행하고 보내심
- 이스라엘이 준비되어야 할 것 예시</td><td>이스라엘 백성의 할례
(유월절 의식에 동참하기 위한 준비)
(출 12:43-51)</td></tr>
</table>

생명의 위협, 할례와 피의 중요성이라는 측면에서 유월절적인 요소들의 강조가 해방을 향하여 나아가는 지도자 모세에게는 반드시 선행되어야만 한다는 것을 보이고자 한다. 하나님께서 공들여 세운 지도자일지언정 하나님의 뜻과 부합되지 않을 시에는 설사 구원사가 연기되는 한이 있어도 제거되어야만 한다는 것이 드러난다.

그리고 하나님께서 모세를 죽이시려는 사건이 할례와 유월절과 밀접하게 연관된 이야기라는 점을 더욱 분명하게 입증하는 증거는 출애굽기 1-4장과 5-14장과의 평행 구조를 통해서 드러난다.

	출애굽기 1:1-4:31	출애굽기 5:1-14:31
1	(출 1:8) 요셉을 모르는 바로	(출 5:2) 여호와를 모르는 바로

2	(출 1:9) 이스라엘 많고 강하도다	(출 5:5) 백성이 많아졌다.
3	(출 1:11-14) 노동을 가중시킴	(출 5:9) 노동을 무겁게 함
4	(출 2:9-10) 모세를 물에서 건져 구원하심 (출 2:11-4:9) 그 후 소명주시고 보내심	(출 5:22-23) 어찌하여 나를 보내셨나이까 바로는 더 학대하고 구원하지 않으신다
5	(출 4:10-13) 입이 뻣뻣하고 혀가 둔하다	(출 6:10-12, 28-30) 나는 입이 둔한 자니이다
6	(출 4:14-17) 아론을 동역자로 세우심	(출 7:1-2) 아론을 동역자로 세움
7	(출 4:21-23) 이적을 행하라 - 장자를 치리라	(출 7:3-4; 12:12, 29-36) 이적을 행하라 - 장자를 죽이는 것까지
8	(출 4:24-26) 할례를 행함으로 구원됨	(출 12:43-51; 참고, 창 17:14) 할례받은 자만 유월절을 지킬 수 있다.
9	(출 4:27-30) 모세, 아론 - 이스라엘 앞에서 이적을 행함	(출 14:15-18) 모세 - 홍해를 가르는 기적 행함
10	(출 4:31) 백성들이 믿고, 머리 숙여 경배함	(출 14:31) 여호와를 경외하며 믿었더라

이 평행구조의 7-8번에서 열 가지 재앙과 유월절 의식으로 연결된다. 이를 통해 모세와 그 아들의 할례 사건의 의미가 분명하게 드러난다. 열 가지 재앙의 마지막 장자를 죽이는 사건과 이스라엘의 유월절 의식이 연결된다. 그렇다면 모세의 집안에서 아들이 할례 받은 사건은 후에 유월절 의식에서 모세의 집안이 구원의 길로 간다는 것을 뜻한다. 이러한 미래를 온전하게 준비하는 것이 바로 모세의 아들의 할례 사건의 의미라 할 수 있다. 하지만 이렇게 역사의 과정들이 단순하게 반복되는 것만은

아니다. 이 두 평행구조는 점층적인 확대를 드러내기 위한 목표 또한 갖추고 있다. 출애굽기 1-4장에서는 모세 개인의 경험이 5-14장에서는 민족의 경험으로 확대된다는 것이다. 그런 점에서 지도자의 경험은 백성들이 경험할 미래의 사건들과 결코 별개의 것이 아니라는 점이다.

그리고 마침내 모세와 아론이 하나님의 산에서 만나 애굽으로 돌아가서 이스라엘 백성들 앞에서 하나님께서 하신 말씀과 이적을 다 행했을 때 그들이 믿었다고 전한다(출 4:31 אָמַן 아만). 그리고 여호와께서 그들을 돌아 보셨다는 것을 듣고 "머리 숙여 경배했다"(출 4:31)라는 표현을 통해 모세가 자신의 민족에게 받아들여진 모습을 보이고 있다. 그러나 이제 다가올 사건들을 미리 살펴볼 때 이 모세와 아론으로 인해 그들의 삶이 더욱더 힘겨워지고 억압당할 때 또다시 원망의 눈초리와 거부의 역반응이 나타나는 것을 볼 수 있다. 그러한 거부와 원망은 이제 하나님의 권능의 손길에 의해 10가지 재앙을 통과하고 그리고 홍해를 마른 땅 같이 건너는 기적을 통해 애굽이 완전히 파멸하는 장면을 이스라엘이 목격하고 난 후에야 잠시 사라지고 또다시 신뢰감으로 여호와와 모세를 인식한다는 것을 살펴볼 수 있다: **"이스라엘이 바닷가의 애굽 사람의 시체를 보았더라 이스라엘이 여호와께서 애굽 사람들에게 베푸신 큰 일을 보았으므로 백성이 여호와를 경외하며 여호와와 그 종 모세를 믿었더라(אָמַן 아만)"(출 14:30-31).**

그러므로 이러한 사건들은 인간의 의심과 연약성을 극복하며 이스라엘과 함께 현존하시는 하나님께 대한 신뢰의 벽을 더욱더 두텁게 쌓아가는 방향으로 전진하고 있음을 느낄 수 있다. 출애굽기의 전반부가 하나님께서 이스라엘을 위하여 행하신 일들로 가득 차 있는 것이 결코 우연은 아닐 것이다. 신뢰는 말한 대로 진실하게 행함의 바탕위에 세워진다는 것을 보이심은 더불어 이스라엘이 하나님께 되돌려 드려야 할 신뢰가 무엇인가를 가르치시기 위함임을 더불어 짐작해 볼 수 있기 때문이다. 이스라엘 또한 하나님께 진실한 행함으로 응답해야 한다는 것이다.

여기까지의 과정을 간략하게 요약하고, 앞으로 펼쳐질 사건을 정리할 필요가 있다. 바로 왕과 여호와 하나님의 지혜의 대결로 그 줄거리를 이끌고 나갔던 첫 번째 무대가 모세라는 이스라엘의 위대한 지도자의 탄생, 성장, 도망, 소명 그리고 그 소명과 함께 도망쳐 나온 애굽으로 되돌아감이라는 기나긴 세월의 이야기를 단순명료하게 그려 보였다. 그리고 모세와 아론의 이야기를 듣고, 행하는 이적들을 보고 고난 중에 있는 이스라엘 민족이 믿고, 하나님께서 돌아보셨다는 그 말에 허리를 굽혀 절하고 경배하는 모습은 기나긴 세월의 고통이 이제 곧 기쁨으로 바뀔 것이라는 암시를 넌지시 던져준다. 이를 통해 미래에 대한 벅찬 희망을 제시하며 그 다음 이야기로의 전환을 시도한다(출 4:27-31). 그러나 출애굽기 3-4장의 곳곳에서 보여 진 것처럼 바로 왕이 결코 쉽게 물러서지 않을 것이라는 하나님의 말씀들이 이제 펼쳐질 두 번째 무대에 긴장감을 더해주고 있기도 하다(출 3:18-20; 4:21-23).

Ⅲ. 여호와를 모르는 우상화된 바로로 인해 이스라엘 노동으로 고통(출 5:1-7:7)

1. 이야기 전체를 한 눈에 읽기

모세가 탄생되고, 성장하여, 훈련되어 마침내 하나님의 소명을 받고 이스라엘 앞에 섰다. 이제 해야 할 일은 바로 앞에 서서 하나님의 뜻을 전하는 통로가 되는 것이다. 바로가 어떤 태도를 취할 것인가라는 긴장감이 감돈다. 하나님의 사람은 준비되었으나, 정작 하나님의 사람을 대면하여 하나님의 음성을 따라 이스라엘을 보내야만 하는 운명을 안고 있는 바로는 전혀 준비되어 있지 않다. 이제 충돌은 불가피하다.

모세가 하나님의 명령을 받들어 바로에게 가서 하나님의 음성을 전한다. 이스라엘의 하나님 여호와께서 "내 백성을 보내라 그러면 그들이 광야에서 내 앞에 절기를 지킬 것이니라"(출 5:1)고 하셨다는 것이다. 그러나 제국의 황제요, 이 땅에 살아 있는 신격체로 숭배 받고 있으며, 그 어떤 존재와의 경쟁도 불허하는 바로는 일언지하에 그 말을 묵살시켜 버린다. 여호와가 누구이기에 그의 말을 듣고 자신이 순종해야 하느냐는 비아냥과 더불어 자신은 여호와를 알지도 못하니 이스라엘을 보낼 수 없다는 것이다(출 5:2). 이 속에는 여호와 하나님에 대한 멸시가 들어 있다. 그저 자신의 발밑에서 구더기처럼 구르고 있는 하잘 것 없는 노예들이 따르는 신이라는 것이 무슨 의미가 있느냐는 태도인 것이다. 그럼에도 모세와 아론은 그 히브리인의 하나님이 직접 나타나셔서 광야로 사흘 길 쯤 나아가 제사를 드릴 것을 명령하셨으니 그대로 실행하게 해 달라고 요청한다. 이에 대한 바로의 응답은 가혹하다. 노예들이 게을러져서 이런 쓸데없는 것에 집중하게 되었다는 것이다. 바로는 이와 같이 노예들의 조금의 휴식도 허락하지 않는 완악한 존재라는 것이 드러난다.

바로의 이러한 추론은 결국 이스라엘의 더욱 가혹한 노동으로 그 결론에 이른다. 흙으로 벽돌을 만드는데 짚이나 풀은 중요한 요소이다. 이러한 것들이 흙과 잘 섞여야만 흙벽돌의 강도가 더욱 단단해 지기 때문이다. 그동안은 이러한 짚과 풀을 애굽 당국이 노예들에게 제공해 주었으나, 이제는 다른 생각조차 할 시간을 주기 않기 위해 그러한 재료들을 제공해 주지 않고 직접 들로 나가서 채취하게 만드는 것이다. 이스라엘은 이제 짚과 풀도 들로 나가 마련해야 하고, 흙벽돌은 늘 하던 대로 동일한 수량을 생산해 내야 하는 것이다. 만약 그렇게 하지 못한다면 돌아오는 것은 채찍이라는 가혹한 응징이다.

이스라엘은 모세가 바로에게 들어가 휴식을 요구한 이후로 삶이 더욱더 힘겹게 변했다. 이스라엘의 대표자들이 바로에게 가서 호소하며 짐을 조금만 덜어줄 것을 간곡하게 요청한다. 이들의 호소 속에는 자신들의 굴종적인 정체성에 대한 기꺼운 수용이 들어가 있다는 점에서 하나님과 모세의 실망이 될 수도 있음을 살펴볼 수 있다.

> 이스라엘 자손의 기록원들이 가서 바로에게 호소하여 이르되 왕은 어찌하여 당신의 종들에게 이같이 하시나이까 당신의 종들에게 짚을 주지 아니하고 그들이 우리에게 벽돌을 만들라 하나이다 당신의 종들이 매를 맞사오니 이는 당신의 백성의 죄니이다(출 5:15-16).

하나님께서는 분명하게 모세를 통하여 이스라엘을 '내 백성'(출 5:1)이라 부르시며 바로에게 즉시 보낼 것을 명령하셨다. 그러나 이스라엘 백성들은 지금 현재 채찍을 휘두르며 폭력을 행사하는 눈에 보이는 바로의 종으로 남기를 자처한다.

그러나 바로는 전혀 마음의 요동이 없다. 알지도 못하는 신에게 제사를 드리겠다는 태도는 명백하게 게으름의 징표라는 것이 바로의 해석이며, 그렇기에 노동의 양을 늘리는 것이 그런 태도를 바로잡는 특효약이라는 생각에 흔들림이 없는 것이다(출 5:17-18). 이스라엘의 대표자들이 절망 가운데 바로 앞을 나오며 모세와 아론을 만났을 때 그들은 이구동성으로 "너희들이 바로를 자극시켜 우리를 죽음의 길로 몰아가게 했다"(출 5:21)는 말로 불평을 쏟아 놓으며 하나님께서 모세와 아론을 판단하실 것이라고 일침을 놓는다. 이는 곧 모세와 아론을 인정하지 않겠다는 것이며 이 두 사람이 하나님에 의해 보냄 받은 존재가 아니라고 보는 것이다. 이렇게 삶이 가혹해지면 인간은 하나님의 뜻을 바라보기 보다는 상황을 비난할 때가 많다. 그리고 자신들을 조금이라도 안락하게 해주는 존재나 물건이 있다면 오히려 그것을 주인으로 받들려고 하는 경향이 있다.

이러한 결과에 대해 놀란 것은 오히려 모세이다. 모세는 분명 하나님을 만났고, 그 하나님께서 자신을 보내셨다는 것에 대한 확신이 있다. 그리고 그 하나님은 기적을 일으키시는 능력자시라는 점도 확인했다. 그런 하나님께서 보내셨기에 하나님의 명령을 바로에게 전했다. 모세가 가지고 있었던 인간적인 기대감은 분명 바로가 그 명령에 굴복하여 무릎을 꿇고 전능자의 뜻을 받들어 이스라엘을 그 자리에서 해방시켜 나가게 하는 것이라 할 수 있다. 그러나 그런 일은 결코 벌어지지 않고 오히려 일이 꼬여서 자신의 백성들에게 더욱 가혹한 고통이 가해지고 있는 것만 목격하고 있다. 이럴 때 보냄 받은 자의 심정은 어떠할까? 자신이 가면 모든 것이 좋아질 것이라는 기대가 오히려 반전으로 끝나는 현장을 목격할 때 그 마음이 어떨까?

모세의 입에서 **"어찌하여 나를 보내셨나이까?"(출 5:22)**라는 반문이 터져 나온다. 그 이유는 바로에게 가서 말을 전하라고 하여 전했으나 상황이 호전되는 것이 아니라 오히려 백성들은 더욱더 학대를 당하고 하나님께서도 전혀 간섭하지 않으시기 때문이다. 결국 이런 결론에 도달하게 하시려면 무엇하러 자신을 불러서 보내셨냐는 반문인 것이다. 이렇게 출애굽기 5장에서는 모세가 사명을 받고 출발하여 그 사명을 수행함에도 상황의 변화는커녕 오히려 악화되는 것에 대해 모세가 자신을 부르심에 의문을 품는 것으로 그 끝에 이른다. 이런 상황이라면 모세가 계속해서 무언가를 할 것이란 느낌을 받을 수 없고, 뒤로 물러나 주저앉아 버릴 것이라는 느낌이 감돈다.

그 다음에 펼쳐지는 이야기는 분명 이렇게 소명에 의심을 품고 주저앉아버린 모세를 다시 소명자로 세우는 이야기가 주어져야 할 것이다. 그렇지 않다면 이스라엘의 구원사는 여기서 멈추어 버리고 또 다른 지도자가 세워질 때까지 미궁 속으로 빠져버릴 것이기 때문이다. 자괴감 가득한 항변인 "이스라엘 자손도 내 말을 듣지 않는데 바로가 어찌 내 말을 들으리이까 나는 입이 둔한 자니이다"(출 6:12, 30)를 모세가 스스로 거두어들이고 다시 바로가 듣든지, 안 듣든지에 상관없이 주의 명령을 따라 나아가는 자로 거듭나야 한다. 그래야만 하나님의 구원사가 힘차게 전진해 나갈 것이다.

출애굽기 6장에는 모세가 다시 사명자로 서는 이야기의 중심에 갑자기 족보가 끼어든다. 야곱의 장자인 르우벤부터 시작하여, 시므온과 레위로 연결되는 것으로 보아 언뜻 보기에는 이스라엘 12지파의 족보를 나열하는 듯하다. 그러나 야곱의 12 아들들의 나열이 의도적으로 레위까지만 거론된다. 그리고 르우벤과 시므온은 그들의 아들들인 2대까지만 거론하고 마감되고, 레위의 족보는 가족별로 4대까지 확대시켜 놓는다. 이는 곧 다른 아들들에 관심을 갖고 있다는 것이 아니라 레위 지파의 족보에 관심이 있다는 것을 의미한다. 레위로부터 고핫을 거쳐 아므람으로 연결되고 마침내 아론과 모세가 탄생되었다는 것이다. 이는 출애굽의 대역사가 하나님의 긴 세월의 계획의 결과라는 것을 분명하게 전하고 있다. 과거에 아브람에게 주셨던 그 약속이 이제 실현되어야 할 때가 되었다는 것을 피력하고 있는 것이다(창 15:12-21). 즉 모세와 아론은 하나님의 때에 정확하게 부름 받은 존재들이라는 것을 분명하게 알려주는데 이 족보보다 더 간략하면서도 파급력 있는 장치도 드물 것이다. 이러한 하나님의 마음을 거치며 모세와 아론이 다시 서고, 바로 앞에 나아갈 준비가 된다. 이런 이유들로 인해 출애굽기 6장은 모세의 재소명, 재위임이라고 하는 것이 합당할 것이다. 모세는 이렇게 회복되어 열 가지 재앙을 애굽에 쏟게 하는 하나님의 통로가 된다.

2. 이야기를 문학적 구조 따라 읽기

출애굽기 5:1-7:7절은 한 단락으로 다루어질 수도 있지만 이 부분은 또한 '거대한 이야기 구조'(출 1:8-4:31절과 5:1-14:31절의 비교) 속에서도 한 역할을 감당하고 있다는 점도 인식해야 한다. 먼저 '거대한 이야기 구조' 속에 사용된 평행구조를 통해 그 가고자 하는 방향을 살펴보는 것이 필요하다. 출애굽기 5:1-7:7절이 '거대한 이야기 구조'의 한 부분임을 인식할 때 그 전하고자 하는 메시지를 더욱 뚜렷하게 인식할 수 있을 것이라 여겨지기 때문이다.

이 '거대한 이야기 구조' 속에 두 평행되는 단락들은 공통적으로 여호와와 바로의 대결을 다루고 있다. 전반부인 1:8-4:17절은 여호와와 바로의 '지혜대결'을 다루고, 후반부인 5:1-14:31절은 여호와와 바로의 '능력대결'을 다루고 있다. 이러한 대결의 출발선에는 각각 신으로 자처하는 바로의 선포로 시작하고 있다는 점에서 바로가 그런 존재가 아님을 입증하고자 하는 의도가 있다는 것을 알 수 있다. 출애굽기 1:8-10절에서 바로는 요셉을 알지 못하는 존재로 이스라엘에 대하여 지혜롭게 행하자고 한다. 이는 곧 하나님께서 보내신 지혜로운 인물인 요셉으로 인해 살아난 과거를 청산하겠다는 바로의 의지를 느껴볼 수 있고, 이를 통해 하나님의 지혜가 아닌 자신의 지혜로 이스라엘을 무너뜨리겠다는 악을 드러낸 것이다. 이제 이스라엘을 말살하려는 바로의 지혜와 이스라엘을 지키시려는 하나님의 지혜가 부딪칠 수밖에 없는 것이다. 새로운 출발선인 출애굽기 5:1-2절에서 바로는 자신은 여호와를 알지 못하니 이스라엘을 보낼 수 없다고 단언한다. 그리고 자신의 권력으로 이스라엘을 더욱더 강력하게 억압한다. 하나님께서 바로에게 하실 일은 여호와를 모르기에 이스라엘을 보낼 수 없다면 바로가 저절로 손을 들고 이스라엘을 보내게 하는 길은 여호와가 누구신가를 알려주는 것이다. 이제 여호와의 능력과 바로의 능력이 부딪치는 격전이 펼쳐질 것이다. 바로가 거짓 신이라는 점에서 여호와의 능력 앞에 처절하게 무너지는 바로를 상상하는 것을 별로 어렵지 않을 것이다.

이 '거대한 이야기 구조' 속에 나타난 평행구조는 여호와와 바로의 대결 속에서 모세의 역할이라는 주제도 더불어 나타나며 지도자의 역할이라는 부분을 드러내고 있다. 그 구체적으로 평행되는 요소들을 상세하게 순서대로 비교해 보면 다음과 같은 일관성 있는 도표가 가능해진다.

	첫 번째(출 1:8-4:31) - 여호와와 바로의 지혜대결	두 번째(출 5:1-14:31) - 여호와와 바로의 능력대결
1	(1:8) 요셉을 모르는 바로 - 여호와와 지혜대결	(5:1-2) 여호와를 알지 못하니 이스라엘을 보내지 않겠다 - 여호와와 능력대결

2	(1:9) 이스라엘 자손이 우리보다 많고 강하다	(5:5) 이제 이땅의 백성이 많아졌거늘
3	(1:11) 노동으로 괴롭게 함	(5:9) 노동을 무겁게 함으로 수고롭게 하자 (게을러서 딴 생각하지 못하게)
4	(2-3장) 모세의 탄생과 소명 받음	(5:20-21) 백성들이 모세의 소명을 의심함
5	(4:10) 모세의 소명거부 - 입이 뻣뻣하고 혀가 둔한 자니이다	(5:22-23; 6:1-30) 모세의 소명거부와 재소명 - 어찌 나를 보내셨나이까?-소명 탄식 A. 소명거부: 입이 둔한 자(6:10-12) B. 레위의 족보삽입(6:13-27) A'. 소명거부: 입이 둔한 자(6:28-30)
6	(4:14-17) 아론과 동역하게 하심	(7:1-2) 아론과 동역하게 하심
7	(4:17) 하나님께서 행하실 일 - 지팡이를 손에 잡고 이적을 행하라	(7:3) 하나님께서 행하실 일 _ 내 표징과 이적을 애굽 땅에서 많이 행할 것
8	(4:18-31) 하나님께서 미래에 행하실 일 믿고 경배함	(7:8-14:31) 하나님께서 현재 행하신 것 믿고, 경배

전반부(1:8-4:31)의 내용을 통해 여호와와 바로의 지혜대결의 결과물이 하나님의 지혜의 승리를 상징하는 모세의 탄생과 성장 그리고 소명으로의 연결이라는 것을 알 수 있다. 바로가 이스라엘을 말살하려는 지혜를 세워서 자신의 명령을 실행시키지만 그 명령으로 인해 자신의 왕궁에서 자신을 무너뜨릴 모세라는 지도자를 키우게 되었다는 것이 그것을

입증한다. 어느 누구도 여호와의 지혜를 이길 수 없다는 것이 분명하다. 하나님의 지혜의 결과인 모세가 섰다는 것은 그가 맡아야 할 사명이 있다는 것을 의미한다. 그의 사명은 이제 그 다음에 있을 여호와와 바로의 능력대결에서 여호와의 능력이 드러나는 통로의 역할을 행해야 한다는 것이다. 후반부(5:1-14:31)의 내용이 바로 그것을 입증한다. 모세가 우여곡절 끝에 재소명을 받고 다시 바로 앞에 서서 하나님의 능력을 시연하는 존재가 되는 것이다. 그것은 일반적으로 10가지 재앙이라고 알려진 하나님의 이적과 기적의 실행이다. 전반부가 지혜대결로 모세의 탄생과 사명자로 준비되는 내용이었다면 후반부는 그 모세를 통해 하나님의 능력이 애굽과 이스라엘 백성들에게 증거 되는 내용의 확대가 일어나고 있는 것이다. 모세 개인의 하나님 인식에서 이스라엘의 하나님 인식으로의 확장인 것이다.

이 평행구조에서 8번째에 속하는 내용인 출애굽기 4:18-31절과 7:8-14:31절은 그 분량에 있어서 현저하게 차이가 나지만 상세하게 평행적인 비교를 해보면 동일한 과정을 가고 있다는 것을 또한 살펴볼 수 있다. 출애굽기 4:18-31절이 모세를 통해 하나님께서 미래에 행하실 일을 믿고 이스라엘 백성들이 고개 숙여 경배하는 장면으로 마감되었다면, 7:8-14:31절은 그 미래의 사건이 현재화 되어 이스라엘 백성의 눈앞에서 행해짐으로 마침내 이스라엘이 하나님을 경외하고 그의 종 모세를 믿었다는 것으로 그 결론에 이른다.

	하나님께서 미래에 행하실 일을 믿고 경배함 (출 4:18-31)	하나님께서 현재 행하신 것을 믿고 경배 (출 7:8-14:31)
1	애굽으로 돌아가는 모세(4:18-19) **- 바로 앞에 설 것 암시**	다시 바로 앞에 서는 모세(7:8-13)
2	모세가 하나님의 지팡이를 손에 잡고 감(4:20) **- 이적을 행할 것 암시**	모세와 아론이 지팡이로 이적을 일으킴(7:8-13)
3	이적을 바로 앞에서 다 행하라 내가 그의 마음을 완악하게 한즉 그가 백성을 보내주지 아니하리라(4:21) **- 열 가지 재앙 암시**	바로 앞에서 이적을 계속 행하나 바로가 완악하여 백성을 보내지 않음으로 열 가지 재앙이 펼쳐짐(7:14-11:10)
4	이스라엘은 내 아들 내 장자라 보내기를 거절하니 내가 네 아들 네 장자를 죽이리라(출 4:22-23) **- 마지막 장자의 죽음 재앙 암시**	마지막 열 번째 재앙은 애굽의 장자를 죽이는 사건으로, 바로가 경고를 무시하고 듣지 않음으로 행해짐(12:12, 29-36)
5	모세의 아들의 할례와 구원(4:24-26) **- 유월절 축제 암시**	구원의 축제를 위하여 할례를 행하라 **- 유월절 축제 행함(12:1-13:16)**
6	이스라엘 앞에서 이적과 기적으로 행함(출 4:27-30) **- 홍해사건 암시**	이스라엘 앞에서 홍해가 열림(13:17-14:30)
7	백성이 믿으며 여호와께서 이스라엘 자손을 찾으시고 그들의 고난을 살피셨다 함을 듣고 머리 숙여 경배함(4:31) **- 홍해 사건 후의 예배 암시**	이스라엘이 여호와께서 애굽 사람들에게 행하신 그 큰 능력을 보았으므로 백성이 여호와를 경외하며 여호와와 그의 종 모세를 믿었더라(14:31) 그리고 경배(예배) 함(15:1-21) **여호와께서 영원무궁토록 왕이 되소서.**

결국 마지막은 이스라엘의 찬양으로 그 결론에 이른다는 것은 모세를 보내서서 이스라엘을 구원하시는 목적이 무엇인가를 선명하게 부

각시키고 있는 것이라 할 수 있다. 이렇게 커다란 구조의 틀 속에서 주제들의 변화를 겪으며 출애굽기는 그 목적을 향하여 여정을 시작한다. 이러한 '거대한 이야기 구조'속에서 출애굽기 5:1-7:7절까지의 내용이 위치하여 맡은 역할이 무엇인지를 살펴보았으니, 이제 이 부분을 차근차근 살펴가며 상세하게 주석해 나가는 것이 필요하다. 이 부분 속에 들어있는 소주제들의 구조는 내용 분석 속에서 다루기로 하겠다.

3. 이야기의 세부적인 주제 따라 읽기

출애굽기 5:1-7:7절은 두 개의 소주제로 나뉜다. 첫째는 5장으로 바로와 여호와의 대결 속에서의 모세의 갈등을 그리고 있고, 둘째는 6:1-7:7절로 갈등 속에 회의하는 모세에게 재소명의 역사가 일어나는 장소가 된다. 모세를 다시 소명자로 돌이키는 내용인 것이다. 이 두 부분은 각각 '교차대칭구조'로 형성된 문학적인 구조를 가지고 있다는 점에서 독립적이면서도 모세의 좌절감과 소명으로의 회복이라는 긴밀하게 연결된 주제로 통일성을 보여주고 있다.

1) 여호와와 바로 그리고 모세와 아론(출 5장)

출애굽기 5장은 새로운 국면의 출발점을 보이고 있다. 요셉을 알지 못하던 바로로 인하여 이스라엘은 억압당하며 여러 단계를 거치며 고통 가운데 거한다. 그러나 그 반전의 결말은 이스라엘을 구원으로 이끌 모세의 탄생과 성장, 그리고 소명에 이르렀다. 모든 것이 준비 되었다. 이스라엘을 이끌 구원자, 하나님께서 그와 함께 하시고, 또한 백성들까지도 모세를 통해 주신 하나님의 말씀을 듣고, 그가 행하는 이적을 보고, 하나님을 믿고, 또한 하나님께서 그들의 고난을 살피셨다 함을 듣고 머리 숙여 경배한다(출 4:29-31). 이제 새 역사가 펼쳐질 모든 준비가 다 되었다. 그러나 한 사람 준비가 되지 않은 사람이 있다. 그는 새로운 역사가 펼쳐지고 있다는 것을 인식하지 못하고 자신의 방식대로 세상을 지배하려고 하고 있다. 그는 여호와를 알지 못하는 새로운 바로였다(출 5:2). 그 바로로 인하여 이스라엘은 또다시 그 옛날 요셉을 모르던 바로의 시절보다도 더 혹독한 고역의 노동으로 빠져든다. 바로의 무지와 무관심은 이처럼 계속해서 문제의 원인이 된다. 출애굽기 5장은 이렇게 모든 질서를 다시 혼란에 빠뜨리는 그 한 존재로 인해 원점으로 돌아간 것처럼 보인다.

하지만 우리에게는 이미 미래를 뚜렷이 볼 수 있는 하나님의 청사진이 있다. 이미 여호와와 바로의 지혜대결에서 바로의 참패로 끝이 난 것처럼, 결국 이 무지스런 새로운 바로 또한 동일한 결론에 이를 것이라는 확신이다. 이 확신은 통계적인 자료에 근거한 것이 아니라, 전적으로 전능하신 하나님을 믿는 신뢰에 기인한 것이다.

먼저 출애굽기 5장 전체의 구조를 살펴보는 것이 필요하다. 구조는 곧 중심주제가 무엇인지를 보여주는 좋은 자료가 되기 때문이다. 이 교차대칭구조는 두 거대한 힘의 대결의 긴장관계를 날카롭게 보여주고 있다. A와 A'은 모세가 하나님의 명령인 "이스라엘의 하나님 여호와께서 이렇게 말씀하시기를"(כֹּה־אָמַר יהוה 코-아마르 야훼)이라는 절대명령(출 5:1)을 가지고 당당하게 바로 왕과 맞부딪치나 그의 대언은 철저히 무시

A. 5:1 모세와 아론이 하나님의 이름으로 바로에게 감

"이스라엘의 하나님 여호와께서 이렇게 말씀하시기를"

(כֹּה־אָמַר יְהוָה 코-아마르 야훼)-절대명령

○ 내 백성을 보내라 그러면 그들이 광야에서 내 앞에서 절기를 지킬 것

B. 5:2-9 모세와 아론이 바로에게 거절당함

○ 모세와 아론 - 히브리인의 하나님(하나님의 백성 의미)

○ 하나님께 희생을 드리기 위해 가기를 허락하소서

○ 벽돌을 위한 짚

○ 게으르다

○ 같은 양의 벽돌 수, 감하지 말라

C. 5:10-14 바로의 새로운 명령

"바로가 이렇게 말하기를"

(כֹּה־אָמַר פַּרְעֹה 코-아마르 파르오)-절대명령

○ 가서 짚을 주우라(가서 예배드리라가 아님)

○ 이스라엘이 명령대로 가서 지푸라기를 주움

B'. 5:15-21 이스라엘인 십장들 바로에게 거절당함

○ 이스라엘 기록원들-자신들을 바로의 종(3번-5:15, 16[2])

○ 우리가 가서 하나님께 희생을 드리자

○ 벽돌을 위한 짚

○ 게으르다 게으르다

○ 같은 양의 벽돌 수, 조금도 감하지 못하리라

A'. 5:22-23 모세가 여호와께 항변

"바로에게 주의 이름으로 말했으나 바로는 더 악을 행하고 주께서도 주의 백성을 구원치 아니하시나이다."

당히며, 결국은 바로에게 가서 말하였으나 결코 듣지 않는다는 모세의 탄식으로 그 끝에 이른다. B와 B'은 모세와 아론은 바로에게 게으르기 때문이라고 거절당하며 짚을 주지 않을 것이라는 말을 듣고, 이스라엘 기록원들도 동일하게 거절당하며 노동이 가중되는 결론에 이른다. 그리고 그 중심인 C에는 이런 결론에 도달 할 수밖에 없는 이유를 기록하고 있다. "바로가 이렇게 말하기를"(כֹּה־אָמַר פַּרְעֹה 코-아마르 파르오)이라는 말로 이 땅의 제왕으로 군림하고 있는 바로의 절대명령(출 5:10)이 위치하고 있기 때문이다. 바로의 말은 동일한 형태로 주어진 하나님의 명령에 대해 철저히 대항하는 모습을 보인다. 이제 가시적인 면에서 세계를 정치, 종교, 경제력으로 주도해 가는 바로 왕으로 대표되는 애굽이라는 힘과 그리고 이 세계의 실질적인 창조주로서 숨은 섭리 가운데 자신의 창조 목적을 이루어 가시는 여호와 하나님의 힘 사이의 팽팽한 대결이 시작되는 것이다.

(1) 여호와와 바로의 대립된 선포(5:1-21)

이미 살펴본 바대로 여호와 하나님과 바로는 동일한 구조로 메시지를 선포하고 있다. 그 동일한 구조는 구약성경 속에서 예언자 양식이라고 알려진 '코-아마르'(이렇게 말씀하시기를)라는 형태이다. 누구의 말이 통할 것인가? 어떤 존재의 말에 사람들은 귀를 기울이고, 그 무릎을 꿇을 것인가? 출애굽기 5장은 그러한 방향에 관심을 기울인다.

먼저 모세가 바로에게 여호와의 말씀을 전달하는 내용을 살펴보면 약간의 의구심이 든다. 왜냐하면 바로에게 전하는 모세의 말은 흡사 사흘 길 쯤 가서 여호와께 제사를 드린 후에 돌아오겠다는 투로 들리기 때문이다. 여기서 모세만 거론하는 것은 편의를 위한 것으로 아론 또한 모세와 동행하고 있으며, 대언자의 역할을 하고 있다고 전제하는 것이다.

> 그들이 이르되 히브리인의 하나님이 우리에게 나타나셨은즉 우리가 광야로 사흘길쯤 가서 우리 하나님 여호와께 제사를 드리려 하오니 가도록 허락하소서 여호와께서 전염병이나 칼로 우리를 치실까 두려워하나이다(출 5:3).

이스라엘은 분명 애굽을 탈출하여 광야를 통과하여 가나안으로 들어가는 것이 그 목표이며, 모세를 부른 이유 또한 그 사명을 수행하려는 목적이다. 이러한 요소는 자칫 모세가 바로를 두려워하여 여호와의 말씀을 완화시키고 있고, 심지어는 하나님의 말씀을 왜곡시켜 바로에게 거짓말을 하고 있다는 오해를 불러일으킬 수도 있다. 여호와께서는 이스라엘을 구원하라고 보내셨는데 모세는 사흘 길쯤 갔다가 오겠다는 투로 말했기 때문이다. 그러나 모세에 대해 이러한 평가를 내리고 있다면 잘못된 것이다. 모세는 하나님의 대언자로서 하나님께서 명령하신대로 그대로 하고 있기 때문이다. 그것은 모세가 하나님께로부터 소명을 받을 때를 살펴보면 확실하게 드러난다.

> 너는 그들의 장로들과 함께 애굽 왕에게 이르기를 히브리 사람의 하나님 여호와께서 우리에게 임하셨은즉 우리가 우리 하나님 여호와께 제사를 드리려 하오니 사흘 길쯤 광야로 가도록 허락하소서 하라(출 3:18).

모세는 이와 같이 하나님께서 명령하신 대로 그대로 전했다. 하나님께서는 모세가 이렇게만 하면 그 다음에 바로가 알아서 반응하며 움직일 것을 아셨던 것이다.

> 내가 아노니 강한 손으로 치기 전에는 애굽 왕이 너희가 가도록 허락하지 아니하다가 내가 내 손을 들어 애굽 중에 여러 가지 이적으로 그 나라를 친 후에야 그가 너희를 보내리라(출 3:19-20).

이와 같이 하나님께서는 모세가 바로에게 광야에서 제사를 드리겠다는 말만하면 완악한 바로가 그 말에 강력한 저항으로 응답할 것을 아셨고, 그럴 때 바로를 여러 가지 재앙으로 치심으로 하나님이 누구이신가를 알려줄 것임을 이미 모세에게 계시하셨다. 그리고 그 후에 이스라엘이 보냄을 받고 나갈 것 또한 일러 주셨다. 그렇다면 모세는 하나님의 명령을 그대로 전했다는 것이 분명해진다.

이렇게 하나님께서는 바로의 기질도 너무나 잘 아시고, 또한 바로 앞에 서는 모세의 속성도 잘 아시기에 그들 양자가 할 수 있는 것을 하게 하신다. 만약 모세를 통해 이스라엘을 해방시키라는 선포를 바로에게 하였다면 바로는 모세와 아론은 물론 이 반역에 가담한 모든 사람들을 철저하게 색출하여 조기에 모든 반역의 싹을 잘라버렸을 것이다. 모세 또한 두려움과 공포로 열 가지 재앙까지는 고사하고 단 몇 번의 재앙 사건에도 계속되는 바로의 완악함에 무릎 꿇고 포기해 버릴 수도 있다. 그러므로 바로 앞에 가서 광야로 사흘 길 쯤 가서 여호와께 제사를 드리겠다는 모세의 전언은 바로의 심성도 그리고 그 앞에 서야 할 사명자들의 두려움도 아시는 하나님의 배려인 것이다. 그리고 사흘 길 쯤 광야로 나간 이스라엘을 끝까지 따라와 결국 이스라엘 백성의 눈앞에서 시체가 될 애굽을 미리 다 아시기에 모세에게 거기까지만 전하라고 하신 것이다.

그렇다면 여기서 중요한 관건은 하나님의 말씀에 대한 바로의 반응인가? 이미 하나님께서는 바로의 반응을 아시고 계셨다는 점에서 그것은 부차적인 것이 될 수 있다. 오히려 바로의 반응보다 더욱 중요한 것은 바로의 그 반응에 대한 이스라엘의 반응이라 할 수 있다.

여호와(출 5:1)	바로(출 5:10)
여호와께서 이렇게 말씀하시기를 (כֹּה־אָמַר יהוה 코-아마르 야훼)	바로가 이렇게 말하기를 (כֹּה־אָמַר פַּרְעֹה 코-아마르 파르오)
내 백성을 보내라 그러면 그들이 광야에서 내 앞에 절기를 지킬 것이라	짚을 주지 아니할 것이다 그러나 벽돌의 양은 똑 같이 하라
예배로의 부름	노동으로의 부름

예배보다 노동을 좋아할 사람은 없을 것이다. 그러나 사람에게 어느 쪽이 더 무게감이 실릴 것인가? 예배를 하자는 말씀보다, 노동을 하라는 말이 더 강력하게 들린다. 왜냐하면 칼과 창, 채찍을 앞세운 권력이 있기 때문이다. 때로는 당근과 채찍이라는 사악함도 있다. 인간은 이렇게 눈에 보이는 것에 약하다.

바로는 모세의 '고역의 노동' 대신 '섬김의 예배'로의 전환을 요청하는 것에 대하여 자신의 논리로 대답한다. 이스라엘이 이렇게 한가한 소리를 하는 것은 그들이 '게으르다는 것'이며 또한 그들이 '거짓말에 현혹

되고 있다는 것'이다. 게으르기에 거짓말에 현혹된다는 것이다. 그래서 자신의 방식대로 게으름을 피울 수 없고, 다른 어떤 것에도 한 눈 팔 수 없도록 더 무겁고 가혹한 노동으로 그들을 수고롭게 만드는 것이다. 여기서 드러나는 바로의 위력은 여호와 하나님의 말씀을 일언지하에 거짓말로 치부하고, 자신의 말만이 진리이며 따라야 할 유일한 명령으로 승격시키는데 있다. 말의 위력은 그 말한 자의 위력에 비례한다는 것은 상식에 속한다.

이로 인해 이스라엘의 상황은 최악의 나락으로 떨어진다. 이스라엘의 기록원들이 자신들은 바로의 종들이라고 하며 올바른 대우를 해 줄 것을 청탁하나 그 간청에 대해서도 바로 왕은 모세와 아론에게 했던 것과 똑 같은 응답으로 철저히 무시해 버린다. 즉 바로는 하나님의 절대적인 명령 앞에서도 그리고 자비를 간청하는 고통당하는 사람들의 신음에 대해서도 무감각한 완고한 인간으로 비쳐지고 있다. 이 하나님의 명령이 철저히 무시당한 가운데 오직 '바로의 명령'만이 '지상 최대의 명령'으로 우뚝 서며 이스라엘 백성들은 그 명령을 수행하기에 급급하다: **"바로가 이렇게 말하기를 내가 너희에게 짚을 주지 아니하리니 너희는 짚을 찾을 곳으로 가서 주우라 그러나 너희 일은 조금도 감하지 아니하리라 하셨느니라 백성이 애굽 온 땅에 흩어져 곡초 그루터기를 거두어다가 짚을 대신하니"(출 5:10-12).**

이제 이스라엘은 더욱더 가혹해진 노동과 더불어 양자택일의 선택 앞에 놓이게 되었다. 하나님의 백성이 될 것인가, 아니면 바로의 종으로 그대로 남을 것인가? 이들은 자신들이 겪는 중노동을 조금이라도 덜어

낼 수 있다면 그 어떤 쪽이라도 좋다는 심산이다. 자신들의 정체성에 대하여 깊게 생각할 여유조차 없다. 그 순간을 모면하면 된다는 식이다. 이렇게 흔들리는 정체성을 가지고 있는 이스라엘 백성에 반해, 하나님께서 세우신 지도자인 모세는 하나님을 만났을 때 이미 자신의 창조의 의미와 부름의 의미를 깨달았다. 하나님의 소명 앞에 비록 주저하는 그였지만 자신의 정체성을 '주의 종'(4:10; עַבְדְּךָ 아브데카/당신의 종)으로 명명하고 있는 것이다.

> 모세가 여호와께 아뢰되 오 주여 나는 본래 말을 잘 하지 못하는 자니이다 주께서 주의 종에게 명령하신 후에도 역시 그러하니 나는 입이 뻣뻣하고 혀가 둔한 자니이다(출 4:10).

이처럼 모세의 정체성은 분명하다. 그는 이제 더 이상 바로의 종이 아니라 '하나님의 종'이다. 그러나 아직 이스라엘은 그렇지 않다. 그들은 모세로 인해 바로가 자신들의 노동을 더욱 고통스럽게 하자 바로에게 찾아가 하소연을 한다. 바로를 향한 그들의 호소는 여호와를 향한 그들의 신앙을 무효화 시키는 요소가 들어 있다.

> 이스라엘 자손의 기록원들이 가서 바로에게 호소하여 이르되 왕은 어찌하여 당신의 종들에게 이같이 하시나이까 당신의 종들에게 짚을 주지 아니하고 그들이 우리에게 벽돌을 만들라 하나이다 당신의 종들이 매를 맞사오니 이는 당신의 백성의 죄니이다(출 5:15).

이들은 아직 모세가 가졌던 정체성인 '주의 종'이 아니라 '바로의 종'이라는 정체성을 지키고 있다. 그로 인해 자신들의 고통을 호소하는 대상이 바뀌고 있다. 그 전에 이스라엘 백성들은 하늘을 향하여 자신들의 고통을 호소하였다.

> 여러 해 후에 애굽 왕은 죽었고 이스라엘 자손은 고된 노동으로 말미암아 탄식하며 부르짖으니 그 고된 노동으로 말미암아 부르짖는 소리가 하나님께 상달된지라 하나님이 그들의 고통 소리를 들으시고 하나님이 아브라함과 이삭과 야곱에게 세운 그의 언약을 기억하사(출 2:23).

이제 백성들의 부르짖음은 하나님에게가 아니라 바로 앞에 상달되고 있다. 이것은 마치 이야기의 흐름 속에서 바로가 하나님의 자리를 차지하고 있으며 하나님과 경쟁하는 신적 존재라는 사실의 강조를 느껴볼 수 있다. 이러한 하나님과 바로의 경쟁은 뒤 따르는 하나님의 이적과 기적들을 위한 동기로 작용한다. 결국 이스라엘은 하나님께서 말씀하신 '내 백성' 보다, 바로에게 속한 '당신의 종'을 택한다. 이스라엘의 대표자들이 하나님께 부르짖는 것이 아니라, 바로에게 호소한다는 점에서 그렇다.

이처럼 이들의 정체성은 계속해서 '바로의 종'이다. 그리고 이적과 기적, 큰 심판을 통한 여호와의 대대적인 승리로 출애굽의 대장정이 눈앞에 펼쳐져 홍해 앞까지 다다랐을 때에도 이스라엘은 여전히 이러한 자신의 정체성에 변함이 없었다. 그들은 모세를 향하여 항변한다.

우리가 애굽에서 당신에게 이른 말이 이것이 아니냐 이르기를 우리를 내버려 두라 우리가 애굽 사람을 '섬길 것이라'(עָבַד 아바드) 하지 아니하더냐 애굽 사람을 '섬기는 것이'(עָבַד 아바드) 광야에서 죽는 것보다 낫겠노라(출 14:12).

애굽 사람을 섬기는 것은 예배로의 전이가 아니라 오직 '고역의 노동'일 뿐이었다. 이 정체성이 변하지 않는 한 이들은 결코 하나님을 예배할 수 없다. 바로의 종으로 남기를 원하는 사람들이 어떻게 또 다른 주인을 섬길 수 있겠는가? 마태복음 6:24절은 그 좋은 예가 될 것이다: **"한 사람이 두 주인을 섬기지 못할 것이니 혹 이를 미워하고 저를 사랑하거나 혹 이를 중히 여기고 저를 경히 여김이라 너희가 하나님과 재물을 겸하여 섬기지 못하느니라."** 지도자인 모세의 소명이 바로 이것이다. 하나님의 산에서 여호와를 예배하는 자로 자신의 정체성이 바뀌었듯이 이스라엘 백성들의 정체성이 새롭게 바뀌도록 그들을 이끄는 것이다. 이 소명은 그가 하나님의 약속을 받을 때 이미 주어졌다.

하나님이 이르시되 내가 반드시 너와 함께 있으리라 네가 그 백성을 애굽에서 인도하여 낸 후에 너희가 이 산에서 하나님을 섬기리니(עָבַד 아바드) 이것이 내가 너를 보낸 증거니라(출 3:12).

지도자는 주어진 비전을 향해 달려간다. 하나님께서는 모세를 통해 이스라엘 민족 전체가 예배하는 공동체가 되기를 바라신다. 그것은 곧 섬김의 대상이 바뀌는 것을 의미한다. 홍해를 건너기 전까지, 때로 홍해를 건너서까지도 힘들고 어려워지면 언제나 형편을 조금이라도 낫게 해줄 대상을 섬길 준비가 되어 있는 사람들을 어떠한 여건과 환경 속에서도 오직 여호와만 섬기는 사람으로 세우는 것이다. 지도자는 이미 이것을 잘 알고 있고, 결단한 사람이다. 모세는 자신의 상황이 어려울 때 불평은 할지언정 결코 섬김의 대상을 바꾸지는 않는다. 그 불평도 오직 하나님을 향하여만 쏟아 붇고 있다는 점에서 모세는 여호와의 종이다. 모세는 이스라엘 백성들을 이러한 길로 이끌어 온전한 예배를 이루기 위해 나아간다.

이들의 정체성은 홍해를 건너면서 서서히 변해가기 시작한다. 홍해에서의 놀라운 구원을 체험한 이들은 드디어 '여호와와 그의 종 모세'를 믿음으로 전이의 시작이 이루어진다(출 14:31). 시내산에서의 하나님과 이스라엘 백성의 만남과 언약체결은 이스라엘의 정체성의 변화를 증거 하기에 충분하다. 그러나 거기까지 가기위해 거쳐 가야 할 관문들이 있다. 모세 또한 더욱더 확고하게 하나님을 향한 확신과 신념으로 무장하고, 자신의 소명에 대한 확신 가운데 거해야 한다.

왜냐하면 그렇게 당당하게 바로 앞에 나아갔던 모세가 또다시 가장 연약한 모습으로 하나님께 항변하는 모습으로 뒤바뀌고 말았기 때문이다. 모세는 "어찌하여 나를 보내셨나이까?"라고 탄식하며, 주어진 소명에서 뒤로 물러나려 한다. 명령대로 행하였으나 변화는 고사하고 오히려 더욱 더 악화되는 상황이 그를 좌절케 한 것이다.

(2) 모세의 탄식(출 5:22-23)

모세는 하나님께 이스라엘을 구원하여 주시지 않는 것을 처절하게 원망한다. 모세는 분명 하나님께서 속전속결로 사건을 전개시켜, 자신이 바로에게 가서 하나님의 말씀을 전하면, 그 일이 쉽게 해결될 것으로 생각했음에 틀림없다. 그러나 상황은 더욱 악화일로로 치닫고, 이스라엘 백성은 더 이상 모세와 아론을 신뢰하지 않는다. 이러한 상황에서 모세는 여호와께 이스라엘을 구원하지도 않으시고, 학대만 더 당하게 하시려면, 왜 자신을 보내셨느냐고 항변한다. 이 속에는 자신의 소명에 관하여 흔들리는 지도자를 볼 수 있다. 상황이 여의치 않을 때 우리 또한 모세와 같은 의문 가득한 질문을 하나님께 던지기도 한다. 모세는 실로 우리의 자아상을 그대로 가지고 있는 인물이다. 모세는 하나님을 향하여 다음과 같이 마지막 호소를 한다.

> 내가 바로에게 들어가서 주의 이름으로 말한 후로부터 그가 이 백성을 더 학대하며 주께서도 주의 백성을 구원하지 아니하시나이다(출 5:23).

그렇다면 왜 이렇게 모세가 탄식하며 원망하고 있는가? 무엇이 잘못되었는가? 이 탄식 속에 드러난 모세의 원망처럼 정말 하나님께서 약속을 지키지 않고 계시는 것인가? 아니면 모세의 실패인가? 이러한 질문들에 대해 바른 답을 찾기 위해서는 하나님께서 모세에게 소명을 주신 때로 돌아가 보면 알 수 있다. 그 때 하나님께서 모세에게 말씀하셨고, 약속하신 것이 무엇인지를 확인해 보면 누구의 문제인지를 되짚어 볼 수 있기 때문이다.

> 너는 그들의 장로들과 함께 애굽 왕에게 이르기를 히브리 사람의 하나님 여호와께서 우리에게 임하셨은즉 우리가 우리 하나님 여호와께 제사

를 드리려 하오니 사흘 길쯤 광야로 가도록 허락하소서 하라 내가 아노니 강한 손으로 치기 전에는 애굽 왕이 너희가 가도록 허락하지 아니하다가 내가 내 손을 들어 애굽 중에 여러 가지 이적으로 그 나라를 친 후에야 그가 너희를 보내리라(출 3:18-20).

하나님께서는 모세에게 소명을 부여하실 때 장밋빛 미래를 약속하지 않으셨다. 즉 "모세 네가 가서 내 말을 전하기만 하면 이스라엘 백성은 물론, 애굽의 바로 또한 내 말에 즉시로 굴복하고 이스라엘을 보낼 것이다"라고 말씀하지 않으셨다는 것이다. 대신 모세가 가서 하나님의 말씀을 전하면 바로가 결코 그 말을 듣지 않을 것이라고 하나님께서 이미 예고하셨다. 강한 손으로 치고, 또 쳐서 이적과 기적이 수없이 베풀어진 후에야 바로가 손을 들고 가게 할 것이라고 알려주셨다. 소명 사건은 소명 감당으로 인해 발생하는 모든 일들까지 견디어 내는 것을 포함하고 있는 것임을 새겨야 한다. 모세가 구체적으로 해야 할 소명을 보여주는 위의 구절들은 모세는 하나님의 명령대로 시작만 열면 되는 것이며, 그 이후는 하나님께서 모세를 통해 역사하실 것임을 분명히 알려주고 있다. 이것은 분명히 인간의 때가 아닌 하나님의 때이기 때문이다. 모세가 그 결과에 대하여 듣지 않았던 것이다. 지금 바로를 통해 벌어지고 있는 일은 이미 하나님께서 예고하신 대로 그대로 진행되고 있는 것이다.

그렇다면 왜 하나님께서는 신속하게 성취되는 길을 모세에게 허락하지 않으셨을까? 그 이유에 대해서는 만약을 가정해볼 필요가 있다. 만약 모세를 통한 하나님의 말씀이 일사천리로 바로와 애굽에 의해서 수용되고, 이스라엘이 그것을 체험한다면, 결국은 사람들이 모세라는 인간에게 초점을 맞춤으로 모세에게 모든 영광이 다 돌아가며, 인간이 칭송되는 역사가 일어나고 말 것이다. 결국에는 또 하나의 애굽과 같은 인간을 왕으로 세운 제국이 만들어질 뿐이기 때문이다. 오직 하나님의 능력과 영광이 드러나는 세상이 하나님의 나라이며, 그 나라는 오직 하나님의 계획과 뜻 안에서 하나님의 때에 이루어질 것이다. 그렇지 않을 때 궁극적으로 모세도 죽고, 이스라엘도 망하고 말 역사가 되고 말 것이다. 그 이유는 하나님을 벗어난 오만과 교만의 결론은 죽음이기 때문이다. 오직 모세의 행동을 통하여서 여호와의 이적과 기적이 나타나며, 하나님의 심판과 그의 능력과 영광이 나타나며, 하나님의 위대하심이 드러나야 한다. 이것이 하나님의 계획이시다. 그리고 하나님의 영광이 드러날 때 모세도 이스라엘도 전능자 하나님을 예배하는 바른 삶을 살 수 있기 때문이다. 최선을 다했음에도 겪는 모세의 실패는 인간의 무능을 통해 역사하시는 하나님의 전능하심을 드러내기 위한 방편이다. 그러므로 최선의 노력을 기울였음에도 실패했을 때 하나님의 깊으신 뜻을 발견할 줄 아는 믿음의 눈이 필요하다. 즉 하나님의 말씀대로 행했음에도 실패한 것 같은 결과에 도달할지라도 그것은 결코 실패가 아니라는 것이다.

소명이 실패한 것 같은 순간에 자신이 소명 받았을 때로 돌아가야 한다. 그 때 사흘 길쯤 가서 제사를 드리겠다고 하면 바로가 강한 손으로 치기 전에는 결코 허락하지 않을 것이란 사실을 이미 말씀하셨다. 그러나 모세도 우리도 그 점을 망각한다. 우리가 하는 것이 아니라 그 실패까지도 하나님께서 사용하시어, 바로 잡으시겠다고 이미 말씀하셨다. 그러므로 하나님의 뜻 안에 거할 때에는 실패도 실패가 아니라 하나님의 능력을 더욱더 드러내는 도구가 되는 것이 된다. 하나님을 신뢰하는 자는 이것을 볼 수 있는 믿음의 눈이 있다.

이런 모세에게 이제 필요한 것이 무엇인가? 출애굽기 6장은 이렇게 흔들리는 모세를 위해 반드시 필요한 장이다. 여기에서 모세는 물론이요 이 말씀을 읽는 모든 이들이 깨달아야 할 것은 이 모든 일들을 인간인 모세가 하는 것이 아니라 하나님께서 하나님의 때에 하나님의 방법으로 하신다는 믿음인 것이다. 그렇다면 모세가 더 깊이 묵상하고 따라야 할 것은 바로 '하나님의 시간표'이다. 이 속에는 또한 출애굽의 영웅은 결코 인간 모세가 되어서는 안 된다는 결론을 더욱더 공고히 하며, 이스라엘 구원의 주역은 하나님이심을 보이고 있다. 모세가 지도자로서 해야 할 일은 이러한 하나님의 절대주권에 자신의 모든 의지를 바치고, 하나님의 시간표에 자신을 온전히 맡기는 것이다. 그것이 그리 쉽지 않다는 것은 사건의 전개를 통해 익히 알고 있다.

이 모든 것을 바르게 돌리는 길을 오직 하나님만이 가지고 계신다. 모세가 아론과 더불어 새롭게 소명의 자리로 나아갈 때 이들의 사역을 통하여 마침내 이스라엘이 여호와를 알고, 바로와 애굽인들 또한 여호와를 아는 단계에 이르게 될 것이다. 그것은 출애굽기 6장에 나타나는 모세와 그의 대변인 아론에게 다시 한 번 소명을 상기시키는 이야기를 통해서 잘 보여 질 것이다. 하나님은 인간의 헌신을 통하여 이 땅에 하나님의 위대하심을 드러내실 것이기 때문이다. 출애굽기 6장은 모세와 아론이 아닌 여호와 하나님께서 펼쳐나갈 구원의 서사시의 서막을 다시 쓰고, 이들을 통해 이루어질 "너희가 내가 여호와 인줄 알리라"(출 6:7; 7:5)라는 주제가 그 작동을 시작한다. 여기서 '너희'는 바로와 애굽은 물론, 이스라엘까지 포함된 모두를 의미한다. 모세의 사역을 통해 이와 같은 하나님의 뜻이 이루어지는 세상을 기대하고 있는 것이다.

2) 여호와와 모세 그리고 아론(출 6:1-7:7)

이 부분은 바로에게 나아갔던 모세와 아론이 자신들의 사명이 쉽게 이루어지지 않는 것을 경험하고 실망과 좌절감에 하나님께 항변하고 난 다음의 상황을 기록하고 있다. 하나님께서 하시는 방법은 모세와 아론에게 다시 한 번 소명감을 일깨우는 것밖에는 없다. 인간은 조그마한 장벽에도 포기하는 습성이 있기에 소명감은 언제든지 새롭게 되새기는 것이 필요하다. 이처럼 모세는 실패를 경험했기에 그와 같이 실패를 경험했거나, 경험하고 있는 자들에게 위로가 되며, 격려가 된다.

먼저 문맥에서 한 단락을 이루는 출애굽기 6:1-7:7절까지의 구조를 살펴보고 시작하는 것이 편리할 것이다. 구조 속에 가고자 하는 방향과 주고자 하는 메시지가 들어가 있기 때문이다. 이 부분도 역시 교차대칭구조를 이루고 있다.

A(6:1)와 A'(7:8-14:31)은 하나님께서 바로에게 행할 일을 예고하는 것과 실제로 행해지는 사건인 열 가지 재앙 사건으로 서로 연결고리를 갖고 있다. 출애굽기 6:1절의 **"강한 손으로 말미암아 바로가 그들을 보내리라 강한 손으로 말미암아 바로가 그들을 그의 땅에서 쫓아내리라"**라는 구절은 두 개의 중요한 단어들인 '보내다' 와 '쫓아내다'를 통해 바로 왕이 이스라엘 민족을 서둘러 떠나보낼 미래의 장면을 묘사하고 있다. 이

A. 6:1 이제 내가 바로에게 하는 일을 네가 보리라

- 강한 손을 더하므로 바로가 그들을 보내리라
- 강한 손을 더하므로 바로가 그들을 그 땅에서 쫓아내리라

B. 6:2-9 이스라엘 - "너희가 나를 너희 하나님 여호와인줄 알리라"(6:7)

- 이스라엘 백성이 모세의 말을 듣지 아니함(9절)
- 너희를 '빼어 내며'(יָצָא 야짜; 6:6,7)
- 편 팔로-여러 큰 심판

C. 6:10-12 모세 혼자서

- 여호와께서 모세에게 일러 가라사대
- 애굽 왕 바로에게 말하여
- 모세가 여호와 앞에 고하여
- 바로가 어찌 들으리이까
- 나는 입이 둔한 자입니다

D. 6:13 모세와 아론 같이

- 여호와께서 모세와 아론에게 말씀하사
- 이스라엘 자손을 애굽 땅에서 인도하여 내라

E. 6:14-25 모세와 아론의 족보 - 하나님의 때

D'. 6:26-27 모세와 아론 같이

- 모세와 아론-여호와의 명을 받은 자, 바로에게 말한 자
- 이스라엘 자손을 애굽 땅에서 인도하여 내라

C'. 6:28-30 모세 혼자서

- 여호와께서 모세에게 일러 가라사대
- 애굽 왕 바로에게 말하여
- 모세가 여호와 앞에 고하여
- 바로가 어찌 들으리이까
- 나는 입이 둔한 자입니다

B'. 7:1-7 애굽 - "애굽인들이 나를 여호와 인줄 알리라 (7:5)"

- 바로가 모세의 말을 듣지 아니함(4절)
- 그 땅에서 '빼내리라'(יָצָא 야짜; 7:4,5)
- 내손을 애굽에 더하고, 내손을 애굽 위에 펴서-여러 큰 심판

A'. 7:8- 열 가지 재앙 사건의 시작

- 강한 손을 애굽과 바로를 치심
- 강한 손인 열 가지 재앙을 경험한 후 바로가 그 땅에서 쫓아냄

사건은 열 가지 재앙이 펼쳐진 이후에 이루어질 일이기에 이 6장에서 다루고 있는 이야기는 7-14장에 펼쳐질 거대한 하나님의 권능의 손길을 간략하게 표현한 것이라 할 수 있다.

B(6:2-9)와 B'(7:1-7)은 하나님의 강한 손인 이적과 기적의 큰 심판을 통하여 이스라엘과 애굽이 여호와가 누구이신 줄을 분명하게 알게 된다는 것을 전한다. 출애굽기 6:2-9절은 3장에서 보였던 모세의 소명사건을 다시 재현하며 이와 더불어 창세기 17장에서 '자신을 전능하신 하나님'으로 아브라함에게 계시하시고 아브라함과 계약을 맺으신 사건을 더욱더 강하게 부각시키고 있다. 그 때에 약속하셨던 '영원한 계약'인 '너의 하나님이 되고' 나아가서 "아브라함의 후손의 하나님이 되시겠다"고 하셨던 그 약속을 기억하시고 이제 자신의 이름을 '여호와'로 계시 하시며 함께 하시겠다는 그 약속을 이루어 나가실 것을 천명하고 계신다. 그리고 애굽의 압제로부터 이스라엘을 구해 주실 것을 약속하시며, 이 사건을 통해서 자연스럽게 "이스라엘이 여호와를 알게 될 것"이라는 사실을 보이고 있다(6:7). 이 구절의 대칭인 7:1-7절은 6:2-9절에 나타난 이스라엘을 위한 권능들이 이제는 역으로 바로 왕과 애굽을 치는 무기가 되어 애굽인들이 여호와를 알게 만드는 도구가 됨을 볼 수 있다. 결국 이스라엘이 여호와를 알고, 바로를 비롯한 애굽인 전체가 여호와를 알게 되는 길은 이후에 펼쳐질 열 가지 재앙을 통한 하나님의 권능의 실행을 통해 이루어질 것임을 알 수 있다. 그리고 그것은 결국 하나님께서 이스라엘을 애굽으로부터 해방시키시는 것을 통해서 이루어질 것이다.

C(6:10-12)와 C'(6:28-30)은 모세가 자신은 그 사명을 수행하기에 부족하다는 동일한 선포가 이루어지고 있다. 이 두 부분에서 동일하게 "나는 입이 둔한 자인데 어찌 바로가 내 말을 들으리이까?"라는 반문을 통해 소명 거부가 드러난다. 이 속에는 모세의 자괴감이 농축적으로 들어있다고 볼 수 있다. 먼저 이 두 부분에서 사명 감당이 불가능한 이유의 제시를 비교해볼 필요가 있다.

a. 6:12a 바로가 어찌 들으리이까

b. 6:12b 나는 입이 둔한 자니이다

b'. 6:30a 나는 입이 둔한 자이오니

a'. 6:30b 바로가 어찌 나의 말을 들으리이까

중심에 반복되는 '입이 둔한 자'라는 모세의 이 하소연 속에는 자신이 바로에게 가서 말을 전했으나, 전하면 전할수록 더 강력하게 저항하는 바로를 통해 자신은 언변이 부족한 존재라는 것을 철저하게 인식했다는 자각이 들어가 있다. 그렇다면 그 다음 안 쪽 테두리는 하나님께서 모세를 위해 협력자를 세워주시는 이야기가 펼쳐질 것을 기대케 한다.

D(6:13)와 D'(6:26-27)은 모세의 부족함을 보충하기 위해 아론이라는 동역자를 함께하게 하시어 협력하게 하였음을 양쪽 다 간략하게 보이고 있다. 그들이 해야 할 임무는 6:26-27절의 구조가 선명하게 드러내 주고 있다. 이 구조의 설명은 한글 번역의 단어순서가 아닌 히브리어 원전의 단어순서에 따라 보아야 한다.

A. 6:26a 이 아론과 모세 - 여호와께서 말씀하심

B. 6:26b 이스라엘을 데리고 나오라-애굽으로부터

C. 6:27a 그들이 바로에게 말함

B'. 6:27b 이스라엘을 데리고 나오기 위해

A'. 6:27c 이 모세와 아론

모세와 아론 이 두 사람에게 주어진 임무는 중심에 주어진 것처럼 이스라엘을 해방시키기 위하여 함께 하나님의 말씀을 "바로에게 선포해야 한다"는 것이다. 모세 혼자서가 아닌 아론과 함께라는 점을 강조한다. 이처럼 하나님께서는 사명을 감당케 하기 위해서 필요한 사람들과 능력을 모두 제공하며 합력하여 선을 이루게 하신다. 그러므로 소명 받은 자는 이러한 하나님의 섬세하신 계획과 뜻을 믿고 하나님의 명령을 최우선에 놓고, 인간의 눈에 보기에 실패냐, 성공이냐는 판단을 내려놓고 하나님과 함께 걷는 것이다. 이제 중심에는 이 두 사람이 하나님 앞에 어떤 존재들인가를 알려주는 내용이 자리 잡을 것을 기대해 볼 수 있다.

E(6:14-25)는 이 구조의 가장 중심에 위치하고 있으면서 중요한 목적을 가진 족보로써 구약(주로 창세기)과 신약(마 1:1-17; 눅 3:23-38)에 나와 있는 대부분의 족보들처럼 그 다음의 이야기를 열어가는 사명을 수행할 한 인물이나 혹은 인물들의 정통성을 수립하기 위한 것임을 알 수 있다.[70] 이 족보는 언뜻 보기에는 르우벤을 시작으로 이스라엘 민족 전체를 설명하려는 것 같지만 그러나 르우벤과 시므온은 간략하게 언급하고 (전체 14절 중에 르우벤 1절, 시므온 1절) 그 본래의 목표인 레위 지파의 계보를 12절에 걸쳐서 상세하게 보도하며, 결국은 그 마지막 초점인 아론

과 그의 아들인 엘르아살, 그리고 엘르아살의 아들인 비느하스를 끝으로 그 계보를 마감한다. 르우벤과 시므온이 그 다음 대인 아들들의 이름들만 거론 하는 것에 비해 레위의 계보는 '레위⇒고핫⇒아므람⇒아론, 모세'로 이어지고 차후에는 '아론⇒엘르아살⇒비느하스'와 같이 6대까지 거론하고 있으며, 엘르아살과 비느하스는 출애굽에서 광야를 거쳐 가나안 정복까지의 세대를 연결시키고 있다. 이러한 연결만 보아도 이 족보는 분명 어떤 인물들의 역할을 강조하기 위한 목적이 있음을 알 수 있다.

첫째로 이 계보는 레위의 계보를 아론을 거쳐 비느하스까지 6대를 펼쳐 놓는 다는 점에서 아론의 정통성을 강조하는 것에 목적이 있음을 알 수 있다. 특히 아론과 모세의 관계를 부각시키는데 아론이 모세와 친형제간이며 같은 조상을 가진 사람이라는 것을 드러내고자 하는 목표를 가지고 있다. 이전의 이야기들 속에서 모세에 관해서는 탄생과 성장과정이 다 제시됨으로 정통성이 주어졌지만, 아론에 관해서는 전혀 언급이 없었다. 아론은 모세의 소명과 더불어 갑작스럽게 등장하는 인물이기에 이 계보는 그에 관한 정확한 근거를 밝혀주는 것을 통해 앞으로 계속해서 펼쳐질 이스라엘의 역사 속에서 아론의 위치를 공고히 하고자 하는 뚜렷한 의도를 가지고 있음을 읽어볼 수 있다.

그 다음으로 이 족보는 소명 받은 모세가 어떤 존재인지를 더욱 더 강력하게 부각시키고자 하는 의중이 비쳐지고 있다. 뒤로 물러서며 포기하려는 모세에게 하나님께서 얼마만큼의 세월동안 계획하시며 공들인 구원사인지를 알려주시려는 것이다. 자신의 탄생의 의미가 어떤 것인지를 분명하게 다시 깨닫는다면 소명의 길을 받들 수 있을 것이기 때문이다. 하나님께서는 모세를 다시 소명 앞에 세우기 위해 아론까지 정통성 있는 존재로 부각시키고 있는 것이다.

이제 또다시 족보로 돌아가 그 의미를 살펴보아야 한다. 이 구조의 중심에 주어진 족보에는 르우벤, 시므온, 레위라는 아버지 야곱과 함께 애굽으로 들어갔던 1세대의 조상들을 나열하고 있다. 물론 목표는 그 중에서 레위의 계보이다. 이 족보는 애굽에 처음 들어간 사람인 레위부터 시작된다. 그런데 특이한 것은 레위에 와서는 족보가 확장되며 그 이후로 당시의 현재인 모세와 아론까지의 4대를 기록하고 있다.

1대	2대	3대	4대
레위	고핫	아므람	아론, 모세
137세	133세	137세	

그리고 이 족보의 독특한 점은 다른 그 어떤 사람들에게도 나이가 주어져 있지 않고 오직 레위의 계보 중에서 아론과 모세로 연결되는 직계 계보에만 나이가 기록되어 있다는 사실이다. 이는 분명 그 세월의 흐름을 통해 전하고자 하는 메시지가 있기 때문일 것을 추정해 볼 수 있다. 레위, 고핫, 아므람의 나이를 합산하면 407년이다. 즉, 모세와 아론의 시대까지 약 400년의 시기와 4대가 흘러갔다는 것이다. 이러한 족보의 특징은 무엇을 말하기 위함인가? 그것은 창세기 15장에 나타난 아브라함과 하나님의 언약을 살펴보면 쉽게 이해가 된다.

여호와께서 아브람에게 이르시되 너는 반드시 알라 네 자손이 이방에서 객이 되어 그들을 섬기겠고 그들은 사백 년 동안 네 자손을 괴롭히리니 그들이 섬기는 나라를 내가 징벌할지며 그 후에 네 자손이 큰 재물을 이끌고 나오리라 너는 장수하다가 평안히 조상에게로 돌아가 장사될 것이요 네 자손은 사대 만에 이 땅으로 돌아오리니 이는 아모리 족속의 죄악이 아직 가득 차지 아니함이니라 하시더니(창 15:13-16).

아브라함에게 약속하시고, 예고하신 하나님의 계획이 이방 땅에서 400년 동안 고통 가운데 거할 것이며, 사대 만에 약속의 땅으로 돌아온다는 것이다. 하나님의 계획은 이미 세워진 것이고, 그 계획이 무려 400년 동안 하나님에 의해서 준비된 것이다. 그 결정체로 이제 사대 만에 모세가 탄생되었고 400년의 세월이 족히 흘러간 것이다. 그러므로 이 족보는 모세와 아론은 결코 우연히 탄생된 존재가 아니라는 것을 강조한다. 수백 년의 세월을 통과하며 완성된 하나님의 계획의 실현이라는 것이다. 물론 '레위→고핫→아므람→아론, 모세'에 이르는 4대에 걸친 계보에 주어진 숫자는 그들이 생을 영위하고 죽은 나이를 의미하는 것이지 그 때에 각 세대가 태어난 것을 의미하는 것은 아니다. 그 나이의 중반쯤에 다음 세대가 태어났을 것을 추정한다면 세월의 흐름은 절반으로 뚝 잘려나갈 것이다. 그러나 그 당시가 한 세대를 100년쯤으로 세고 있다는 점을 인식해야 할 필요가 있고, 이는 출애굽기 7:7절에 4대째인 모세와 아론의 나이를 각각 80세와 83세로 제시하고 있다는 점에서도 드러난다. 즉 거의 100세에 소명을 이루는 존재들이 된다는 것이다. 하지만 현재 이 구조의 중심에 위치한 레위계의 족보는 이와 같은 숫자의 정확도를 제시하는 것에 있는 것이 아니라 시간의 흐름을 간결하게 표현하려는 의도성이 짙은 것이라 할 수 있다. 즉 정해진 때가 되었다는 것을 강조하려는 기법이라는 것이다. 그럼 그 때는 어떤 때를 의미하는 것인가?

하나님께서는 전능한 하나님(엘-샤다이)으로 아브라함과 이삭과 야곱과 세우신 언약을 기억하신다고 한다(출 6:3-5). 그렇다면 지금 이 순간은 '모세의 때'가 아니라 바로 '하나님의 때'라는 것이다. 인간은 늘 하나님의 사명을 감당한다 하면서 자신의 때를 만들려고 안간힘을 쓴다. 그러나 하나님은 자신의 때에 사명자의 실패까지도 사용하셔서 자신의 뜻을 열어갈 것이다. 이것이 모세와 아론에게는 더할 수 없는 소명의식이 될 수 있다. 이들이 순종하지 않으면 하나님의 계획이 수포로 돌아간다. 이처럼 이 족보는 모세와 아론에게 다시 한 번 소명을 일깨우는 중요한 요소가 된다.

특히 자신이 전한 말이 통하지 않는다고 불평하고 원망하며 좌절감에 포기하려는 모세에게는 충격적인 의미가 되기도 한다. 모세 자신이 포기하면 하나님께서 400년 전에 약속하신 말씀이 어그러지는 것이다. 즉 모세가 포기하고, 사라지면 하나님께서는 다른 사람을 탄생시키셔서 성장시키시고 훈련시키셔야 한다. 80년의 세월이 더 흘러가는 것이 문제가 아니라, 4대만에 구원의 역사가 펼쳐져 약속의 땅으로 갈 것이라고 400년 전에 주신 말씀이 어그러지는 것이다. 그렇다면 그 누가 하나님의 말씀에 신뢰를 두고 말씀대로 살아가는 삶을 이루려 할 것인가? 이제 모세에게는 자신의 삶이 무너지는 것에 대한 탄식보다 시급하게 하나님의 말씀을 성취해야만 하는 사명이 강력하게 부각된 것이다. 하나님의 계획 가운데 탄생되었으니, 오직 하나님의 계획을 성취시키는 길을 걸어야 한다는 것이다. 이러한 하나님의 말씀을 바르게 이해한 자는 흔들림을 뒤로 하고, 오직 하나님의 일을 위하여 전진할 수 있다.

이제 모세가 아론과 함께 해야 할 일은 무엇인가? 그것은 모세에게 주신 하나님의 말씀으로 돌아가 보면 알 수 있다.

> 이제 내가 바로에게 하는 일을 네가 보리라 강한 손으로 말미암아 바로가 그들을 보내리라 강한 손으로 말미암아 바로가 그들을 그의 땅에서 쫓아내리라(출 6:1).

> 내가 바로의 마음을 완악하게 하고 내 표징과 내 이적을 애굽 땅에서 많이 행할 것이나 바로가 너희의 말을 듣지 아니할 터인즉 내가 내 손을 애굽에 뻗쳐 여러 큰 심판을 내리고 내 군대, 내 백성 이스라엘 자손을 그 땅에서 인도하여 낼지라(출 7:3-4).

이 속에는 모세가 바로에게 가서 전하는 말로 인해 바로가 이스라엘을 보내는 것이 아니라 하나님의 말씀의 실행인 이적과 기적이라는 계속되는 심판을 통해 바로가 손을 들 것을 말씀하신다. 이것은 모세가 하나님께 소명을 받던 출애굽기 3:18-20절의 반복이라고 할 수 있다. 즉 과거의 소명사건에 대한 재현이며 반복이라고 할 수 있다. 그러나 그 소명을 받들고 듣는 모세의 자세가 바뀌었으니 동일한 사건이라고만 볼 수는 없다. 과거에는 흘겨 들었다면 이제는 그 속에 담긴 진정한 의미가 무엇인지를 깨닫고 듣는 다는 점에서 듣는 자세가 달라져 있다.

이제 모세의 마음속에 새겨지는 것은 이 일은 하나님의 일이라는 자각일 것이다. 모세는 자신의 유능함을 드러내기 위해서 보냄을 받지 않았다. 하나님의 위대하심을 드러내기 위해 보내진 것이다. 모세의 실패가 오히려 하나님의 계획의 성취를 만들어 가고 있다는 것은 분명 삶의 아이러니다. 그러나 우리는 마지막 순간까지 판단해서는 안 된다. 비록 실패한 듯이 보이는 일일지라도 그 안에 우리 하나님의 뜻이 있음을 인정하는 믿음이 필요하다. 즉 하나님의 말씀대로 행했음에도 변화는커녕 오히려 상황이 더 악화되는 경우가 있을지라도 두려워 말고 주님의 때를 믿고, 있어야 할 곳에 서 있는 믿음을 간직할 필요가 있다. 우리가 행하는 일이 악의 도구가 아니라면 조금 더 기다려야 하는 것이다. 그러나 하나님의 뜻을 신실하게 다함에도 아무런 성과가 없는 것인지와 노력하지 않고 게으르기 때문인지 아니면 자신의 야심을 실현하기 위함인지 정도는 구별할 수는 있어야만 한다.

이제 하나님의 권능으로 이루어질 미래의 사건인 열 가지 재앙을 미리 당겨서 살펴보면 모세의 변화를 뚜렷하게 살펴볼 수 있다. 열 가지 재앙 사건은 바로가 계속해서 모세를 통한 하나님의 말씀에 대해 거역으로 일관하는 것이다. 그렇다면 모세는 계속해서 실패를 경험하고 있는 것이다. 그러나 열 가지 재앙 사건의 그 어디에도 모세가 더 이상 원망과 불평을 했다는 이야기는 등장하지 않는다. 모세도 출애굽기 6장의 재소명을 지나며 하나님의 그 심중을 절절히 깨닫고 마음에 새겼다는 것을 뜻한다. 자신이 실패하고 있는 것이 아니라 하나님의 더 큰 영광을 위하여 나아가고 있는 것이라는 사실을 말이다. 특히 7번째 재앙인 우박 재앙이 극성일 때 바로가 이것만 제거해 주면 보내겠다는 거짓 항복에 대하여 모세는 자신 있게 응답한다.

> 모세가 그에게 이르되 내가 성에서 나가서 곧 내 손을 여호와를 향하여 펴리니 그리하면 우렛소리가 그치고 우박이 다시 있지 아니할지라 세상이 여호와께 속한 줄을 알리이다 그러나 왕과 왕의 신하들이 여호와 하나님을 아직도 두려워하지 아니할 줄을 내가 아나이다(출 9:29-30).

모세는 일곱 번째 우박 재앙에도 바로가 마음을 바꾸지 않을 것이라는 점을 전하며, 이렇게 자신의 실패를 앎에도 전혀 개의치 않는다. 왜냐하면 이제 모세는 하나님께서 애굽의 장자를 치는 재앙까지 가야함을 인지하고 있기 때문이다. 그리고 모세는 자신은 여호와의 말씀과 명령을 전하는 자라는 사실을 분명하게 인식하고 있는 것이다. 그것에 대한 실패와 성공은 모두 하나님께 맡기고, 일의 성패에 관계없이 그 말씀을 있는 그대로 전하기만 하면 된다는 것을 깨달은 것이다. 듣든지 아니 듣든지, 인정받든지 아니든지 명령을 전하는 것이다. 듣든지 아니 듣든지는 오직 하나님과 그들에게 달린 것이기 때문이다.

이러한 실패 속에서 실패까지도 사용하실 하나님을 바라보는 믿음의 눈이 하나님의 세상을 만들 수 있다. 하나님께서 이 땅에 펼치실 이적과 기적을 통해서 하나님은 자신의 편 팔(출 6:6)과 손(יָד, 야드)(출 7:4, 5)이 나타나기를 원하신다. 하나님의 사람이 해야 할 일이 바로 이것이다. 모세의 손이 올려지면 그것을 통해 여호와의 위대한 손이 나타나는 것이다: **"그의 영광의 팔이 모세의 오른손을 이끄시며 그의 이름을 영원**

하게 하려하사 그들 앞에서 물이 갈라지게 하시고"(사 63:12).

모세는 자신의 오른손을 들고, 능력을 나타내며 하나님의 위대하심을 드러내었다. 그러나 그 반대의 역사도 인간 삶에는 펼쳐질 수 있다. 사울의 이야기를 살펴보면 인간의 위용이 드러나는 안타까운 역사를 만들 수도 있음을 살펴볼 수 있다.

> 사무엘이 사울을 만나려고 아침에 일찍이 일어났더니 어떤 사람이 사무엘에게 말하여 이르되 사울이 갈멜에 이르러 자기를 위하여 기념비를 세우고 발길을 돌려 길갈로 내려갔다 하는지라(삼상 15:12).

사울은 실패에서도 배우지 못한다. 블레셋과의 전투에서의 실패 경험을 통해 자신이 전쟁을 치르는 것이 아니라 하나님께서 행하신다는 사실을 깨닫지도 못한다. 아말렉과의 전투에서 승리한 후에 사울은 자신을 위한 기념비를 세운다. 기념비라는 단어가 히브리어 '손'(יָד, 야드)이라는 단어이다. 사울은 하나님의 손이 아니라 자신의 손을 높이 드는 삶을 살았다는 것이다. 모세의 이야기 속에서 하나님께서 실패를 허락하신 이유는 바로 이와 같은 일이 벌어지지 않게 하시려는 의중임을 깨달을 필요가 있다.

모세가 자신의 입술이 뻣뻣하다는 것은 자신의 이름과 입지를 넓히려는 인간의 어리석음이 들어있다. 자신이 말을 전하면 모두 설득되어야 한다는 자만심이다. 하지만 이루시는 분은 바로 하나님이시다. 모세는 하나님께서 **"이제 가라 내가 네 입과 함께 있어서 할 말을 가르치리라"(출 4:12) 그리고 "내가 네게 명령한 바를 너는 네 형 아론에게 말하고**

그는 바로에게 말하여 그에게 이스라엘 자손을 그 땅에서 내 보내게 할지니라"(출 7:2)고 하신 말씀을 상기하여야 한다. 우리의 할 일은 "하나님께서 말씀하신 것을 그대로 전하는 것이다." 그리고 그 일의 결과는 하나님의 몫이신 것이다. 우리가 할 일은 그대로 전하는 것이고, 하나님께서는 자신의 때에 그 일을 성취시키시는 것이다. "나는 입술이 뻣뻣하다." 그리고 "이스라엘 자손도 내 말을 듣지 않거늘 바로가 어찌 내 말을 들으리이까?"(출 6:12) 이 말은 "그가 듣든지 아니 듣든지"는 우리의 소명이 아니라는 것이다(겔 2:5, 7; 3:11). 우리는 무시당하고, 멸시받고, 모멸감을 느낄 수도 있다. 그러나 그럼에도 하나님의 뜻은 이루어지고 있는 것이다. 즉, 인간이 영광 받는 세상이 아니라, 하나님의 때에 하나님께서 영광 받으실 것임을 믿는 것이다. 그러므로 얼마나 많은 사람이 내 말을 듣고, 인정하고 있느냐가 중요한 것이 아니라, 얼마나 정확하고, 바르게 하나님의 말씀을 전하고 있느냐가 소명 받은 자에게는 더욱 중요한 것이다.

드디어 모세와 그의 동역자인 아론이 소명자로 든든하게 섰다. 실패의 과정을 통해 모세는 자신이 하는 것이 아님을 배웠다. 자신의 실패를 통해서도 하나님은 역사하시고 계심을 본 것이다. 바로가 어떤 존재인가에 대한 분명한 실체를 알았기에 모세는 바로 앞에서 계속적인 저항 앞에 부딪칠지라도 두려워하지 않을 것이다.

이제 불가피하게 여호와의 힘과 권능이 세상에 드러나는 역사가 시작될 것이다. 이유는 분명하다. 바로가 여호와를 모르기 때문에 이스라엘을 보낼 수 없다고 단언했다면 바로에게 여호와가 누구이신가를 알려주는 것이 필요하다. 그리고 하나님의 백성인 이스라엘에게도 여호와가 누구이신지를 분명하게 알려주시기 위해 열 가지 재앙이라는 초강수를 두신다. 하나님의 백성이 여호와가 누구이신지 바르게 알아야 예배라는 정체성을 이룰 수 있기 때문이다. 우리에게 필요한 것은 바로처럼 고집으로 모든 것을 다 잃어가며 여호와를 알아갈 것인가, 겸손함으로 능력을 덧입으며 신앙적 기쁨과 확신 가운데 여호와를 알아갈 것인가의 선택이 달려있다.

또한 앞으로 펼쳐질 열 가지 재앙 사건은 바로 왕이 하나님의 창조의 목적인 이스라엘을 결코 힘으로 붙잡을 수 없다는 것과 또한 자신의 능력으로 창조세계를 유지해 나가는 것이 아님을 처절하게 깨닫는 계기를 제공해 줄 것이다. 하나님의 펴신 팔과 능하신 손으로 행하시는 놀라운 이적과 기적들은 이 세상을 존재케 하고 유지해 나가시는 분은 오직 한 분이신 창조주 하나님 여호와시라는 신앙고백을 가능케 할 것이다. 이를 통해 고대 근동세계에서 '강한 팔'과 '권능의 팔'로 찬양되었던 바로가 결국은 한갓 미력한 범인에 불과한 존재였다는 것이 천하에 폭로되고 말 것이다.[71)]

Ⅳ. 바로는 창조의 파괴, 이스라엘은 새 창조로(안식일 준수까지)(출 7:8-17:16)

1. 이야기 전체를 한 눈에 읽기

출애굽기에서 가장 흥미로운 이야기를 들라고 한다면 아마도 대부분 7:8-14:31절로 연결 되는 열 가지 재앙과 홍해에서의 구원사건을 뽑을 것이다. 이것은 하나님께서 선택하신 백성을 위하여 철저한 구원의 손길을 펴시는 감동적인 이야기가 시대와 인종을 초월해서 하나님을 주로 고백하는 신앙인들에게 끝없이 펼쳐지는 구원의 모형이기 때문일 것이다. 그러기에 많은 사람들이 이 이야기를 새롭게 해석해서 그 깊은 의미를 밝히고 또 각 시대를 따라 그 구원사건을 현재화 시키려고 애썼던 것이 결코 우연의 결과는 아니라 생각된다.

이제 본격적으로 애굽에 재앙이 쏟아져 내린다. 일반적으로 열 가지 재앙으로 알려져 있는 재난의 연속이 애굽에 숨 가쁘게 밀려오는 것이다. 재앙의 이야기는 홍해를 건너면서 끝이 나지만 그럼에도 이 단락은 홍해에서의 구원을 기념하며 하나님을 찬양하는 출애굽기 15장으로 그 결론에 이르지 않는다. 애굽이 열 가지 재앙으로 무너져 내린다면 이스라엘은 홍해 이후의 광야에서 오히려 하나님의 돌보심으로 생명의 풍성함을 누리는 반전이 벌어진다는 점에서 출애굽기 16-17장은 시내산 이야기로 편입되는 것이 아니라, 열 가지 재앙과 함께 묶여져야 할 것이다. 이렇게 출애굽기 7:8-17:16절까지는 내용과 신앙적인 연계에서 한 단락을 이루고 있다.

열 가지 재앙의 신호탄은 서론을 장식하는 이야기부터 시작한다. 아론의 뱀이 된 지팡이가 애굽 술사들의 뱀이 된 지팡이들을 삼켜버리는 것이다. 이 서론적인 이야기는 다가올 일들에 대한 암시를 던져주는 것으로 뱀으로 상징되는 애굽이 이제 이와 같은 운명으로 삼켜질 것임을 알려주고 있다. 그리고 첫 번째 재앙인 나일강이 피가 되는 사건부터 열 번째 장자가 죽는 재앙까지 계속해서 전진해 나간다. 그 사이에 등장하는 여덟 가지의 재앙들은 개구리, 이, 파리, 가축의 심한 돌림병, 사람과 가축에게 발생한 악성 종기, 지금까지 볼 수 없었던 엄청난 규모의 우박, 메뚜기 그리고 삼일 간의 칠흑 같은 어둠이다. 이렇게 열 가지의 재앙이 계속해서 쏟아질 수 있었던 배경에는 변하지 않는 바로의 완악한 마음이 한 몫을 하고 있다.

아홉 번째 흑암의 재앙까지 버티고 이스라엘을 움켜쥐고 있던 바로도 마지막 열 번째 애굽의 장자가 바로의 왕궁에서부터 종들까지 모조리 죽고, 가축들까지 동일한 운명으로 결론에 이르는 것을 경험한 후에야 손을 놓는다. 이스라엘은 애굽의 장자들이 죽는 그 죽음의 밤에 유월절 의식을 치르며 생명과 구원의 길로 간다. 애굽을 빠져 나온 이스라엘은 마침내 홍해 앞에 맞부딪치게 되었고 마음을 바꾼 바로는 병거와 군대를 몰고 이스라엘을 잡으려고 그 뒤를 쫓기 시작한다. 앞은 홍해로 가로막혀 있고, 좌우는 광야요, 뒤는 애굽의 군대가 휘몰아쳐 달려오고 있다. 사면초가의 상태가 바로 이스라엘의 상황이었다.

분명 열 가지 재앙의 서론은 아론의 뱀이 된 지팡이가 애굽의 술사들의 뱀이 된 지팡이들을 삼키는 것으로 시작했고, 첫 번째 재앙부터 열 번째까지 그 서론을 확증하듯이 애굽은 무너졌고, 하나님의 위력에 계속해서 삼킴을 당했다. 그런데 이 마지막 순간에 이스라엘이 삼켜질 것 같은 위기가 닥친 것이다. 이스라엘의 울부짖음이 하늘을 찌른다. 그리고 그들의 입에서 불평이 쏟아져 나온다. 그 불평과 원망은 이들의 정체성을 뒤 흔드는 것이란 점에서 안타까움을 넘어서 절망감을 자아낸다.

> 그들이 또 모세에게 이르되 애굽에 매장지가 없어서 당신이 우리를 이끌어 내어 이 광야에서 죽게 하느냐 어찌하여 당신이 우리를 애굽에서 이끌어 내어 우리에게 이같이 하느냐 우리가 애굽에서 당신에게 이른 말이 이것이 아니냐 이르기를 우리를 내버려 두라 우리가 애굽 사람을 섬길 것이라 하지 아니하더냐 애굽 사람을 섬기는 것이 광야에서 죽는 것보다 낫겠노라(출 14:11-12).

하나님을 섬기는 예배하는 백성으로의 전이가 이들의 정체성을 온전하게 이루는 것이었다면 이스라엘은 위기가 닥치자 그 자리에서 금방 빠져나온 그 노동하는 삶으로 다시 돌아가겠다고 아우성을 치는 것이다. 이 한 고비만 넘으면 노동이 아닌, 찬양하며 예배하는 백성으로의 온전한 전환이 일어날 터인데 그 마지막 순간에 모든 것을 포기하려는 것이다.

결국 이를 통해 분명하게 드러나는 것은 예배하는 삶은 결코 우리 인간의 힘으로 이루어지는 것이 아니라는 점이다. 인간이란 조금만 힘들어지면 그 숭고한 사명이 담긴 정체성마저 헌신짝처럼 버릴 준비가 되어 있다는 점에서 하나님을 향한 예배는 결코 인간의 주권에 달려 있는 것이 아님을 알 수 있다. 모세의 선언이 이것을 분명하게 입증한다.

> 모세가 백성에게 이르되 너희는 두려워하지 말고 가만히 서서 여호와께서 오늘 너희를 위하여 행하시는 구원을 보라 너희가 오늘 본 애굽 사람을 영원히 다시 보지 아니하리라 여호와께서 너희를 위하여 싸우시리니 너희는 가만히 있을지니라(출 14:13-14).

살아계신 하나님의 은혜만이 우리가 예배를 지속할 수 있는 근원이 된다. 이러한 하나님의 은혜로운 역사가 없다면 우리 또한 예배가 아닌 노동으로 다시 끌려가는 안타까운 일들이 반복되고 말 것이다. 이제 이스라엘에게 예배가 아닌 노동으로 고통 가운데로 몰아갔던 그 애굽이 완전히 끝날 때가 되었다는 것을 선언하고 있다. 하나님께서 세운 지도자는 이와 같은 미래의 비전을 분명하게 볼 수 있는 눈이 있는 사람이다. 하나님께서 함께하신다면 우리는 반드시 예배하는 삶으로 그 결론에 이를 것이란 사실에 추호도 의심이 없는 지도자가 함께 한다면 삶은 조금 더 희망적이다.

모세의 이 말이 끝나기 무섭게 하나님께서 모세에게 지팡이를 바다 위로 내 밀라 하신다. 모세가 그렇게 하였을 때 하나님께서 동풍을 밤새도록 불게 하셔서 홍해를 밀어내시고 마른 땅이 드러나게 하셨다. 그리고 이스라엘이 그 땅을 건너고, 애굽 군대도 동일하게 병거를 몰고 그 마른 땅을 건너 쫓아오려 하였으나 하나님께서 병거를 어지럽게 하시며, 모세에게 바다 위로 손을 내 밀라 하시고 그대로 하자 물이 회복되어 애굽이 수장되고 말았다. 하나님께서 이스라엘을 구원하시매 이스라엘 백성들이 바닷가에서 애굽인들이 죽어 있는 것을 보았다(출 14:30). 이렇게 하나님께서 애굽인들에게 행하신 이 큰 능력을 보았을 때 이스라엘 백성의 내면에서 저절로 솟구쳐 올라오는 것이 있다. 그것은 바로 여호와를 향한 경외심이다(출 14:31). 그리고 그 경외심이 이스라엘이 행해야 할 본연의 것을 하게 만든다. 그것은 출애굽기 15장에 나타난 하나님을 향한 찬양이다. 이스라엘 민족의 역사 속에서 처음으로 입술에서 찬양이 터져 나오며, 예배하는 정체성의 출발이 이루어지고 있는 것이다.

이스라엘의 찬양의 시작은 하나님의 행하심에 대한 뚜렷한 인식을 내포하고 있다.

여호와는 나의 힘이요 노래시며 나의 구원이시로다 그는 나의 하나님이시니 내가 그를 찬송할 것이요 내 아버지의 하나님이시니 내가 그를 높이리로다 여호와는 용사시니 여호와는 그의 이름이시로다 그가 바로의 병거와 그의 군대를 바다에 던지시니 최고의 지휘관들이 홍해에 잠겼고 깊은 물이 그들을 덮으니 그들이 돌처럼 깊음 속에 가라앉았도다(출 15:2-5).

이처럼 하나님은 역사하시고, 행동하시는 살아계신 하나님이시다. 이 세상의 우상들은 결코 흉내조차 낼 수 없는 정체성인 것이다. 이스라엘의 찬양의 결론은 의미심장한 간구로 그 끝에 이르고 있다.

여호와께서 영원무궁 하도록 다스리시도다 하였더라(출 15:18).

이 내용을 히브리어 원어로 그대로 번역하면 "여호와께서 영원무궁하도록 '왕이 되시옵소서'(יהוה יִמְלֹךְ 야훼 임로크)"라는 뜻이 될 것이다. 이스라엘은 이제 섬기는 왕이 달라진 것이다. 애굽이 홍해에 수장되면서 바로를 왕으로 섬기던 삶에서 하나님을 왕으로 섬기는 백성으로의 전환이 일어난 것이다. 이제 출애굽기 15:22-17:16절까지는 하나님께서 이스라엘의 왕이 되셨으니 바로가 왕이었을 때와는 사뭇 다른 삶의 길이 열릴 것을 기대해 볼 수 있다.

몇 가지의 사건들이 시내산에 도착하기까지 이스라엘의 삶 속에 펼쳐진다. 물론 이 모든 사건들은 광야라는 불모지에서 벌어지는 일들이라는 점에서 의미가 깊다. 광야는 아무 것도 없는 장소로 생명이 아닌 죽음의 장소라 할 수 있다. 그러나 그 죽음의 장소가 하나님께서 함께하심으로 생명과 승리의 장소로 변한다는 것이 희망인 것이다.

첫째, 마라에서 쓴 물이 단 물로 변하는 사건이 발생한다(출 15:22-27). 이스라엘의 삶이 뒤바뀔 것에 대한 암시가 첫 번째 사건에서 주어져 있는 것이다. 전반부의 애굽에서의 쓰디쓴 인생이 이제 하나님과 함께 달디 단 인생으로 바뀌는 것 그것이 하나님께서 이스라엘을 향하여 품으신 뜻인 것임을 이 첫 번째 사건이 드러내고 있는 것이다.

둘째로 그것을 입증하듯 하나님께서 이스라엘의 필요를 채우시는 사건이 연결된다. 매일의 만나를 공급받는 것이다(출 16장). 만나를 공급해 주시는 것은 삶을 책임지시겠다는 하나님의 의지의 표현이며 또한 이스라엘이 하나님을 향한 신뢰를 이루어가는 것이다. 이스라엘의 신뢰의 표현은 역시 하나님께서 말씀하신 대로 살아가는 삶에 있다(출 16:4). 그 구체적인 증거는 차후로 드러날 것이며, 다음에 벌어지는 사건이 그 시작을 보여주는 것이라 할 수 있다.

셋째로는 르비딤에서 벌어지는 두 가지 사건을 전하며 이스라엘의 신뢰에 대한 하나님의 시험이 들어가 있다. 하나님에 대한 신뢰도에 따라 삶의 선택이 달라진다는 것을 두 가지 사건은 보여주고 있는 것이다. 먼저 르비딤에서 물이 없을 때 이스라엘은 모세와 다투는 것부터 시작하고 있다. 만나를 통해 하나님께서 얼마나 신실하신지를 계속해서 보여주시고 계심에도 다른 궁핍이 오자 의심 가운데 모세와 다투고(출 17:2) "하나님께서 우리 중에 계시기나 한 것인가?"라는 의문을 제시하며 하나님을 시험한다(출 17:7). 이로 인해 르비딤이라는 지역이 '맛사'라는 '시험하다'라는 뜻과 '므리바'라는 '다투다'라는 뜻의 지명으로 변해 버린다. 그러나 그 다음의 이야기는 동일한 르비딤에서 벌어지는 것으로 전반부의 사건과는 사뭇 다른 의미를 전달한다. 아말렉이 쳐들어 왔음에도 당황하지 않고 이스라엘이 모세의 진두지휘 가운데 일사불란하게 위기를 이겨내는 모습을 보이고 있다. 모세의 기도와 여호수아와 이스라엘의 전투는 하나님께서 함께 하심의 구체적인 실증이 되었다. 그리고 이스라엘은 승리하고 르비딤에 제단을 쌓고 그것을 '여호와 닛시' 즉 '여호와는 나의 깃발(승리)'이라는 명칭으로 부른다(출 17:15). 그리고 그 이름 속에는 "여호와께서 맹세하시기를 여호와가 아말렉과 더불어 대대로 싸우리라 하셨다"(출 17:16)는 뜻이 담겨 있는 것으로 마음속에 새긴다.

이 속에는 하나님의 말씀을 의심하며 "하나님이 우리 중에 계신가, 안 계신가?" 의심하며 살아갈 것인가, 하나님의 말씀에 전폭적인 신뢰를 두며 "하나님께서 맹세하신 대로 모든 문제들과 대대로 싸워주실 것"임을 믿고 삶을 하나님께 맡기고 살아갈 것인가? 이제 어떤 삶을 이루어 낼 것인가는 이스라엘에게 달려 있는 몫인 것이다. 그리고 그 구체적인 따라야 할 말씀의 실체가 출애굽기 19-24장에 주어질 것이다. 하나님을 의심하는 자들은 결코 이 말씀대로 행하지 못할 것이며 죽음의 길로 갈 것이며, 하나님을 전폭적으로 신뢰하는 자들은 이 말씀대로 그대로 이루는 삶으로 생명의 길로 나아갈 것이다. 그리고 시내산에서의 출발부터 이러한 갈림길이 발생될 것이다. 이처럼 애굽에서의 탈출은 하나님의 백성으로서의 길과 삶으로의 전환을 기대하고 있는 것이다.

2. 이야기의 문학적인 구조 따라 읽기

열 가지 재앙을 연구하는 사람들마다 이 재앙의 이야기가 어디에서 시작해서 어디에서 그 결론을 내리고 있는지의 범위를 설정하는데 약간의 혼선을 빚을 수 있다. 그 중에서도 가장 많은 지지를 받고 있는 것이 출애굽기 7:8-13절의 첫 번째 이적인 지팡이가 뱀으로 변하는 사건은 재앙이 아니므로 제외하고 7:14절부터 시작되는 나일강이 피로 변하는 사건부터 11:1-12:32절의 애굽의 장자들이 사람으로부터 동물까지 모두 죽는 사건까지를 한 이야기 단락으로 나누어 '열 가지 재앙'이라는 제목으로 두고 해석하는 방법이다. 그 이유는 '재앙'이라는 단어가 제공하는 의미에 초점을 맞추어서 사건들을 이해하고 있기 때문이라 할 수 있다. 하지만 모세가 소명을 받는 이야기들의 곳곳에 하나님께서는 애굽에 쏟아부을 사건들을 재앙이라는 단어가 아닌 다른 용어를 사용하시고 계신다는 점에서 이 이야기의 범위를 새롭게 정의해 볼 수 있을 것이다.

1) 재앙인가, 이적인가?

하나님께서 일으키실 재앙의 사건들은 이미 모세가 소명 받는 이야기들 속에서 여러 번 예시가 되었다. 하나님께서 계속해서 모세를 통해 사건들을 일으킬 것을 알려주셨고, 모세는 그 말씀을 성취하기 위해 나아가는 것이다. 하나님께서 일으키실 사건에 대해 미리 예시하는 부분들을 살펴보면 무엇을 하시려는 것인지에 대한 암시가 들어있다. 그리고 앞으로 벌어질 사건들이 어떤 의미를 가진 것인지 또한 살펴볼 수 있다.

	성 경	내 용
1	**출 3:20**	내가 내 손을 들어 애굽 중에 여러 가지 이적(נִפְלְאֹתַי 닢리오타)으로 그 나라를 친 후에야 그가 너희를 보내리라"
2	**출 4:21**	여호와께서 모세에게 이르시되 네가 애굽으로 돌아가거든 내가 네 손에 준 이적(מֹפְתִים 모프팀)을 바로 앞에서 다 행하라 그러나 내가 그의 마음을 완악하게 한즉 그가 백성을 보내주지 아니하리니"
3	**출 6:6**	그러므로 이스라엘 자손에게 말하기를 나는 여호와라 내가 애굽 사람의 무거운 짐 밑에서 너희를 빼내며 그들의 노역에서 너희를 건지며 편 팔과 여러 큰 심판들(שְׁפָטִים גְּדֹלִים 세파팀 게돌림)로써 너희를 속량하여

4	출 7:3-4	내가 바로의 마음을 완악하게 하고 나의 표징(אֹתֹתַי 오호타)과 내 이적(מוֹפְתַי 모프타)을 애굽 땅에 많이 행할 것이나…여러 큰 심판(שְׁפָטִים גְּדֹלִים 세파팀 게돌림)을 내리고 내 군대, 내 백성 이스라엘 자손을 그 땅에서 인도하여 낼지라

위의 구절들을 면밀히 살펴보면 애굽에 내려질 심판이 어느 곳에서도 '재앙'(מַגֵּפָה 마게파/plague)이라는 말로 사용된 적은 없다. 출애굽기 6:6절과 7:4절에 '큰 심판'이라고 번역된 히브리어 단어 또한 재앙과는 다른 단어를 사용하고 있다. 재앙이라는 뜻의 단어인 '마게파'(מַגֵּפָה)가 사용된 곳은 오직 출애굽기 9:14절 한 곳뿐이다. 결국 일반적인 표현으로 '열 가지 재앙'이라고 통칭되는 사건들이 여호와 하나님께로부터 나온 표현을 빌리자면 '이적, 표징, 큰 심판 등'으로 나타나고 있음을 살펴볼 수 있다. 그리고 이러한 이적과 표징을 확대하기 위해 바로의 마음을 완악하게 할 것이라는 선언이 등장하며, 이것들을 통하여 이스라엘 자손을 애굽 땅에서 인도하여 내실 것을 천명하신다. 또한 마침내 이스라엘 사람들과 애굽 사람들이 공통적으로 "나를 여호와인줄 알리라"(6:7; 7:5)는 결론에 이를 것이라 한다. 결국 '이적'과 '표징'의 가장 큰 목표는 이렇게 연속된 사건들을 통해 이스라엘을 해방시키심으로 이스라엘 백성들과 애굽인들이 여호와가 어떠한 분이신가를 분명하게 알게 하고자 하는 것이라 할 수 있다. 용어가 '재앙'이 아니라, '이적, 표징, 큰 심판'으로 확대되면 '열 가지 재앙'으로 굳어져서 재앙은 항상 열 가지라는 것이 불문율처럼 인식되었던 것에 변화가 불가피해 질 수 있다. 왜냐하면 이적과 표징이라고 하면 한두 개가 더 포함될 수 있기 때문이다.

2) 이적과 기적은 몇 가지인가? 열 가지인가, 열두 가지인가?

이적과 기적은 몇 가지인가라고 질문을 한다면 늘 우리는 습관처럼 배어버린 '열 가지 재앙'이라는 용어를 통해 당연히 열 가지라고 대답할 것이다. 그러나 출애굽기를 상세하게 살펴보면 우리가 만든 용어에 약간의 문제가 있다는 것을 알게 된다. 그렇지만 습관적으로 사용하는 것을 포기해야 할 만큼 본질적인 것은 아니라는 점에서 큰 문제는 아니라 할 수 있다. 단지 개념 정리를 분명히 하면 된다.

이제 출애굽기에서 '이적과 표징'의 사건들을 살펴보면 이 속에는 흔히 말하는 '열 가지 재앙'의 이야기뿐만 아니라 출애굽기 7:8-13절의 지팡이가 뱀으로 변하는 사건 또한 포함될 수 있으며 그리고 나아가서 홍해가 갈라져서 이스라엘이 마른 땅으로 건너고, 애굽 군대가 다 수장되는 사건까지도 포함된다는 것을 쉽게 알 수 있다. 왜냐하면 지팡이가 뱀으로 변하는 사건은 바로가 "너희는 이적(מוֹפֵת 모페트)을 보이라"(출 7:9)는 요청에 의해서 그 증거로 보이는 것이며, 그 결과에 대해 "바로의 마음이 완악하여 그들의 말을 듣지 않았다"라고 전하는 것을 통해 그 연결성을 살펴볼 수 있기 때문이다.

이스라엘이 홍해를 건너는 사건 또한 "애굽인들이 나를 여호와인줄 알리라"(14:18)는 주제의 연속으로 이어지고 있다. 그리고 여호와께서 누구이신가를 알게 하기 위해 "바로의 마음을 완악하게 하신다"(14:4, 8, 17)는 주제가 홍해 사건에서도 그대로 계속되고 있다는 것을 통해 이 이야기가 '이적과 표징, 큰 심판'에 연속되는 사건임을 알 수 있다. 그러므로 출애굽기 7:8-15:21절의 이야기를 '열 가지 재앙'이라는 협소한 말로 표현하기 보다는 "여호와께서 이적과 표징 그리고 큰 심판으로 바로와 애굽을 징계하심"이라는 폭넓은 의미로 해석하는 것이 바람직하다. 그렇게 되면 '열 가지 재앙'이 아니라 앞뒤로 하나씩 더 붙어서 '열두 가지 이적과 표징'이라고 하는 것이 더 올바를 것이다. 이제 앞뒤로 덧붙여진 지팡이가 뱀이 되는 사건과 홍해 사건이 열 가지 재앙과 어떤 연관관계가 있는지를 구조적으로 인식하며 그 의미를 파악할 필요가 있다.

지팡이가 뱀이 되는 사건과 홍해 사건은 열 가지 재앙의 바깥 테두리를 형성하며 그 내용을 감싸 안는 역할을 한다. 구조적으로 이 양쪽 테두리 속에 열 가지 재앙이 자리 잡고 있다는 점에서 열 가지 재앙의 의미가 더욱 분명하게 살아나게 된다.

A. 출 7:8-13 아론의 지팡이가 술사들의 지팡이를 삼킴(בָּלַע 발라; 7:12)

* 바로의 마음이 완악하여 그들의 말을 듣지 않음

B. 출 7:14-13:22 열 가지 재앙 이야기

* 내가 여호와인줄 알리라
* 바로의 마음이 완악하여 듣지 않음

A'. 출 14:1-15:21 주께서 오른 손을 드신 즉 땅이 그들을 삼킴(בָּלַע 발라; 15:12)

* 마음을 완악하게 하여
* 내가 여호와 인줄 알게 하실 것

이 구조 속에서 분명하게 드러나는 것은 의도적으로 열 가지 재앙 사건을 가운데 두고 양쪽으로 지팡이가 뱀이 된 사건과 홍해 사건이 위치하고 있다는 점이다. 이 양쪽 테두리에 또한 동일하게 사용된 한 단어가 전체 이적과 표징의 목표를 선명하게 드러낸다. '삼키다'라는 뜻의 히브리어 '발라'가 양쪽에 사용됨으로 애굽의 운명을 예시하고 있는 것이 결코 우연은 아닐 것이다. 먼저 첫 테두리인 아론의 지팡이가 뱀이 되어 애굽 술사들의 뱀이된 지팡이들을 삼켜버리는 사건은 앞으로 펼쳐질 일들을 암시적으로 보여주는 기능을 한다. 애굽이 뱀으로 상징화 되어 나타나고 있으며 그 애굽이라는 뱀을 하나님께서 마침내 삼켜 버릴 것이라는 미래상을 미리 예시해 주고 있는 것이다. 하나님께서 아론의 지팡이가 뱀으로 변하게 한 것은 애굽의 실체를 밝힌 것이다. 갈대 지팡이인 애굽(겔 29:6; 왕하 18:21=사 36:6)은 뱀과 같이 위험스러운 존재임을 의미한다.[72] 애굽의 뱀을 아론의 지팡이가 삼켜버렸다는 것은 암시적으로 애굽의 모든 것을 무효화시키고 삼켜버릴 대 역사가 시작되고 있다는 것을 보이려는 의도가 짙다. 특히 애굽을 상징하는 바로의 왕관에 장식된 코브라를 해치워 버렸다는 점에서 그 의도를 살펴볼 수 있다. 이것은 결국 흑암과 혼돈의 세력을 상징하는 바다인 홍해에서 애굽의 군대가 삼킴을 당하는 것을 볼 때 그 연결성을 살펴볼 수 있다. 이 시작과 끝은 또한 아론의 지팡이로 시작하여, 모세의 지팡이로 마감되는 구조를 보이고 있다. 애굽 술사들의 뱀이된 지팡이를 아론의 뱀이 된 지팡이가 삼켜버렸다면, 홍해에서는 모세가 높이 치켜 든 지팡이로 인해 홍해가 갈라지며(출 14:16) 애굽 군대가 삼킴을 당한다.

시작 테두리에서 암시된 애굽의 삼켜짐은 마지막 테두리에 등장하는 홍해에서 마침내 실현되었다는 것을 보여주고 있다. 하나님께서는 모세를 통해 애굽인들이 홍해에 삼켜지며 이스라엘이 영원히 더 이상 보지 않게 될 것이라고 말씀하신다(출 14:13). 그리고 이 두 삼켜지는 사건들 가운데에 열 가지 재앙 사건이 위치해 있다는 것은 그 사건들이 어떤 의미인지를 알려주고 있다. 애굽이 서서히 삼킴을 당하는 사건들의 연속이라는 점에서 열두 가지 전체가 깊은 관련을 가지고 있는 것이다.

그러므로 출애굽기 7:8-15:21절은 긴밀한 주제로 연결된 한 단락을 이루며 열두 가지 이적과 표징으로 애굽을 삼키고 이스라엘을 구원하시는 하나님의 역사가 생동감 있게 그려지고 있다. 그러므로 이 대 사건들은 '10가지 재앙'을 넘어서 '여호와께서 이적과 표징 그리고 큰 심판으로 바로와 애굽을 징계하심'이라는 폭넓은 의미로 해석해야 하리라 본다.[73] 그러나 여기서는 일반적으로 우리가 애굽에 쏟아진 하나님의 이적과 기적 사건을 '열 가지 재앙'이라는 용어로 지칭하고 있기에 그 용어를 함께 사용하기로 한다.

3) 이적과 표징, 심판 이야기의 구조(출 7:8-15:21)

열 가지 재앙의 이야기는 결코 무작위로 나열된 사건들의 연속이 아니다. 이 이야기는 치밀하게 구성된 통일성을 이루고 있다. 사건의 전개와 순서가 뚜렷한 목적을 가지고 점층적으로 전개되고 있기 때문이다. 열 가지 재앙의 구조적인 나열은 순서를 따라 세 개의 사건들씩 한 묶음으로 다루어진다. 이것은 한 번에 세 가지씩, 세 차례의 기회를 제공하고 있다는 것을 의미한다. 즉 바로와 애굽인들에게 한 차례에 세 번씩, 세 차례의 기회를 제공하여 하나님의 뜻에 전폭적으로 무릎을 꿇게 하려는 의도인 것이다. 즉 '3×3'이라는 순서로 기회를 제공하고 마지막에 선택의 기로에서 최종적인 선택을 하는 구조로 이루어져 있다. 그렇다면 왜 3일까? 성경에서 3일이라는 기간은 인간의 결심과 선택이 이루어지기 적절한 기간이다. 아브라함의 삼일 길의 모리아 산 여정, 바로에게 아홉 번째 재앙인 흑암 속에서의 삼일 그리고 르로보암 왕이 선왕인 솔로몬의 짐을 줄여 달라는 북이스라엘 지파들에게 삼일 뒤에 오라는 지시가 그 예들이라 하겠다(창 22:4; 42:17; 출 3:18; 10:22; 15:22; 19:11, 15, 16; 왕상 12:5). 이런 관계로 3이라는 숫자가 충분히 생각할 기회를 제공하고 판단하여 결정할 시간을 제공하는 것이라는 등식이 성립된다.

그 사건의 진행은 아래의 도표를 통해 살피는 것이 이해를 위해서 유익할 것이다. 도표 속에는 전체적인 구조에서 열두 가지의 이적과 표징, 그리고 큰 심판들이 나열되어 있다. 첫 번째로 지팡이가 뱀이 되는 것과 마지막으로 홍해에서의 수장은 재앙의 이야기를 감싸고 있는 요소들이기도 하면서, 서로 주제적인 연관성을 가지며 전체 재앙 이야기의 시작과 끝을 이루고 있다는 점은 이미 설명하였다.

서론	**아론의 지팡이 뱀이 술사들의 지팡이 뱀 삼킴(בָּלַע 발라; 7:12) (출 7:8-13)**		
	A 그룹	B 그룹	C 그룹
첫째 주기	**1. 피(출 7:14-25)** * **시작(경고)** : 아침에 너는 바로에게 가라 그가 물 있는 곳으로 나오리니 너는 나일 강에 서서(15절) * **강도** : 이스라엘과 애굽 동일, 우연일 수 있음 의식 * **목표** : 바로에게 - 네가 나를 여호와인줄 알리라(17절)	**2. 개구리(출 8:1-8:15)** * **시작(경고)**: 너는 바로에게 가서(들어가서)(1절) * **강도** : 이스라엘과 애굽 동일, 우연일 수 있음 의식	**3. 이(출 8:16-19)** * **시작(경고 없이 실행)** * **강도** : 이스라엘과 애굽 동일, 우연일 수 있음 의식

둘째 주기	**4. 파리(출 8:20-32)** * **시작(경고)** : 아침에 일찍이 일어나 바로 앞에 서라 그가 물 있는 곳으로 나오리니(20절) * **강도** : 이스라엘과 애굽의 구별함으로 우연이 아님 가르침(23절) * **목표** : 이 땅에서 내가 여호와인줄 네가 알게 될 것이라(22절)	**5. 심한 돌림병(출 9:1-7)** * **시작(경고)** : 바로에게 들어가서(1절) * **강도** : 애굽가축과 이스라엘 가축의 구별(4절)	**6. 악성종기(출 9:8-12)** * **시작(경고 없이 실행)** * **강도** : 애굽인과 그들의 짐승과 이스라엘과 그들의 짐승구별(9-10절)
셋째 주기	**7. 우박, 불(출 9:13-35)** * **시작(경고)** : 아침에 일찍이 일어나 바로 앞에 서서(물가일 것 추정)(13절) * **강도** : 애굽이 생긴 이래 이런 일이 없었음; 애굽 역사에서 전무한 사건(24절) * **목표** : 내 이름이 온 천하에 전파되게 하려 함이라(16절). 세상이 여호와께 속한 줄을 왕이 알리이다(29절)	**8. 메뚜기(출 10:1-20)** * **시작(경고)** : 바로에게 들어가라(1절) * **강도** : 조상의 날로부터 오늘까지 보지 못하였던 전무한 사건(6절)	**9. 흑암(출 10:21-29)** * **시작(경고 없이 실행)** * **결단 요구** : 세 번씩 세 번의 기회가 지나가고 있다. 이제 마지막 흑암의 3일 동안 바로도 결정해야한다. * **바로의 결정** : 네가 다시 내 얼굴을 보는 날에는 죽으리라(28절)
결정결과	**10. 장자의 죽음(출 11:1-10; 12:29-36)** * 한 번에 세 차례씩 세 번의 기회인 '3×3번'의 기회를 살리지 못하고 바로는 결국 죽음의 결정을 내리고 그 결정은 애굽 전국에 죽음으로 인한 통곡으로 가득하게 한다.		
결론	**애굽인들 홍해에서의 삼킴 당함(בָּלַע 발라; 15:12) (출 14:1-15:21)**		

먼저 열 가지 재앙 이야기가 두 삼켜지는 이야기 속에 위치하고 있다는 것은 애굽이 점점 삼킴을 당하는 역사가 펼쳐지고 있다는 것을 보이기 위한 의도적인 구성이라는 점이 명백하다. 경고가 현실이 되는 것이다. 결국 완악함의 끝은 애굽이 완전히 삼켜지는 순간까지 갈 것을 미리 예고하고 있는 것이다. 하지만 이 경고가 현실이 되지 않게 할 수도 있다. 왜냐하면 한 번의 기회가 아닌 한 주기에 세 번씩, 세 주기에 걸친 기회가 제공될 것이기 때문이다. 분명하게 인식해야 할 것은 동일한 패턴은 회개를 요구하고 있다는 점이다. 그 구체적인 예가 일곱 번째의 우박 재앙에서 바로의 신하 중에 여호와의 말씀을 두려워하는 자들은 그 종들과 가축을 집으로 피하게 했다(출 9:20)는 점에서 설사 이방인일지도 여호와의 음성에 귀 기울일 수 있음을 보여준다. 그리고 구원의 길이 모두에게 공평하게 열려 있다는 점을 강조한다. 이러한 하나님의 의지를 판독하는 마음의 눈이 절실히 필요하다. 이 3회전은 동일한 구조를 가지고, 동일한 패턴으로 진행된다. 열 번째 장자의 죽음을 제외한 나머지 아홉 개의 재앙은 'A-B-C'의 흐름으로 3개씩 하나의 주기를 형성한다.[74] 재앙을 예고하는 메시지가 있느냐 없느냐, 그 예고한 시간과 장소에 대한 유무, 그리고 그것을 예고하기 위해 모세와 아론이 바로를 어디에서 만날 것인가 하는 점이 병행을 이루며 구성에 극적인 효과를 더하고 있다. 이처럼 열 가지 재앙 사건은 무작위로 아무렇게나 배열된 것이 아닌, 치밀한 계획 속에 진행되는 것임을 알 수 있다.

먼저 'A-B-C'로 연결되는 각 주기는 그 순서에서 아침에 바로가 나일강가로 나와 있으면 모세가 그곳에 가서 바로를 만나서 경고를 주는 것으로 시작하여, 그 다음에는 바로가 궁에 들어가 있을 때 그 궁으로 들어가서 경고를 주게 되고, 마지막은 경고 없이 재앙이 진행되는 순서로 구성된다. 이렇게 1, 2, 3회전의 세 차례로 재앙이 진행되는 구조를 이루고 있다. 이러한 시점과 장소를 중심으로 구조화하면 다음과 같다.

A 그룹	B 그룹	C 그룹
피, 파리, 우박	개구리, 심한 돌림병, 메뚜기	이, 악한 종기, 흑암
이른 아침에 나일강가에 나가서 애굽 왕 바로 앞에 서라고 명하심	바로에게 들어가서 명령을 전하라 하심	명령 받은 그 시점과 장소에서 경고 없이 실시

A와 B 그룹에서는 바로에게 경고하시나, C 그룹에서는 어떠한 경고도 주어지지 않는다. C 그룹에서 바로에게 경고가 주어지지 않는다는 것은 각 회전의 마지막이라는 점에서 재앙의 심각성을 부각시키고자 하는 의도를 엿볼 수 있다. 즉 계속해서 경고를 무시한다면 결국 갑작스런 종말을 맞이하게 된다는 강력한 경고인 것이다. 그러한 경고의 또 다른 예로 A그룹과 B그룹의 재앙을 선포할 때는 여호와께서 모세를 바로에게 보내며 "내 백성을 보내라 그러면 그들이 나를 섬길 것이니라"(출 7:16; 8:1; 8:20; 9:1, 13; 10:3)는 메시지를 전하라고 한다.[75] 이는 경고와 더불어 하나님의 뜻을 보임으로 설득하는 장치이기도 하다. 그러나 이러한 뜻에 부응하지 않는다면 경고조차 받지 못하고 재앙에 빠질 것을 알리고 있는 것이다. 이러한 패턴을 보며 깨닫지 못한다면 마지막까지 갈 수 밖에 없다. 우리의 삶 속에서도 이러한 패턴은 진행된다. 우리가 이와 같

은 동일한 악순환의 패턴을 만났을 때 깊이 묵상해야 할 바가 바로 이것이다. 하나님의 뜻 앞에서 우리 스스로의 완악함을 점검해 보아야 한다.

그 다음으로 이렇게 펼쳐지는 3회전의 내용에 구조적으로 점층적인 효과를 내고 있는 장치가 들어가 있다. 각 주기의 시작인 A 그룹에만 들어가 있는 특유한 내용이 있다. 그 내용이 각 주기의 시작에 들어가 있는 이유는 애굽에 내린 재앙들이 유례가 없는 사건들이 아니기 때문이다. 애굽은 종종 강의 적조현상, 우박, 폭우, 메뚜기, 전염병 등으로 피해를 입기도 하였다. 이 재앙들은 변덕스런 기상으로 인해 약 6개월 정도에 걸쳐 일어난 대 격변들로도 볼 수 있다. 웬함은 이러한 연쇄적 사건의 출몰에 대해 물이 피로 변해 물고기가 죽는 사건은 매년 9월이면 나일강의 집수 지역에 내리는 큰비로 인한 홍수로 강바닥이 침식되어 물이 핏빛이 되기 때문으로 여긴다. 이것을 시작으로 다음에 이어지는 다섯 가지 재앙이 줄줄이 이어지는데 개구리가 강을 떠나고, 축축한 날씨로 인해 이와 날 파리가 번식하고, 죽은 개구리로 인해 탄저균의 원인이 되는 파리가 심한 돌림병을 가축과 사람에게 옮긴다는 것이다. 그 다음으로 나타나는 세 재앙인 우박과 메뚜기와 흑암은 아마 원래는 사막의 모래 바람 때문에 벌어지던 재앙들로서 애굽의 삶을 위협하는 위험 요소로 잘 알려져 있었을 것이라고 본다. 이러한 것들은 애굽의 왕실에 잘 알려진 애굽인의 삶의 패턴이었을 것이기에, 바로가 이러한 것을 자연적인 것으로 오인할 수도 있었을 것이라 여긴다. 그러나 장자들이 죽는 전혀 예기치 못한 재앙이 임하여 바로가 손을 들게 되었을 것이라 생각한다.[76]

하지만 이러한 자연현상으로 인한 해석에는 여전히 문제가 남는다. 왜냐하면 열 가지 재앙의 구성에서 첫 번째 세 가지인 피, 개구리, 이 재앙은 우연히 발생했다고 여길 수 있기에, 두 번째 세 가지인 파리, 심한 돌림병, 악성 종기는 우연이 아님을 전하기 위해 이스라엘 백성과 애굽인을 구별하고, 이스라엘의 가축과 애굽의 가축을 구별하여 재앙이 임한다. 지역은 물론 인종적인 구별선까지 주어진다는 것은 자연현상을 넘어서는 초자연적인 하나님의 역사가 개입되어 있다는 점을 알려주기에 충분하다. 자연 속에 존재하는 파리, 돌림병, 독종, 우박, 메뚜기, 흑암 그리고 죽음이라는 것은 결코 스스로 경계와 인종을 구분할 수는 없기 때문이다. 특히 마지막 회전에 주어지는 재앙인 우박, 메뚜기는 애굽이 생긴 이래로 그와 같은 규모를 경험한 적이 없는 엄청난 규모로 다가온다는 점에서 우연을 넘어서는 것이다. 인종적인 구별은 물론, 규모까지도 전무한 것이 쏟아지고 있는 것이다. 그러므로 애굽에 내려진 재앙은 만유를 주관하시는 하나님의 섭리가 점층적으로 작용하고 있음을 직접 겪는 자도 그리고 옆에서 보는 자도 동일하게 느낄 수 있는 구조적인 장치가 들어 있는 것이다. 여기에 덧붙여 시간적인 장치 또한 재앙들이 자연발생적인 우연이라는 주장에 대한 강력한 반증이 된다. 재앙이 발생하고, 사라지는 것이 하나님께서 정한 시점에 따라 움직이고 있다는 것은 우연이 아닌 필연이라는 것을 보여주는 증거라 할 수 있기 때문이다.[77] 인간의 눈에 우연적으로 보이는 개구리와 파리 떼의 출현조차도 그것들이 사라지는 시점이 오직 하나님의 손에 있다는 것을 통해 하나님의 권능임을 드러낸다(출 8:10, 29).

그리고 점층적인 재앙의 강도의 변화는 하나님은 바로의 완악함에도 불구하고 자신의 목표를 분명하게 이루어 가신다는 점을 보여주고 있다. 재앙이 한 단계씩 진행되어 가며 여호와가 누구이신가를 알아가는 인식의 강도 또한 점층 된다는 점이 이를 입증한다. 그리고 그러한 목표가 항상 각 회전의 첫 번째 재앙에만 주어지며 각 회전의 목표를 뚜렷하게 제시하고 있다. 각 주기의 처음에만 여호와 인식에 대한 점층적인 강도의 변화가 등장한다는 것은 A 그룹만 살펴보면 알 수 있다.

A 그룹	점층되는 여호와 인식
피	네가(바로) 나를 여호와인줄 알리라(7:17)
파리	이 땅에서 내가 여호와인줄 네가 알게 될 것이라(8:22)
우박	내 이름이 온 천하에 전파되게 하려 함이라(9:16) 세상이 여호와께 속한 줄을 왕이 알리이다(9:29)

이렇게 여호와 인식의 점층 되는 강도의 변화는 오직 각 회전의 첫 번째 재앙에서만 등장한다는 점에서 각 주기의 목표라고 할 수 있다. 이렇게 모든 것이 바로의 계획대로가 아니라, 하나님께서 계획하시고 내정하신 방향으로 역사가 진행된다. 바로는 그 과정에 하나님의 능력을 드러내는 도구일 뿐이다. 결국에는 바로만이 하나님의 권능을 아는 것으로 끝나지 않고, 이 거대한 재앙 사건들은 대대로 전해지면서 그 여파가 점점 더 확장되어 온 세계가 하나님의 능력을 알게 되는 것으로 확대된다. 미디안의 이드로에게(출 18:6-11), 가나안 땅의 기브온 주민들에게(수 9:9-10) 그리고 약 200년 뒤의 블레셋 인들의 기억 속에서(삼상 6:6)도 이 재앙 사건은 기억되며 여호와의 이름이 높임을 받는다.

4) '열 가지 재앙'과 '광야 이야기'(출 15:22-17:16)의 구조적인 연결성

마침내 이스라엘이 홍해를 건너며 이들을 끈질기게 붙잡았던 애굽인들은 끝이 났다. 애굽은 여호와가 누구신가를 알아가며 파멸의 길로 나아갔다. 이스라엘은 그 동일하신 여호와를 알아가며 구원의 길로 나아간다. 그러나 아직도 이스라엘에게 남겨진 것이 있다면 하나님을 더 알아가야 한다는 것이다. 하나님은 애굽을 파멸로 이끄는 재앙만을 주시는 하나님이 아니시라 이스라엘을 광야에서도 살리실 수 있는 하나님이심을 배워야 하는 것이다. 이런 하나님에 대한 온전한 지식이 하나님의 백성으로 하나님만 예배하며 살아가는 삶을 살겠다는 결단을 가능케 하기 때문이다. 애굽은 이렇게 철저하게 파괴되었으나, 이스라엘의 구원역사는 광야에서도 계속 진행 중이다.

이러한 사실은 광야에서 이스라엘이 겪는 각 사건들의 목표를 살펴보면 분명히 확인해 볼 수 있다. 쓴물을 단물로 바꾸시는 사건에서 하나님께서는 자신의 정체를 드러내시며 "나는 너희를 치료하는 여호와임이라"(출 15:26)고 선언하신다. 그리고 만나를 공급해 주시며 이스라엘을 생명의 길로 이끌어 가시며 "내가 여호와 너희의 하나님인줄 알리라"(출 16:12)는 말씀으로 아직도 여호와 하나님에 관하여 가르쳐 주실 것이 많다는 것을 드러내신다. 그리고 전쟁의 상황 속에서 자신이 '여호와 닛시'의 하나님이심을 알리시며 아말렉과 대대로 싸우실 것을 천명하신다(출 17:15-16). 이와 같이 홍해를 건넌 다음에도 계속해서 열 가지 재앙 사건 속에서 드러내셨던 목표인 "내가 여호와인줄 알리라"의 주제가 동일하게 움직이고 있음을 알 수 있다.

풍성한 땅에서 애굽은 창조의 파괴로 나아갔다면 그 반대로 아무것도 없는 광야에서 이스라엘은 창조의 완성으로 나아가는 것이다.[78)]

	애굽	이스라엘
1	**출 7:20-21 식수가 핏물이 됨** 애굽인들은 물이 핏물이 되어 마실 수 없게 되었으나	**출 15:23-25; 17:6 쓴 물이 식수로 변함** 이스라엘은 쓴 물마저도 단 물로 바뀌는 체험을 한다.
2	**출 9:3, 10 애굽은 질병으로 죽어가고** **애굽은 질병으로 치셔서 가축의 심한 돌림병과 사람과 가축의 악성 종기로 치심**	**출 15:26 이스라엘을 치료하시는 여호와** 내가 애굽 사람에게 내린 모든 질병 중 하나도 너희에게 내리지 아니하리니 나는 너희를 치료하는 여호와임이라
3	**출 9:18, 23 하늘에서 쏟아지는 전무한 사건** 애굽은 우박이 비같이 쏟아져 내려(מַמְטִיר 맘티르) 먹을거리가 초토화됨 - 애굽이 세워진 이래 지금까지 그와 같은 일이 없는 우박(출 9:18, 24)	**출 16:4 하늘에서 쏟아지는 전무한 사건** 이스라엘은 하늘에서 양식이 비같이 쏟아져 내리(מַמְטִיר 맘티르)는 기적을 봄 - 이스라엘은 선조들도 경험하지 못한 것이기에 "이것이 무엇이냐"라고 외침(출 16:15; 신 8:3)
4	**출 10:14-15 먹을 것을 다 빼앗김** 애굽에는 메뚜기 떼가 와서 온 땅을 덮어(כָּסָה 카사) 먹거리를 쓸어감	**출 16:13 먹을 것으로 덮힘** 이스라엘은 메추라기가 와서 진을 덮어(כָּסָה 카사) 고기를 먹게 된다.

이처럼 열 가지 재앙 사건과 광야에서의 이스라엘은 구조적인 대조를 이루며 애굽은 창조의 철저한 파괴를 경험하고, 이스라엘은 새 창조의 기적을 체험하는 것이다. 이를 통해 광야 이야기는 애굽의 재앙 이야기와 대조를 이루며 자연계의 질서가 이스라엘에게 생명과 복을 가져온다는 점에서 여호와 하나님의 우주적인 승리를 더욱 분명하게 증거하고 있다.[79)] 애굽에 내려진 '이적과 표징들'로 사용된 대부분의 것들이 자

연 만물들로, 하나님께서 창조하신 피조물들이다. 애굽의 신들이 이러한 만물을 주관하는 것이 아니며, 태양신 '레'의 아들인 이 땅에 존재하는 살아있는 신이라 일컬어지는 바로 왕이 주관하는 것도 아닌 오직 여호와께서 그 모든 운행, 섭리를 조종하고 계심을 선포하고 있다.[80)]

이렇게 여호와께서 왕이 되시는 세상으로 들어온 사람들은 공급을 받으며 여호와가 누구이신가를 더 배우게 된다. 하나님을 왕으로 모시며 사는 삶이 어떤 복된 삶인가를 체험케 하시는 것이다. 그리고 그 은혜의 체험 속에는 또한 걸어야 할 소명의 길이 동시에 들어 있다. 그 구체적인 소명의 길은 이제 전체적인 이야기를 세세하게 주해하는 부분에서 살펴보아야 할 내용이 될 것이다.

3. 이야기의 세부적인 주제 따라 읽기

애굽에 내려지는 재앙 사건은 출애굽기의 내용 속에서 박진감 넘치게 진행되며 고대 근동을 호령한 한 제국이 어떻게 무너져 가는지를 보여주고 있다. 그와 더불어 그 제국 속에서 신음하며 억압당하던 이스라엘이라는 하나님의 백성을 구원하시는 하나님의 놀라운 손길 또한 바라보며 하나님 나라에 대한 미래를 기대케 한다.

'재앙'이라는 용어가 사용되면 가장 먼저 '열 가지'라는 개수가 떠오른다. 그러나 이미 하나님께서는 이적과 표징 그리고 심판으로 애굽을 치고 이스라엘을 구해냄으로 여호와가 누구이신가를 알려주실 것을 여러 차례에 걸쳐 말씀하셨다. 이적과 표징의 시작은 지팡이가 뱀이 되는 사건부터임은 부인할 수 없이 분명하다. 그리고 이 사건은 전체 재앙 사건의 시작을 여는 것으로 애굽에 내려질 재앙이 어떤 목적을 가지고 있는지를 미리 보여주는 기능을 하고 있다. 아론의 지팡이가 뱀이 되어 애굽 술사들의 뱀이 된 지팡이들을 삼켜 버린다. 이는 곧 하나님의 말씀을 따르지 않고 완악하게 고집대로 나아가는 바로와 애굽이 겪게 될 미래상이 바로 이와 같을 것임을 드러내고 있는 것이다.

지팡이가 뱀이 되는 이적의 시작은 여호와께서 모세와 아론에게 말씀하시는 것부터 시작된다. 재앙 사건들 속에서 먼저 짚고 넘어가야 할 것이 있다면 아론의 출현이다. 이적 재앙의 서론에서는 아론의 지팡이가 뱀이 되어 주요한 역할을 맡고 있다. 그러나 결론이라 할 수 있는 홍해 사건은 아론의 이름은 물론 그의 지팡이도 등장하지 않고 모세와 그의 지팡이가 주요한 역할을 감당하고 있다(출 14장). 열 가지 재앙 사건들의 열거 속에서도 이와 같은 현상은 발생한다. 아론의 지팡이가 주요한 역할을 하는 재앙들이 있는가 하면(출 7:19; 8:5, 17), 모세의 지팡이가 나타나는 재앙사건들이 있다(출 9:23; 10:13). 즉 전반부는 아론의 지팡이가, 후반부는 모세의 지팡이가 사건의 전개를 맡는다. 이러한 차이점은 어떤 연유로 인한 것인가?

그 대답은 하나님께서 부여해 주신 아론의 역할을 이해하면 쉽게 해결될 수 있다. 아론은 모세가 자신은 입술이 뻣뻣하여 말을 잘 하지 못한다는 구실로 소명을 거부하는 상황 속에서 그 이름이 처음으로 등장한다. 하나님께서 아론을 모세의 대언자로 세워서 사명을 원활하게 행할 수 있도록 했다는 것이다.

여호와께서 모세를 향하여 노하여 이르시되 레위 사람 네 형 아론이 있지 아니하냐 그가 말 잘하는 것을 내가 아노라…그가 너를 대신하여 백성에게 말할 것이니 그는 네 입을 대신할 것이요 너는 그에게 하나님같이 되리라(출 4:14-16).

하나님께서 모세와 아론의 관계를 하나님과 대언자의 관계로 세우셨다는 것을 천명하신다. 이는 곧 모세가 하나님의 역할을 대행한다면, 아론은 모세의 말을 전하는 대리자의 역할이라고 할 수 있다. 이는 곧 바로가 그 당시에 신으로 인식된 존재라고 한다면 그의 입이 되어 명령을 대언하는 애굽의 현인, 마술사, 요술사들이 존재하는 것과 같은 것이라 할 수 있다. 이러한 상관관계 속에서 유추해 볼 수 있는 것은 바로가 직접 나서지 않고, 그의 대리자들인 이들 존재들이 등장하여 상대할 때는 모세가 직접 나서지 않고 아론과 그의 지팡이가 이적 재앙의 도구가 될 것을 짐작해 볼 수 있다. 이것을 입증하듯이 모세의 대리자인 아론의 지팡이가 등장할 때면 어김없이 바로의 대리자들인 애굽의 현인, 마술사, 요술사들이 등장하여 한 판 대결을 벌인다. 그러나 애굽의 이 존재들이 재앙의 내용을 흉내낼 수 없을 때 아론과 그의 지팡이의 역할도 마감되고 본격적으로 모세와 바로의 대결, 즉 여호와 하나님과 바로의 맞대결이 이루어진다.

1) 이적 재앙 서론: 지팡이가 뱀이 됨(출 7:8-13)

지팡이가 뱀이 되는 사건은 열 가지 재앙이 시작되기 전에 그 재앙들의 의미와 목적을 일깨워주는 역할을 하기 위하여 서론의 자리에 위치한다. 이 사건은 여호와께서 모세와 아론 두 사람에게 바로가 이적을 보이라고 도전을 한다면 거기에 어떻게 행동할 것인지에 대하여 지시를 내리는 것으로 시작된다. 이를 통해 알 수 있는 것은 하나님께서는 바로의 성향을 분명하게 알고 계시며 어떻게 다루어야 하는지도 알고 계신다는 것이다. 그러므로 대적하는 존재가 얼마나 강하든지, 얼마나 많든지가 중요한 것이 아니라, 우리가 하나님과 한 편이 되어 있느냐가 중요한 것이라 할 수 있다.

바로가 이적을 보이라 하면 아론이 나서서 자신의 지팡이를 들어서 바로 앞에 던지라고 하시고, 그러면 그것이 뱀이 될 것이라 하신다. 여기서 분명한 것은 모세의 지팡이가 아니라 아론의 지팡이가 등장한다는 점에서 재앙의 전반부는 모세와 바로의 대결이라기보다는 모세의 대언자 아론과 바로의 대리자들의 대결이 될 것을 예상해 볼 수 있다. 하나님께서 명령하신 대로 하여 아론이 자신의 지팡이를 바로 앞에서 던지자 뱀이 되었다. 여기서 한 가지 짚고 넘어가야 할 것은 '뱀'이라는 단어이다. 일상에서 흔하게 볼 수 있는 '뱀'은 히브리어로 주로 '나하쉬'(נָחָשׁ)라는 단어가 사용된다(창 3:1; 49:17; 출 4:3; 7:15; 민 21:9; 신 8:15; 왕하 18:4; 시 58:4; 잠 30:19; 욥 26:13; 전 10:8; 렘 8:17). 그러나 이 사건에서는 다른 곳에서는 뱀이라는 뜻보다는 그보다 더 거대한 존재로 해석되는 단어인 '탄닌'(תַּנִּין)이라는 단어가 사용된다. 이 단어는 구약성경에서 '큰 바다 짐승'(창 1:21), '승냥이'(시 44:19; 사 13:22; 34:13; 35:7; 43:20; 렘 9:11; 10:22; 14:6; 51:37), 들개(애 4:3; 미 1:8), 이리(욥 30:29), 큰 악어(겔 29:3; 32:2), 바다 괴물(욥 7:12), 용(느 2:13; 시 74:13; 148:7; 사 27:1;

51:9) 등으로 다양하게 해석된다. 그리고 이 '탄닌'이 '뱀' 혹은 '큰 뱀'으로 번역된 곳은 출애굽기의 이 부분을 제외하고는 4군데에 지나지 않는다(신 32:33; 시 91:13; 렘 49:33; 51:34). 특히 그 용례에서 알 수 있듯이 '탄닌'이라는 용어는 우리가 실제로 볼 수 있고, 만질 수 있는 그런 짐승을 의미하는 경우보다는 혼돈의 세력을 상징하는 신화적인 짐승을 의미하는 경향이 강하다.

출애굽기의 이적과 기적 사건에서 이 단어를 사용하는 것은 지극히 의도적이라 할 수 있다. 아론의 뒤를 이어 바로가 애굽의 현인들과 마술사들을 불러들여 요술로 동일한 것을 행하게 함으로 이들의 지팡이도 곧 뱀들(תַנִּינִם 탄니님)로 변하는 것을 통해 이 용어가 곧 바로와 애굽을 상징하고자 하는 의미를 내포하고 있음을 직감케 하기 때문이다. 그 구체적인 증거는 에스겔서를 통해 살펴볼 수 있다. 에스겔서는 애굽의 바로를 이 단어 '탄닌'으로 상징화 시켜 사용하고 있다는 것이 이를 입증한다.

너는 말하여 이르기를 주 여호와께서 이같이 말씀하시되 애굽의 바로 왕이여 내가 너를 대적하노라 너는 자기의 강들 가운데에 누운 '큰 악어'(תַנִּין 탄닌)라 스스로 이르기를 나의 이 강은 내 것이라 내가 나를 위하여 만들었다 하는도다(겔 29:3)

인자야 너는 애굽의 바로 왕에 대하여 슬픈 노래를 불러 그에게 이르라 너를 여러 나라에서 사자로 생각하였더니 실상은 바다 가운데의 '큰 악어'(תַנִּין 탄닌)라 강에서 튀어 일어나 발로 물을 휘저어 그 강을 더럽혔도다(겔 32:2)

즉 애굽의 바로가 세상에 혼돈을 일으키는 악의 상징물이 되어 있는 것이다. 이러한 비교를 통해서 아론의 뱀이 된 지팡이가 바로의 마술사들의 뱀이 된 지팡이를 삼켜 버렸다는 것은 더욱 명백하게 악한 바로가 삼켜지는 것이며 이는 곧 애굽이 삼킴을 당하는 것이라는 등식이 성립하는 것이다. 그리고 이 용어가 '용'으로 번역된 두 곳에서 이 짐승을 하나님께서 파쇄하신 것이 과거의 출애굽 때의 여호와의 능력이었다고 전하는 것을 통해 애굽의 바로와의 연관성을 되짚어 볼 수 있게 한다.

> 하나님은 예로부터 나의 왕이시라 사람에게 구원을 베푸셨나이다 주께서 주의 능력으로 바다를 나누시고 물 가운데 '용들'(תַּנִּינִים 탄니님)의 머리를 깨뜨리셨으며(시 74:13).

> 여호와의 팔이여 깨소서 깨소서 능력을 베푸소서 옛날 옛시대에 깨신 것 같이 하소서 라합을 저미시고 '용'(תַּנִּין 탄닌)을 찌르신 이가 어찌 주가 아니시며 바다를, 넓고 깊은 물을 말리시고 바다 깊은 곳에 길을 내어 구속 받은 자들을 건너게 하신 이가 어찌 주가 아니시니이까(사 51:9-10).

이 속에는 아론의 지팡이도 뱀이 되었다는 점에서 하나님도 악하신 분인가라는 의구심보다는 바로의 악을 적당하게 사용하셔서 악을 통제하시는 하나님의 능력을 의미하는 것으로 보는 것이 적합할 것이다. 악을 사용하여 악을 누르시는 하나님의 섭리라 할 수 있다: **"여호와께서 온갖 것을 그 쓰임에 적당하게 지으셨나니 악인도 악한 날에 적당하게 하셨느니라"(잠 16:4).**

아론의 지팡이가 거대한 뱀(괴물)으로 변함에도 바로와 그의 신하들은 그 자리에서 주눅 들지 않는다. 오히려 바로가 자신의 수하에 있는 현인들과 마술사들을 불어내는 것을 통해 대결하려는 강력한 의지를 엿볼 수 있다. 그리고 이들이 자신들의 요술로 동일한 것을 다수로(괴물들) 만들어 내는 것이다. 이와 같이 세상은 하나님의 뜻에 저항하고 반역하기 위해 더 거대하고 사악한 프로젝트를 고안해 내는 것이다. 그럼에도 이 사건을 통해 하나님의 백성이 가져야 할 확신은 세상이 하나님의 계획을 삼키는 것이 아니라, 마침내는 하나님의 계획이 세상을 삼키고 서게 될 것이라는 사실이다. 그러나 세상은 결코 이 정도에 무릎을 꿇지 않을 것이라는 점도 명심해야 한다. 자신의 방식이 무너지고, 삼킴을 당하고 마는 것을 두 눈 뜨고 똑똑히 살펴보았음에도 불구하고 바로의 완악한 마음은 그 사실에 개의치 않고 어떤 말도 들으려고 하지 않는다는 것이 이를 역력히 증거하고 있다. 이는 아직 자신에게 어떤 위해도 가해지지 않은 가시적인 현상일 뿐이기 때문일 수도 있다. 그러나 이 속에는 하나님의 거대한 계획이 표출되어 있는데 그것은 거대한 악어, 용이라는 사악한 괴물로 상징되는 바로와 애굽이 결국은 하나님의 능력에 삼켜지고 말 것이라는 미래상이다. 이제 본격적으로 펼쳐질 재앙 시리즈에서는 바로에게 직접적인 피해가 있는 쪽으로 점점 강력하게 나아갈 것이다.

이 사건을 시작으로 재앙 사건이 본 궤도에 올라 펼쳐질 계기가 마련되었다. 하나님께서는 이 사건을 통해 바로와 애굽에 경고를 주셨다. 그러나 그 경고에 대한 바로의 반응은 완악한 마음의 표출인 무관심과 냉담 그 자체로 판명이 난다. 결국 그것이 재앙 시리즈를 불러온다.

2) 이적 재앙 본론: 열 가지 재앙(출 7:14-13:22)

이적 재앙의 본론은 열 가지로 구성되며 세 가지씩 한 주기로 형성되고 세 번의 주기로 이루어진다. 그리고 이렇게 세 개씩 세 번이라는 충분한 기회를 제공한 후에 최종적인 선택에 따라 열 번째가 심판의 재앙이 될지 아니면 회개를 통해 회복이 될지가 결정될 것이다. 하지만 각 주기가 밋밋하게 계속 반복되는 것만이 아닌 점점 그 재앙의 강도가 점층된다는 점에서 바른 선택을 강조하고 있는 것이라 할 수 있다.

(1) 첫째 주기 세 재앙(피, 개구리, 이)(출 7:14-8:19)

첫째 주기는 학자들에 따라 약간의 차이를 보이는데 그 중 가장 큰 차이는 이스라엘도 애굽과 함께 고통을 당하느냐 아니냐에 대한 것이다. 이스라엘과 애굽을 구별하는 것은 두 번째 주기부터 이루어진다는 설명이 주어지는 것을 보면 첫 번째 주기는 이스라엘 또한 같이 겪는 일이라고 보는 것이 옳을 것이다. 하지만 같이 겪는다고 해서 동일한 강도로 재앙을 겪는 것은 아닐 것을 유추해 볼 수 있다. 이것은 전적으로 완악한 바로와 애굽을 징계하는 것이란 점에서 피, 개구리, 이 재앙에서 그 방법은 분명하게 주어져 있지 않지만 이스라엘은 충분히 평안하게 살아갈 수 있는 길이 제공되었을 것이라 여겨진다.

첫째 주기 안에서도 첫 번째와 두 번째 재앙은 거의 동일한 패턴을 유지하나, 세 번째 재앙은 시작에서 경고가 없다는 점이 차이점으로 등장하고, 애굽 요술사들의 철저한 패배로 끝난다는 점을 강조한다. 그리고 이 첫째 주기의 재앙들은 모두 다 사람이나 짐승에게 죽음을 가져올 만큼의 파괴력은 부여되어 있지 않다는 점에서 공통점이 있다. 세 가지 모두 삶을 성가시게 만들어 괴롭게 하려는 의도가 들어가 있다. 그러나 여기에서 교훈을 바로 얻지 못한다면 점점 생명에 위협을 가하는 내용의 재앙들이 펼쳐질 것이며 죽음으로 결론에 이를 수 있다는 경각심을 가져야 할 것이다.

첫 세 재앙의 패턴을 도표로 비교해 보면 그 차이를 쉽게 파악해 볼 수 있을 것이다.

비교 내용	피 재앙	개구리 재앙	이 재앙
모세를 통한 경고	○	○	✖
"내가 여호와 인줄 알리라"는 인식	○	✖	✖
모세가 아론에게 명령	○	○	○
아론의 지팡이를 통한 실행	○	○	○
애굽 요술사들 모방	○	○	✖(못함)
바로의 타협안	○	○	✖
바로의 완악함	✖	○	○

[1] 물이 피로 변하는 재앙(출 7:14-25)

물이 피로 변하는 재앙은 지팡이가 뱀이 되고 그 뱀이 된 지팡이가 애굽 술사들의 뱀이 된 지팡이들을 삼켜 버리는 사건과 신학적으로 연결된 것임을 입증하기 위해 '바로의 완악하게 된 마음'을 거론하는 것부터 시작한다. 그 완악한 마음이 결국 재앙의 연속을 불러오는 것이 된다. 그리고 각 주기의 첫 번째 재앙을 알리는 서론이 시작된다. 이른 아침에 나일강 가로 가서 바로를 만나라는 것이다. 이렇게 각 주기의 첫 번째는 모두 동일하게 이른 아침에 나일강으로 나가서 바로를 만나는 것이란 점에서 바로의 삶의 패턴을 살펴볼 수 있다. 즉 아침마다 나일강 가에 있다는 것은 무의미한 지적이 아닐 것이기 때문이다.

애굽에서 나일강이 신격화 되어 있다는 것은 일반적인 사실이다. 나일강을 신격화하여 하피(Hapi)라는 신으로 숭배하였고, 크눔(Khnum)이란 신은 나일강의 제 1홍수 지역을 관장하는 수호신으로 유명하며, 나일강 줄기는 오시리스 신의 핏줄로 여겨지기도 했다.[81] 특히 이 중에 하피라는 신은 나일강 범람의 신을 의미하며 남신임에도 배가 불룩하게 나와 있고, 여신 같은 젖가슴을 가지고 있고, 머리에는 파피루스 덤불이 자라고 있으며, 손에도 식물을 들고 있는 형상으로 나타난다. 즉 나일강을 범람케 하여 땅을 기름지게 함으로 풍요를 가져다 준다는 의미일 것이다.[82] 나일강이 신격화 되는 것은 하나님을 모르는 애굽에서 당연한 일이라 하겠다. 애굽은 나일강으로 인해 존재하게 된 나라라는 점이 이를 입증하는 것이다. 애굽의 촌락의 대부분이 나일강 주변으로 형성되며 그 외의 땅들은 사막으로 사람이 살 수 없는 황폐한 땅일 뿐이다. 에티오피아 고원지대에서 눈이 녹고, 비가 오면 나일강은 불어나 범람하기 시작하며 그 주기도 해마다 동일하여 7-9월 동안 기름진 퇴적물을 주변 땅에 공급하여 농사를 용이하게 한다. 7-8m의 수위가 강 주변에 물을 공급하는 가장 적정한 높이이며 풍년을 기대할 수 있고, 그보다 낮은 6m이내이면 흉년이 오고, 그보다 높게 되면 마을을 홍수로 쓸어갈 수 있다.[83] 창세기에 나타난 애굽의 7년 풍년과 7년 흉년은 이렇게 나일강의 범람의 높이에 따라 갈라지는 것이다. 이렇게 애굽 땅 전체를 관통하며 흘러가는 나일강은 애굽의 젖줄이며 곧 생명 줄인 것이다. 이것이 또한 애굽 땅과 가나안 땅의 현저한 차이점이 된다.

> 네가 들어가 차지하려 하는 땅은 네가 나온 애굽 땅과 같지 아니하니 거기에서는 너희가 파종한 후에 발로 물 대기를 채소밭에 댐과 같이 하였거니와 너희가 건너가서 차지할 땅은 산과 골짜기가 있어서 하늘에서 내리는 비를 흡수하는 땅이요 네 하나님 여호와께서 돌보아 주시는 땅이라 연초부터 연말까지 네 하나님 여호와의 눈이 항상 그 위에 있느니라(신 11:10-12).

애굽 땅은 하나님의 돌보심을 필요로 하지 않는다. 왜냐하면 나일강이라는 사시사철 흐르는 강이 있고, 이 강이 홍수로 범람하면 오히려 주변 땅을 물로 적셔 줌으로 더 많은 곡식의 소출을 기대할 수 있기 때문이다. 오직 해야 할 일은 그 물을 원하는 곳으로 발 물레를 이용해 옮기면 되는 것이다. 그러나 가나안 땅은 다르다. 오직 하늘에서 내리는 비에 의존해 살아야 한다. 그러기에 이른 비와 늦은 비를 주관하시는 하나님을 의지하지 않으면 생존할 수 없는 땅이다. 여기서 신앙의 갈림길이 생긴다. 이스라엘은 생존을 위해 전능하신 하나님을 섬기고, 애굽은 생존을 위해 나일강을 섬기는 것이다.

매일 아침마다 애굽인들이 나일강을 섬기는 종교의식을 행했는지에 대한 자료는 발견된바가 없지만 동일한 시간과 장소에 주기적인 바로의 출현은 결코 이러한 사실과 무관하지 않을 것을 예상해 볼 수 있다. 더햄이란 학자는 바로가 위생적인 이유나, 종교적인 이유로 나일강에 나갔다는 이론은 현재의 본문에서 별반 의미 없는 논점이라고 주장한다.[84)] 그러나 대 제국 황제의 이른 아침의 주기적인 나일강 방문이 아무 의미가 없다는 것이 오히려 논점을 놓치고 있는 것이라 여겨진다. 바로가 신을 섬기기 위해 그곳에 갔든 혹은 나일강을 관장하는 신으로서 숭배를 받기 위해 그곳에 갔든 결론은 동일하다. 나일강이 결국 피로 변하는 사건을 통해 양쪽이 다 무능함이 입증되었기 때문이다.

이 사건을 통하여 하나님께서는 의도하신 것이 있다. 그것은 바로를 향하여 "네가 이로 말미암아 나를 여호와인줄 알리라"는 선언을 통해 알 수 있다. 이 선언은 첫째 주기에서 오직 첫 번째 재앙인 물이 피가 되는 사건에서만 나타난다는 것을 통해 첫 주기의 세 가지 재앙이 갖는 목표가 무엇인가를 드러낸다. 먼저 애굽을 다스리는 바로 개인이 여호와가 누구이신가를 알게 하려는 것이다.

물이 피로 변하는 사건에서 의문스러운 사항이 존재한다. 세 개의 지팡이가 나타나기 때문이다. 먼저 모세의 지팡이가 거론된다: "그 뱀 되었던 지팡이를 손에 잡고 그에게 이르기를"(출 7:15-16). 하나님께서 이와 같이 모세에게 지팡이를 손에 잡고 바로에게 나아가 말하라고 하신다. 사용하지 않을 것이면 굳이 모세에게 지팡이를 언급할 필요가 있을까? 그러나 정작 중요한 역할을 할 지팡이는 하나님 자신의 지팡이라고 하신다: "여호와가 이같이 이르노니 네가 이로 말미암아 나를 여호와인 줄 알리라 볼지어다 내가 내 손의 지팡이로 나일강을 치면 그것이 피로 변하고"(출 7:17). 그런데 실제로 나일강을 피로 물들이는 지팡이는 모세의 것도 아니고 하나님의 것도 아닌 아론의 것이다.

여호와께서 또 모세에게 이르시되 아론에게 명령하기를 네 지팡이를 잡고 네 팔을 애굽의 물들과 강들과 운하와 못과 모든 호수 위에 내밀라 하라 그것들이 피가 되리니 애굽 온 땅과 나무 그릇과 돌 그릇 안에 모두 피가 있으리라 모세와 아론이 여호와께서 명령하신 대로 행하여 바로와 그의 신하의 목전에서 지팡이를 들어 나일강을 치니 그 물이 다 피로 변하고(출 7:19-20).

지금 모세와 아론은 결국 하나님의 명령 따라 사건을 진행해 가고 있다는 점에서 그들 손에 있는 지팡이는 곧 하나님의 뜻을 행하는 지팡이인 것이다. 이는 누구의 손에 쥐어져 있든 그것은 바로 하나님의 지팡이라는 것을 의미하는 것임을 뜻하는 것이다. 아직은 모세의 지팡이가 나설 때는 아닌 것이다. 왜냐하면 애굽의 요술사들이 등장하는 한은 모세가 아닌 아론이 나설 것이기에 그의 지팡이가 큰 역할을 감당할 것이다.

아론을 따라서 애굽의 요술사들도 자신들의 요술로 물을 피로 바뀌게 한다. 그러나 바로의 요술사들은 계속해서 동일하게 흉내를 냄에도 무능함이 입증되고 있다. 지팡이들이 삼켜지는 것에서부터 시작되었고 물을 피로 만드는 것에서도 역시 그들의 무능함이 증명된다. 그들이 유능하다면 물을 피로 만드는 것이 아니라, 핏물을 마실 수 있는 물로 변환시키는 것을 행해야 할 것이다. 그러나 이들은 물이 피가 되는 재앙을 더욱 가중시키는 역할 밖에는 할 수 있는 것이 없다. 그런 점에서 바로의 요술사들 또한 재앙을 일으키는 하나님의 도구 밖에는 안 되는 것이다. 그럼에도 이들이 물을 피로 바꾸는 행위는 곧 바로가 자신의 마음을 완강하게 하는 요소가 된다. 특별할 것도 없다는 것이다. 재앙이 해결되는 것이 아니라, 가중시키는 길로 가고 있음에도 바로는 자신이 보고 싶은 것만 보고, 듣고 싶은 것만 듣는 완악함을 보인다. 그의 완악함은 자신이 마실 물만 공급 받을 수 있다면 백성들이 물을 찾아 어디를 헤매든 관심조차 갖지 않는다는 그의 심성에서 분명하게 드러난다.

이렇게 나일강물이 피로 변한 사건은 애굽의 역사 자료에도 나타난다는 점에서 그 역사성을 살펴볼 수 있다. 원래는 애굽의 고 왕조와 중왕조 시절인 기원전 2300-2050년쯤에 있었던 사건이나 그 사건이 문서로 기록된 것은 19-20왕조 시절인 기원전 1350-1100년쯤으로 보인다.[85]

> 오! 참으로, 강이 피가 되었구나. 만일 어떤 사람이 이것을 마신다면, 인간으로서 그 사람은 이것을 거부할 것이고 물에 대한 갈증을 느낄 것이다.(Why really, the River is blood. If one drinks of it, one rejects (it) as human and thirsts for water.)

이와 같은 현상이 애굽의 역사 속에서도 나타났다는 것은 이 사건에 바로의 심정이 완악하게 되는 것에 대해 공감해 볼 수 있다. 그러나 바로가 분명하게 깨달아야 할 것은 이렇게 역사 속에 나타난 것과 하나님의 재앙은 현저한 차이점이 있다는 것을 인지해야만 한다. 살아가며 하나님의 재앙과 관계없이 발생한 적조현상은 나일강에만 한정되지만, 하나님의 재앙은 분명 애굽의 물들과 강들과 운하와 못과 모든 호수는 물론 애굽 온 땅과 나무 그릇과 돌 그릇 안의 물도 피로 변하는 것이다. 이것이 바로 우연과 필연의 차이인 것이다. 바로는 이러한 차이를 인식하고 하나님의 권능에 무릎을 꿇어야 함에도 자신의 어리석은 고집대로 나아간다. 이러한 태도는 곧 나일강을 치신 후 이레가 지났다는 말에서 느낄 수 있듯이 창조의 칠일이 아닌 파괴의 칠일을 경험할 것에 대한 예상이다. 이제 바로와 애굽에 본격적인 역창조(de-creation)가 시작되었다는 것이다.[86]

[2] 개구리 재앙(출 8:1-15)

물이 피로 변하는 첫 번째 재앙 후에 얼마의 시간이 흘러갔는지는 분명하게 알 수 없지만 그 뒤를 이어 두 번째 재앙이 그 작동을 시작한다. 여호와께서 모세에게 명령을 내리시는 것이다. 이번에는 바로에게 들어가서 경고를 주라고 하신다. 이제는 말씀을 전하는 장소가 바로의 궁이 된다. 바로의 권위와 능력의 상징이라 할 수 있는 장소에 하나님의 능력의 말씀이 전달된다. 누구의 능력이 승리할 것인가?

여호와께서는 동일하게 "내 백성을 보내라 그들이 나를 섬길 것이니라"(출 8:2)는 말씀으로 이스라엘의 존재 의미를 분명하게 선포하신다. 그리고 "만일 보내기를 거절하면 내가 개구리로 너의 온 땅을 치리라"(출 8:3)고 경고하신다. 그렇다면 여호와께서는 모세를 보내셔서 바로에게 계속해서 재앙을 피할 수 있는 길을 제공하시는 것이다. 재앙이 오기 전에 들으면 피할 수 있을 것이지만, 그렇지 않으면 개구리로 인해 고통 가운데 거할 것이란 점을 알 수 있다. 그런데 결국 애굽이 개구리 재앙을 겪는 것을 보면 바로가 거부하였다는 것을 짐작케 한다.

여호와께서는 개구리 재앙을 위해 모세에게 말씀하시기를 아론에게 명령하여 그의 지팡이를 애굽의 강들과 운하들과 못 위에 펴서 하나님께서 무수히 생기게 하신 개구리들을 애굽 땅에 올라오게 하라신다(출

8:5). 고대에 농경문화에서는 개구리는 필수적일 만큼 이롭고 상서로운 생명체이다. 특히 살충제가 보편화되지 않았던 시절에는 농작물에 피해를 끼치는 해충이나, 벌레, 메뚜기 등을 잡아먹지만 농작물에는 전혀 피해를 입히지 않는 개구리는 풍년을 위해 꼭 필요한 생물이라 할 수 있다. 그로 인해 애굽에서는 개구리 모양의 머리를 한 여신인 헤크트(Heqt)는 풍요다산의 상징으로 섬김을 받았다.[87] 이렇게 애굽의 풍요와 다산의 상징으로 신격화 될 만큼 유익한 생물인 개구리가 오히려 애굽에 해를 끼치게 된다는 것이 이번 재앙의 아이러니이다. 개구리가 사람을 공격하는 것 그것은 곧 애굽인들에게는 창조의 역행인 것이다. 애굽은 이렇게 계속해서 역창조를 경험하게 된다. 인간과 조화를 이루어야 할 생물 세계가 이렇게 인간을 공격하는 것은 예언자들의 선포 속에도 등장하는데 그 원인은 인간 세상에 만연한 죄로 인한 것이다.

> 여호와께서 말씀하시되 유다 자손이 나의 눈앞에 악을 행하여 내 이름으로 일컬음을 받는 집에 그들의 가증한 것을 두어 집을 더럽혔으며…… 이 백성의 시체가 공중의 새와 땅의 짐승의 밥이 될 것이나 그것을 쫓을 자가 없을 것이라(렘 7:30, 33).

> 주 여호와의 말씀에 내가 나의 삶을 두고 맹세하노라 내 양 떼가 노략거리가 되고 모든 들짐승의 밥이 된 것은 목자가 없기 때문이라 내 목자들이 내 양을 찾지 아니하고 자기만 먹이고 내 양 떼를 먹이지 아니하였도다(겔 34:8).

바로와 애굽에 일어났던 역창조는 후에 이스라엘에서도 벌어질 수 있다는 것을 보여주고 있는 것이다. 어느 누구든지 하나님의 뜻에 역행하는 나라든, 민족이든, 개인이든 이와 같은 심판을 겪을 것을 경고하고 있는 것이다.

이렇게 개구리가 바로와 그의 백성과 그의 신하들에게 극심한 고통을 안겨준다. 바로의 고통만 살펴보면 개구리들이 "바로의 궁과 그의 침실과 침상 그리고 그의 화덕과 떡 반죽 그릇에 들어간다"(출 8:3). 궁은 바로가 국사를 보고 행정을 주관하는 곳이며, 침실과 침상은 지친 몸을 누이고 쉬며 잠자는 곳이고, 화덕과 떡 반죽 그릇은 생존에 필수적인 음식과 직결되어 있다는 점에서 인간 삶의 중요한 요소들이다. 나라의 행정이 마비되고, 잠을 잘 수 없고, 먹을 수 없다면 바로 개인의 생존뿐만 아니라 나라의 존립 자체가 불가능해 질 수 있다. 엎친데 덮친격으로 바로의 요술사들도 동일한 일을 행할 수 있으나 그것을 없앨 수는 없다는 점이 바로를 더욱 곤혹스럽게 한다. 하나님께서 행하신 일은 인간의 조작으로 해결될 수 없고, 오직 하나님만이 해결하실 수 있다는 사실을 드러내는 것이다.

두 번째 재앙 만에 바로가 타협안을 제시한다. 뱀이 된 지팡이가 삼켜질 때와 물이 피로 변했을 때에는 바로가 직접적으로 고통을 당하지 않았다. 그러나 이번은 다르다. 개구리들이 바로의 궁은 물론 그가 생활하는 모든 곳에서 괴로움을 던져준다. 그러자 바로가 타협안을 제시한다. 이렇게 자신이 극심한 고통 가운데 거하게 되자 오만하게 여호와가 누구냐며 자신은 모른다고 무시했던 바로가 여호와의 이름을 거론하며 그 여호와께 개구리를 없애 줄 것을 간청한다: "여호와께 구하여 나와 내 백성에게서 개구리를 떠나게 하라 내가 이 백성을 보내리니 그들이 여호와께 제사를 드릴 것이니라"(출 8:8). 바로가 여호와가 누구이신가를 인식하기 시작한다는 것을 통해 재앙의 목표가 실현되고 있다는 것을 알 수 있다.

모세는 바로에게 개구리를 언제 하나님께 간구하여 제거하는 것이 좋을는지 시점에 대해서 묻는다. 이것은 분명 개구리 떼의 문제가 해결되는 것이 우연히 생겼다, 우연히 사라지는 것이 아님을 증거 하기 위한 의도일 것이다. 바로는 '내일'이라고 시점을 정해 주고 모세가 하나님께 간구하여 약속된 날에 개구리들이 바로의 궁과 백성들의 집에서 나와 죽었다. 그리고 사람들이 그 죽은 개구리들을 모아 쌓아놓았더니 땅에 악취가 났다라고 한다. 이러한 상세한 보도 속에는 바로가 말을 듣지 않을 때에는 또 다른 재앙이 덮칠 수 있다는 암시를 풍기는 것이라 할 수 있다. 땅의 악취가 후에 어떤 재앙이 되어서 돌아올 수 있다는 암시를 넌지시 던지고 있는 것이다. 볼 수 있는 눈과 들을 귀 있는 자는 깨달을 것이나 교만과 욕심으로 가득 들어 찬 미련한 자는 모든 경고를 무시해 버리고 말 것이다.

바로가 조금 숨통이 트이자 곧 변심한다는 점에서 그는 참 미련한 인생이다. 바로가 마음을 바꾸고 완강하게 나가는 것이 스스로의 주권이라 생각할 수도 있지만 이미 하나님께서 계획하신대로 상황이 흘러간다는 점에서 모든 주권은 하나님께 있는 것이다. 바로가 어떤 존재인지 분명히 아시고 하나님께서 그의 성향까지도 사용하셔서 뜻을 이루신다. 바로를 통해서 되짚어 볼 수 있는 것은 회개도 결코 스스로의 힘으로 하는 것이 아니라 이 또한 하나님의 긍휼한 선물인 것을 알 수 있다. 하나님께서 오만하고 교만한 자를 꺾지 않으시고 그대로 내버려 두시면 결국 멸망까지 이르고 만다는 것을 깨달을 수 있다. 이제 바로는 첫 주기의 마지막 기회에 봉착하게 될 것이다. 그 세 번째는 경고 없이 갑작스럽게 밀어닥침으로 마음의 준비조차 할 수 없는 것이 된다.

[3] 이 재앙(출 8:16-19)

역시 첫 주기의 세 번째 재앙이라는 점에서 물가에서든, 궁전에서든 바로를 만나 전하라는 어떤 경고도 없이 즉각적으로 시행된다는 점이 첫째, 둘째 재앙과의 차이점이다. 그 이유는 하나님께서 주신 두 번의 기회를 날려버리고 나면 세 번째는 한 주기의 기회가 상실되는 시점이라는 점에서 더욱더 강력하고 신속하게 진행이 되는 것이다. 이렇게 경고 없는 재앙이 세 번 지나가면 바로와 애굽은 모든 기회를 소진하고 철저하게 무너지고 말 것이다. 그 전에 깨닫고 하나님 앞에 무릎 꿇고 그 전능하심을 인정하며 그 뜻을 온전하게 받든다면 역사는 달라질 것이다. 하지만 인간의 고집스런 완강함은 계속해서 끝을 향해 달려간다는 점이 고통스러운 역사를 만들고 있는 것이다.

여호와께서 모세에게 아론에게 명령하여 지팡이를 들어 땅의 티끌을 치게 하라신다. 그러면 애굽 온 땅의 티끌이 '이'가 될 것이라고 하신다(출 8:16). '이'라고 번역된 '킨님'(כִּנִּים; 단수형은 כֵּן 켄)이라는 단어는 출애굽기의 이 부분(출 8:16, 17, 18)을 제외하고는 단수형이든 복수형이든 단 두 번밖에는 더 나타나지 않는다는 점에서 희귀한 용어이다. 출애굽기의 재앙사건을 회고하는 장면이 나타나는 시편 105:31절에서 한 번 그리고 '하루살이'라고 번역된 이사야 51:6절에서 한 번이 전부이다. 이런 이유로 이 벌레가 정확하게 어떤 종류이며 어떻게 해를 끼치는 것인지가 분명치 않다. 만약 대부분의 한글 번역처럼 '이'(lice; KJV)라고 한다면 사람이나 동물에 기생하여 피를 먹고 살기에 문다는 점에서 치명적이지만, 영어의 몇몇 번역본에서처럼 '각다귀'(gnat; NRSV, NIV)라고 번역하면 사람을 물지는 않는다는 점에서 덜 치명적일 수 있다. 그럼에도 애굽 땅의 모든 '티끌'(עָפָר 아파르)이 벌레로 변해 사람과 가축에 붙었다는 점에서 물든, 물지 않든 그 성가심과 불편함은 이루 말할 수 없었을 것을 짐작케 한다. 애굽은 나일강 주변을 제외하고는 대부분의 땅이 티끌로 덮여 있는 사막으로 형성되어 있다. 그리고 나일강 주변의 땅도 티끌로 이루어져 있기는 마찬가지라는 점에서 비록 모든 티끌이 벌레로 변했다는 것에 일말의 과장이 포함되었다 할지라도 고통의 강도를 표현하기에는 충분하다고 본다.

그리고 이 속에는 애굽에 '이'나 '각다귀'를 표현하는 신은 존재하지 않지만 땅의 신 세브(Seb)와 아코르(Akhor)가 있어 땅을 수호하며 백성들이 땅에서 안전하게 살아갈 수 있게 해주는 역할을 하고 있다고 믿어졌다. 티끌이 땅을 이루는 주요 요소이며 또한 농사를 짓고 곡식을 자라게 하는데 근본적인 바탕이 된다는 것은 분명하다. 그리고 하나님의 말씀은 인간의 몸 또한 이 '아파르'(עָפָר 티끌)로 만들어 졌다는 것을 전하며 땅과의 밀접성을 증거하고 있다(창 2:7; 3:19). 그런데 땅을 수호한다고 믿어지는 이런 애굽의 신들이 어떤 역할도 하지 못하고 오히려 애굽을 공격하는 도구가 된다는 점에서 명백한 애굽 신들의 실패이다. 그리고 생존의 바탕이 되는 티끌이 이로 변해 사람과 가축에게 공격을 가한다는 것은 또 다른 형태의 역창조라 할 수 있다.

애굽의 요술사들은 이 재앙만큼은 흉내 낼 수 없다. 즉 그들의 능력의 한계에 다다른 것이다. 이는 그들의 입에서 나온 “이는 하나님의 권능이니이다”(출 8:19)라는 선포로 인해 분명해진다. 여기서 ‘권능’이라고 번역된 낱말은 히브리어 ‘에쯔바’(אֶצְבַּע)로 ‘손가락’이란 뜻이다. 이를 번역하면 ‘하나님의 손가락’이 나타났다는 것이다. 하나님의 손가락이 권능을 나타내는 도구라는 점은 시편 8편의 하나님의 창조에 대한 찬미에서도 드러난다: “주의 손가락(אֶצְבַּע)으로 만드신 주의 하늘과 주께서 베풀어 두신 달과 별들을 내가 보오니”(시 8:3). 그 외에 하나님의 손가락은 두 돌판에 십계명을 새겨 주시는 도구가 된다(출 31:18=신 9:10). 손가락에 마술적인 힘이 들어 있다는 인식은 고대 근동의 돌들에 새겨져 있는 그림들을 통해서도 논증해 볼 수 있다.[88]

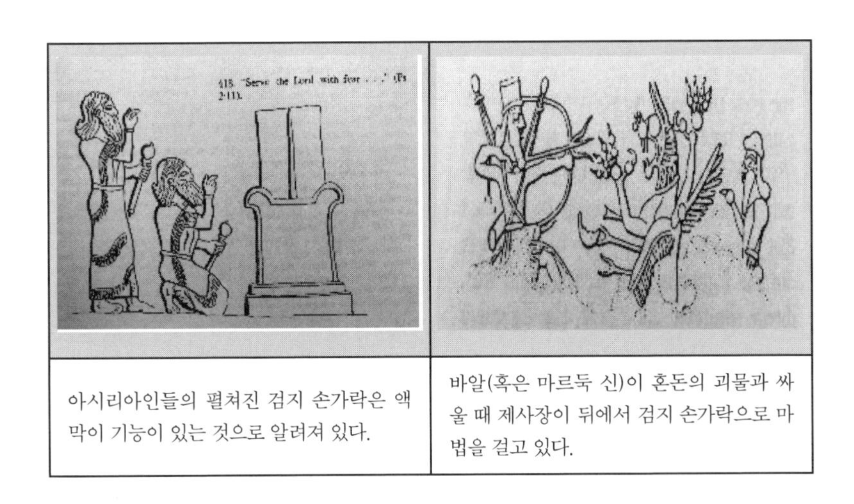

아시리아인들의 펼쳐진 검지 손가락은 액막이 기능이 있는 것으로 알려져 있다.	바알(혹은 마르둑 신)이 혼돈의 괴물과 싸울 때 제사장이 뒤에서 검지 손가락으로 마법을 걸고 있다.

이와 같이 고대 근동 문화에는 손가락에 특별한 마법이나, 주문을 걸 수 있는 능력이 있다고 인식되었다는 것을 살펴볼 수 있다. 그러므로 애굽의 요술사들이 자신들이 흉내 낼 수 없는 재앙에 부딪쳤을 때 이들의 입에서 하나님의 손가락(권능)이 나타났다고 부르짖는 것이 결코 특별한 암호가 아니었을 것을 추정해 볼 수 있다.

비록 애굽의 요술사들이 '여호와'라는 신명이 아닌 '하나님'이라는 일반적인 신명을 사용하고 있다고 해서 이스라엘의 하나님에 대한 인식이 없었다고 볼 수는 없다. 왜냐하면 이 재앙이 모세와 아론을 통해서 발생했다는 점에서 애굽인들이 믿는 신 중의 하나가 이 일을 일으킨 것이 아님이 분명하게 드러났기 때문이다. 애굽 요술사들이 여호와 하나님을 향한 믿음은 갖지 않았다 할지라도 이 재앙이 이스라엘의 하나님으로 인해 초래되었다는 것만큼은 명백하게 인식했을 것이 분명하다. 비록 바로가 마음을 완악하게 하고 그 어떤 말에도 귀를 기울이지 않았다 할지라도 이것은 바로의 승리가 아니라, 바로의 거역까지도 이미 다 감안하고 사건을 진행해 나가시는 하나님의 명백한 승리이다. 바로의 거역은 예상치 못한 것이 아니라 "여호와의 말씀과 같더라"는 것만 보아도 알 수 있다. 이미 재앙 사건이 펼쳐지기 전에 수차례 바로는 거역하고도 남을 존재라는 점을 말씀해 놓으셨다.

> 내가 아노니 강한 손으로 치기 전에는 애굽 왕이 너희가 가도록 허락하지 아니하다가 내가 내 손을 들어 애굽 중에 여러 가지 이적으로 그 나라를 친 후에야 그가 너희를 보내리라(출 3:19-20).

바로가 너희의 말을 듣지 아니할 터인즉 내가 내 손을 애굽에 뻗쳐 여러 큰 심판을 내리고 내 군대, 내 백성 이스라엘 자손을 그 땅에서 인도하여 낼지라(출 7:4).

첫 번째 주기에서 나타난 세 가지의 재앙은 어쩌면 바로나 애굽인들에게 특별하지 않은 요소였는지도 모른다. 살아가노라면 자연 현상 속에서 나타날 수 있는 요소들이기 때문이다. 비가 많이 내려 상류의 황토가 씻겨 내려와 물이 적색이 되고 그 부유물들로 인해 미생물들이 과도하게 번식하게 되면 적조현상과 같은 일이 벌어질 수 있고, 그로 인해 물고기의 떼죽음과 강에서의 개구리들의 이탈 현상이 발생하고, 개구리들의 죽음으로 인해 벌레들이 속출하는 것과 같은 연쇄현상은 비록 드물지라도 발생 가능한 일이다. 여기에 애굽인이든지, 이스라엘 백성이든지 모두 동일하게 겪는 일이라면 바로로서는 크게 개의할 일도 아닐 것이라 여겨진다. 그러나 이 우연스럽게 보이는 재앙들 속에서도 하나님께서는 우연이 아님을 바로에게 가르치시려는 의도가 강하게 드러나고 있다는 것도 사실이다. 그것은 물이 피로 변하는 사건 속에서 강이나 호수의 물 뿐만 아니라 그릇에 담긴 물까지도 피로 변한다는 점에서 결코 자연현상이 아님을 깨닫게 만들었다. 그리고 개구리 재앙에서 바로가 못 견뎌서 모세와 아론을 불러 개구리를 없애 달라고 하였을 때 모세는 언제 그렇게 하였으면 좋겠는지와 같이 시점을 강조한다(출 8:9). 개구리가 우연히 왔다 우연히 사라지는 것이 아님을 확실하게 드러내기 위한 의도라 할 수 있다. 또한 세 번째 이 재앙에서는 애굽의 요술사들도 흉내낼 수 없다는 점에서 강력한 손이 작용하고 있음을 느낄 수 있게 되었다. 이와 같이 우연스럽게 보이는 사건들 속에서도 눈을 열고, 마음을 열면 충분히 인식할 수 있는 증거가 제시된다는 점에서 바로에게는 변명의 여지가 없다.

그럼에도 개구리 재앙에서는 바로가 잠시 손을 들었고, 이 재앙에서는 애굽의 요술사들이 두 손을 들고 포기했다. 이렇게 조금씩 조금씩 여호와 하나님에 대한 인식이 깊게 바로와 애굽인들의 가슴 속에 새겨지기 시작한다. 이렇게 첫 주기의 1회전이 끝이 났다. 아직 바로는 마음을 굽힐 생각이 없다. 이렇게 완악한 바로로 인해 안타깝게 재앙의 두 번째 주기가 그 작동을 시작한다. 그리고 2회전은 더욱 강한 재앙이 펼쳐질 것을 예상해 볼 수 있다.

(2) 둘째 주기 세 재앙(파리, 가축 돌림병, 악성종기)(출 8:20-9:12)

둘째 주기에는 첫째 주기에 나타났던 몇 가지 사항들이 사라진다. 애굽의 요술사들이 이미 두 손을 들었다는 점에서 이들이 재앙을 흉내 내는 경쟁자로 더 이상 나타나지 않을 것이다. 바로의 대리자들인 애굽의 요술사들이 사라지면서 역시 모세의 대리자인 아론과 그의 지팡이 또한 등장하지 않을 것이다. 즉 "참모들 사이의 대결에서 주군들 사이의 대결로 진전"되는 것이다.[89] 그런 점에서 둘째 주기는 내용의 흐름이 파격적으로 단순화 된다. 그 대신 둘째 주기의 특징으로 재앙이 결코 우연이 아니라는 점을 강조하기 위해 한 가지 첨가되는 것이 있다. 그것은 다름 아닌 애굽과 이스라엘의 구별이다. 이를 통해 재앙들이 자연적인 우연의 소산이 아니라, 분명한 하나님의 간섭이라는 점을 명백하게 만든다.[90]

비교 내용	파리 재앙	가축 돌림병 재앙	악성 종기 재앙
모세를 통한 경고	○	○	✖
"내가 여호와인줄 알리라"는 인식	○	✖	✖
애굽과 이스라엘을 구별할 것	○	○	○
모세가 아론에게 명령	사라짐		
아론의 지팡이 실행			
애굽 요술사들 모방			
하나님과 모세를 통한 재앙 실행	○	○	○
바로의 타협안	○	✖	✖
바로의 완악함	○	○	○

둘째 주기에는 첫째 주기와는 다르게 아직 사람의 죽음까지는 나아가지 않지만 애굽의 가축들이 죽는 것이 시작된다. 짐승의 죽음이 시작되고 있다는 것은 그 다음 단계에 가서는 사람에게까지도 그와 같은 일이 벌어질 수 있다는 암시를 주고 있으며, 마지막에 가서는 더욱 치명적인 사건이 일어날 것이라는 점을 넌지시 심어주고 있다. 이처럼 재앙 사건은 주기를 더해 갈수록 더 강력해진다는 것을 보여준다.

[1] 파리 재앙(출 8:20-32)

새로운 주기가 시작되고 있다는 것은 첫째 주기의 첫째 재앙에서 나타났던 상황이 동일하게 펼쳐지는 것을 통해 살펴볼 수 있다. 여호와께서 모세에게 아침에 일찍이 일어나 물가로 나가 있는 바로 앞에 서서 말씀을 전하라고 하신다: **"내 백성을 보내라 그러면 그들이 나를 섬길 것이니라 네가 만일 내 백성을 보내지 않으면 내가 너와 네 신하와 네 백성**

과 네 집들에 파리 떼를 보내리니 애굽 사람의 집집에 파리 떼가 가득할 것이며 그들이 사는 땅에도 그러하리라"(출 8:20-21).

여기서 파리 떼로 번역된 히브리어 단어 '아로브'(עָרֹב)는 한 가지 종류만을 의미하는 것이 아니라 다양한 종류가 조합된 것을 의미한다. 그 중에는 물거나 쏘는 특징을 가진 종류도 있었을 것을 추정해 볼 수 있다. 그와 같은 사실은 동일한 사건을 회상하고 있는 시편 78:45절을 통해 추정할 수 있다: "쇠파리 떼(עָרֹב 아로브)를 그들에게 보내어 그들을 물게(אָכַל 아칼/먹다, 삼키다) 하시고 개구리를 보내어 해하게 하셨으며." 여름에 산행을 해본 사람이라면 산 속에서 소수의 작은 날 파리들이 얼마나 성가시게 자연의 아름다움을 즐기는 것을 방해하는지를 느껴보았을 것이다. 여기서는 단순히 성가시고 불편한 정도에 그치는 것이 아니라 밤낮없이 엄청난 수의 파리 떼가 물기도 하며 삶을 피폐하게 만들 것을 예고하고 있는 것이다.

그리고 둘째 주기답게 결코 지금의 재앙이 우연이 아니라는 것을 분명하게 증거 하기 위하여 파리 떼가 이스라엘 백성은 제외하고 애굽인들만 공격한다는 것이다. 무인격적인 생물이 사람을 구별한다는 것은 있을 수 없는 일이기에 이것이 하나님께로부터 기인된 것임을 강력하게 보여주려는 방식이라 하겠다. 여기서 이스라엘이 파리 재앙에서 제외되는 방식에 대해 좀 더 부연설명을 해야 할 필요가 있다. 단순히 파리들이 이스라엘 백성들을 공격하지 않는다는 것이 아니라, 이스라엘이 거주하는 고센 땅에는 아예 파리가 존재하지도 않게 만들겠다는 것이다(출 8:22a). 이러한 방식은 아마도 첫째 주기와 분명한 구별을 위한 의도라 할 수 있다. 첫째 주기의 피, 개구리, 이 재앙에서 분명 이스라엘 백성들이 피해는 보지 않았을 것이다. 그러나 이스라엘 백성이 사는 고센 땅에도 피는 있었을 것이고, 개구리와 이 또한 존재했을 것이다. 이제 둘째 주기에서는 아예 이스라엘 백성이 사는 곳에는 재앙을 가져올 수 있는 흔적조차 존재하지 않을 것을 선언하고 있는 것이며, 이를 통해 바로와 애굽이 여호와의 권능을 좀 더 강력하게 인식케 하려는 것이라 할 수 있다.

여기서 극명한 갈림길이 만들어진다. 인간이 다스려야 하고, 인간과 함께 조화롭게 공존해야 할 피조세계가 극렬하게 인간을 향하여 공격을 가하고 있다는 것은 분명한 역창조의 증거이다. 물론 그것이 바로와 애굽인들의 죄로 인한 것이란 점에서 안타까움을 가질 수밖에 없다. 그와 반대되는 순창조를 이스라엘은 경험하고 있다는 점에서 하나님의 백성이 가야 할 길이 무엇인가를 드러내고 있다. 바로 순종을 통한 순창조의 길인 것이다. 이렇게 바로와 애굽은 역창조로, 이스라엘은 순창조로 극명하게 갈라지기 시작한다.

이와 같은 반대의 경험을 통해 하나님께서는 바로에게 "이로 말미암아 이 땅에서 내가 여호와인 줄을 네가 알게 될 것이라"(출 8:22b)는 여호와에 대한 인식의 확대가 일어날 것을 예고하고 있다. 첫째 주기의 첫째 재앙인 물이 피로 변하는 재앙에서는 단순히 "네가 이로 말미암아 나를 여호와인 줄 알리라"(출 7:17)는 선에 머물렀다. 그러나 이제 둘째 주기의 첫째 재앙에서는 바로만이 아니라 이 땅 즉 애굽 땅에서 여호와가 누구이신가를 인식하는 확장이 일어날 것임을 강조하고 있다. 바로가 마음을 완악하게 함으로 자신이 승리하는 듯하지만 그 거역까지도 하나님께서는 자신의 권능을 알리는 도구로 사용하신다는 점에서 인간의 어리석음의 안타까움과 하나님의 지혜의 높이를 살펴볼 수 있다.

하나님께서는 바로에게 계속해서 기회를 제공하신다. 그 구체적인 예가 파리 떼 재앙이 닥칠 시간을 '내일'이라고 명시해 주시는 것이다. 그 예정된 시간 전까지 마음을 돌이켜 이스라엘을 보내라는 것이다. 그러나 바로가 이러한 경고를 받지 않고 거역함으로 무수한 파리가 온 사방을 가득 메운다. "파리로 말미암아 애굽 땅이 황폐하였다"(출 8:24)고 진술하는 것을 보면 어느 정도인지를 짐작해 볼 수 있다. 사람의 삶은 물론 땅까지도 황폐화 되는 일이 벌어졌다는 것이다. 그도 그럴 것이 사람이 활발하게 활동하며 땅을 가꾸어야 할 터인데 파리 떼가 극성을 부리면 전염성 질병 또한 만연했을 것을 짐작케 한다. 즉 사람이 살 수 있는 환경이 조성될 수 없다는 것을 의미한다.

그렇다면 이 파리 떼 재앙에 무능함을 드러내는 애굽의 신은 어떤 종류인가? 애굽에는 '투구 풍뎅이'가 신격화 되어 '케페라'(Khephera)라는 신으로 섬김을 받는다. 그 이유인 즉은 가축들의 배설물들이 여기저기 널려 있으면 파리는 물론 다양한 벌레들이 꼬이게 되지만 투구 풍뎅이가 쇠똥을 굴려 땅에 묻음으로 파리는 물론 여러 벌레들이 쇠똥 속에서 자라는 것을 막아 줌으로 인간 삶을 편안케 해 준다는 것이다. 이런 이유로 신격화 되고, 또한 쇠똥을 굴리는 것을 태양을 굴려 우주의 운행을 주관한다는 의미로 해석하여 신성시 한다는 것이다. 그러나 파리 떼의 공격은 곧 케페라의 실패를 보여준다.[91]

결국 바로의 타협이 시작된다. 바로는 파리 떼로부터는 해방되고 싶으나, 이스라엘은 결코 해방시키고 싶지 않다. 그런 욕심에서 첫째 타협안을 제시한다. 모세와 아론을 불러서 "가서 이 땅에서 너희 하나님께 제사를 드리라"(출 8:25)는 것이다. 이에 대해 모세가 강력하게 반발한다. 애굽 사람 앞에서 제사를 드리면 애굽 사람들이 혐오스러워 하기에 돌로 칠 수 있다는 것이다. 애굽인들이 왜 이스라엘의 제사를 혐오스러워 하는지에 대해서는 분명하게 나와 있지 않다. 단지 애굽인들이 신성시하는 동물을 이스라엘이 잔혹하게 죽이는 것에 대한 혐오일 수 있다는 정도밖에는 해결책이 없다. 그 예로 모든 신의 어머니 격인 하토르(Hathor)가 암소 모습을 가지고 있고, 아피스(Apis)는 번식과 다산을 상징하는 황소신이며, 음네비스(Mnevis)라는 신도 황소 모습을 한 헬리오폴리스(Heliopolis; 태양의 도시)의 수호신으로 여겨진다.[92]

이런 이유로 모세는 사흘 길 쯤 광야로 가서 하나님께 제사를 드리는 것이 반드시 필요하며 하나님께서 명령하신 대로 하는 것이라고 강조한다. 이에 대해 바로도 수긍하는 것을 보면 이스라엘의 제사의식에 대해 애굽인들이 혐오스러워 한다는 모세의 말이 진실임을 알 수 있다. 바로가 곧 다른 타협안을 제시한다. 광야로 가서 제사는 드리되 너무 멀리 가지는 말라는 것과 자신을 위하여 간구해 달라는 것 즉 파리 떼를 제거해 달라는 두 가지를 제시하고 서로 합의한다.

모세는 즉시로 간구할 것이니 내일이면 파리 떼가 다 사라질 것이라고 약속한다. 그리고 바로에게 반드시 약속을 지켜 이스라엘을 보내는 것에 다시는 거짓이 없어야 한다고 일침을 놓고 바로 앞을 나와 하나님께 간구하고 파리 떼가 하나도 남지 않고 깨끗하게 사라진다. 그러나 이렇게 숨통이 트이자 바로는 약속을 지키지 않고 또 마음을 완악하게 하여 이스라엘을 보내지 않는다. 이렇게 또다시 재앙이 가중될 수밖에 상황을 바로는 만들어 간다. 그러나 그래봤자 하나님께도, 이스라엘 백성에게도 손해 될 것은 없다. 무너지는 것은 바로와 애굽이 될 것이기 때문이다.

[2] 가축 돌림병 재앙(출 9:1-7)

가축의 돌림병 재앙은 둘째 주기의 두 번째 재앙이라는 점에서 궁전에 있는 바로에게 들어가서 경고를 주라는 내용으로 시작한다. 역시 하나님께서는 "내 백성을 보내라 그들이 나를 섬길 것이니라"(출 9:1)는 선언으로 이스라엘의 정체성과 사명이 무엇인지를 분명히 한다. 이를 무시하고 계속해서 이스라엘을 억류한다면 여호와의 손이 "들에 있는 네 가축인 말과 나귀와 낙타와 소와 양에게" 심한 돌림병으로 치실 것이라고 하신다. 여기서 오해의 소지가 있는 것은 여호와께서 바로에게 들에 있는 '네 가축'이라 하심으로 흡사 바로의 소유로 되어 있는 가축만 치실 것이라고 이해할 수 있다는 것이다. 그러나 애굽 땅과 그 땅의 백성들과 그들의 소유 전체가 다 바로의 소유로 인식되어 있다는 점에서 '네 가축'은 애굽의 모든 가축을 의미한다는 것이 틀림없다. 그 증거로 창세기에서 요셉의 이야기 속에 애굽의 7년 흉년 때에 애굽 백성들이 자신들의 땅과 가축과 몸까지도 모두 바로에게 바침으로 애굽의 모든 것이 바로의 소유가 되었다는 것이 분명하다(창 47:13-21). 그리고 이 재앙의 실행에서 분명하게 "애굽의 모든 가축이 죽었다"라는 선언을 통해 그 확증을 얻을 수 있다.

여기서 재앙 이야기에 처음으로 '여호와의 손'(출 9:3; יַד־יהוה 야드-야훼)이라는 표현이 등장한다. 재앙 이야기에서 '손'이라는 단어는 의미 있게 등장하는데 첫째 주기의 세 재앙 모두와 셋째 주기의 세 재앙 모두에서 등장한다. 그러나 그 손의 주인은 첫째 주기와 셋째 주기에서 다르다.

첫째 주기	둘째 주기	셋째 주기
피 재앙 * 7:19 아론의 손	파리 재앙 ×	우박 재앙 * 9:22 모세의 손
개구리 재앙 * 8:5 아론의 손	심한 돌림병 재앙 * 9:3 여호와의 손	메뚜기 재앙 * 10:12 모세의 손
이 재앙 * 8:17 아론의 손	악성 종기 재앙 ×	흑암 재앙 * 10:21 모세의 손

이런 상관관계를 통해 알 수 있는 것은 하나님께서 세우신 사람들을 통해 이루어져야 할 일이다. 그것은 다름 아닌 하나님의 사람들이 지팡이를 들면 그 지팡이는 하나님의 지팡이가 되어야 하고, 이들이 손을 들면 그 손은 하나님의 손이 되어야 한다는 것이다. 즉 자신들의 영광이나 능력의 과시가 아니라, 하나님의 영광과 능력이 드러나게 하여야 한다는 것이다.

이와 같이 여호와의 손, 손가락, 팔은 하나님의 능력을 나타내며 그 능력이 인간 대리자들에 의해 드러나야 한다는 점에서 사명을 맡은 자가 이루어야 할 것이 무엇인지가 분명해진다. 그것은 하나님의 능력이 실현되는 통로가 되는 것이다. 그렇다면 가축의 심한 돌림병이 나타나는 이 재앙은 여호와의 손이 드러나게 하는 대리자에 의해 수행되었을 것을 유추해 볼 수 있다. 아론의 역할이 이미 마감되었다는 점에서 모세를 통해서 일 것이라 여겨진다. 비록 둘째 주기의 세 재앙에서 가축의 심한 돌림병 재앙만 손이 나타나고 그 손 또한 여호와의 손이라고 하지만 첫째 주기와 셋째 주기의 비교를 통해 여호와의 손 또한 인간 대리자들의 손에 의해 드러나는 것이라 할 수 있다. 그러므로 둘째 주기는 모세라는 대리자를 통해 드러나는 여호와의 능력인 것이다.

역시 둘째 주기답게 이스라엘의 가축과 애굽의 가축을 구별하신다(출 9:4). 이스라엘에게 속한 것은 하나도 죽지 않을 것이라는 점에서 심한 돌림병이 고센 지역에는 절대 들어가지 않을 것임을 알 수 있다. 이것은 이 돌림병이 결코 우연히 발생한 것이 아니라는 점을 명백하게 하는 것이다. 그리고 또다시 파리 떼 재앙에서와 같이 재앙이 시행되는 시점을 '내일'이라고 하신다(출 9:5). 이렇게 시점을 정해주는 것도 역시 우연이 아니라는 강조점과 동시에 파리 떼 재앙과 같이 그 때까지 마음을 바꿀 수 있는 기회를 제공하는 것이라 할 수 있다. 이런 강조점에도 불구하고 재앙을 자연적인 현상으로 치부하려는 움직임도 있다. 물이 피가 되고, 개구리가 물 밖으로 나와 죽게 됨으로 탄저균이 창궐하게 되고 이와 파리 떼가 기하급수적으로 늘어나 들에 있는 짐승들에게 탄저병을 옮김으로 이렇게 전멸의 지경까지 가게 되었다는 해석인 것이다. 그러나 이 이론은 이스라엘의 가축들에게는 전혀 해가 없다는 것에 대해서는 설명이 불가능하다. 그러므로 어느 모로 보나 전염병까지도 주관하시는 하나님의 권능이라고 밖에는 설명할 수 없다. 이렇게 바로에게 둘째 주기에서 두 번씩이나 시점을 정해 주시며 마음을 돌릴 기회를 제공함에도 이 기회를 살리지 못한다면 역시 세 번째는 경고 없이 즉각적으로 마음을 돌릴 기회도 제공받지 못하고 무차별 공격을 받게 될 것임을 인지해야 하는 것이다.

그러나 결국 재앙이 닥치고, 애굽의 모든 가축이 죽고 말았다. 이는 바로의 완악함이 계속되고 있다는 것을 의미하는 것이다. 여기서 '모든 가축'이라는 표현에 대한 부연 설명이 필요하다. 왜냐하면 이곳에서 애굽의 모든 가축이 다 죽었다면 그 다음의 재앙인 악성 종기로 고통당하는 애굽의 짐승들은 어디에서 왔으며, 또 그 다음의 7번째 재앙인 우박 재앙에서 들에서 죽는 애굽의 가축은 또 무엇인가라는 의문이 들기 때문이다. 이에 대해서는 두 가지 정도로 해석이 가능할 것이다. 첫째는 '모든'이라는 표현이 문학적인 과장법이라는 것이다. 즉 그 정도로 거대하고 철저하게 애굽이 수난을 당했다는 의미로 강조하는 용법이라는 것이다. 둘째는 재앙 간의 간격이 짧은 시간에 이루어진 것이 아니라, 몇 년이라는 긴 시간을 두고 이루어졌다는 견해이다. 이렇게 되면 심한 돌림병으로 애굽의 가축이 다 죽었을지라도 몇 년의 세월동안 가축들을 수입해 오고 다시 번식하는 과정을 거쳐 예전 같지는 않을 지라도 어느 정도 가축의 수가 회복될 수 있을 것이다. 우리 시대에도 소의 광우병, 돼지의 구제역, 닭과 오리 같은 가금류의 조류인플루엔자 등으로 대대적인 살처분이 이루어지지만 단 한 두해 만에 동일한 수를 회복하기도 한다. 요즘 같은 빠른 회복세는 아닐지라도 고대에도 시간의 흐름 따라 그렇게 회복되었을 것이다. 재앙 사건의 의미를 이해한다면 첫째 의견도 무난하고, 성경의 표현을 액면 그대로 받아들인다면 둘째 의견이 나을 것이다.

애굽의 신 하토르(Hathor)는 모든 신의 어머니 격으로 본래는 하늘의 신이었으나 후일 암소의 수호신이 되었다. 이와 같이 애굽에는 가축들을 돌보고 지키는 수호신들이 있었다. 그러나 애굽의 가축이 전멸하는 상황에서도 속수무책으로 당하고 있다는 점에서 애굽 신들의 무능이 그대로 드러나며 천지만물을 주관하시는 분이 이스라엘의 하나님으로 소개되고 있는 전능자 여호와시라는 것이 분명해진다. 바로도 애굽도 이 하나님의 능력을 체험하고 있는 것이다. 이스라엘과 달리 이들은 역창조를 경험하며 여호와를 알아가고, 이스라엘은 계속해서 순창조를 통해 여호와의 전능에 사로잡힌다.

그러나 여기서 현대인들이 가지고 있는 동물의 권리에 대한 생각을 감안한다면 참으로 안타깝고 이해할 수 없는 일이 벌어진 것이다. 동물들은 분명히 인간이 돌봐야 하고 바르게 다스려야 할 소명이 있는 생명체들이다. 돌림병으로 무차별로 죽게 내버려 두어서는 안 된다는 것이다. 그러나 안타깝게도 인간의 죄로 인해 동물들이 처참하게 희생되는 세상이 되어 버렸다. 그러므로 역창조는 "문제가 하나님께 있는 것이 아니라 인간에게 있다는 점"이 분명해진다.[93] 인간으로 인해 동물들이 고통스럽게 죽어가는 것도, 동물들로 인해 인간들이 처참히 죽어가는 것도 하나님의 원래의 뜻이 아니다.

그러나 바로는 이와 같은 일을 전혀 개의치 않는 잔혹한 인물이다. 바로가 이스라엘의 가축을 알아보고 하나도 죽지 않았다는 것도 확인했음에도 불구하고 전혀 가책을 느끼지 않고 그의 마음을 더욱 완강하게 하여 거역의 길을 간다. 결국 이와 같은 바로로 인해 이제 동물 세계는 물론 그의 백성들까지도 심각한 고통의 나락에 빠질 것을 예측케 한다.

[3] 악성 종기 재앙(출 9:8-12)

이제 둘째 주기의 마지막 세 번째 재앙이 펼쳐질 때가 되었다. 역시 세 번째 답게 바로를 향한 경고가 사라져버린다. 경고가 없다는 것은 마음을 돌이킬 기회조차 제공하지 않는다는 것을 의미한다. 이는 두 번의 기회를 또 날려버린 바로에 대한 직격탄이 될 것이다.

그런데 시작에서 이상한 점이 감지된다. 지금까지 서론의 지팡이가 뱀이 되는 사건을 제외하고 모든 재앙 사건의 시작에서는 항상 "여호와께서 모세에게 이르시되"로 사건의 출발이 이루어졌다(출 7:14; 8:1, 16, 20; 9:1). 그리고 악성 종기 재앙 다음인 셋째 주기의 세 재앙들과 마지막 열 번째 재앙 역시 마찬가지로 "여호와께서 모세에게 이르시되"로 시작이 이루어질 것이다(출 9:13; 10:1, 21; 11:1). 유독 이번 재앙인 악성 종기 재앙만 "여호와께서 모세와 아론에게 이르시되"(출 9:8)로 시작된다. 분명 이유가 있을 것이다. 아론이 어떤 역할을 감당할 때면 애굽의 요술사들이 등장하여 그 맞상대가 되었다는 점에서 이번 재앙에는 애굽의 요술사들이 나타날 것을 예상해 볼 수 있다. 그리고 그 예상이 빗나가지 않게 재앙의 결과를 이야기 하는 부분에서 애굽의 요술사들이 등장하고 있다. 이처럼 하나님의 말씀 한 부분 한 부분이 치밀하게 구성되어 있다는 것은 한 부분도 결코 소홀히 다루어서는 안 된다는 것을 의미한다.

하나님께서 모세와 아론을 부르시고 명령을 주신다. 화덕에서 두 움큼의 재를 취하여 하늘을 향하여 날리라는 것이다. 그 재가 애굽 온 땅의 티끌(עָפָר 아파르)이 되어 애굽 모든 사람과 짐승에게 붙어 '악성 종기'(שְׁחִין 쉐힌)를 일으킬 것이라고 하신다. 첫째 주기의 세 번째 재앙에서 애굽은 이미 온 땅의 티끌이 이가 되어 고초를 겪어보았다. 그런데 둘째 주기의 세 번째 재앙도 역시 동일한 티끌로 인한 고초라는 점에서 동질성을 가지고 있지만 그 강도에 있어서는 현저하게 다르다. 벌레의 일종인 이는 불편하고 성가시기는 하지만 생명에는 지장이 없지만 악성 종기는 심하면 사경을 헤매게 할 수 있다는 것이다. 그 예는 신명기의 저주 구문에서 동일한 질병이 등장한다는 것(신 28:27절의 '애굽의 종기'와 신 28:35절의 '고치지 못할 심한 종기')과 이 질병으로 인해 죽음에 직면한 히스기야를 통해 이 질병의 치명적인 심각성을 짐작해 볼 수 있다.

그 때에 히스기야가 병들어 죽게 되매 아모스의 아들 선지자 이사야가 그에게 나아와서 그에게 이르되 여호와의 말씀이 너는 집을 정리하라 네가 죽고 살지 못하리라 하셨나이다(왕하 20:1; 사 38:1).

이사야가 이르되 무화과 반죽을 가져오라 하매 무리가 가져다가 그 '상처'(שְׁחִין 쉐힌/악성 종기)에 놓으니 나으니라(왕하 20:7; 사 38:21).

이 내용들은 '악성 종기'(שְׁחִין 쉐힌)가 어떤 질병인지 정확하게는 알 수 없지만 죽음에 이르게 할 만큼 치명적이라는 것만큼은 분명히 전해준다. 그러나 그와 같은 것을 직접 경험한 사람의 진술을 들어보면 그 병의 증상이 어떤 것인지 알 수 있으며, 그 병을 겪는 상황을 구체적으로 상상해 볼 수 있다. 구약성경에서 직접 이 병을 경험한 사람은 욥이다.

사탄이 이에 여호와 앞에서 물러가서 욥을 쳐서 그의 발바닥에서 정수

> 리까지 종기(שְׁחִין 쉐힌)가 나게 한지라 욥이 재 가운데 앉아서 질그릇 조각을 가져다가 몸을 긁고 있더니(욥 2:7-8).

욥이 경험한 종기가 바로 악성 종기 재앙과 같은 질병이었다는 것은 동일한 용어를 통해 분명하게 드러난다. 그리고 이 질병을 겪으며 욥이 내뱉은 말들을 종합해 보면 그 질병이 어떤 고통스러운 삶을 유발하는지를 알 수 있다.

> 내 살에는 구더기와 흙 덩이가 의복처럼 입혀졌고 내 피부는 굳어졌다가 터지는구나(욥 7:5).

> 나는 썩은 물건의 낡아짐 같으며 좀 먹은 의복 같으니이다(욥 13:28).

이와 같은 상황으로 보아 살이 곪았다 터지고 거기에 흙먼지가 묻어 더러워지고 또한 심하면 자신도 인식하지 못하는 사이에 벌레들이 알을 낳고 그 알이 부화하여 구더기가 되어 우글거리는 처참한 상황이라 할 수 있다. 그나마 사람들은 스스로를 치료하고 돌본다고 하지만 동물들의 경우는 더욱 처참하였으리라 여겨진다.

이처럼 심각한 질병이 내려지는데 시간의 유예가 전혀 없다는 것은 갑작스러움으로 인한 고통의 가중을 의미한다. 먼저 두 재앙은 시점이 '내일'이라고 하며 돌이킬 시간을 제공해 주었다. 그러나 세 번째에서는 바로의 목전에서 즉각적으로 두 움큼의 재를 하늘을 향하여 날려 버리고 극심한 질병이 시작된다. 애굽에는 임호텝(Imhotep)이라는 의술의 신이 있음에도 불구하고 전혀 도움이 되지 않는다. 그리고 질병이라는 창조의 질서 속에는 결코 포함된 적이 없는 요소가 애굽 전역을 휩쓸며 사람과 짐승에게 고통을 가한다. 명백한 창조질서의 역행인 것이다.

애굽의 요술사들이 다시 출현한다. 그러나 첫째 주기에서와는 또 다른 모습이다. 첫째 주기의 세 번째 재앙인 이 재앙에서는 자신들이 모방할 수 없다는 것을 깨닫고 하나님의 권능에 손을 드는 정도였다. 그러나 이제 둘째 주기의 세 번째 재앙에서는 흉내 내지 못하는 정도가 아니라 오히려 그 재앙에 일격을 맞고 같이 고통을 당하며 모세 앞에 더 이상 서지도 못하게 철저히 무너져 버린 꼴이 되었다. 애굽의 신들이 무너지고, 의지했던 요술사들도 같이 고통을 겪고 있는 모습은 바로에게 시사해 주는 바가 무척이나 컸을 것이다. 즉 애굽에는 결코 해결책이 없다는 처절한 인식일 것이다.

그러나 이제 애굽의 요술사들이 완전히 사라지며 바로는 모세라는 하나님의 대리자와 일전을 겨루는 마지막 주기가 남아 있다. 이를 위해 바로의 마음을 완악한 채로 잠시 버려두어야 한다. 열 가지 재앙 사건에서는 처음으로 바로의 마음을 완악하게 하는 주체가 여호와라고 전한다: "그러나 여호와께서 바로의 마음을 완악하게 하셨으므로 그들의 말을 듣지 아니하였으니 여호와께서 모세에게 말씀하심과 같더라"(출 9:12). 오해하지 말아야 할 것은 온화한 바로의 마음을 완악하게 만드셔서 고통 가운데 빠뜨리시는 분이 하나님이 아니시라 바로의 완악한 마음을 사용하셔서 하나님의 뜻을 이루는 도구로 사용하시는 것이 바른 이해일 것이다. 완악함이 회개할 기회까지도 상실하게 만드는 시점이 있다는 것은 인간에게는 두려운 일이며 하나님께는 안타까운 일이 분명하다. 이렇게 바로의 완악함과 하나님의 계획이 만나 셋째 주기로 들어간다. 물론 재앙의 강도는 더욱 강력해질 것이며 생명의 위협은 짐승과 인간에게 동일하게 파급될 것이 분명하다.

(3) 셋째 주기 세 재앙(우박, 메뚜기, 흑암)(출 9:13-10:29)

드디어 재앙의 셋째 주기이면서 마지막 주기가 시작된다. 마지막이라는 점에서 가장 강력한 것이 준비되었을 것을 짐작해 볼 수 있다. 첫째 주기가 우연일 수 있는 내용의 재앙들이었다면 둘째 주기는 우연이 아님을 보이기 위해 이스라엘과 애굽을 구별하였다. 이제 셋째 주기에서는 여기에 덧 붙여 필연임을 더욱 강력하게 시사하는 내용이 첨가될 것이 분명하다. 그것은 다름 아닌 애굽이 생긴 이래로 결코 없었던 전무(후무)한 위력의 재앙이 될 것이다.

비교 내용	우박 재앙	메뚜기 재앙	흑암 재앙
모세를 통한 경고	○	○	✖
"내가 여호와인줄 알리라"는 인식	○	✖	✖
애굽과 이스라엘을 구별할 것	○	○	○
이전에 전무(후무)한 사건	○	○	✖
모세가 아론에게 명령	사라짐		
아론의 지팡이 실행			
애굽 요술사들 모방			
모세의 지팡이(혹은 손)	○	○	○
바로의 타협안	○	○	○
바로의 완악함	○	○	○

이전의 두 주기의 재앙들과의 현저한 차이점이라고 한다면 마지막답게 그동안 없었던 사람의 죽음까지도 시작된다는 것이다. 지금까지는 죽음은 가축까지만 덮쳤다. 그러나 이제는 애굽인의 죽음까지도 발생한다는 점에서 가장 강력한 주기가 예고되어 있다. 재앙의 강도의 차이를 분명하게 인식케 하는 것으로 바로의 타협에 대한 내용을 들 수 있다. 첫째 주기의 개구리 재앙과 둘째 주기의 파리 재앙에서와 같이 각 주기에서 오직 한 번 정도만 바로가 손을 드는 척 했을 뿐이고 그 외에는 완강하게 고집을 부리며 악으로 치달았다. 그러나 셋째 주기에서는 세 재앙 모두에서 바로가 타협안을 제시하고 있다는 점에서 재앙의 무게감이 다르다는 것을 인식케 한다.

[1] 우박 재앙(출 9:13-35)

지금 펼쳐지는 7번째의 우박 재앙이 가장 길게 나열된다. 어떤 사람들은 그 이유를 다양한 자료들을 여러 시기에 누더기 같이 얼키설키 두서없이 엮었기 때문이라고 하며 그 구체적인 예로 출 9:31-32절의 우박에 피해를 본 작물과 피해를 입지 않은 작물에 대한 설명을 든다. 본래 이 내용은 출 9:25절의 우박으로 애굽의 농작물과 나무들이 피해를 본 내용 다음에 연속해서 위치해야 함에도 서투른 손길에 의해 잘못된 부분에 삽입되었다고 보는 것이다.[94] 그러나 이러한 설명보다 오히려 이 이야기가 길어지게 된 상황이 "자연현상과 그것이 애굽과 그곳의 땅, 짐승, 사람들에게 미칠 영향을 상세하게 묘사 한 것"으로 인한 것 때문으로 인식하는 것이 바람직하다.[95] 그리고 셋째 주기가 시작되었다는 점에서 지나간 다른 두 주기와는 다르게 부연 설명이 많다는 점을 인식해야 할 필요가 있다. 즉 이제 마지막 주기가 펼쳐진다는 것으로 더 이상의 기회가 없기에 여러 가지 설명을 더 첨가하여 바른 선택과 결정의 중요성을 인지케 하려는 것이다. 그러므로 불필요한 사족은 없다. 그와 더불어 피해를 본 농작물과 피해를 입지 않은 농작물에 대한 언급이 우박 재앙의 실행과 떨어져 있는 것은 바로와 그의 신하들의 결정에 영향을 미치는 요소이기에 우박 재앙 실행부분 보다는 바로의 완악함 쪽에 위치한 것이라 할 수 있다. 차후에 이 부분에 대하여 부연설명을 할 것이다. 그리고 한 가지 더 본문의 순서를 존중해야 하는 이유로 우리는 최선을 다해 현재의 본문을 해석해야 할 책임이 주어져 있지, 본문의 가감이나, 배열의 문제점에 대해 논할 자격이 주어져 있지 않다는 점이다. 즉 현재의 분량, 내용의 전개와 배열을 최선을 다해 존중하며 그 의미를 파악해야 하는 것이다.

역시 새 주기의 시작을 알리는 관용어구들의 출현을 통해 이번 재앙의 위치를 파악해 볼 수 있다. "아침에 (일찍이 일어나) 바로 앞에 서라"는 내용은 늘 각 주기의 첫 번째 재앙에만 나타나는 요소이다. 그런데 이곳에서는 한 가지가 빠져 있다. 그것은 '물 가' 즉 나일강이라는 표현이다. 비록 빠져 있음에도 관용적으로 모세가 아침에 물 가 즉 나일강에 나와 있는 바로에게 나아가 그를 만났다는 것을 짐작케 한다. 그에게 전할 말은 먼저 이스라엘을 향한 하나님의 뜻에 대한 선포이다: "내 백성을 보내라 그들이 나를 섬길 것이니라"(출 9:13).

그리고 이번에는 모든 재앙을 바로와 그의 신하와 그의 백성에게 내릴 것이라고 선포하시는데(출 9:14a) 그 목적이 광범위하게 확대되었다는 것을 알 수 있다. 항상 재앙의 목적이 각 주기의 첫째 재앙에만 주어졌고, 그 범위도 점점 확대 되었다. 여호와의 능력이 미치는 지역이 바로 자신 만에서(출 7:17) 애굽 땅 전체로(출 8:22) 확대되었다. 즉 여호와는 바로 한 사람만이 아니라 애굽 땅 전역을 다스리시는 하나님이시라는 점이 인식되는 단계까지 간 것이다. 이제 마지막 주기라는 점에서 그 인식은 더욱더 확대 되어야 할 것이다.

> 내가 이번에는 모든 재앙을 너와 네 신하와 네 백성에게 내려 온 천하에 나와 같은 자가 없음을 네가 알게 하리라(출 9:14).

> 내가 너를 세웠음은 나의 능력을 네게 보이고 내 이름이 온 천하에 전파되게 하려 하였음이니라(출 9:16).

이렇게 재앙의 주기가 더해 갈수록 바로와 애굽은 더욱 피폐하게 되나 여호와의 이름만큼은 온 세상에 퍼지게 되고 온 천하가 다 여호와의 주권 가운데 있다는 것을 깨닫게 될 것이다. 이는 곧 이제 강력하고 치명적인 재앙이 예비 되어 있다는 것을 경고하는 것이다. 그 증거는 하나님의 말씀인 "내가 내 손을 펴서 돌림병(דֶּבֶר 데베르)으로 너와 네 백성을 쳤더라면 네가 세상에서 끊어졌을 것이나" 속에 나타난다. 이 말씀 속에는 아직까지는 치명적인, 즉 사람의 생명까지 앗아가는 재앙은 없었음을 시사한다. 돌림병(דֶּבֶר 데베르)은 다섯째 재앙에서 애굽의 모든 가축들을 죽였지 사람을 공격한 적은 없다(출 9:3). 이는 곧 이제 처음으로 사람의 생명을 앗아가는 재앙이 시작될 것을 예고하고 있는 것이다. 이를 통해 온 천하에 여호와와 같은 자가 없고, 온 천하 사람들이 여호와의 이름 알게 하실 것이다. 결국 바로의 저항은 자신에게는 해가 되고, 하나님께는 유익이 될 뿐이라는 점을 인식해야 하는 것이다.

이렇게 여호와의 이름이 온 천하에 전파될 것이라는 하나님의 계획은 후대의 역사 속에서 그대로 실행되었다는 것이 드러난다. 사무엘 시대에 이스라엘에게서 빼앗은 법궤로 인해 재앙을 겪는 블레셋 사람들이 회상하는 내용 속에 열 가지 재앙 사건이 포함되어 있다는 것은 하나님의 계획의 성취를 의미하는 것이다.

> 그러므로 너희는 너희의 독한 종기의 형상과 땅을 해롭게 하는 쥐의 형상을 만들어 이스라엘 신께 영광을 돌리라 그가 혹 그의 손을 너희와 너희의 신들과 너희 땅에서 가볍게 하실까 하노라 애굽인과 바로가 그들의 마음을 완악하게 한 것 같이 어찌하여 너희가 너희의 마음을 완악하게 하겠느냐 그가 그들 중에서 재앙을 내린 후에 그들이 백성을 가게 하므로 백성이 떠나지 아니하였느냐(삼상 6:5-6).

출애굽 사건이 일어난지 3-4백년 후임에도 이방인인 블레셋 사람들이 열 가지 재앙 사건을 분명하게 알고 있다는 것은 이 사건이 주변 나라들에 어떤 영향을 미쳤는지를 짐작케 한다. 이렇게 하나님의 뜻이 결국은 실현된다는 것을 깨닫는다면 하나님 앞에서의 태도를 훨씬 다르게 할 수 있다.

그러나 바로는 아직도 여전히 교만하여 이스라엘을 보내지 않는다(출 9:17). 하나님께서는 모세를 통하여 내일 이맘때에 무거운 우박을 내릴 것인데 지금까지 애굽 역사 속에서 보지 못한 거대한 우박이 될 것이라고 하신다. 이제 바야흐로 지금까지는 없었던 전무한 사건이 펼쳐진다. 그러나 하나님께서는 살 길 또한 열어 놓으신다. 이스라엘과 애굽을 구별하신 다음 애굽인 중에서도 이러한 하나님의 능력의 엄중함을 깨닫고 사람이나 짐승을 집으로 돌아오게 하는 자는 무사할 것을 말씀하신 것이다. 사람의 생명과 연관된 것이기에 애굽인들도 살 수 있는 길을 열어 놓으시는 것이라 할 수 있다. 그러나 선택은 각자의 몫에 달려 있다. 역시 여호와의 말씀을 두려워하여 듣는 자와 그 말씀을 듣지 않고 무관심한 자로 나뉜다(출 9: 20-21).

모세가 하나님의 명령 따라 하늘을 향하여 지팡이를 들자 강력한 재앙이 시작된다. 이 재앙은 단지 우박만이 아니라 세 가지가 합성된 것이다. 비와 우박과 하늘에서 내리는 불덩이 곧 우레가 조합된 폭풍우라고 할 수 있다(출 9:23, 34). 이와 같은 재난이 애굽 온 땅과 사람, 짐승 그리고 채소에 퍼부어졌다. 물론 우박이 가장 강력한 파괴력을 발휘했을 것은 당연하다. 고대뿐만 아니라 현대에도 우박은 강력한 위력으로 인간 삶을 파괴한다.

> 1953년 7월, 우박을 동반한 폭풍이 캐나다 앨버타 주를 지나간 후에 약 3만 마리의 오리가 우박에 맞아 죽었다. 1978년 미국의 몬태나 주에서는 우박을 동반한 폭풍으로 200마리의 양이 죽었다. 우박으로 인한 사망 사고가 보고된 가장 최근은 1979년 7월 30일이다. 콜로라도 주 콜린스에 들이닥친 우박을 동반한 폭풍으로 1명의 영아가 숨지고 약 70명이 다쳤다. 개발 도상국에서는 우박으로 인한 피해가 이보다 빈번한데, 허술하게

지어진 집들이 무너지면서 집 안에 있던 사람들이 생명을 잃는 경우가 많기 때문이다. 그 예로 1986년 3월 22일 중국의 쓰촨 성에 들이닥친 우박을 동반한 폭풍으로 9,000여 명이 다치고 100명이 목숨을 잃었다. 같은 해 4월에 방글라데시 고팔 간지에서는 92명이 목숨을 잃었다. 이날 내린 우박 중에는 무게가 무려 0.9kg이나 나가는 것도 있었다.[96]

우박은 가장 작은 입자라 할지라도 직경이 5mm에 달하며 그 보다 작은 입자는 땅에 떨어지기 전에 녹아버린다고 한다. 만약 이와 같은 크기와 그 이상 되는 우박이 약 30분 정도만 계속해서 퍼붓게 되면 들판에 노출되어 있는 농작물들은 먹을 수 없는 상태로 파괴가 된다. 물론 더 큰 입자가 계속해서 퍼 붓는 다면 나무는 물론 사람의 목숨까지 앗아갈 것이다. 분명 애굽의 바로는 우박이 자연현상일 것이라 생각하며 그칠 때를 기다렸을 것이다. 그러나 그 퍼붓는 강도와 지속성에 결국 고집을 꺾고 타협안을 제시한다. 그 속에는 이스라엘 백성이 사는 고센 땅에는 이와 같은 우박이 없었다는 보고를 들으며 우연이 아니라는 것을 깨달았음도 한 몫 했을 것이다. 이 또한 애굽은 역창조를 이스라엘은 순창조를 경험하는 것이라 할 수 있다.

이를 통해 바로는 자신이 믿는 신들 또한 무용지물임 또한 인식했을 것이다. 애굽인들은 하늘을 지키는 여신인 누트(Nut), 생명을 주관하는 여신으로 이시스(Isis) 또한 곡식을 보호하고 지키는 신들인 세트(Seth)와 민(Min)을 숭배했다.[97] 그러나 이 신들이 애굽을 전혀 보호하지도, 돕지도 못한다는 것도 바로를 당혹스럽게 하였을 것이 분명하다.

바로가 급박하게 모세와 아론을 호출한다. 그리고 재앙 이야기에서는 처음으로 바로가 자신의 죄를 인정하고 여호와의 뜻이 의롭다는 것을 시인한다: **"이번은 내가 범죄하였노라 여호와는 의로우시고 나와 나의 백성은 악하도다"(출 9:27).** 이것만 보아도 우박 재앙이 얼마나 강력했는가를 실감케 한다. 그러나 바로의 이 고백이 여호와를 인정하고 믿기 위한 태도가 아니라는 것쯤은 짐작할 수 있다. 고통스러운 재난으로부터 잠시 피하려는 회피성 참회라는 점에서 별다른 의미가 없다는 것이다. 진정한 참회는 동일한 죄로 다시 나아가는 충동까지도 없앰으로 의로우신 하나님의 뜻을 기꺼이 받드는 것까지 나아갈 때 그 진정성이 인정되는 것이기 때문이다. 그렇지 않다면 어떤 참회도 진정한 참회라 할 수 없는 것이다.[98] 그러나 재앙의 강도가 더해 감에 따라 바로의 여호와에 대한 인식만큼은 분명한 변화가 일어나고 있다는 것을 알 수 있다.

바로가 우렛소리와 우박만 그치게 하면 다시는 이스라엘을 머물지 않게 하고 떠나게 할 것이라고 약속한다. 그러나 모세는 바로의 이 약속을 액면 그대로 믿지 않는다. 바로를 믿지 못하기 때문이 아니라, 하나님의 뜻을 깨달았기에 재앙이 조금 더 남았다는 것을 알기 때문이다. 모세는 자신이 여호와께로 향하여 손을 들면 우박이 다시 있지 않을 것이고 세상이 여호와께 속한 줄을 왕이 알 것이라 한다. 그리고 의미심장하게 일침을 가하는 말을 한다: **"그러나 왕과 왕의 신하들이 여호와 하나님을 아직도 두려워하지 않을 줄을 내가 아나이다"(출 9:30).** 이 말 속에는 재앙 사건이 여기서 끝나지 않을 것임을 인지하고 있다는 것이며 바로는 마음을 완악하게 함으로 또 말을 바꿀 것을 안다는 의미가 내포되어 있다. 바로를 설득하지 못하는 것이 결코 모세는 자신의 실패라 인식하지 않고 있으며, 여호와의 영광을 위함이라는 것을 기꺼이 받아들이고 있는 것이다. 이와 같이 우리 또한 때로 사명이 굽어질 때가 있을지라도 하나님의 뜻대로 행했다면 실패한 자신이 아니라, 그로 인해 영광 받으실 하나님만 바라 볼 수 있는 믿음의 사람이 될 수 있다.

그리고 그 다음에 잘못 놓인 것 같은 우박에 상한 농작물인 보리와 삼, 아직 싹이 나지 않아 상하지 않은 밀과 쌀보리에 대한 보고가 등장한다(출 9:31-32). 왜 우박이 농작물들을 파괴했다는 보고가 나오는 부분인 9:25절 다음이 아니라 바로가 아직도 하나님을 두려워하지 않을 것이라는 내용 직후에 이 내용을 두었을까? 그것은 인간의 불순종과 거역은 자신이 조금이라도 의지할 것이 남아 있을 때 쉽게 이루어진다는 점을 생각해 보면 될 것이다. 바로는 아직 의지할 거리가 남아 있다. 비록 우박에 삼과 보리는 망가져 버리고 기대할 것이 없을지 모르지만 아직 밀과 쌀보리가 건재하게 남아 있다는 것이다. 즉 생존을 위한 길이 미세하게나마 열려져 있다는 것이다. 단지 바로에게 필요한 것은 남은 작물이 더 이상 손상되지 않게 신속하게 비, 우레와 우박이 멈추는 것이다. 때로 이렇게 뭔가 조금 남은 것이 희망이 되기보다는 더욱 처절한 절망이 되게 할 때도 있다는 점을 깨달아야 한다. 다음 재앙에 가면 바로가 자기 것이 될 줄 알고 의지 했던 것이 결코 자신의 것이 아님을 통감하는 사건이 벌어질 것이기 때문이다. 그러나 모세가 약속한 대로 우렛소리와 우박이 그치고 비가 땅에 내리지 않게 되었다. 역시 바로는 기다렸다는 듯이 이 모든 것이 그치자마자 다시 범죄 하여 마음을 완악하게 한다. 이와 같은 일에 바로도 그의 신하들도 꼭 같았다. 그러나 이것은 이미 하나님께서 모세에게 말씀하신 것과 같았다는 점에서 예상된 일임을 알 수 있다. 하나님도, 모세도 당황할 일이 전혀 아니라는 것이다. 그러나 바로는 또 하나의 우박 재앙 다음으로 긴 재앙 이야기를 겪어야 할 것이다.

[2] 메뚜기 재앙(출 10:1-20)

셋째 주기의 두 번째 재앙이 펼쳐진다. 역시 두 번째 답게 바로에게 들어가라는 명령이 모세에게 주어진다. 궁전에 있는 바로에게 들어가서 강력한 경고를 날리라는 것이다. 그런데 이 부분에 와서 새롭게 첨가되는 요소가 있다. 지금까지는 계속해서 바로와 애굽이 역창조를 경험하면서 여호와가 누구신가를 알아갔다면, 그 반대인 순창조를 경험하고 있는 이스라엘에 대해서는 침묵하고 있었다. 이제 재앙이 막바지로 접어들며 하나님께서 더욱 소중히 여기시는 재앙 사건의 목적을 양 방향으로 드러내신다. 바로의 마음을 완강하게 하시면서까지 재앙을 늘려가는 것은 먼저 애굽인들에게 여호와의 표징을 보이시기 위함이며, 그 다음은 그 표징을 이스라엘의 아들들과 그들의 후손들에게까지 전하기 위함이라는 것이다. 이를 통해 현재는 물론 미래의 이스라엘 자손들까지 "내가 여호와인줄 알게 하실 것"이라 말씀하신다(출 10:2).

이와 같은 재앙을 통한 양 방향의 목적은 이미 모세에게 재 소명의 위임을 하셨을 때도 주어진 것이다.

그러므로 이스라엘 자손에게 말하기를 나는 여호와라 내가 애굽 사람의 무거운 짐 밑에서 너희를 빼내며 그들의 노역에서 너희를 건지며 편 팔과 여러 큰 심판들로써 너희를 속량하여 너희를 내 백성으로 삼고 나는 너희의 하나님이 되리니 나는 애굽 사람의 무거운 짐 밑에서 너희를 빼낸 너희의 하나님 여호와인 줄 너희가 알지라(출 6:6-7).

내가 바로의 마음을 완악하게 하고 내 표징과 내 이적을 애굽 땅에서 많이 행할 것이나 바로가 너희의 말을 듣지 아니할 터인즉 내가 내 손을 애굽에 뻗쳐 여러 큰 심판을 내리고 내 군대, 내 백성 이스라엘 자손을 그 땅에서 인도하여 낼지라 내가 내 손을 애굽 위에 펴서 이스라엘 자손을 그 땅에서 인도하여 낼 때에야 애굽 사람이 나를 여호와인 줄 알리라 하시매(출 7:3-5.)

재앙 사건은 이처럼 애굽보다도 미래의 이스라엘에게 더욱 중요한 의미를 가진다는 것을 알 수 있다. 즉 하나님을 향한 예배를 멈추지 않고 행할 수 있는 근본 동기가 된다는 것이다.

역시 바로를 향하여 동일한 선포가 이루어진다. 그것은 다름 아닌 "내 백성을 보내라 그들이 나를 섬길 것이니라"(출 10:3). 조금 변한 것이 있다면 하나님께서도 바로의 완악함에 대해 한계에 접어드시고 계시다는 점이다. 그것은 "네가 어느 때까지 내 앞에서 겸비하지 아니하겠느냐"는 질문에서 살펴볼 수 있다. 그리고는 바로가 만일 이번에도 이스라엘을 보내는 것을 거절한다면 내일 메뚜기를 보내시겠다고 하신다. 그리고 그 메뚜기 떼가 땅을 가득 덮어 우박에서 살아남은 모든 농작물을 먹어 치울 것이라고 경고하신다. 이와 같이 바로가 의지하고 있었던 밀과 쌀보리가 결국은 바로의 것이 아니라, 하나님께서 메뚜기들을 위하여 남겨 두신 것임을 알 수 있게 한다. 이 메뚜기들이 바로의 집은 물론 애굽 모든 사람들의 집에 가득할 것 또한 예고하고 있다.

여기에 사용된 "땅을 덮다"와 "집에 들어가는 것"과 같은 용어들을 살펴보면 어딘가에서 나타났던 표현들임을 알 수 있다. 첫 주기의 두 번째 재앙인 개구리 재앙과 비교해 보면 그 유사성이 드러난다.

개구리 재앙(첫 주기의 두 번째 재앙)	메뚜기 재앙(셋째 주기의 두 번째 재앙)
출 8:6 아론이 애굽 물들 위에 그의 손을 내밀매 개구리가 올라와서 애굽 땅에 덮이니 (כָּסָה 카싸)	**출 10:5** 메뚜기가 지면을 덮어서(כָּסָה 카싸) 사람이 땅을 볼 수 없을 것이라 메뚜기가 네게 남은 그것 곧 우박을 면하고 남은 것을 먹으며 너희를 위하여 들에서 자라나는 모든 나무를 먹을 것이며
출 8:3 개구리가 나일강에서 무수히 생기고 올라와서 네 궁과 네 침실과 네 침상 위와 네 신하의 집과 네 백성과 네 화덕과 네 떡 반죽 그릇에 들어갈 것이며	**출 10:6** 또 네 집들과 네 모든 신하의 집들과 모든 애굽 사람의 집들에 가득하리니

비록 이렇게 개구리 재앙과 표현의 면에서 같다 할지라도 그 강도에 있어서는 무척이나 다르다. 개구리는 결코 인간이 먹는 음식들을 먹지 못한다. 단지 성가시고 불편하게 할뿐이다. 그러나 메뚜기 떼는 닥치는 대로 인간의 양식이 될 농작물과 과일들을 먹어치운다. 그리고 집안까지 파고들어 저장된 음식까지 먹어 치울 것이라는 암시가 주어져 있다. 이렇게 되면 인간의 생존 자체가 불가능해지며 나라 전체가 아사(餓死)라는 죽음에 직면하게 되는 것이다. 이것은 바로 전에 있었던 우박 재앙보다 더

욱 심각한 재앙이 되는 것이다. 우박 재앙은 일단 멈추기만 하면 비록 처참한 지경에 이르렀을지라도 생존자가 있고, 가축들 또한 살아남은 것이 있고, 농작물 또한 아직 피해를 입지 않은 것이 있기에 실낱같은 희망이라도 가져볼 수 있다. 그러나 메뚜기 떼는 철저하게 애굽의 미래를 없앤다는 점에서 심각한 것이다. 역사 속에서 이러한 메뚜기 떼를 경험해본 사람들이라면 익히 짐작하고도 남을 것이다.

그런데 하나님께서는 재앙으로 다가오는 메뚜기 떼가 애굽 역사에서 전무후무한 것이 될 것이라고 하신다. 메뚜기 재앙에 얼마나 심각한 것인지 인지하고 있는 바로의 신하들이 있다. 이들은 또한 지금까지의 재앙 사건들을 통해 이것이 이스라엘의 하나님 여호와의 권능임을 인식하고 있는 사람들이다. 이들은 모세를 통한 여호와의 경고에 귀를 기울인다. 그리고 바로에게 강력하게 저항에 가까운 권면을 한다. 이러한 상황은 지금까지 재앙 이야기에서는 처음 벌어지는 사건이다. 우박 재앙이 펼쳐질 때 여호와의 경고에 귀를 기울이고 사람들과 가축을 집으로 들인 사람들이 있었지만 이렇게 재앙이 진행되기 전에 먼저 돌이킬 것을 권면하는 경우는 처음인 것이다. 이것으로 지금까지도 이와 같이 내일이라는 시간이 오기 전까지 돌이킬 시간이 주어졌다는 것을 알 수 있게 한다. 그러나 이렇게 바로의 신하들이 먼저 나서서 돌이킬 것을 강조하는 경우는 처음이다. 그만큼 재앙의 강도가 점점 세진다는 것을 의미하는 것이기도 하다.

바로의 신하들도 하나님처럼 바로에게 "어느 때까지"(출 10:3, 7)라고 항변하며 이스라엘 사람들을 보내어 여호와를 섬기게 하라고 호소한다. 이들의 말 속에는 '그 사람들(אֲנָשִׁים 성인 남자들)을 보내어'라는 표현에서 알 수 있듯이 성인 남자들만을 의미했을 수도 있다. 그것은 바로가 모세와 아론을 불러 타협하는 장면에서 더욱 분명하게 드러날 것이다. 바로는 가서 여호와를 섬기라고 하며 갈 자가 누구인지 말하라고 한다. 그는 분명 이스라엘의 몇몇 대표자들을 생각하고 있었을 것이다. 이에 대해 모세는 단호하게 남녀노소, 양과 소를 다 데리고 가겠다고 하며, 이에 대해 바로가 화를 발하며 어린 아이들까지 함께하면 탈출할 것을 감지하고 그것은 악한 꾀라고 비난하며 장정만 가든지 아니면 말든지로 고집을 부리고 또다시 협상은 결렬된다(출 10:8-11).

결국 모세가 애굽 땅 위에 지팡이를 들자 여호와께서 온 낮과 온 밤 동안 동풍을 불게 하셔서 전무후무한 메뚜기 떼를 몰고 오신다. 그리고 메뚜기들이 우박에 상하지 않은 채소와 나무 열매를 다 먹어 치웠다. 이에 위급함을 느낀 바로가 모세와 아론을 즉각적으로 불러들인다. 그리고는 또다시 자신이 "하나님 여호와와 너희에게 죄를 지었으니 바라건대 이번 한 번만 죄를 용서하고 너희의 하나님 여호와께 구하여 이 죽음만은 내게서 떠나게 하라"(출 10:16-17)고 간청한다. 메뚜기 떼의 재앙이 애굽에 죽음을 몰고 왔다는 것은 분명하다. 그리고 멈추지 않는다면 분명 애굽이란 나라가 송두리째 멸망으로 갈 것 또한 알 수 있게 한다.

이 재앙에 애굽의 신들도 아무런 도움이 되지 않는다는 것이 또 드러난다. 곡물의 수호신인 세트(Seth)가 제 역할을 못하고, 메뚜기 떼로부터 보호해 준다고 믿어졌던 세라피아(Serapia)도 아무런 도움이 되지 못한다.[99] 모든 것이 여호와의 강력한 주권 안에서 행해지는 것임이 명백하게 드러난 것이다. 바로의 간청을 따라 모세가 여호와께 간구하고 여호와께서 돌이켜 강력한 서풍을 불게 하사 메뚜기 떼를 홍해로 몰아넣어 하나도 남지 않고 사라지게 하신다. 그러나 역시 예상한 대로 바로의 마음은 완악함 그대로 남아 있다. 이 완악함이 결국은 애굽의 끝을 보게 만드는 저주가 될 것임을 짐작케 한다.

그 끝이 무엇인가는 메뚜기 재앙이 사라지는 과정 속에서 예시적으로 드러난다. 동풍이 불어 메뚜기 떼가 몰려오고, 서풍이 불어 메뚜기 떼가 홍해에 수장되는 것이 한 미래의 사건을 예상케 하기 때문이다.

메뚜기 재앙	홍해에서
출 10:13a 모세가 애굽 땅 위에 그 지팡이를 들매	출 14:16 지팡이를 들고 손을 바다 위로 내밀어 그것이 갈라지게 하라 이스라엘 자손이 바다 가운데서 마른 땅으로 행하리라
출 10:13b 여호와께서 동풍을 일으켜 온 낮과 온 밤에 불게 하시니 아침이 되매 동풍이 메뚜기를 불어 들인지라	출 14:21 모세가 바다 위로 손을 내밀매 여호와께서 큰 동풍이 밤새도록 바닷물을 물러가게 하시니 물이 갈라져 바다가 마른 땅이 된지라
출 10:19 여호와께서 돌이켜 강렬한 서풍을 불게하사 메뚜기를 홍해에 몰아넣으시니 애굽 온 땅에 메뚜기가 하나도 남지 아니하니라	출 14:28 물이 다시 흘러 병거들과 기병들을 덮되 그들의 뒤를 따라 바다에 들어간 바로의 군대를 다 덮으니 하나도 남지 아니하였더라

이렇게 재앙 사건은 계속되는 바로의 완악함으로 처참한 미래를 예상케 한다. 그런 점에서 메뚜기 재앙은 개구리 재앙이라는 과거에 비하여 더욱 심각한 미래상인 홍해 사건을 미리 내다 보게 하는 통로가 된다. 들을 귀 있고 볼 눈이 있는 사람은 깨달을 것이나 그렇지 않은 사람은 항상 이런 결론에 도달하는 악순환을 되풀이 하고 말 것이다.

[3] 흑암 재앙(출 10:21-29)

흑암 재앙은 셋째 주기의 마지막인 세 번째라는 점에서 역시 각 주기의 세 번째 재앙들처럼 바로를 향한 경고가 없이 신속하게 진행된다. 그리고 세 주기의 기회를 다 소진할 찰나이며, 이제 더 이상 반복되는 주기가 없다는 점에서 그 심각성과 강도를 살펴볼 필요가 있다. 하 나 님 께서 모세에게 하늘을 향하여 손을 내밀면 애굽 땅 위에 흑암이 있을 것인데 그것은 상상을 초월하는 더듬을 만한 흑암이라고 하신다. 즉 한 치 앞도 내다 볼 수 없어 서로 알아 볼 수도 없고, 손으로 더듬어서 물체를 인식하고, 방향을 잡아야 한다는 것이다. 모세가 하나님의 명령대로 행하여 손을 내 밀자 캄캄한 흑암이 삼일 동안 애굽 전체를 감싼다. 여기서의 흑암은 히브리어 '호세크'(חֹשֶׁךְ)로 단순히 밤이 계속되는 어둠을 의미하는 것이 아니다. 그 어디에서도 빛을 찾아 볼 수 없고, 달빛도 별빛도 없는 상태를 뜻한다(창 1:2). 더욱 심각하게는 더듬을 만한 흑암이라는 점에서 애굽의 밤을 밝히는 어떤 불빛도 소용이 없다는 것도 의미한다. 즉 인간이 만든 인공적인 조명도 빛이라는 것이 존재 하지 않는 한 어떤 빛을 주지 못하는 것과 같은 절대적인 어둠인 것이다.[100] 이것은 단순히 자연 현상중 하나인 모래바람이 불어와 태양을 잠시 가린 어둠이 아닌 것이다. 할 수 있는 것이라고는 자기 처소에서 일어나지 않고 죽은 듯이 고요히 드러누워 있는 것밖에는 없다(출 10:23). 흡사 죽음의 세계에 갇혀 있는 듯한 느낌일 것이며, 이것은 공포 그 자체일 것이다.

흑암 재앙이 점점 점층되는 강도로 진행되었던 다른 재앙에 비하면 별 것 아닌 것처럼 생각될 수도 있다. 우박 재앙처럼 사람과 짐승을 무차별로 죽이는 것도 아니고, 메뚜기 재앙처럼 생존의 기반인 음식물들을 파괴함으로 삶을 불가능하게 하는 것도 아닌 것처럼 보이기 때문이다. 하지만 그것은 지극히 21세기를 살아가는 우리 시대의 눈으로 바라본 해석법이다. 애굽인들의 신앙관과 더불어 살펴본다면 그 심각성은 최고조에 달한다. 애굽의 최고신은 명실상부 태양신이다. 바로도 태양신 레의 아들로 인정되던 시절이기도 하다. 태양신은 시대를 거치며 여러 이름으로 불리어 지기도 하고 또한 태양의 둘레, 원반, 빛 등도 다른 이름으로 불리기도 한다. 그 예들은 레(Re), 아톤(Aten), 아툼(Atum) 그리고 호루스(Horus)라는 태양과 연관된 이름들을 통해 알 수 있다.[101] 아툼(Atum)에 의한 창조 기사를 해석한 내용을 인용해 보면 아툼과 레(Re)가 어떤 관련을 가지고 있는지와 그 능력을 짐작케 한다.

"나는 아무도 물리칠 수 없는 신들 가운데 거하는 존재이다."
그는 누구인가? 그는 아툼으로 그의 태양 원반 안에 존재하는 자이다.
(다른 번역본: 그가 동쪽 동쪽 지평선 위에 떠 오를 때 그는 레이다.)

("I am he among the gods who cannot be repulsed."
Who is he? He is Atum, who is in his sun disc.
Another version: He is Re, when he arises on the estern horizon of heaven.)[102]

이 속에는 태양의 원반(disc)을 상징하는 아툼(혹은 레)은 그 어떠한 적도 당해낼 수 없는 무적의 최고신임을 증거하고 있다. 애굽에서는 한 때 아크나톤(Akhnaton, 아톤에게 헌신된 자)이라 불리는 아멘호텝 4세(재위: 기원전 1350-1334년) 때 태양신만을 숭배해야 한다는 유일신 신앙을 주창한 적이 있다. 그 때 지어진 '아톤에게 드리는 찬송시'는 그 후에 애굽에서 유일신으로서의 태양신은 배격되었을지라도 계속되는 태양신의 위치를 짐작케 한다.[103)]

당신은 하늘의 지평선에 아름답게 나타납니다.

당신은 살아 있는 아톤, 생명의 시작!

당신이 서쪽 지평선에 저물 때

땅은 죽음과 같이 어둠 속에 있습니다.

동이 트고 당신이 지평선에 떠오를 때,

당신이 낮에 아톤으로 빛날 때,

당신이 어둠을 몰아내고, 당신의 광선을 내뿜습니다.

두 땅은 깨어서 그들의 발로 일어나서

날마다 축제를 벌입니다.

당신이 그들을 일으켜 세웠기 때문입니다.

모든 짐승들은 그들의 목초지에 만족합니다.

나무와 식물들이 울창해집니다.

둥지에서 날아가는 새들,

그들의 날개는 당신의 카를 향해 찬양 가운데 펼쳐집니다.

모든 짐승들은 발로 뛰어 오릅니다.

모든 날고 내려앉는 것들

그들은 당신이 그들을 위해 떠오를 때 살아납니다.

여자의 씨의 창조자

남자의 액을 만든 자,

어머니의 자궁의 아들을 유지시키는 자,

당신이 만든 모든 것이 얼마나 다양한지요!

그것들은 (사람의) 눈으로부터 숨기어 있습니다.

오 유일한 신이여, 그와 같은 자는 없습니다.

당신이 혼자였을 때,

당신은 당신의 뜻에 따라 세상을 창조했습니다.

모든 남자, 소, 들짐승, 발로 가는 땅에 있는 모든 것,

날개로 나는 높은 곳에 있는 것들을.

이렇게 태양신 자체가 창조주요, 생명을 주는 원천이라는 확신을 가지고 그 태양신의 아들인 바로가 이 땅에 존재하는 한 태양은 결코 사라지지 않으며 그 빛은 찬란하게 죽음의 어둠을 뚫고 세상에 생명을 가져다준다는 확신 가운데 사는 것이 애굽인들이다. 그러나 태양도 사라지고, 빛도 존재하지 않는 칠흑 같은 어둠은 이들에게 죽음의 세계가 지배하는 세상이 되었다는 공포를 밀어 넣은 것이다. 즉 살아도 산 것이 아닌 상태인 것이다. 이는 곧 애굽 신들의 허상과 바로의 무능성이 철저하게 입증되는 순간이기도 하다.

여기에서 한 걸음 더 나가면 흑암의 재앙은 혼돈의 세력으로 가

득 찬 창조 전의 세상을 상징한다. 그 때는 빛도 없었고, 해와 달과 별도 창조되기 전의 상태였기에 그 어둠은 흑암 그 자체였을 것이 분명하다. 그렇다면 이제 재앙 사건이 역창조의 결론에 도달하게 되었다는 것을 뜻하는 것이라 할 수 있다. 그 구체적인 증거로 첫 주기의 첫 번째 재앙이 여호와께서 나일강을 치신 후 이레가 지났다는 표현으로 마감에 이르고, 마지막인 셋째 주기의 마지막 세 번째 재앙이 흑암으로 시작하고 있다는 것을 들 수 있다. 재앙 이야기들이 애굽에는 계속되는 역창조의 퍼레이드였다는 것은 분명하다. 이렇게 창조의 역행이 계속되어 마침내 애굽은 창조 전의 흑암으로 돌아가 버린 것이다.

> 태초에 하나님이 천지를 창조하시니라 땅이 혼돈하고 공허하며 흑암(חֹשֶׁךְ 호쉐크)이 깊음 위에 있고 하나님의 영은 수면 위에 운행하시니라(창 1:1-2).

하나님의 영이 수면에 운행하심으로 빛이 임하며, 창조의 새날이 밝았다면 애굽은 하나님의 간섭하심으로 빛이라고는 찾아볼 수 없는 흑암의 세상으로 돌아가 버린 것이다. 그러므로 프레다임이 흑암 재앙을 '창조 첫날로의 복귀'(A Return to the First Day of Creation)라고 표현한 것은 바른 방향을 바라본 것이라 할 수 있다.[104] 이러한 창조와의 관계성과 더불어 애굽과 이스라엘을 비교해 보면 그 반전을 쉽게 살펴볼 수 있다.

주기	재앙들	애굽	이스라엘
첫째 주기	피	이레를 지냄	이레를 지냄
	개구리	⬇ 계속되는	⬇ 계속되는
	이		
둘째 주기	파리	창조의 역행 경험 ⬇	창조의 순행 경험 ⬇
	심한 돌림병		
	악성 종기		
셋째 주기	우박		
	메뚜기		
	흑암	흑암(חֹשֶׁךְ 호세크)으로 창조전으로 돌아감 (출 10:22; 창 1:2)	빛(אוֹר 오르)으로 새로운 시작을 기대 (출 10:23; 창 1:3)

첫 재앙인 물이 피로 변하는 사건은 이처럼 물이 피가 된 후 "이레를 지나니라"(출 7:25)라는 의미심장한 표현으로 끝을 맺으며 창조질서가 어떻게 될 것인지에 대한 의문을 제시하며 마감된다. 그리고 개구리 재앙부터 메뚜기 재앙까지는 항상 "바로의 마음이 완악하게 되었다" 혹은 "여호와께서 바로의 마음을 완악케 하셨다"는 구문으로 마감된다(출 8:15, 19, 32; 9:7, 12, 35; 10:20). 이제 흑암 재앙은 재앙 이야기 세 주기의 마지막이라는 점에서 한 가지 분명하게 보아야 할 것이 있다. 그것은 바로 바로의 선택이다. 그래서 아홉 번째인 흑암 재앙은 "여호와께서 바로의 마음을 완악하게 하셨으므로"(출 10:27)라는 구문으로 끝맺지 않고 한 가지 더 전한 후에 마감된다. 그것은 다름 아닌 바로의 최종적인 결정이다.

최종적이라고 하는 이유는 구약성경 속에 역창조의 흑암이 나타나는 때가 어떤 때인가를 비교해 보면 알 수 있다. 먼저 '백주 대낮에도 더

듣을 만한'이란 표현이 신명기의 불순종의 저주 항목에 들어가 있다는 점(신 8:29)과 그 저주의 날은 마침내 '여호와의 날'이 되어 흑암으로 가득찬 파멸을 가져올 것이라는 예언자들의 선포(욜 2:1-2; 암 5:20; 습 1:14-15)를 통해 그 심각성이 드러난다.

바로가 여기서 결정을 해야만 하는 이유는 마지막 결정타를 맞을 것인가 아니면 피해 갈 것인가라는 절체절명의 순간이기 때문이다. 세 번의 주기에 각 주기 별로 세 번의 기회 그리고 마지막 아홉 번째에는 올바른 결정과 선택을 위해 삼일 동안의 흑암 속에서 생각하게 한다. 삼일은 깊이 숙고하고 판단하여 결정을 내릴 수 있는 최적의 시간으로 나타난다는 점에서 바로에게는 꼭 필요한 시간이다(창 22:4; 42:17; 출 3:18; 10:22; 15:22; 19:11, 15, 16; 왕상 12:5). 이 칠흑 같은 어둠 속에서 끝이 날 것인지 아니면 새 빛을 볼 수 있을 것인지에 대한 결정인 것이다.

바로는 그 흑암 속에서도 계산을 한다. 어떤 쪽이 자신에게 유리할 것인가를 놓고 주판을 튕기고 있는 것이다. 그리고는 모세를 불러 남녀노소 다 같이 여호와를 섬기러 가도 좋으니, 단 가축은 데려 갈 수 없다는 것이다. 바로가 이스라엘의 가축이 탐이 났다기 보다는 가축을 놓고 가야 이스라엘이 도망가지 않고 돌아올 것이라는 계산에서 내린 결정일 것이다. 이에 대해 모세도 한 치의 양보가 없다. 그만큼 당당하다. 바로 왕도 하나님께 드릴 제물을 내야 할 것이며, 이스라엘의 가축도 모두 몰고가야 한다는 것이다. 그리고 그 이유로 하나님께 제사 드릴 장소에서 제물을 고를 것이기 때문이라 답한다. 결국 여호와께서 바로의 마음을 완악케 하심으로 협상이 결렬된다. 즉 하나님께서 바로의 완악한 심령을 적극적으로 사용하신다는 것이다.

마침내 바로의 최종적인 결정이 선포된다. 이 결정은 곧 아홉 번의 재앙을 거치며 내리는 바로의 단안인 것이다.

> 바로가 모세에게 이르되 너는 나를 떠나가고 스스로 삼가 다시 내 얼굴을 보지 말라 네가 내 얼굴을 보는 날에는 죽으리라 모세가 이르되 당신이 말씀하신 대로 내가 다시는 당신의 얼굴을 보지 아니하리이다(출 10:28-29).

바로가 모세를 향하여 다시 자신의 얼굴을 보면 그 때는 죽을 것이라는 선고는 곧 그 반대의 상황을 결정했다는 것을 의미한다. 즉 모세의 죽음이 아니라, 바로 자신과 애굽의 죽음인 것이다. 결국 이 결정으로 인해 열 번째 재앙이 내려질 것이다. 그리고 애굽 사람들은 그 열 번째 재앙으로 인해 "우리가 다 죽은 자가 되도다"(출 12:33)라는 탄식을 쏟아 붓게 될 것이다. 어떤 선택이든 결과가 따르기 마련이다. 바로는 살리는 선택이 아니라, 죽이는 그것도 스스로를 죽이는 선택을 하고 만 것이다. 이제 바로와 애굽에 남은 것은 칠흑 같은 어둠 속에서 애굽의 장자가 죽고, 나아가서는 홍해에서 처참하게 수장될 때까지 결코 더 이상의 빛을 보지 못할 것이다. 이스라엘과 애굽을 빛과 흑암으로 갈라놓았던 흑암 재앙은 홍해까지 따라붙어 이스라엘은 새 창조의 길로, 애굽은 파멸의 길로 이끌 것이다.

흑암 재앙 (출 10:22-23)	장자 죽음 (출 11:4-5; 12:29)	홍해에서 (출 14:20)
애굽은 흑암 이스라엘은 빛 가운데	밤 중에 애굽은 죽음으로 이스라엘은 생명으로	애굽에는 구름과 흑암이 이스라엘은 밝음이

이렇게 서서히 멸망과 죽음의 그림자가 애굽을 뒤덮기 시작한다. 그러나 아직도 그 심각성을 깨닫지 못하고 있는 것이 완악한 바로이며 그에 동조하는 그의 신하들과 백성들이다.

(4) 열 번째 궁극적 심판 재앙(장자 죽음)(출 11-13장)

지금까지의 재앙 사건들은 이제 펼쳐질 열 번째의 재앙을 향하여 초점을 맞춘다. 처음 아홉 가지의 재앙에서는 단 한 번도 이스라엘 백성의 반응에 관해서는 언급이 없다. 오직 마지막 열 번째 애굽의 장자의 죽음이라는 단계에 가서야 하나님을 향한 믿음에 바탕을 둔 종교의식을 제정하고 있다.[105] 궁극적으로 출애굽기가 후대 이스라엘 백성의 하나님을 향한 믿음을 세우기 위한 것이란 점은 이와 같이 의심의 여지가 없는 것이다. 그런 점에서 열 번째 사건은 재앙 사건 중에서 가장 긴 이야기를 형성한다. 이 속에는 단순히 애굽의 장자가 죽었다는 재앙 사건의 보고가 주 목적이 아니라, 그 동안 축적된 재앙 사건들을 통해 이스라엘이 보았고 느꼈던 하나님에 대해 어떤 태도를 취해야 할 것인가의 미래상을 제시한다는 점에서 중요성을 띠고 있다.

[1] 이스라엘의 정체성의 변화

이스라엘은 드디어 이 열 번째 재앙을 시작으로 하나님을 예배하며 기념하는 백성으로 거듭난다. 그러기에 이 마지막 재앙은 이스라엘의 정체성을 변화시키는 강력한 영향력을 가진 것이다. 바로의 노예에서 여호와 하나님의 백성이 되는 것이다. 그것을 입증하듯이 역사상 처음으로 등장하는 이스라엘을 부르는 호칭이 주어진다. 그동안 여호와께서는 이스라엘을 '내 백성'이라고 계속하여 부르셨다(출 3:10; 5:1; 8:1, 21, 23; 9:1, 13; 10:3). 그리고 이제 이 열 번째 재앙과 더불어 이스라엘은 '하나님의 백성'의 구체적인 모습인 '회중'이 된다(출 12:3, 6, 19, 47). 여기서 '회중'을 의미하는 히브리어 단어 '에다'(עֵדָה)는 구약성경에 다양한 형태로 149번 나타나며 이스라엘에 적용될 때에는 하나님을 향한 믿음 공동체(congregation)를 의미하는 용어로 주로 사용된다. 그리고 그 회중은 공통의 신앙경험을 갖는다는 점에서 신앙 공동체를 부르는 명칭이라 할 수 있다.[106] 하나님의 명령에 따라 양이나 염소를 잡아 그 피를 문설주와 인방에 바르고 비록 각자의 가정이라는 장소는 다를지라도 같은 시간에 각자의 자리에서 양이나 염소 그리고 쓴 나물을 함께 먹으며 공동의 신앙경험을 공유하게 되는 것이다. 그리고 이러한 공동의 의식이 '노예 집단'을 '회중'으로 거듭나게 하는 것이다.

이스라엘이 신앙 공동체인 '회중'이 된다는 점에서 열 번째 재앙만큼은 이스라엘 또한 해야 하는 일이 있다. 지금까지의 재앙 사건들은 하나님께서 알아서 이스라엘을 구별하시고 애굽을 치셨다. 그리고 이스라엘은 그 하나님의 역사를 보기만 하면 되는 것이다. 그러나 마지막 재앙은 이제 애굽을 탈출하는 것과 깊이 관련되어 있기에 회중으로 구별된다. 회중 구별에는 하나님의 명령 따라 행하는 삶이 필요하다. 피를 문설주와 인방에 바르고 그 안에서 할례를 행한 남자들을 중심으로 온 가족이 하나 되어 있을 때 하나님의 백성이라는 표식과 더불어 여호와가 누구신가를 인식하고 그 하나님의 백성이 되겠다는 의지를 드러내는 것이다. 결국 이 의식 속에는 이스라엘이 하나님의 회중이 되겠다는 결단이 들어가 있는 것이다. 이에 반해 애굽의 장자들은 죽음으로 넘어간다는 점에서 이스라엘의 남자 아이들을 죽인 것에 대한 보응을 받게 된다. 그러므로 이 열 번째 재앙은 애굽을 향한 보응의 요소와 이스라엘을 향한 제의적 의미가 동시에 내포되어 있다는 점에서 의미가 깊다.[107] 즉 애굽은 죽음으로 이스라엘은 하나님의 회중으로 구별되는 것이다. 그러나 이스라엘 임에도 이와 같이 행동하지 않는 사람들은 하나님을 인정하지 않겠다는 것과 구원의 주와 함께 새 삶을 살겠다는 의지가 없다는 것으로 간주할 수 있는 것이다. 이렇게 열 번째 재앙은 바로의 최악의 결정과 더불어 시작되고, 이스라엘의 회중이 되겠다는 결정적 의식과 함께 진행된다.

[2] 열 번째 재앙의 구조(출 11-13장)

열 번째 재앙인 애굽 장자의 죽음은 이스라엘의 출애굽까지 연결시킨다는 점에서 긴 이야기를 형성한다. 그리고 그 속에는 또한 이스라엘이 대대로 지켜야 할 의식까지 주어지고 있다는 점에서 다른 재앙들과는 분량은 물론 내용 면에서 현저한 차이점을 보인다. 먼저 구조를 살펴보는 것이 필요하다. 구조를 먼저 살피는 이유는 여호와께서 열 번째 재앙을 일으키겠다고 하시는 내용과 그 실행이 상당한 간격을 두고 떨어져 있고(출 11장과 12:29-36) 그 사이에 꽤 많은 양의 유월절 의식과 무교절 의식 명령과 유월절 의식 실행이 들어가 있다는 점 때문이다(출 12:1-28). 그리고 애굽을 탈출하여 가나안으로의 여정이 시작되어서 어느 정도 거리에 이른 후에(출 12:37-42) 또다시 유월절, 무교절 그리고 초태생 구별

의식 명령이 주어지고 있고(출 12:43-13:16) 그 후에 탈출 여정이 계속 이어진다는 점(출 13:17-22) 또한 내용을 복잡하게 만들기 때문이다. 왜 열 번째 재앙 예고와 실행을 붙여놓지 않았으며(출 11장과 12:29-36), 두 번의 유월절, 무교절 그리고 초태생에 관한 의식들을 하나로 합치지 않았고(출 12:1-28절과 12:43-13:16) 그리고 두 출애굽 여정의 진행(출 12:37-42절과 13:17-22)을 한 데 모아놓지 않았을까하는 의문점이 들기 때문이다.

출애굽기 11-13장은 크게 두 부분으로 나뉘는데 첫째는 열 번째 재앙 예고와 실행으로 테두리가 감싸여진 내용이고(출 11:1-12:36), 둘째는 출애굽 여정의 시작과 홍해 앞까지의 여정으로 둘레가 싸여진 내용이다(출 12:37-13:22). 이 두 테두리 가운데에는 항상 열 번째 재앙과 관련된 의식들이 자리 잡고 있다는 점에서 공통점이 있다. 왜 의식적인 부분이 두 부분으로 나뉘어 장자 죽음 재앙과 출애굽 여정 속에 포함되어 있는지는 구조를 보며 살피는 것이 필요하다.

A. 여호와의 열 번째 재앙 예고(출 11:1-10)

B. 여호와의 예식 명령(출 12:1-20)
① 여호와의 유월절 밤 예식 명령(출 12:1-14)
② 여호와의 무교절 예식 명령(출 12:15-20)

B'. 모세의 예식 명령 전달과 실행(출 12:21-28)
① 모세의 유월절 밤 예식 명령 전달과 실행(출 12:21-28)
② 모세의 무교절 예식 명령 전달과 실행은 없음

A'. 여호와의 열 번째 재앙 실행(출 12:29-36)

여호와의 열 번째 재앙 예고와 실행인 A와 A'은 세세한 명령과 그 구체적인 실행을 비교해 보면 하나로 연결되는 내용임을 분명하게 알 수 있다.

	A. 여호와의 열 번째 재앙 예고(출 11장)	A'.여호와의 열 번째 재앙 실행(출 12:29-36)
	공통점	
1	이제 한 가지 재앙을 더 행하면 여기서 내 보내되 반드시 쫓아 낼 것(11:1)	백성을 재촉하여 속히 내 보냄(12:33)
2	각기 이웃들에게 은금 패물을 구하게 하라(11:2)	애굽 사람에게 은금 패물과 의복을 구하매(12:35)
3	애굽 사람의 은혜를 받게 하심(11:3)	애굽 사람들에게 이스라엘 백성에게 은혜를 입히게 하심(12:36)
4	밤중에 애굽 가운데로 들어가 모든 장자를 다 죽이실 것(11:4-5)	밤중에 애굽 땅에서 모든 처음 난 것을 다 치심(12:29)
5	애굽 온 땅에 전무후무한 큰 부르짖음이 있을 것(11:6)	애굽에 큰 부르짖음이 있음(12:30)
6	애굽 사람과 이스라엘 사이를 구별하심(11:7)	바로가 이스라엘은 떠나라고 하는 것을 보면 이스라엘 무사함 증거(12:31)
7	왕의 모든 신하가 내려와 절하며 나가라고 할 것(11:8)	애굽 사람들이 우리가 다 죽은 자가 되도다 하고 이스라엘 재촉함(12:33)
	차이점	
1	없음(무교절 규례)	이스라엘이 발교되지 못한 반죽 담은 그릇을 옷에 싸서 어깨에 멤(12:34)

이 비교를 통해 하나님께서 말씀하신 대로 그대로 이루어졌다는 것을 알 수 있다. 이 재앙이 가장 강력하다는 것은 지금까지 있었던 세

주기를 넘어선다는데 있다. 첫째 주기가 우연일 수 있다는 면이 내포되어 있었기에 둘째 주기에는 이스라엘과 애굽을 구별하여 재앙이 주어졌고, 셋째 주기에 가서는 여기에 덧 붙여 애굽이 생긴 이래로 전무(후무)한 내용의 재앙이 펼쳐졌다. 이제 열 번째 재앙은 이것을 다 합한 것보다 강력한 것이라는 점이 이 여러 표현들에서 드러난다. 먼저 우연이 아니라는 점에서 이스라엘과 애굽이 구별되고, 거기에 덧붙여 애굽 온 땅에 전무후무한 큰 부르짖음이 있을 것이라는 점에서 지금까지의 재앙들을 다 합한 것과 같은 강도이다(출 11:6-7). 그러나 지금까지의 재앙에는 바로도, 그의 신하들도 손을 들지 않고 마음을 완악하게 하고 끝까지 저항하였다면 이번 재앙에는 "왕의 이 모든 신하가 내게 내려와 절하며 이르기를 너와 너를 따르는 온 백성은 나가라"(출 11:8)고 할 것이라는 점에서 현저한 강도의 차이점을 짐작해 볼 수 있다.

이러한 하나님의 예고는 그대로 실행되어 바로의 장자부터 감옥에 갇힌 자의 장자 그리고 몸종의 장자까지와 가축의 처음 난 것까지도 모두 다 죽는 역사가 펼쳐졌다. 이렇게 애굽의 장자들이 다 죽는 사건 또한 애굽의 신들의 무능함을 드러내며 그 모든 것들이 허상임을 입증하는 사건이다. 애굽에는 다산을 주관하는 신으로 오시리스(Osiris)가 있고, 생명을 주관하는 신으로 이시스(Isis)가 있다. 하지만 이러한 신들이 애굽의 장자들이 죽어 감에도 어떤 역할도 하지 못한다는 것이 곧 이들을 향한 신앙이 무의미 하다는 것을 드러낸다.

이에 바로는 다급하게 그 밤중에 모세와 아론을 불러들여 이스라엘을 데리고 떠나서 여호와를 섬기라고 한다. 그리고 떠나는 대상에 양과 소까지 그 어떤 제한이 없다는 것을 선언한다. 여기서 한 가지 짚고 넘어가야 할 것은 '장자'(בְּכוֹר 베코르)라는 단어에 대한 대상이다. 보통 '장자'라고 하면 남자들만을 포함하는 용어이다. 그러나 어떤 학자들은 장자를 뜻하는 히브리어 '베코르'(בְּכוֹר)는 단순히 맏이(firstborn)라는 뜻을 지녔지 성별은 포함하지 않는다고 본다. 즉 남자든 여자든 가장 먼저 태어난 자를 뜻한다는 것이다.[108] 그러나 이는 히브리어 문법을 파기하는 것이 된다. 히브리어 명사는 남성과 여성으로 분명하게 나뉘며, 중성단어는 없다. 그런 점에서 '베코르' 또한 남성 명사형으로 분명하게 성별이 주어져 있는 단어라는 것이다. 그 반대가 되는 '장녀'를 뜻할 때는 또 다른 단어가 사용된다는 점에서 분명해진다. 그 단어는 야곱이 자신의 차녀인 라헬 대신에 장녀인 레아를 야곱에게 속임수로 시집보낼 때 사용되었다.

> 야곱이 아침에 보니 레아라 라반에게 이르되 외삼촌이 어찌하여 내게 이같이 행하셨나이까 내가 라헬을 위하여 외삼촌을 섬기지 아니하였나이까 외삼촌이 나를 속이심은 어찌됨이니이까 라반이 이르되 언니(בְּכִירָה 베키라/장녀)보다 아우를 먼저 주는 것은 우리 지방에서 하지 아니하는 바이라(창 29:25-26).

여성형인 '베키라'(בְּכִירָה)가 함께 사용되었다면 '장녀'까지도 의미하는 것이겠지만 남성형 '베코르'(בְּכוֹר)만 사용되었다는 점에서 '장남'만을 의미하는 것이 분명하다. 이를 입증하는 사건이 민수기에 기록되어 있다. 민수기에서 레위인를 구별하여 세울 때 레위인을 유월절에 죽지 않고 살아남은 이스라엘의 초태생들을 대신해서 하나님께 성별된 존재로 삼으신다. 즉 이스라엘의 초태생 대신 레위인들을 성별하여 하나님께 봉사하는 직임을 받들게 하는 것이다. 만약 이 초태생에 여성들도 포함되었다면 여성 초태생의 숫자도 포함시켰을 것이나, 그렇지 않기에 이스라엘의 첫 번째로 태어난 남자들만 일 개월 이상으로 계수한다(민 3:40-51).

여호와의 열 번째 재앙 예고와 실행이 표현에서 약간의 차이가 있지만 그 내용면에서는 위의 도표에서처럼 약 7가지 정도의 예고와 실행으로 구성되어 있다. 그러나 실행에서 예고에서는 나타나지 않았던 한 가지 차이점이 발생한다. 그것은 이스라엘이 출애굽을 하면서 발교되지 않은 반죽을 가지고 나올 수밖에 없었다는 내용에 대한 보도이다. 이것은 반죽의 발효를 기다릴 수 없을 그 정도로 애굽 탈출이 신속하고 급박하게 진행되었다는 것을 알리는 장치라 할 수 있다. 이러한 차이점이 중심의 내용을 현재와 같은 형태로 만들게 했다고 본다. 열 번째 재앙 예고와 실행 사이에 이스라엘이 행해야 할 의식이 위치하고 있는데 이 위치는 의도적이며 또한 그 내용을 위하여 최적의 장소라 할 수 있다. 왜냐하면 애굽은 죽음으로 넘어가는 상황을 테두리로 하고 그 가운데에는 이스라엘이 하나님의 회중으로 거듭나며 죽음이 아닌 구원 백성으로 해야 할 일이 주어져 있기 때문이다. 이스라엘이 하나님의 백성으로 행해야 할 의식은 유월절과 무교절을 지키는 것이다. 그런데 명령은 유월절과 무교절 의식을 다 담고 있는데 이스라엘의 실행은 유월절만 담고 있다는 점에서 뭔가 잘려 나간 듯한 느낌이 든다. 그 이유를 여호와의 열 번째 재앙 실행에서 다루고 있는 것이다. 무교절 의식을 일주일 동안 행해야 하는 이유와 더불어 언제 행해야 하느냐를 한 절의 삽입으로 설명하고 있는 것이다. 무교절 실행은 유월절과 함께 동시에 할 수 없고, 발교되지 않은 반죽을 가지고 나와서 먹음으로 실행이 된다는 것이다. 그러므로 유월절 실행이 일어나는 곳에 무교절 실행이 같이 이루어질 수 없다는 것이 분명하며 그 실행은 차후에 이루어질 것이다.

유월절 의식에 대한 명령과 그 실행을 살펴보면 유월절의 의미를 더욱 분명하게 새겨볼 수 있다.

여호와의 유월절 밤 의식 명령 (출 12:1-14)	모세의 유월절 밤 의식 명령 전달과 실행 (출 12:21-28)
이 달을 달의 시작 곧 해의 첫 달이 되게 하라(12:2)	
이 달 열흘에 어린 양을 잡을 지니(12:3)	
각 가정의 식구 수에 따라 양이나 염소 중에서 일년 된 것으로 선택(12:4-5)	가족대로 나가서 어린 양을 택하여 유월절 양을 잡고(12:21)
양을 열나흗날에 잡고 그 피를 양을 먹을 집 좌우 문설주와 인방에 바르고(12:6-7)	우슬초 묶음으로 피를 적셔서 문 인방과 좌우 설주에 뿌리고 아침까지 한 사람도 자기 집 문밖에 나가지 말라(12:22)
고기는 불에 구워 무교병과 쓴나물과 함께 먹고 물에 삶지 말라 아침까지 남은 것 다 불사르라(12:8-10)	
먹을 때 허리에 띠를 띠고 발에 신을 신고 손에 지팡이를 잡고 급히 먹으라 이것이 여호와의 유월절이다(12:11)	
애굽 땅의 모든 처음 난 것을 칠 것이며, 애굽의 모든 신들을 심판하리라(12:12)	
애굽 땅을 칠 때 피가 있는 집은 넘어가리니 재앙이 멸하지 않을 것(12:13)	애굽 사람들에게 재앙을 내리려고 지나가실 때에 피를 보시면 멸하는 자가 치지 못하게 하실 것(12:23)

이 날을 기념하여 여호와의 절기로 삼아 영원한 규례로 대대로 지키라(12:14)	이 일을 규례로 삼아 너희와 너희 자손이 영원히 지킬 것이고 약속의 땅에 이를 때에도 이 예식을 지킬 것이라(12:25)
	이후에 너희 자녀가 묻기를 이 예식이 무슨 뜻이냐 하거든 그 이유를 설명해 주라 하매 백성이 머리 숙여 경배함(12:26-27)
	이스라엘 자손이 물러가 여호와께서 모세와 아론에게 명령하신 대로 그대로 행함(12:28)

이 달을 달의 시작과 해의 첫 달이 되게 하라는 명령은 이스라엘 회중의 달력을 바꾸는 획기적인 시간이 된 것이다. 노예에게는 노예의 삶에 걸맞은 달력이 있고, 신앙 공동체인 회중에게는 회중에게 걸맞은 삶의 달력이 있다. 이스라엘은 노동에 맞추어진 달력이 아니라, 이제는 예배에 맞추어진 달력을 따라 살아야 하는 것이다. 그 이유는 이제 시간의 주인이 달라졌다는 것을 의미한다. 바로의 시간표 따라 살아가는 노예의 삶이 아니라, 하나님의 시간표대로 살아가는 백성으로의 전이가 일어나는 중요한 시점인 것이다. 그러므로 유월절은 곧 이스라엘의 새로운 정체성의 시작이면서 또한 하나님과 함께하는 새로운 삶의 시작인 것이다. 이는 곧 탄생부터 죽을 때까지 영구히 헤어 나올 수 없었던 노예라는 신분으로 반복하던 노동의 늪이라는 절망에서 구원되어 하나님의 백성이라는 희망 가득한 삶으로의 이동인 것이다.[109] 이렇게 이스라엘의 달력은 그 시작부터 하나님의 놀라운 구원역사가 새겨진 의식을 치르는 것부터 시작한다.

양이나 염소를 10일에 취하여 14일에 잡는다. 그 기간 동안 제물로써 흠이 없는지에 대해 세심한 점검이 이루어질 것이다. 제물에 대한 점검은 곧 이스라엘 백성들 자신들의 삶에 대한 점검까지도 포함한 것이 될 것이다. 피는 각 가정의 문설주와 인방에 바른다. 그리고 그 안에 모두 들어가 고기를 불에 구워서 무교병과 쓴나물과 함께 먹는다. '물에 삶지'(בָּשֵׁל 바샬) 않고 '불에 구워먹는'(צְלִי־אֵשׁ 쩨리-에쉬) 이유는 냄비나 솥과 같은 어떤 특별한 기구의 도움이 없이 신속하게 요리해 먹을 수 있기 때문으로 보인다. 그러나 실제 출애굽 날에는 신속함과 급박함으로 인해 이렇게 불에 구워 먹지만 그 후에는 요리에 융통성이 주어졌다는 것을 알 수 있다. 신명기서의 유월절 의식에 대한 규례를 살펴보면 그 변화를 감지할 수 있다.

> 유월절 제사를 네 하나님 여호와께서 네게 주신 각 성에서 드리지 말고 오직 네 하나님 여호와께서 자기의 이름을 두시려고 택하신 곳에서 네가 애굽에서 나오던 시각 곧 초저녁 해 질 때에 유월절 제물을 드리고 네 하나님 여호와께서 택하신 곳에서 그 고기를 '구워 먹고'(בָּשֵׁל 바샬) 아침에 네 장막으로 돌아갈 것이니라(신 16:5-7).

신명기에 '구워 먹고'라고 번역되어 있는 히브리어 원어는 '바샬'(בָּשֵׁל)로 출애굽기의 유월절 의식에서는 '물에 삶지'와 같은 단어이다. 그러므로 신명기는 물에 삶아서 먹는 것도 허용하고 있는 것이다. 이는 가나안 땅에 들어가서 유월절 의식을 치를 때는 방식은 확대시키면서 의미는 동일하게 하는 확장이 일어난 것이라 할 수 있다. 무교병을 먹는 이유는 발교되지 않은 반죽과 관련 있는 무교절에서 잘 설명될 것이다. 쓴 나물은 애굽에서의 고통스런 삶을 되새기는 의미가 들어가 있다. 그 구체적인 예는 쓴 나물(מְרֹרִים 메로림)에 사용된 히브리어 어근이 바로가 이스라엘 민족을 노동으로 괴롭게 하였다는 것에 사용되었다는 점을 들 수 있다.

> 어려운 '노동'(עֲבֹדָה 아보다)으로 그들의 생활을 '괴롭게 하니'(מָרַר 마라르) 곧 흙 이기기와 벽돌 굽기와 농사의 여러 가지 일이라 그 시키는 일이 모두 엄하였더라(출 1:14).

그러므로 유월절에 쓴 나물을 먹는 다는 것은 하나님의 구원 역사가 이스라엘의 애굽에서의 쓰디쓴 삶을 어떻게 바꾸었는지를 회상하여 은혜를 찬미하게 하려는 의미를 가지고 있음을 느끼게 한다. 이제 이 유월절을 통하여 '노동'(עֲבֹדָה 아보다; 출 1:14; 2:23; 5:9, 11; 6:6, 9)이 '예식'(עֲבֹדָה 아보다; 출 12:25, 26; 13:5)으로 바꾸어질 것이기 때문이다. 동일한 단어가 누구를 위하여 일하느냐에 따라 정 반대의 뜻으로 해석된다는 것은 우리에게 뚜렷한 경각심을 심어주는 것이다.

그리고 먹는 자세에 대한 강조점은 출애굽의 신속함과 급박함을 내포하고 있는 것이 분명하다. 허리에 띠와 발에 신, 손에 지팡이 그리고 급하게 불에 구운 고기를 먹는 장면은 언제든지 명령이 떨어지면 신속하게 그 자리를 벗어날 준비가 되어 있다는 점을 의미하는 것이다. 그리고 실행에 있어서 중요한 요소는 한 번만의 행사가 아니라, 대대로 영구히 행해야 할 예식(עֲבֹדָה 아보다)임을 주지하는 것이다. 이를 위해 반드시 필요한 것은 자녀들에게 이 예식의 의미를 분명하게 가르치는 것이다. 정성스러우면서도, 신실하게 하나님의 명령대로 의식을 하나씩 집행해 나가면서 자녀들의 궁금증을 유발시키는 것은 물론, 자녀들의 질문에 확신과 믿음 가득한 응답을 통해 오직 여호와의 위대하심이 드러나게 하는 것이 유월절 의식의 목표이다.

> 이 후에 너희의 자녀가 묻기를 이 '예식'(עֲבֹדָה 아보다)이 무슨 뜻이냐 하거든 너희는 이르기를 이는 <u>여호와</u>의 유월절 제사라 <u>여호와께서</u> 애굽 사람에게 재앙을 내리실 때에 애굽에 있는 이스라엘 자손의 집을 넘으사 우리의 집을 구원하셨느니라 하라 하매 백성이 머리 숙여 경배하니라(출 12:26-27).

자녀들의 질문에 대한 응답에는 "우리가 구원을 이루었다"가 아니라 반드시 "여호와께서 우리의 집을 구원하셨느니라"가 주가 되어야 한다. 이를 통해 조상의 구원체험이 자손들에게로 전이되며 동일한 하나님과 함께 하는 신앙여정이 멈춤 없이 계속될 수 있게 되는 것이다. 이 유월절을 영구히 기념하라는 것 속에는 이스라엘이 더 이상 이방의 종살이든지 혹은 같은 동족에 의해 노예가 되는 백성이 되어서는 안 된다는 선포도 들어가 있는 것이다. 이스라엘은 해마다 유월절을 기념하며 하나님의 백성으로서의 자유를 누리는 정체성을 늘 되새겨야 하는 것이다. 그러므로 이스라엘이 이와 같이 전심으로 유월절 '예식'을 대대로 행한다면 다시는 '노동'으로 돌아가는 일이 없을 것이다. 삶이 노동으로 전락되면 예식이 사라지고, 삶에 예식이 살아나면 노동이 사라지는 것임을 명심해야 한다.

이처럼 유월절과 관련된 모든 것들이 다 여호와의 구원행동을 찬미하고 가르치기 위한 목적을 가지고 있음을 볼 수 있다. 그리고 결코 끊어져서는 안 되는 중요한 의미를 가지고 있다. 즉, 해방과 구원의 축제는 이 땅에서 이스라엘이 존재하는 한은 이루어져야 할 사명인 것이다. 하지만 유월절 축제가 이스라엘 역사 속에서 철저하게 지켜진 예는 무척 드물다. 이는 요시야 왕에 관한 기록만 보아도 알 수 있다.

> 왕이 뭇 백성에게 명령하여 이르되 이 언약책에 기록된 대로 너희의 하나님 여호와를 위하여 유월절을 지키라 하매 사사가 이스라엘을 다스리던 시대부터 이스라엘 여러 왕의 시대와 유다 여러 왕의 시대에 이렇게 유월절을 지킨 일이 없었더니 요시야 왕 열여덟째 해에 예루살렘에서 여호와 앞에 이 유월절을 지켰더라 (왕하 23:21-23).

구약성경에는 유월절을 지켰다는 기록이 그리 많이 발견되지 않는다. 정확하게 6번의 유월절 기념에 대한 기록이 주어진다.

	성경구절	내 용
1	출 12장	이스라엘이 처음으로 애굽에서 지킨 것
2	민 9장	이스라엘이 광야에서 지킨 것
3	수 5:10	요단 강을 건너고 가나안 땅에 진입하여 지킨 것
4	대하 30장	히스기야 왕 때 지킨 것
5	대하 35장(왕하 23:21-23)	요시야 왕 때 지킨 것
6	스 6:19	바벨론 포로에서 돌아온 귀환 자들이 지킨 것

의미심장하게도 최종적인 일곱 번째의 유월절은 사복음서에 기록되어 있는 예수님의 만찬에서 지켜진 것이다(마 26:17-30; 막 14:12-26; 눅 22:7-23). 유대인들은 유월절이 위대한 주님의 구원의 날을 기념하는 것이기 때

문에, 메시야가 하나님의 백성들을 구원하기 위해 오실 날이 또한 그날일 것이라는 전통(tradition)을 가지고 있다. 복음서들은 일제히 그러한 기대를 성취시킨 분으로서의 예수님을 증거 한다. 예수님께서는 유월절 어린양으로서 희생되신 것이라는 것을 강조하는 것에서 역력히 살펴볼 수 있다. 예수님은 이처럼 자신이 직접 희생하셔서 새로운 출애굽의 대역사를 이루며 우리의 마지막 유월절 희생양이 되심으로 궁극적인 구원을 이루셨다. 이로써 그리스도인들에게는 유월절은 끝나게 되었고, 주의 만찬 곧 우리를 위해 희생을 당하신 우리의 유월절 양 그리스도를 기념하는 잔치가 그 자리를 대신하게 되었다. 그러므로 주의 만찬을 시행하는 곳마다 해방과 구원의 역사가 새롭게 현재화 되는 것이다. 이처럼 그리스도인들은 애굽 땅 종되었던 집에서 구원하신 하나님의 은혜 위에 우리를 죄와 죽음의 굴레에서 마지막 유월절 양이 되시어 단 번에 영원한 생명으로 구원하신 예수 그리스도를 다시 오실 때까지 기념하는 것이 과제로 주어져 있다.

유월절 의식 명령과 실행 사이에 무교절에 대한 의식의 규례도 들어가 있다. 그러나 무교절 의식의 실행은 나타나지 않는다. 그 이유는 이스라엘이 발교되지 않은 반죽을 들고 애굽을 탈출하여 나간 후에 무교병을 먹게 되는 것이 이 의식의 기원이 되기에 이 부분에서는 실행이 일어날 수 없기 때문이다.

무교절 규례는 일주일 동안 행하며 유월절에도 무교병을 먹지만 이 의식의 본래 의미는 유월절이 끝나고 이스라엘이 애굽을 탈출하면서 벌어진 사건으로 인해 행해야 할 의식이 된다. 그러므로 이스라엘의 출애굽과 가나안으로의 여정이라는 행진 중에 무교절에 대한 규례를 다시 한 번 강조하는 것은 올바른 위치라 할 수 있다. 그곳에서는 초태생 구별에

	여호와의 무교절 의식 명령 (출 12:15-20)	모세의 무교절 의식 명령 전달과 실행은 없음
1	이레 동안 무교병을 먹을 것 첫날에 누룩을 제할 것(12:15)	출애굽 여정 속에서 실행될 내용이기에 다음 부분에서 주어질 것
2	첫날에도 성회 일곱째 날에도 성회 이 두 날에 아무 일도 하지 말 것(12:16)	
3	이 날에 너희 군대를 애굽 땅에서 인도하여 내었으니 영원한 규례로 삼아 대대로 지키라(12:17)	
4	첫째 날 14일 저녁부터 21일 저녁까지 무교병을 먹을 것(12:18)	
5	이레 동안 유교물을 먹는 자는 타국인이든지 이스라엘이든지 회중에서 끊어질 것(12:15b, 19-20)	

대한 의식도 규례로 주어질 것이다. 이 또한 유월절 밤에 벌어진 일로 인해 가능해 지는 규례라는 점에서 탈출이 시작된 다음에 명령이 주어지는 것이 바람직하기 때문이다.

유월절 밤에 드디어 이스라엘이 애굽을 벗어난다. 애굽을 탈출하여 홍해 앞에 설 때까지의 여정이 둘로 나뉘어 있고, 그 사이에 또다시 유월절, 무교절 그리고 초실절 예식에 대한 내용이 삽입된다는 점에서 의도적인 구성이 있음을 느낄 수 있다.

A. 라암셋에서 숙곳까지의 여정(출 12:37-42)

B. 세 가지 예식에 대한 명령(출 12:43-13:16)

① 유월절 보충 규례와 간략한 초태생 규례(12:43-13:2)
② 무교절 규례(13:3-10)
③ 초태생 규례(13:11-16)

A'. 숙곳에서 광야 끝 에담까지(출 13:17-22)

여기서 무교절과 초태생 규례가 출애굽 여정의 시작에 들어가 있다는 점은 쉽게 납득할 수 있다. 왜냐하면 유월절 밤에 급박하게 탈출하기에 발교되지 않은 반죽을 가지고 나와 먹게 됨으로 무교절 규례가 주어지는 시점은 탈출 후가 되어야 하고, 또한 애굽의 장자들은 그 밤에 다 죽지만 이스라엘의 장자들은 무사하다는 점에서 초태생 구별에 대한 규례가 주어지는 시점도 이 부분이어야 한다는 점은 이해할 만하다. 그러나 유월절 규례가 또다시 등장하고 "온 이스라엘 자손이 이와 같이 행하되 여호와께서 모세와 아론에게 명령하신 대로 행하였더라"(출 12:50)는 구절은 시기적으로 맞지 않다. 이미 다 명령대로 실행되어서 탈출이 진행되었다는 점에서 라암셋에서 숙곳까지의 여정 전에 놓여야 될 내용이기 때문이다. 이를 입증하듯 이미 출애굽기 12:28절에 유월절 규례에 따라 그대로 실행하였다는 내용이 등장했다: **"이스라엘 자손이 물러가서 그대로 행하되 여호와께서 모세와 아론에게 명령하신 대로 행하니라."** 그렇다면 이 두 번으로 나눠진 유월절 규례들은 하나로 뭉쳐 놓아야 되는 내용들임에도 불구하고 이를 둘로 나눠놓은 이유는 무엇인가? 출애굽 여정의 이동 가운데 의도적으로 애굽 탈출과 관련된 세 가지 예식의 규례를 가지런히 정렬한 이유가 분명히 있을 것이다.

먼저 A(출 12:37-42)에는 라암셋에서 숙곳까지의 여정이 펼쳐진다. 유아 외에 보행하는 장정만 60만이라는 것은 하나님의 생육과 번성에 대한 약속이 실현되었다는 것을 간략하게 보여주는 의미가 짙게 깔려 있다. 그 외에 가축들은 물론 여러 다양한 종족들 또한 포함되었다고 한다. 이들은 시내산에서의 언약을 통하여 이스라엘로 거듭날 것이다. 그러므로 이스라엘은 혈연 공동체만을 의미하는 것이 아니라, 오히려 같은 신을 향한 믿음과 법을 공유하는 신앙 공동체라는 표현이 더 어울릴 것이다. 그리고 무교절에 대한 유래가 되는 내용을 설명하고, 애굽 거주의 기간과 더불어 그 끝 날에 여호와의 군대가 다(כָּל־ 콜-/모두) 애굽 땅에서 나왔다고 한다. 여기서 '다' 혹은 '모두'는 한 사람의 손실도 없었다는 점을 강조하는 것이라는 점에서 애굽과의 차이는 물론 초태생의 건재함에 대한 내용도 포함되었다고 볼 수 있다. 마지막으로 그 유월절 밤을 여호와의 밤으로 대대로 지킬 것을 명령하고 첫 여정을 마무리 짓는다. 이 여정 속에는 중심인 그 다음에 펼쳐질 내용을 간략하게 개관하고 있음을 알 수 있다. 즉, 유월절, 무교절과 초태생 규례가 다시 한 번 강조될 것임을 직감해 볼 수 있다.

이와 맞상대가 되는 출애굽 여정의 계속은 A'(출 13:17-22)으로 연결되는데 여기서는 숙곳부터 광야 끝 에담까지의 여정을 먼저 논술하는 것이 아니라 왜 그 길을 택할 수밖에 없는지를 설명하는 것으로 시작한다. 하나님께서 이스라엘을 가까운 길이 아닌 막다른 골목 같은 광야로 인도하시는 이유를 설명하고 있다. 이 설명이 없다면 흡사 이스라엘을 광야 끝인 에담으로 몰아가심으로 궁지에 빠뜨리려는 것으로 오해할 수 있기 때문이다. 어느 누가 보아도 가나안 땅으로의 여정의 지름길은 분명 지중해를 따라가는 '해변 길'(via Maris)이라 할 수 있다. 그 당시 애굽에서 메소포타미아까지 연결하는 두 개의 국제 도로가 있었는데 '왕의 대로'(King's Highway)와 '해변 길'이다. 그중에 '해변 길'은 최근까지도 국제도로로 이용될 만큼 그 당시에는 가장 중요한 도로였다. 이 도로는 이스라엘이 거주했던 고센지역이 포함된 애굽의 삼각주 북동쪽으로부터 시내 반도의 해변을 따라 블레셋과 가나안으로 연결되고 메소포타미아까지 이어진다. 이 도로를 통해 무역상들이 오갔으며, 제국들은 이 길을 따라 군대를 이동시켜 주변나라들을 점령했다. 그리고 이 길을 따라 거대한 도시들 또한 형성되었다.[110]

그러나 비록 그 길이 잘 닦여 있고 대로라 할지라도 그 길 따라 곳곳에 애굽 전초부대들이 진을 치고 있고 또한 블레셋 이라는 강적이 버티고 있다는 점에서 아직은 피해야 할 길이다. 물론 하나님께서 애굽에서처럼 인도하실 것은 분명하지만 이스라엘이 아직은 오합지졸이라 전쟁이라는 말만 들어도 지레 포기하고 애굽으로 돌아갈 것을 염려하시고 홍해를 향한 광야 길로 돌리신다. 이를 통해 하나님께서는 이스라엘의 상태를 정확하게 아시고 그들의 준비된 상황 따라 그에 맞추어 인도해 가신다는 것을 알 수 있다. 이는 우리를 시험에 노출시키실 때도 우리가 어떤 준비가 되어 있는지 아시고 행하실 것이란 점을 깨닫게 한다: **"사람이 감당할 시험 밖에는 너희가 당한 것이 없나니 오직 하나님은 미쁘사 너희가 감당하지 못할 시험 당함을 허락하지 아니하시고 시험 당할 즈음에 또한 피할 길을 내사 너희로 능히 감당하게 하시느니라"(고전 10:13).** 하나님께서는 이렇게 한 단계씩 분명한 목적을 가지고 우리의 상태를 정확하게 간파하시고 인도하신다는 것을 드러내는 것이다.

요셉의 유골에 대한 언급이 이곳에 주어져 있는 이유도 역시 하나님의 인도하심과 직결된다. 하나님의 때가 되어서 요셉을 통해 주신 약속이 실현되고 그의 유언 또한 실현되어 그 유골은 반드시 가나안 땅에 안장 될 것이라는 점에서 하나님의 인도는 결코 어김이 없을 것이란 점을 명백히 한다.

> 요셉이 그의 형제들에게 이르되 나는 죽을 것이나 하나님이 당신들을 돌보시고 당신들을 이 땅에서 인도하여 내사 아브라함과 이삭과 야곱에게 맹세하신 땅에 이르게 하시리라 하고 요셉이 또 이스라엘 자손에게 맹세시켜 이르기를 하나님이 반드시 당신들을 돌보시리니 당신들은 여기서 내 해골을 메고 올라가겠다 하라 하였더라(창 50:24-25).

요셉의 유골이 반드시 가나안 땅에 가야 하듯이 그렇게 이스라엘도 하나님의 때가 되었기에 그 땅에 기필코 도착할 것이다. 마침내 요셉의 유골이 세겜에 안장되며 하나님의 가나안까지의 인도는 그 막을 내릴 것이다(수 24:32). 그러므로 잠시 돌아가는 것처럼 느껴질지라도 두려워하거나 당황할 필요가 없다. 왜냐하면 목적지는 약속의 땅이라는 점을 요셉의 유골이 증거하고 있기 때문이다.

이러한 설명과 확증이 주어지고 나서야 이스라엘이 숙곳을 떠나서 광야 끝 에담에 장막을 쳤다는 보고가 등장한다(출 13:20). 이 장소는 길을 잘못 든 막다른 골목이 아니라는 것을 의미하며 하나님의 인도하심의 결과라는 것이다. 그 구체적인 증거가 또 하나 주어지는데 그것은 바로 여호와의 인도하심의 상징인 낮에는 구름기둥, 밤에는 불기둥이 백성들을 떠나지 않았다는 점이다(출 13:21-22). 구름 한 점 없는 사막의 낮을 생각해 본다면 뜨거운 태양을 가려주는 구름 기둥과, 살을 에는 듯한 추위가 밀려오는 사막의 밤을 덥여줄 불기둥은 이스라엘의 행진과 휴식을 용이하게 했을 것이다. 이스라엘은 전능하신 하나님의 임재하심만 함께 한다면 어떤 막다른 상황도 염려할 것이 없을 것이다.

이렇게 출애굽의 대장정이 드디어 시작되었다. 하나님께서는 이스라엘을 애굽 땅에서 분리해 내셨다. 이스라엘이 애굽 땅에 거주한 지가 430년이라고 한다: "이스라엘 자손이 애굽에 거주한 지 사백삼십 년이라 사백삼십 년이 끝나는 그 날에 '여호와의 군대'가 다 애굽 땅에서 나왔은즉"(출 12:40-41).[111] 여기서 '여호와의 군대'라고 번역된 히브리어 단어는 '찌브오트 야훼'(צִבְאוֹת יהוה)로 '야훼 쩨바오트'(יהוה צְבָאוֹת)라는 '만군의 여호와'와 유사한 표현이 된다. 만군의 여호와가 하늘 군대의 수장으로서의 여호와를 지칭한다면, 여호와의 군대는 이 땅에 있는 하나님의 백성을 지칭한다. 그리고 이스라엘이 애굽에서 나올 때에 "대열을 지어서 나왔다"고 한다(출 13:18b). '대열'(חֲמֻשִׁים 하무심/50명씩)을 지었다는 것 또한 군대 편성처럼 50명씩 한 그룹이 되어 질서 정연하게 행진하는 모습을 보인다.

하지만 이렇게 군사적인 용어를 사용함에도, 이스라엘은 전쟁을 치를 준비가 되어 있지 않다. 그것은 다음의 구절로도 충분히 알 수 있다.

> 바로가 백성을 보낸 후에 블레셋 사람의 땅의 길은 가까울지라도 하나님이 그들을 그 길로 인도하지 아니하셨으니 이는 하나님이 말씀하시기를 이 백성이 전쟁을 하게 되면 마음을 돌이켜 애굽으로 돌아갈까 하셨음이라 그러므로 하나님이 홍해의 광야 길로 돌려 백성을 인도하시매(출 13:17-18a).

하나님께서는 이스라엘을 가장 가까운 길인 해변의 블레셋의 길로 인도하지 않고, 멀리 돌아가는 길을 택하게 하신다. 블레셋을 언젠가는 만나야하겠지만 아직은 아니라는 말씀이다. 그 보다는 광야(מִדְבָּר 미드바르)로의 길을 택하여서 이스라엘을 광야에 고립시키는 편을 택하신다. 이스라엘은 떠날 때에 '여호와의 군대'라는 칭호와 '대열'이라는 군사용어로 무장하고 출발하지만, 그럼에도 이들은 "유아 외에 보행하는 장정이 육십만 가량이요 수많은 잡족과 양과 소와 심히 많은 가축이 그들과 함께한" 이제 막 종살이를 벗어난 무리일 뿐이다(출 12:37-38). 하나님께서 여정을 단축할 전쟁이 아닌 긴 여정을 행해야 할 광야의 길을 택하신 이유는 무엇일까? 지금은 전쟁을 치를 준비가 되어 있지 않지만, 광야를 통과한 후에는 가능할 수 있다는 암시일 수 있다. 이스라엘은 언젠가 전쟁을 치를 수밖에 없는 운명이다. 그렇다면 이 광야가 이렇게도 오합지졸 같은 무리를 군대로 정예화 시킬 수 있는 곳이라는 느낌을 갖게 한다. 광야는 그런 훈련이 있는 곳이기에 가능하다. 이것은 출애굽기부터 민수기까지 연결되는 구조를 살펴보아도 분명하게 알 수 있다.

A. 출 13:17 블레셋 길로 가지 않게 하심은 전쟁에 준비되어 있지 않기 때문임

B. 출 19장 - 레 27장 이 과정을 통과하며 시내산의 경험이 놓여있다
(하나님의 백성으로 군사화가 일어남)

A'. 민 1장과 26장 이스라엘이 진으로 편성되며 군대로 정예화 된다.

바로의 노예로서의 정체성을 가진 이스라엘에게 그 정체성의 변

화를 의미하는 '여호와의 군대'라는 표현은 지금 당장은 아닐지라도, 미래에 이루어야 할 이스라엘의 궁극적인 정체성이다. 광야로의 여정은 바로 그러한 정체성을 실현하기 위한 장소이면서, 이스라엘이 여호와의 군대로서 살아가야 할 삶을 배우고, 치러야 할 전쟁을 연습하는 곳이다. 그리고 이 광야여정의 중심에 시내산이 존재하고 있다는 사실은, 가나안 땅에 가장 빠른 길로 속전속결로 들어가는 것보다, 얼마나 시간이 걸리든지 간에 더욱 중요한 요소가 있다는 것을 보여주는 것이기도 하다. 이스라엘은 시내산까지 가기 위해 광야라는 과정을 거쳐야한다. 그 과정이 무엇을 내포하고 있는지를 살펴볼 때 이스라엘이 '여호와의 군대'가 되어 하나님의 전쟁을 치를 수 있는 길을 찾을 수 있다. 이것은 지금 현재를 살아가는 우리에게도 소중한 경험이 될 것이다.

이와 같이 A와 A'의 출애굽의 여정을 다루는 테두리 가운데에 다시 예식에 대한 규례가 등장한다. 분명 이스라엘이 노예집단에서 백성으로 그리고 여호와의 군대로 정예화 되는 길 또한 그 속에 들어가 있을 것을 기대해 볼 수 있다. 그 구체적인 내용을 간략하게 도표화 하면 다음과 같다.

	유월절 보충 규례 (출 12:43-51)	무교절 보충 규례 (출 13:1-10)	초태생 규례 (출 13:11-16)
규례 내용	본토인이나, 타국인이나 반드시 할례를 받은 후에 유월절 의식에 동참할 것, 그리고 유월절 고기는 집밖으로 내지 말고 뼈를 꺾지 말 것	가나안 땅에서도 이 예식을 지켜 이레 동안 무교병을 먹고 유교병과, 누룩을 보이지 않게 하라	가나안 땅에 인도하시고 그 땅을 주실 때에 태에서 처음 나 수컷은 다 구별하여 여호와께 돌리라 나귀(부정한 동물)는 어린 양으로 대속하라

자손 교육	출 12:26-27절에 주어짐 (너희의 자녀가 묻기를 이 예식이 무슨 뜻이냐 하거든)	그 날에 네 아들에게 보여 이르기를 - 이 예식은 애굽에서 나올 때에 여호와께서 나를 위하여 행하신 일로 말미암음이라 - 네 손의 기호와 네 미간의 표를 삼고 여호와의 율법이 네 입에 있게 하라	후일에 네 아들이 네게 묻기를 이것이 어찌됨이냐 하거든 - 여호와께서 애굽의 장자를 치셨으므로 구원받은 이스라엘 장자를 대속하는 것 - 이것이 네 손의 기호와 네 미간의 표가 되리라 이는 여호와께서 권능으로 인도하셨음이라

유월절은 아빕월 14일 밤에 지켜졌고, 이 달은 지금의 3-4월에 해당된다. 이렇게 새 달력이 주어지기 전에는 일반적으로 한 해는 일곱 달 전인 티스리월(지금의 9-10월)에 시작되었다. 그러나 출애굽이라는 새 역사의 장이 열리며 유월절이 들어 있는 달(아빕월)이 새로운 달력의 첫 번째 달이 되었다. 이렇게 유월절은 일 년 중의 한 밤과 연관되고, 무교절은 일 년 중의 한 주와 연관된다. 유월절 의식에는 오직 할례를 받은 사람들만 참여할 수 있고, 음식을 함께 먹을 수 있다. 유월절에는 일 년 된 양이나 염소 고기를 먹는데 그 고기를 집밖으로 내가면 안 되고, 뼈를 꺾어서도 안 된다. 여기서 뼈를 꺾지 않는 이유는 하나님의 돌보심과 구원의 확실성을 증거하기 위한 의미가 들어있는 것이다. 구약성경에서 뼈가 꺾이고 부서졌다는 것은 잔혹하고, 비참한 저주받은 죽음을 의미하지만, 그 반대로 뼈가 꺾이지 않고 견고하다는 것은 평안하고 축복받은 상태나 죽음을 의미한다는 것을 통해 그 의미를 되짚어 볼 수 있다.

	성경구절	뼈가 꺾임
1	시 22:14	나는 물 같이 쏟아졌으며 내 모든 뼈는 어그러졌으며 내 마음은 밀랍 같아서 내 속에서 녹았으며
2	시 51:8	내게 즐겁고 기쁜 소리를 들려 주시사 주께서 꺾으신 뼈들도 즐거워하게 하소서
3	시 53:5	너를 대항하여 진 친 그들의 뼈를 하나님이 흩으심이라 하나님이 그들을 버리셨으므로 네가 그들에게 수치를 당하게 하였도다
4	사 38:13	내가 아침까지 견디었사오나 주께서 사자 같이 나의 모든 뼈를 꺾으시오니 조석간에 나를 끝내시리라
5	렘 50:17	이스라엘은 흩어진 양이라 사자들이 그를 따르도다 처음에는 앗수르 왕이 먹었고 다음에는 바벨론의 느부갓네살 왕이 그의 뼈를 꺾도다
6	애 3:4	나의 살과 가죽을 쇠하게 하시며 나의 뼈들을 꺾으셨고

	성경구절	뼈가 온전함
1	시 34:20	그의 모든 뼈를 보호하심이여 그 중에서 하나도 꺾이지 아니하도다
2	사 58:11	여호와가 너를 항상 인도하여 메마른 곳에서도 네 영혼을 만족하게 하며 네 뼈를 견고하게 하리니 너는 물 댄 동산 같겠고 물이 끊어지지 아니하는 샘 같을 것이라
3	겔 37:7	이에 내가 명령을 따라 대언하니 대언할 때에 소리가 나고 움직이며 이 뼈, 저 뼈가 들어 맞아 뼈들이 서로 연결되더라

예수님의 십자가 위에서의 죽음에서 그 뼈가 꺾이지 아니한 것은 **"이 일이 일어난 것은 그 뼈가 하나도 꺾이지 아니하리라 한 성경을 응하게 하려 함이라"(요 19:36)**는 유월절 양으로서의 예언 성취는 물론 그 죽음이 결코 그 자신의 죄로 인한 저주받은 죽음이 아님을 입증하는 것이 되기도 한다.

이러한 유월절과 무교절 규례와 더불어 초태생 구별은 사람과 가축들 중에 처음으로 태어나는 수컷마다 해당된다. 그렇다면 애굽에서의 구원은 어떤 특정 시간에만 국한된 것이 아니라 삶의 새로운 탄생이 있을 때마다 이루어지는 일상적인 기억이 가능해진다. 즉 초태생 수컷이 태어날 때마다, 출애굽의 대 역사는 회상되는 것이다. 초태생 규례에서 나귀의 첫 새끼는 어린 양으로 대속하든지 그렇게 하지 않으면 그 목을 꺾을 것이라는 것은 나귀만이 아니라 부정한 동물로 인식되는 모든 동물들에 해당될 것이다. 낙타와 말 같이 부정한 동물은 하나님께 제물로 드릴 수가 없다. 그러기에 받으심직한 어린 양으로 드리든지 혹은 초태생은 하나님 것이니 목을 꺾어서 사람이 이용할 수 없게 해야 한다는 것이다. 이것은 분명 수컷에게만 해당되는 것이라 여겨지지만 암컷이 태어났을 때도 마찬가지의 구원의 기억을 가질 수 있다는 점에서 언제나 가능하다. 왜냐하면 수컷이냐 암컷이냐에 따라 의식을 치르느냐 아니냐의 차이가 있기에 암컷이 태어났을 때에도 비록 의식은 치르지 않지만 출애굽 구원의 역사는 동일하게 회상되는 일이 일어났을 것을 짐작해 볼 수 있다.

이렇게 세 가지 출애굽의 시작과 맞물려 있는 규례들은 모두 한결 같이 대대로 지켜야 할 예식이 되며 또한 자손들이 묻든지 묻지 않든지 그들에게도 계속해서 가르쳐 전해야 할 내용이 된다. 가르침의 핵심은 역시 '여호와께서'라는 강조점이다: **"여호와께서 그 손의 권능으로 우리를 애굽에서 인도하여 내셨음이니라"(출 12:27; 13:9, 16)**. 즉, 여호와께서 행하신 모든 것을 후손들에게 알리는 것이다. 이를 통해 비록 출애굽 때에 나타났던 하나님의 장엄한 능력을 직접 목격하지 못하였을지라도 계속되는 전달 교육을 통하여 후손들이 여호와의 능력을 배우는 것이다. 이것은 또한 열 가지 재앙을 통해 하나님께서 알려주시고자 하셨던 목적인 "내가 여호와인줄 알리라"라는 것을 계속해서 이루어가는 것이다. 여호와가 누구이신가를 이러한 절기를 준비하고 지키는 손길을 통해 자연스레 가르치는 것이다. 이를 통해 후손들이 "여호와가 누구이신가?"에 대한 답을 찾고 "내가 여호와인줄 알리라"의 의미를 깨닫는 것이다. 그러나 이러한 절기를 외면하거나, 혹은 살아있는 교육이 부재하게 되면 전능하신 하나님의 권능과 멀어지게 되는 불운을 겪게 되며, 해방의 역사는 거꾸로 가게 된다.

> 그 세대의 사람도 다 그 조상들에게로 돌아갔고 그 후에 일어난 다른 세대는 여호와를 알지 못하며 여호와께서 이스라엘을 위하여 행하신 일도 알지 못하였더라(삿 2:10).

> 엘리의 아들들은 행실이 나빠 여호와를 알지 못하더라(삼상 2:12).

여호와를 알지 못하고, 그가 행하신 일도 모른다는 것은 그 구원의 역사가 기념되지도, 가르쳐지지도 않는다는 것을 의미한다. 그러면 당연히 구원의 역사가 또다시 이방의 압제로 돌아가게 마련이다. 여호와의 백성이요 군대는 여호와를 떠나서는 결코 성립될 수 없는 것이기에 이스라엘은 오합지졸이 되어 이방의 압박 속에 거하는 일이 벌어지고 말 것이다.

한 가지 의문점을 해결해야 할 것이 있는데 그것은 유월절과 무교절 규례가 이미 주어졌음에도 이곳에 또다시 주어지고 있다는 점이다. 보기 좋게 묶어서 한 번에 설명할 수도 있었을 것인데 이렇게 세 가지를 출애굽 여정의 흐름 속에 삽입한 이유는 무엇일까? 그것은 하나님의 백성의 삶은 순례자라는 점을 들 수 있다. 이스라엘은 가나안 땅을 향하여 나아가는 순례의 길속에도 이러한 예식을 통해 여호와를 기념하는 삶을 멈추지 말아야 하며, 가나안 땅에 도착해서는 또한 온 세상을 향해 나아가며 이스라엘의 예식이 세상 모든 사람들의 예식이 되도록 하여야 한다는 소명을 엿볼 수 있다. 특히 유월절 보충규례(출 12:43-51)가 대부분 이스라엘을 따라 나온 이방인들이 어떻게 유월절에 동참할 수 있는가에 관심을 쏟고 있다는 점이 이를 대변한다. 이는 이스라엘이 이러한 구원의 절기를 준수하며 지키는 삶을 통해 개인의 신앙을 지키고, 자신의 가정부터 시작하여 회중의 공동체로 그리고 나아가서는 열방까지 이 구원의식에 동참케 함으로 하나님의 나라를 이루는 사명인 것이다. 이러한 신앙의 걸음은 영구히 지속되어야 한다. 결국 신앙 공동체인 회중은 순례자들이며, 그 순례의 행렬은 세상 끝 날이 올 때까지 계속되어야 한다는 것이 이 구조의 의미라 할 수 있다. 광야가 어느 정도의 시간이 될지 모르나 그 여정동안 이 예식은 멈추지 말아야 하고, 가나안이 종착지가 아니라 또 다른 시작점이 되어 온 세상 속에 여호와 하나님의 이 구원 역사를 심어가야 한다는 것이다. 그리하여 이스라엘이 여호와 하나님을 예배하듯 열방이 동일하신 하나님을 예배하는 세상을 이루어야 하는 것이다.

이제 하나님께서 애굽에서 일으키시는 이적과 기적의 마지막을 향하여 나아가야 한다. 하나님께서 이스라엘 백성을 지중해를 따라가는 해변 길이 아니라 홍해를 향한 광야 길로 인도하신 이유는 첫째는 전쟁을 만나지 않게 하시기 위함이었다. 그러나 또 한 가지 이유가 더 있다. 그것은 바로를 유인하기 위함이다. 이스라엘이 광야와 홍해 사이에 가로막혀 있다는 것만으로도 바로의 완악한 마음은 요동을 칠 것이기 때문이다. 이를 통해 더 이상 애굽이 이스라엘을 붙잡지 못하게 하시려는 것이다.

3) 이적 재앙 결론: 홍해에서(출 14:1-15:21)

이제 이적과 기적을 통한 재앙의 마지막 결론에 이르렀다. 홍해를 건너는 사건은 이스라엘 백성에게는 애굽과의 결별을 의미하며 새로운 정체성의 본격적인 출발을 뜻한다는 면에서 중요한 의미를 담고 있다. 그리고 재앙 사건들을 통해서 이루고자 하시는 하나님의 뜻이 온전한 결론에 도달하는 지점이 된다. 재앙 사건이 거듭되며 열 번째의 애굽의 장자가 죽는 단계에 이르러서는 이스라엘 백성이 자손 대대로 행해야 할 예식이 형성된다. 애굽은 죽음의 탄식으로 이스라엘은 하나님을 향한 예배로 나아가고 있는 것이다. 이제 재앙 사건의 결론인 홍해 사건은 그 예배의 본질인 찬양이 이스라엘 백성의 삶에서 처음으로 나타난다는 점에서 그 중요성을 띠고 있다.

왜 홍해 사건이 있어야 하며, 이스라엘의 찬양이 중요한 의미를 갖는가? 이스라엘은 이미 애굽을 빠져나왔지만 아직까지 섬김의 대상은 완전하게 확정되지 않았다는 점을 들 수 있다. 이스라엘은 아직도 애굽의 영역 안에 있고, 언제든지 마음을 바꿀 수 있는 기회가 있다. 하나님은 이스라엘을 하나님만을 섬기는 백성으로 세우시기 위해 애굽을 향한 마지막 일격을 준비한다. 바로 홍해사건이다. 이스라엘을 향해 너희가 본 애굽인을 다시는 보지 않을 것이라는 선포 속에는 이제 이 사건으로 예배의 대상이 확고하게 결정될 것이라는 것을 의미한다는 점에서 중요하다. 애굽이 끝까지 따라오자 이스라엘은 "애굽인을 섬길 것이라 하지 않았느냐고" 모세를 원망한다. 아직 삶의 정황에 따라 변하는 마음을 가지고 있는 것이다. 이것을 변화시키는 길은 하나님이 누구이신지를 아는 길밖에는 없다. 그 길만이 바로나 애굽이 아닌 하나님만을 왕으로 영원히 섬기는 삶을 가능케 할 것이다. 그러므로 이스라엘 백성의 입에서 여호와를 향한 찬양이 시작되었다는 것은 섬김의 대상이 바뀌었다는 것을 증거하는 것이다.

역시 결론답게 홍해 사건은 이야기(출 14장)와 찬양(출 15:1-21)이라는 두 가지의 다른 장르로 반복적으로 주어진다. 이야기는 하나님께서 행하신 일을 증거 하는 것이며, 찬양은 하나님의 역사에 대한 이스라엘의 반응이라는 점에서 예배의 기초가 이루어진 것이라 할 수 있다.

출 14장	출 15:1-21
하나님께서 행하신 일	인간의 응답으로 하나님께서 행하신 일 찬양
과거의 사건	영원한 현재화

이렇게 이야기는 과거의 사건을 다루는 것이지만 찬양은 시대를 초월하여 늘 새로운 현재형이 된다. 이를 기념하라든가, 예식을 행하라는 명령이나, 권면조차 필요 없는 내면의 울림으로 하나님의 백성의 입에서 하나님을 향한 찬양이 저절로 솟구쳐 올라오는 것이다. 하나님께서 내리시려는 결론이 바로 이런 것이다. 하나님께서 애굽에서 행하신 놀라운 역사가 과거의 이야기 속에 유물처럼 남아 있는 것이 아니라, 이와 같이 이스라

엘의 찬양으로 살아나 영원한 현재가 되는 것이다. 찬양은 바로 그 놀라운 일을 행해주신 하나님이 지금도 살아 역사하시며, 동일하게 미래를 이끄실 것에 대해 기대케 하는 위력이 있다. 이렇게 재앙 사건의 결론은 마침내 예배의 찬양으로 마감된다. 애굽은 죽어가며 "여호와가 그들을 위하여 싸워 애굽 사람을 치는도다"(출 14:25)라는 절망적인 탄식 속에서 여호와가 누구신가를 배우고, 이스라엘은 대대로 찬양을 통해 여호와를 기념하게 되는 것이다. 그리고 이 찬양은 세상 곳곳으로 신속하게 퍼져 나감으로 세상이 주의 이름 앞에 엎드리게 해야 할 미래의 소명이 된다.

그러나 이성과 합리성을 원칙으로 하는 인간 중심의 사고를 가진 사람들에게는 성경의 그 어떠한 기적도 믿어지지 않는 가상의 이야기일 뿐이다. 왜냐하면 인간의 이성으로는 설명할 수 없기 때문이다. 그리고 이들은 그 수많은 기적 이야기들을 합리적인 공식으로 풀어내려고 한다. 홍해가 갈라진 사건도 여타 다른 재앙 사건들에서와 같이 기적이라기보다는 자연현상으로 보려고 한다. 이들에게는 하나님의 전능하심도 자신들의 두뇌로 설명이 가능해야 하기 때문이다.

『리더스 다이제스트』에 실린 오래전의 한 논문에는 홍해 사건을 다음과 같이 설명하고 있다. 히브리말로 홍해는 원래 '얌-수프'(יַם־סוּף, 출 15:4)인데 이는 '갈대바다'라는 뜻이며 후에 헬라어 구약성경이 이를 '홍해'(ἡ ἐρυθρὰ θάλασσα 헤 에뤼쓰라 쌀라사; the Red Sea)라고 잘못 생각했다는 것이다. 그도 그럴 것이 홍해 하면 길이가 2,000km, 너비가 200-300km, 평균 깊이는 530m에 제일 얕은 곳이 200m, 제일 깊은 곳은 2,300m나 된다.[112] 여기에 200만명에 달하는 숫자가 10명씩 한 줄로 서서 1m간격으로 행진한다 해도 그 길이가 무려 200km나 늘어지게 된다. 이 인구가 하룻밤 만에 홍해를 건넌다는 것은 불가능이라는 것이다. 물론 홍해의 가지 쪽인 수에즈만 쪽의 지류부분은 이에 비하면 훨씬 규모에서 적지만 200km에 걸쳐 늘어진 이스라엘의 규모는 해결하기 어려운 문제가 된다. 이와 같은 이유로 이스라엘이 건넌 바다를 홍해가 아닌 히브리어 원어 그대로 '갈대바다'로 이해한다. 그리고 이 갈대바다는 애굽인들에게 '파피루스 늪'으로 알려진 발라 호수로 수에즈 운하 바로 서쪽에 있는 멘잘레 호에서 남쪽으로 수 킬로미터 떨어져 있다고 본다. 하지만 이 시대까지 홍해라고 번역된 '얌-수프'(יַם–סוּף 갈대바다)의 존재를 홍해 이외의 어떤 장소로 증명하는데 성공한 학자나 연구자가 없다는 점은 약점이다.[113] 그럼에도 이 논문에는 기원전 1477년쯤의 어느 봄날 이른 아침에 이스라엘 민족을 구하고 애굽인 추격부대를 익사케 한 해일이 일어났다고 한다. 이 해일의 근원지는 해발 900m쯤 되는 산이 많은 산토리니(Santorini, 그리스어: Σαντορίνη) 섬의 화산폭발로 이루어진 것인데, 이 폭발로 화산재와 연기가 뒤섞인 기둥이 30km 높이로 치솟아 올랐다고 한다. 산토리니 섬은 그리스 에게 해 남부에 자리 잡은 작고 둥근 모양의 화산으로 이루어진 군도를 형성하고 있으며, 그리스 본토와는 약 200km 정도 거리를 두고 떨어져 있다. 그리스의 미노아 문명의 최 절정기에 미노아 화산 분출이 일어났다고 한다. 이 분출로 정상부에는 가마솥 모양의 거대한 칼데라가 생기고, 주변에는 엄청난 높이의 화산재가 쌓였으며, 또한 거대한 쓰나미가 일어나 산토리니 남쪽 110km에 있는 크리티 섬의 미노아 문명이 몰락하는데 간접적으로 영향을 주었을 것이라 여겨지기도 한다.[114] 이 화산폭발은 성경에 나오는 열 가지 재앙을 설명할 수 있을 뿐만 아니라 구름기둥과 불기둥을 만들어 주었을 가능성도 있다고 본다. 화산 연구가들은 산토리니 섬의 화산폭발은 950km정도 밖에 안 떨어진 애굽의 나일강 삼각주 상공에도 충분히 변화를 가져왔을 것으로 추정한다. 산 덩어리가 해면 350m 밑의 화산구 속으로 빠져 들어 가면서 높이 30m가 넘었을 해일을 만들었을 것으로 추정한다. 이 연구를 주도한 게딕이란 사람은 "산토리니 섬의 폭발은 기적이 아니다. 그것은 비록 매우 드문 것이기는 하지만 자연현상이다. 기적은 그 해일이 그처럼 결정적인 순간에 일어났다는 우연의 일치에 있다"고 말한다.[115]

성경 속의 기적도 인간의 이성으로 이해되어야만 직성이 풀리는 것이 인간의 속성이다. 인간의 이성이 잘못되었다는 것을 말하려는 것도, 이성의 무용성을 주장하려는 것도 아니다. 인간의 손 안에 모든 원리가 쥐어져야만 한다고 생각하는 인간 이성의 오만함을 지적하는 것이다. "이성에 대한 우상시 때문에 우리의 설명과 이해를 자극하고, 우리가 씨름하는 범주를 초월하는 하나님에 대한 개념을 상실하거나 포기"했다는 해밀턴의 말은 새겨봄직하다.[116]

인간이 자신의 이성적인 논리로 설명할 수 있는 것이라면 결국은 어떤 신격체도 찬양하거나 예배할 필요가 없는 탈출구가 마련된다. 모든 것이 인간이 통제 가능한 지식의 세계 안에 들어온 것이기 때문이며, 인간의 지식으로 설명 가능하기 때문이다. 하지만 성경 속에 주어진 물이 갈라져 양 옆으로 벽이 되었고, 이스라엘은 그 사이로 지나갔다는 내용은 허구가 된다. 마침내 하나님의 전능하심으로 인한 기적은 우연이 되고,

그 우연을 발견하고 설명하는 인간의 놀라운 지식을 찬미하게 될 것이다. 분명히 기억해야 할 것은 홍해 사건은 이스라엘이 과학적이고, 역사적인 실증을 제시하기 위해 이와 같이 기록된 것이 아니라는 것이다. 만약 역사적인 사실 증명을 위한 논증이라면 지금 성경의 기록과는 여러모로 달라질 것이다. 먼저 홍해를 건너는 사건의 시간적인 보도부터 차이가 나기 시작할 것이다. 며칠에 걸쳐 이스라엘이 홍해를 건너고, 애굽은 칠흑 같은 어둠에서 헤어나지 못하였을 것이고 이스라엘이 거의 다 건너갔을 무렵 뒤쫓기 시작했을 것이다. 그러나 사건이 끝나고 난 뒤 신앙고백적인 보고는 분명 그런 세세한 정보제공이 아니라 하나님께서 행하신 놀라운 행동의 의미와 목적을 강조하는 것이 될 것이다. 특히 흑암과 빛, 물과 물이 갈라지고 마른 땅으로 건너는 이미지의 강조는 역사가 아닌 창조와 구원 신학의 성취를 향하고 있다. 그러한 하나님의 뜻을 만난 사람은 찬양하는 존재로 거듭난다.

이렇게 '찬양'이 인간을 정의하는 가장 중요한 요소 중의 한가지라면, 분명 하나님을 잃은 존재인 인간은 스스로의 '찬양거리'를 찾아 해맬 수밖에 없다. 그것이 '자기 자신'이든 혹은 자신이 만들어 내는 '업적'이든지 아니면 다른 위대한 인물이나 그들이 보이는 재능과 능력일 수도 있다. 왜냐하면 인간은 본질적으로 무언가를 예배하며, 찬양하는 존재이기 때문이다. 하나님의 백성 이스라엘은 민족으로서의 자신의 성립을 단 한 문장으로 설명한다: **"나는 너를 애굽 땅 종 되었던 집에서 인도하여낸 네 하나님 여호와니라"(출 20:2; 신 5:6).** 이 선언 속에는 이스라엘 민족의 정체성이 하나님의 정체성과 더불어 주어지고 있다. 이것은 하나님을 떠나서는 결코 설 수 없는 한 민족을 이야기하고 있는 것이다. 하나님을 향한 예배는 이러한 구원체험과 동전의 양면처럼 분리할 수 없는 것이다.

이를 입증하듯이 홍해에서의 구원은 출애굽기 14, 15장의 두 장으로 나누어지는데 이 두 장은 동일한 사건에 대한 두 가지 다른 형태(version)라 할 수 있다. 14장이 하나님께서 행하신 일에 초점을 맞추고 있다면, 15장은 하나님께서 행하신 일에 대한 이스라엘의 응답에 초점을 맞춘다. 14장에는 하나님의 장엄한 역사에 대한 이스라엘의 숨죽인 침묵이 있고, 15장에는 하나님의 역사를 체험한 이스라엘의 웅장한 합창이 있다. 14장은 전사이신 여호와의 전쟁을 보고하고, 15장은 승리자이신 여호와를 찬양한다.[117] 이렇게 하나님의 이야기와 우리의 찬양시가 하나로 연합되어 구원사가 완성된다.

(1) 이야기 - 홍해에서 하나님께서 행하신 일(출 14장)

먼저 하나님의 계획이 모세에게 주어진다(출 14:1-4). 하나님은 이스라엘을 블레셋 길에서 완전히 돌려 광야 길로 가게 만드셨다. 바로를 유인하기 위함이며 또한 애굽과 이스라엘에게 여호와가 누구신지에 대한 교훈을 가르치시기 위함이다. 그 출발선에 여호와께서 바로의 마음을 완악하게 한다는 것과 이를 통해 "나를 여호와인줄 알리라"는 내용을 통해 홍해 사건 또한 이적과 기적 사건의 연속이라는 것을 알 수 있다. 열 번째 재앙으로 출애굽은 이루어졌지만 바로와 애굽은 여전히 이스라엘을 붙잡으려 달려온다. 하나님께서는 애굽의 이 손길을 이스라엘이 보는 앞에서 끊어내실 것이다. 그리고 광야 여정을 통해 서서히 430년 동안 이스라엘 속에 파고들어 있는 애굽을 끄집어 내실 것이다. 지도자는 이것을 확신 있게 깨닫고 있어야 한다. 그래야 백성들을 이끌 수 있는 것이다: "무리가 그대로 행하니라"(출 14:4).

그리고 바로가 하나님의 계획 따라 움직인다(출 14:5-9). 바로는 이스라엘이 바다에 가로막혀 더 이상 전진할 수 없는 상황에 처한 것을 보고 그 특유의 완악한 성격이 하나님에 의해 격동된다(출 14:1-9). 바로의 후회는 이스라엘 백성을 자신을 섬기는 것에서 풀어주었다는 것이다. 이스라엘이 하나님을 섬기겠다는 선언을 하였을 때, 끝까지 막으려 애썼으나 감당할 수 없는 재앙의 연속으로 인하여 마지못해 풀어주었으나, 자신의 노예를 잃은 분노가 더 크게 느껴졌을 것이다. 이처럼 인간을 끌어들여 노예화 시키려는 세상은 잔혹하리만치 집요하게 인간을 물고 늘어진다. 세상이 이렇게도 집요하게 물고 늘어지는 것은 그것이 승산 있는 싸움이기 때문이다. 선발된 바로의 정예 부대로서의 병거 600대와 그 외의 병거들과 마병들이 이스라엘이 장막 친 데까지 다다른다. 그 어마어마한 위력은 가히 공포심을 자아내기에 충분했을 것이다. 인간의 속성이 조금만 힘들어도 포기하고 말 정도로 약하다는 것은 익히 알려져 있다. 더구나 430년 동안 뿌리박힌 노예근성이라면 두말할 필요도 없을 것이다. 사탄은 이러한 인간의 속성을 간파하고 집요하게 세상 권력을 이용하여 덤벼든다. 사탄의 승리를 예상할 수 있는 것은 세상권력의 집요한 공격을 무방비로 맞아야 하는 절박감으로 불평하는 인간의 소리만 들어 보아도 쉽게 살펴볼 수 있다.

바로가 가까이 올 때에 이스라엘 자손이 눈을 들어 본즉 애굽 사람들이 자기들 뒤에 이른지라 이스라엘 자손이 심히 두려워하여 여호와께 부르짖고 그들이 또 모세에게 이르되 애굽에 매장지가 없어서 당신이 우리를 이끌어 내어 이 광야에서 죽게 하느냐 어찌하여 당신이 우리를 애굽에서 이끌어 내어 우리에게 이같이 하느냐 우리가 애굽에서 당신에게 이른 말이 이것이 아니냐 이르기를 우리를 내버려두라 우리가 애굽 사람을 섬길 것이라 하지 아니하더냐 애굽 사람을 섬기는 것이 광야에서 죽는 것보다 낫겠노라(출 14:10-12).

안타깝게도 이스라엘은 하나님의 계획이 아닌 세상의 계획 따라 움직인다(출 14:10-12). 이스라엘 백성들은 앞은 바다요, 좌우는 피할 곳 없는 광야요, 뒤는 바로의 거대한 군대가 추격하는 것을 알고는 겁에 질려 '여호와의 군대'가 아닌 '오합지졸'의 근성을 드러낸다. 군대는 목숨을 내건 전쟁을 준비하지만, 오합지졸은 두려워하며 서로를 비난하기에 급급하다.

이스라엘 백성은 모세를 향하여 세 가지의 원망에 찬 반문을 던진다. 첫째, 애굽에 매장지가 없어서 이 광야까지 끌고 와서 죽게 하느냐? 둘째, 어찌하여 우리를 애굽에서 이끌어내서 이렇게 하느냐? 셋째, 우리가 애굽에서 애굽 사람을 섬길 것이라 하지 아니하더냐? 이들은 자신의 정체성을 광야에서 죽는 존재들보다는, 차라리 애굽 사람을 섬기는 편을 택하겠다고 한다. 자유인으로 죽기 보다는 노예로 사는 편을 택하는 것이다. 즉 죽는 것보다는 비굴하게라도 사는 것이 낫다는 것이다. 이러한 선택은 시대를 초월하여 하나님을 모르는 존재들이 택하는 삶의 길이 될 것이다. 이로 인해 하나님께서는 이스라엘에게도 자신이 어떤 하나님인가를 알려주시려는 것이다. 더 이상 이런 어리석은 선택은 하지 않도록 하기 위함이다.

이 때에 모세가 이스라엘 백성들 앞에 나선다(출 14:13-14). 지도자의 역할이 바로 이렇게 바른 방향을 보지 못하고 흔들리는 사람들의 시선을 올바른 곳을 바라볼 수 있도록 하는 것이다. 이스라엘은 지금 열 가지의 재앙 사건을 일으키시며 애굽을 초토화 시키신 하나님을 바라보는 것이 아니라, 눈앞에 펼쳐져 있는 애굽 군대의 위용을 바라보기에 공포심에 사로잡힌 것이다. 지도자는 마땅히 바라보아야 할 곳을 향하여 눈의 초점을 맞추게 하는 존재이다. 모세는 백성들을 향해 두려워 말고 가만히 서서 여호와께서 행하시는 놀라운 구원을 보라고 선포한다. 그리고 확신에 차서 오늘 본 애굽 사람을 이제 영원히 다시 보지 않을 것이라 선포한다. 왜냐하면 여호와께서 친히 싸우실 것이기 때문이다.

그 확신에 찬 선포가 끝나자마자 여호와께서 모세에게 말씀하셔서 지팡이를 든 손을 바다 위로 내밀어 바다가 갈라지게 하라신다(출 14:15-20). 이스라엘은 마른 땅으로 건너고, 애굽 군대는 죽음으로 끝날 것을 예고하시며 이를 통해 여호와께서 영광을 얻으실 것이라 하신다. 그리고 하나님의 사자와 구름기둥이 이스라엘의 뒤로 옮기며 애굽에는 구름과 흑암(חֹשֶׁךְ; 창 1:2)이 이스라엘 진영은 밤이 밝은 대낮 같이 빛나게 함으로 결코 애굽이 공격할 수 없게 만드셨다(출 14:20). 여기서 분명히 드러나는 것은 이 싸움은 빛과 어둠 사이에서 존재한다, 흑암과 빛의 대조가 바로 두 진영의 운명이다. 이제 바로의 군대는 흑암 가운데 전멸의 길로, 이스라엘은 빛 가운데 구원의 길로 나아갈 서막을 보이고 있는 것이다. 그런데 이 흑암은 단순히 여기서만 나타나는 것은 아니다. 애굽의 흑암은 이미 오래전부터 시작되었다. 아홉 번째 재앙인 흑암의 재앙부터,

열 번째 재앙인 애굽의 장자의 죽음 위에도 이 짙은 흑암의 어둠은 드리우고 있었고, 이스라엘의 탈출도 그 밤에 이루어 졌고, 또한 지금 홍해 사건도 이 밤의 어둠과 밀접히 연관되어 있다. 이러한 흑암의 연결을 나열하면 다음과 같다.[118)]

	성경구절	내 용
1	출 10:22	모세가 하늘을 향하여 손을 내밀매 캄캄한 흑암이 삼일 동안 애굽 온 땅에 있어서
2	출 12:29	밤중에 여호와께서 애굽 땅에서 모든 처음 난 것
3	출 12:31	밤에 바로가 모세와 아론을 불러
4	출 12:42	이 밤은 그들을 애굽 땅에서 인도하여 내심으로 말미암아
5	출 14:20	애굽 진과 이스라엘 진 사이에 이르러 서니 저쪽은 구름과 흑암이 있고
6	출 14:21	모세가 바다 위로 손을 내어민대…밤새도록 바닷물을 물러가게 하시니
7	출 14:24	새벽(בְּאַשְׁמֹרֶת הַבֹּקֶר 베아쉬모레트 하보퀘르)에 애굽 군대를 어지럽게 하시며 – '새벽'이라는 단어는 '아쉬무라'(אַשְׁמוּרָה)로도 쓰이며 '밤의 한 경점'(night–watch)이라는 의미가 있고, 저녁을 의미하는 '하보퀘르'(הַבֹּקֶר)와 같이 쓰여서 분명하게 '밤의 마지막 경점'(last watch of night)으로 동이 트기 바로 직전을 의미한다(출 14:24; 삼상 11:11; 시 63:7; 119:148).[119)]
8	출 14:27	모세가 곧 바다 위로 손을 내어 밀매 새벽에 미쳐(לִפְנוֹת בֹּקֶר 리프노트 보퀘르)바다의 그 세력이 회복된지라…애굽 사람들을 바다 가운데 엎으시니 – '새벽에 미쳐'는 '아침 직전'(toward morning)으로 동이 터오는 것을 의미한다.[120)]

애굽의 운명 위에 짙게 드리워졌던 흑암의 어둠이 점점 여명의 새벽으로 연결되어 간다. 그러나 그 밝은 빛은 애굽의 것이 아니다. 이스라엘은 어둠을 경험하지 않는다. 애굽이 아홉 번째 재앙으로 흑암이 가득 찰 때에도 이스라엘에게는 빛이 있었고, 애굽은 죽음의 흑암이 드리울 때

에도, 이스라엘은 생명과 구원의 밤이었다. 그리고 홍해 앞에서도 애굽은 어둠 속에, 이스라엘은 빛 가운데 거한다. 같은 지역에서 이러한 상반된 경험이 가능한 것인가? 우리의 삶은 이렇게 상반된 길을 걸을 수 있다는 확신을 주는 것이다. 온 세상이 흑암으로 가득 찰지라도 하나님의 사람이 서 있는 곳은 빛이 있는 세상이 될 것이라는 점이다. 이스라엘은 칠흑 같은 어둠 속에서 새벽의 찬란한 여명이 동터 옴을 본다. 그러나 애굽에게는 그 새벽이 결코 희망의 빛이 아니다.

이러한 상황의 대조는 창조의 첫 번째 날로 돌아간 것(A Return to the First Day of Creation) 같은 인상을 풍긴다(창 1:2). 흡사 모든 것이 흑암의 물 속에서 혼돈 가운데 거했던 그 때로 돌아간 것이다.[121] 애굽은 빛이 사라진 암흑의 세상, 그 마지막에는 피조물 중의 으뜸인 인간, 그 중에서도 대를 이어 간다는 장자들이 다 죽는 사건과, 남은 장정들마저도 홍해에서 완전히 수장되어 버리는 철저한 창조의 파괴를 경험한다. 이 일련의 창조세계의 파괴 속에서도 바로는 그 어떠한 역할도 할 수 없고 오히려 곤혹스런 패배만을 갖는 다는 것을 통해 모세는 바로가 아닌 여호와만이 참 신이시며 이 세상을 주관하시는 분이라는 것을 만 천하에 공표하고 있는 것이다. 하나님께서는 천하를 호령한다는 바로에게 "내가 너를 세웠음은 나의 능력을 네게 보이고 내 이름이 온 천하에 전파되게 하려 하였음이라"(출 9:16)고 선언하셨다. 즉, 바로의 지위도 하나님의 뜻을 펼치기 위한 도구라는 것이다. 그리고 "내가 바로와 그의 병거와 마병으로 말미암아 영광을 얻을 때에야 애굽 사람들이 나를 여호와인 줄 알리라"(출 14:18)고 단언하셨다.

이러한 일련의 사건들이 모세가 바다 위로 손을 내미는 두 번의 행동을 통해 성취된다. 첫 번째 손을 내 밀 때 큰 동풍이 밤새도록 불어와 바다가 갈라지고 이스라엘은 좌우에 벽이 된 물을 건너고, 애굽도 추격하여 들어온다(출 14:21-25). 두 번째 손을 내 밀 때는 갈라졌던 물이 다시 하나로 합쳐지며 애굽 군대가 모두 바다에 수장되고, 구원받은 이스라엘이 바닷가에서 애굽 사람들이 죽은 시체를 보는 것으로 그 결론에 이른다(출 14:26-30). 이렇게 애굽은 철저한 창조의 파괴를 경험하는 그 순간에 이스라엘은 정반대의 경험을 한다. 애굽이 완전히 홍해에 수장되어 흑암의 물속에 잠겨 흔적도 없이 사라지는 그 순간에 갈라진 죽음과 혼돈의 물과 물 사이의 마른 땅을 유유히 걸어 나오는 이스라엘을 상상해 보라. 이것이 바로 새로운 창조가 아닌가? 애굽의 전적인 파괴와 이스라엘의 새 창조의 이야기가 출애굽기 14:28절과 29절에 연속으로 병행되어 나타나는 것을 통해 그 극적인 대조를 선명하게 그려 보이고 있다.

> 물이 다시 흘러 병거들과 기병들을 덮되 그들의 뒤를 따라 바다에 들어간 바로의 군대를 다 덮으니 하나도 남지 아니하였더라(출 14:28).
>
> ---
>
> 그러나 이스라엘 자손은 바다 가운데를 육지로 행하였고 물이 좌우에 벽이 되었더라(출 14:29).

혼돈의 물이 이스라엘 앞에서 갈라진 것이다. 천지창조 때에 하나님께서 캄캄한 어둠으로 가득 찬 혼돈의 물을 궁창 위의 물과 궁창 아래의 물로 나누시고, 육지가 드러나게 하시며, 그 곳에 하나님의 형상을 부여받은 인간이 있게 하셨듯이, 홍해가 갈라지고 마른 땅이 드러나며 하나님의 백성 이스라엘이 그 마른 땅을 통하여 탄생된 것이다. 천지창조 때의 구절과 홍해에서의 구절들을 비교해 보면 창조의 유비관계가 의도적으로 주어져 있음을 알 수 있게 한다.

> 태초에 하나님이 천지를 창조하시니라 땅이 혼돈하고 공허하며 흑암(חֹשֶׁךְ 호쉐크)이 깊음(תְּהוֹם 테홈) 위에 있고 하나님의 영은 수면 위에 운행하시니라(창 1:1-2).

> 애굽 진과 이스라엘 진 사이에 이르러 서니 저쪽에는 구름과 흑암(חֹשֶׁךְ 호쉐크)이 있고 이쪽에는 밤이 밝으므로 밤새도록 저쪽이 이쪽에 가까이 못하였더라(출 14:20).

> 그가 바로의 병거와 그의 군대를 바다에 던지시니 최고의 지휘관들이 홍해에 잠겼고 깊은 물(תְּהֹמֹת 테호모트; 테홈의 복수형)이 그들을 덮으니 그들이 돌처럼 깊음 속에 가라앉았도다(출 15:4-5).

홍해 바다의 물을 '깊은 물' 즉 창세기 1:2절의 혼돈의 세력을 상징하는 심연의 '깊음'과 같은 용어를 사용하고 있다는 것이 결코 우연은 아닐 것이다. 애굽은 그 '깊음'에 가라앉고, 이스라엘은 그 깊음이 갈라져 물과 물 사이로 통과한다는 것이 곧 궁창 위의 물과 궁창 아래의 물로 나뉜 땅을 가꾸어 갈 하나님의 형상으로 창조된 인간과 비교된다.

애 굽	이스라엘
흑암(חֹשֶׁךְ 호세크) 가운데(출 14:20)	빛 가운데(출 14:20)
깊음(תְּהֹמֹת 테호모트)에 잠기고(출 15:5)	깊음이 (물과 물로) 갈라져 구원으로
창조 전의 혼돈으로 돌아감으로 역창조의 완성에 이르고	창조의 새 역사로 순창조의 길이 열린다

이렇게 바로와 애굽은 홍해에서 수장됨으로 역창조의 결론에 도달하고, 이스라엘은 빛 가운데 하나님의 놀라운 역사를 체험하며 새 창조의 주역이 된다.

이러한 결론은 창조된 이스라엘이 가야 할 길을 인도하는 신호등이 된다. 이스라엘이 하나님의 큰 능력을 보았으므로 여호와를 경외하는 것으로 그 결론에 이른다. 그리고 여호와 경외는 분명 이스라엘을 그 경외에 걸맞은 삶의 길로 인도할 것이다. 그렇다면 이 모든 사건의 전개 속에 모세라는 지도자는 그림자일 뿐인가? 그렇지 않다. 하나님의 이름이 드러나는 그곳에 하나님의 이름을 드높인 사람의 이름도 같이 등장한다. 신명기 34:10-12절은 마지막으로 모세의 이미지를 다음과 같이 전한다.

> 그 후에는 이스라엘에 모세와 같은 선지자가 일어나지 못하였나니 모세는 여호와께서 대면하여 아시던 자요 여호와께서 그를 애굽 땅에 보내사 바로와 그의 모든 신하와 그의 온 땅에 모든 이적과 기사와 모든 큰 권능과 위엄을 행하게 하시매 온 이스라엘의 목전에서 그것을 행한 자이더라(신 34:10-12).

이것은 모세가 행동할 때 그의 행동은 하나님의 행동이었고, 그가 말할 때 그것은 하나님의 말씀이었다는 것으로 분명해진다. 하나님은 자신의 백성을 위하여 행동하신다. 그러한 행동들은 반드시 모세의 사역을 통해서 집행된다는 것이 하나님 앞에 서 있는 지도자의 중요성이다.[122] 이를 입증하듯 이 모든 사건 뒤에 백성들이 "여호와와 그의 종 모세를 믿었더라"(출 14:31)고 전한다. 하나님께서는 자신의 종이 백성들로부터 신뢰받기를 원하신다. 그래야 하나님의 뜻이 더욱더 깊이 있게 그리고 넓게 영향력을 미칠 수 있기 때문이다. 그러나 하나님과 함께 신뢰받을지라도 인간은 반드시 종의 위치를 지켜야 한다. 그 선이 무너질 때 또다시 혼돈이 밀려와 창조질서를 무너뜨리기 때문이다. 모세는 결코 여호와 하나님의 위치를 찬탈하지 않는다. 그것은 그 다음에 모세가 즉시로 온 백성과 함께 전심을 다해 행하는 것이 무엇인지를 살펴보면 알 수 있다.

하나님께서는 무엇을 하게 하려고 이스라엘을 탄생시키셨을까? 하나님께서는 모세를 부르실 때부터 여러 가지 재앙으로 바로와 애굽을 치실 때에도 변함없는 한 마디를 하셨다: "내 백성을 보내라 그들이 나를 섬길 것이니라." 이 백성을 통하여 하나님을 찬송하는 세상을 이루시려고 구원해 내신 것이다(사 43:14-21). 모세는 구원된 이스라엘을 이끌고 드디어 하나님의 이 깊은 갈망을 이루어 내는 길로 나아간다. 애굽이 광란의 질주로 납같이 가라앉는 것으로 그 끝에 이르며, 이스라엘은 두려움과 의심을 벗어 던지고 찬양과 예배라는 기쁨으로 나아가는 것이다.[123]

(2) 찬양 - 하나님께서 행하신 일에 대한 이스라엘의 응답(출 15:1-21)

모세를 부르시고, 이스라엘을 출애굽 시키시는 것은 뚜렷한 목적이 있다. 그것은 바로 예배이다. 이스라엘은 탈출이나 해방이 목적이 아니다. 그리고 엄밀하게는 가나안 땅을 정복하는 것 자체도 목적이 아니다. 그랬다면 하나님께서 이스라엘을 한 순간에 탈출시키시고, 해방시키셔서, 가장 가까운 길인 블레셋의 길로 인도하여 전쟁을 치르게 하고 가나안을 일시에 점령하게 하실 수도 있다. 그러나 하나님은 그렇게 이스라엘을 이끌지 않으신다. 애굽인들이 겪는 기나긴 재앙들의 연속을 지켜보게 하시고, 유월절 밤을 겪게 하시고, 홍해의 기적을 통과하며 이스라엘은 진정한 찬양이 무엇이며, 예배가 무엇인지를 배운다.

심지어 하나님께서는 모세에게 의도적으로 이스라엘 자손에게 명령하여 돌이켜 바다와 믹돌 사이의 비하히롯 앞 곧 바알스본 맞은편 바닷가에 장막을 치게 해서 바로가 이스라엘 자손이 광야에 갇힌바 되었다고 여기게 하라 하신다(출 14:2-3). 즉, 이스라엘을 광야에 갇히게 만들라는 명령이다. 이것은 바로 왕을 끌어내려는 하나님의 책략이었다. 마지막 순간까지도 하나님께서는 탈출 그 자체보다 더 신중하게 가르치고자 하시는 바가 있으시다. 그것은 바로 "내가 그와 그의 온 군대로 말미암아 영광을 얻어 애굽 사람들이 나를 여호와인 줄 알게 하리라"(출 14:4, 18)는 것에 있다. 그리고 마침내는 "이스라엘이 여호와께서 애굽 사람들에게 행하신 그 큰 능력을 보았으므로 백성이 여호와를 경외하며 여호와와 그의 종 모세를 믿었더라"(출 14:31)는 결과를 도출시킨다. 즉, 하나님을 예배하는 기초를 마련하는 것이다.[124)]

이렇게 홍해를 건너 구원의 완성에 도달한 이스라엘의 찬양 속에는 먼저 하나님께서 성취해 주신 과거에 대한 찬미가 있다. 그리고 거기에서 멈추는 것이 아니라 미래 또한 동일하신 하나님께서 과거에 행해

주신 것처럼 이루어 주실 것에 대한 확신을 노래한다. 그러므로 하나님의 과거 행적에 대한 찬미는 곧 미래 또한 그와 같을 것을 기대하는 영광송이라 할 수 있다. 동일한 하나님을 향한 현재의 찬양은 이렇게 과거의 사건이 미래를 열어가게 한다. 이스라엘의 찬양의 전체적인 구조는 교차대칭구조를 이루고 있다.

A. 모세와 이스라엘 자손의 노래의 대상 - 용사이신 하나님(출 15:1-3)

B. 여호와께서 이루신 과거의 행적 - 홍해에서(출 15:4-12)
- 구원의 성취에서

B'. 여호와께서 이루실 미래의 행적 - 가나안에서(출 15:13-18)
- 약속의 성취로

A'. 미리암과 여인들의 춤과 노래의 대상 - 용사이신 하나님(출 15:19-21)

먼저 모세와 이스라엘 자손들이 노래한다(A. 출 15:1-3). 애굽을 무찌르신 하나님을 찬양한다는 점에서 승전가라고 할 수도 있고, 이스라엘이 구원의 감격을 담아 노래 한다는 점에서 감사 찬양이라고 할 수도 있다. 그 찬양의 대상은 역시 애굽을 무찌르신 용사이신 하나님이시다. 미리암과 여인들이 후에 소고치고 춤추며 찬양하는 것을 보면 먼저는 주로 남자들이 여호와를 찬양하는 것에 앞장섰을 것을 예상해 볼 수 있다. 이는 "미리암이 그들에게 화답하여 이르되"(출 15:21)에서 '그들'(הֶם 헴)이 남성 복수형 대명사란 점에서 남성들의 노래에 화답하는 여성들의 응답이라 할 수 있으며 시점으로도 남성들의 노래와 연속적이라 할 수 있다.[125] 이 속에서 남성의 소리에 눌리고 억압된 여성의 소리를 본다면 그것은 본질을 곡해한 것이다.[126] 그보다는 두 지도자들을 통하여 남성과 여성들로 연합된 수백만의 합창단을 연상하는 것이 올바를 것이다. 그리고 이를 통해 출애굽기 1-15장까지에서 두 히브리 산파와 모세의 어머니 그리고 모세의 누이인 미리암이라는 여인들의 저항으로 시작된 출애굽의 구원사가 마침내 미리암을 필두로 한 여인들의 입에서 뿜어져 나오는 승전가로 그 결론에 이르고 있는 인클루지오(inclusio)를 이루고 있는 것은 결코 우연이 아닐 것이다.[127]

이렇게 홍해에서 놀라운 구원을 체험한 이스라엘은 이제 새로운 하나님의 백성으로의 길을 준비한다. 하나님의 백성의 시작은 역시 감당할 수 없는 구원 체험이다. 드디어 처음으로 인간 역사에 새로운 것이 돌입해 들어온다. 이스라엘 민족의 역사 속에서 최초의 찬양이 울려 퍼지는 것이다. 그리고 이 찬양이 하나님의 백성을 향하신 하나님의 뜻임을 알 수 있다. 이스라엘은 이처럼 모세를 따라 일어나서 찬양하는 백성이 된다.

이 때에 모세와 이스라엘 자손이 이 노래로 여호와께 노래하니 일렀으되 내가 여호와를 찬송하리니 그는 높고 영화로우심이요 말과 그 탄자를 바다에 던지셨음이로다 여호와는 나의 힘이요 노래시며 나의 구원이시로다 그는 나의 하나님이시니 내가 그를 찬송할 것이요 내 아버지의 하나님이시니 내가 그를 높이리로다 여호와는 용사시니 여호와는 그의 이름이시로다(출 15:1-3).

이 찬양의 초점은 끊임없이 쏟아져 나오는 한 이름 위에 모아진다. 바로 '여호와, 여호와, 여호와'이시다. 애굽의 신도 아니고, 바로도 아니고 모세도 아닌 그 어떤 인간도 아닌 오직 여호와만이 찬송의 대상이시다. 베스터만(Westermann)은 이스라엘의 찬양은 하나님을 향한 확고한 믿음에 기초하고 있으며 이러한 흔들이지 않는 토대 위에서 하나님과의 관계를 가장 분명하게 표현하는 것이 찬양이라고 한다. 그리고 이러한 찬양의 대상이 인간이나 사상 혹은 제도가 된다면 인생 자체는 혼란으로 가득 찰 것이고 결국 파멸에 이르게 될 것이라 한다. 그러므로 오직 하나님이 찬양 받으시는 곳에만 진정한 삶이 있다고 선언하기를 주저하지 않는다.[128] 이 하나님은 신들 중에 아무도 비교할 수 없는 존재이시다.

그 구체적인 증거는 방금 눈앞에서 과거의 사건이 된 홍해 사건을 통해서 역력히 증명된다(B. 출 15:4-12). 바로의 병거와 마병을 바다 가운데 던지셨다. 주의 콧김에 물이 쌓이고 파도가 언덕 같이 일어서고 큰 물이 바다 가운데 엉겼다고 한다. 홍해 사건의 시적인 표현이라 할 수 있다. 이스라엘의 입에서 비교할 데 없으신 위대하심이 칭송된다: **"여호와여 신 중에 주와 같은 자가 누구니이까 주와 같이 거룩함으로 영광스러우며 찬송할 만한 위엄이 있으며 기이한 일을 행하는 자가 누구니이까"(출 15:11)**. 그러므로 열 가지 재앙의 이야기에 면면히 강조되었던 "온 천하에 나와 같은 자가 없음을 네가 알게 하리라"(출 9:14)는 주제가 이스라엘 자신의 고백으로 쏟아짐으로 그 최고의 정점에 이르게 된다.

이렇게 찬양의 전반부(출 15:1-12)을 통하여 드러난 하나님의 위대한 행동의 모습은 이 찬양의 후반부(B'. 출 15:13-18)에 나타난 미래를 향한 원동력을 제공해 준다. 애굽에 대한 최종적인 승리는 결국 가나안으로 가는 여정과 그곳에서의 승리를 미리 보여준다. 애굽인을 향한 승리는 그와 동일한 주의 힘으로 이스라엘을 반드시 주의 거룩한 처소에 들어가게 하실 것이라는 점을 확신케 한다(출 15:13). 이와 같은 하나님의 능력은 그 땅과 그 주변에 살고 있는 민족들인 블레셋, 에돔, 모압 그리고 가나안의 주민들이 두려움에 사로잡혀 전의를 상실하게 만드는 요인이 된다. 그러므로 애굽에 대한 승리의 정점인 홍해사건은 약속의 땅을 정복할 것에 대한 미래까지도 이미 성취된 것으로 찬양하게 하는 믿음을 갖게 한다. 하나님께서 행해주신 모든 일들은 아직 이루어지지 않은 미래의 모든 약속 또한 이미 성취되었다는 확신을 갖게 하는 것이다. 그리고 단순히 성취를 향하여 가는 것이 아니라, 미래의 그 성취를 지금 이 순간에 이미 맛보며 살아가는 것이다. 이루어 주실 것에 대한 기대감이라기 보다는 이미 이루셨다는 확신으로 아무것도 보이지 않는 이 순간일지라도 강하고, 담대하게 승리자의 삶을 살아가는 것이다. 그 근본에는 신 중에 여호와와 같은 이가 없으며, 거룩함과 영광스러움, 찬송할 만한 위엄 그리고 기이한 일을 행함에 여호와와 같은 이가 없기 때문이다(출 15:11). 설사 에돔, 블레셋, 가나안의 우두머리들을 다 굴복시키고, 주의 기업의 산에 주의 손으로 세우신 성소가 서는 이 모든 것을 기대할 수 있는 것이 여호수아의 시대를 지나고, 사사시대를 지나 시온 산을 영원한 주의 성소로 만든 다윗과 솔로몬의 시대에나 완성될지라도 홍해사건은 이 모든 것을 기대할 수 있는 원동력이 된다는 점에서 중요하다. 흥미롭게도 오경 속의 많은 시들은 다윗의 생애에 있어서의 많은 사건들과 또 그것을 뛰어 넘어 미래의 훨씬 더 위대한 날들을 미리 예고하고 있는 것이다(창 49:8-12; 민 24:17-19). 이렇게 바다에서의 승리는 곧 하나님의 통치권의 확립이며 세계 재창조의 거대한 출발선이 된다. 혼돈의 세력의 핵심이라 할 수 있는 바로와 애굽의 파괴는 곧 시대를 초월하여 세상의 모든 악 또한 이와 같이 무너질 것을 예증하고 있기 때문이다. 바로와 같이 불의한 정치체제와 사악한 종교로 사람들의 삶을 피폐하게 만드는 모든 인생과 장소는 이와 같이 끝나고 말 것임을 알리는 경종이다. 여호와의 성산이 온 세계의 중심으로 우뚝 서고 그곳에서 여호와께서 통치하실 미래 또한 기대하고 있는 것이다.

이를 예고하듯 이 찬송의 마지막은 이렇게 마감되고 있다: "여호와께서 영원무궁 하도록 다스리시도다"(출 15:18). 이 말은 히브리어를 그대로 따르자면 "여호와만이 영원무궁토록 다스리실 왕이 되소서"(יְהוָה יִמְלֹךְ לְעֹלָם וָעֶד׃ 야웨 임로크 레올람 와에드)라는 표현이다. 구원의 핵심은 바로 이와 같이 여호와의 영원한 다스리심에 있다. 그 하나님은 어제도 통치하셨고, 오늘도 통치하시며, 내일도 통치하시는 영원하신 하나님이시다.[129] 웅장한 위용을 자랑하는 우상도 아니고, 제국의 힘을 등에 업은 바로도 아니며, 놀라운 홍해의 기적을 이 땅에 끌어들인 모세도 아니다. 오직 여호와, 그 여호와의 왕 되심이 선포되고 있는 것이다. 지도자로서의 모세의 위대함이 바로 여기에 있다. 자신의 이름은 뒤로 가려짐에도 하나님이 온 천하의 왕이심을 막힘없이 드러내고 있는 것이다. 지도자는 바로 이런 사람이다. 모든 삶을 통하여 오직 하나님이 왕이심을 세상에 드러내는 사람이다. 여호와가 왕이 되셔서 통치하시는 이런 세상을 만드는 것이 바로 하나님의 부름을 받은 지도자의 사명임을 모세는 자신의 삶으로 증거하고 있다.[130] 이처럼 하나님께서 세우신 지도자는 이 찬양을 백성들의 입에서 저절로 뿜어져 나오게 하는 주역이 되어야 하며, 이 찬양이 역사 속에서 단절되지 않도록 이끌어야만 한다.

그 구체적인 예가 시편과 이사야서의 연결을 통해 살펴볼 수 있다. 시편은 구원을 향한 탄식을 이사야서는 그 탄식의 응답을 보여주고 있기 때문이다. 시편 106:9-12은 과거의 홍해 사건에 대한 회상이 들어가 있고, 이 회상은 곧 43-48절에서 현재의 반전된 탄식의 상황을 홍해에서의 구원과 같이 구원해 주실 미래를 기대케 하는 동력이 된다,

> 이에 홍해를 꾸짖으시니 곧 마르니 그들을 인도하여 바다 건너가기를 마치 광야를 지나감 같게 하사 그들을 그 미워하는 자의 손에서 구원하시며 그 원수의 손에서 구원하셨고 그들의 대적들은 물로 덮으시매 그들 중에서 하나도 살아 남지 못하였도다 이에 그들이 그의 말씀을 믿고 그를 찬양하는 노래를 불렀도다(시 106:9-12).

> 여호와께서 여러 번 그들을 건지시나 그들은 교묘하게 거역하며 자기 죄악으로 말미암아 낮아짐을 당하였도다 그러나 여호와께서 그들의 부르짖음을 들으실 때에 그들의 고통을 돌보시며 그들을 위하여 그의 언약을 기억하시고 그 크신 인자하심을 따라 뜻을 돌이키사 그들을 사로잡은 모든 자에게서 긍휼히 여김을 받게 하셨도다 여호와 우리 하나님이여 우리를 구원하사 여러 나라로부터 모으시고 우리가 주의 거룩하신 이름

을 감사하며 주의 영예를 찬양하게 하소서 여호와 이스라엘의 하나님을 영원부터 영원까지 찬양할지어다 모든 백성들아 아멘 할지어다 할렐루야(시 106:43-48).

이사야 43:14-21절은 이러한 시편의 탄식의 응답으로 하나님께서 이스라엘을 바벨론의 포로에서 다시 새롭게 창조하셔서 이들의 왕이 되실 것을 선언하고 계신다. 그리고 이스라엘의 삶에 다시 찬송을 회복시켜 주실 것을 약속해 주신다.

나는 여호와 너희의 거룩한 이요 이스라엘의 창조자요 너희의 왕이니라 나 여호와가 이같이 말하노라 바다 가운데에 길을 큰 물 가운데에 지름길을 내고 병거와 말과 군대의 용사를 이끌어 내어 그들이 일시에 엎드러져 일어나지 못하고 소멸하기를 꺼져가는 등불 같게 하였느니라 너희는 이전 일을 기억하지 말며 옛날 일을 생각하지 말라 보라 내가 새 일을 행하리니 이제 나타낼 것이라 너희가 그것을 알지 못하겠느냐 반드시 내가 광야에 길을 사막에 강을 내리니 장차 들짐승 곧 승냥이와 타조도 나를 존경할 것은 내가 광야에 물을 사막에 강들을 내어 내 백성 내가 택한 자에게 마시게 할 것임이라 이 백성은 내가 나를 위하여 지었나니 나를 찬송하게 하려 함이라(사 43:15-21).

이스라엘 역사 속의 첫 찬양은 이렇게 계속해서 세대를 통해 이어진다(시 66:5-7; 77:1-8, 15-21; 78:13, 53; 106:9-11, 22; 114:3, 5; 136:13-15; 사 43:15-21; 51:9-10; 63:11-13). 왜냐하면 이 구원의 이야기는 결코

일회적인 사건으로 끝나는 것이 아니라 '끊임없이 계속되는 여호와의 구원 역사'(a never-ending exodus)가 될 것이기 때문이다.[131] 이처럼 홍해에서의 구원사건은 하나님의 구원 역사의 전형적인 모범이 되며, 간구의 기본이 되는 것이다. 이스라엘은 언제나 고통스러운 상황 속에 빠질 때마다 이와 같은 구원을 갈망하며, 그 때처럼 구원해 주시기를 간구하는 것이다. 그리고 이 모든 구절들은 민족적 원수에 대한 앙갚음의 의미가 아닌 자신의 백성을 향하신 하나님의 은혜와 긍휼 그리고 세상과 역사 위에 절대적 주권을 행하시는 하나님의 주되심을 선언하고 있다.[132] 하나님은 이렇게 거듭거듭 이스라엘의 왕이 되셔서 세상을 통치하시기를 소망하신다.

이 찬양은 마침내 남자들에게서 여인들에게로 연결되며 이스라엘 전체가 걸어가야 할 길이 무엇인가를 분명하게 한다(A'. 출 15:19-21). 즉 찬양의 시작과 끝이 동일하게 구원을 행하신 하나님을 향한 찬양으로 이스라엘 전체가 하나가 되며 통일되어야 함을 의미하는 것이다. 시작(출 15:1-3)도 끝(출 15:19-21)도 구원자 하나님, 높고 영화로우신 하나님을 찬양하는 삶이 될 때 우리 삶의 중심은 '구원의 체험에서'(출 15:4-12) '약속의 성취'(출 15:13-17)로 나아가며 '오직 영원무궁하도록 여호와만을 왕으로 섬기는' (출 15:18) 세상이 완성될 것을 기대해 볼 수 있다.

그리고 마침내 '영원히 왕이 되셔서 다스리심'을 바라는 이 찬양의 성취는 성막 건축이 완성되며 여호와께서 성막으로 자신의 임재를 옮기시는 장면에서 그 성취가 시작된다(출 40:34-35). 성막에 임한 이 '여호와의 영광'은 시내산에서 나타나셨던 그 하나님 임재의 모습(출 24:15-18)이 그대로 옮겨진 것으로 하나님의 산에서 자신을 나타내시던 하나님께서 이제 이스라엘의 중심에서 그들과 함께 생활하시는 이스라엘의 하나님이 되시겠다는 그분의 철저한 의지를 보이신 것이다. 이를 통해 이스라엘은 확고하게 삶의 본질인 예배하는 공동체가 되는 것이다.[133)]

이 예배의 중요성은 모세의 뒤를 잇는 여호수아 또한 이러한 모세의 사명을 이어받아 그대로 실천하는 그의 모습을 통해 잘 살펴 볼 수 있다. 그 또한 마지막에는 이스라엘 백성들을 향해서 여호와만 섬길 것을 촉구하고 있다. 그 촉구는 다름 아닌 "그러므로 이제는("and now"; וְעַתָּה)…너희 섬길 자를 오늘날 택하라 오직 나와 내 집은 여호와를 섬기겠노라"(수 24:14-15)고 한다. 예배와 섬김의 길로 나아가는 것이 구원받은 공동체가 행할 길이며, 또한 구원 공동체를 이끄는 지도자가 만들어가야 할 사명이다. 아무리 인간의 힘과 능력이 극대화 되어 있는 세상일지라도 오직 '여호와가 하나님이심을 드러내는 삶'을 사는 지도자가 있다면 거기에는 새로운 희망이 있다. 왜냐하면 거기에는 "여호와께서 영원토록 왕이 되십시오"라는 고백이 쏟아져 나오는 창조의 질서가 회복될 것이기 때문이다.

여기서 한 가지 짚고 넘어가야 할 부분이 있다. 이스라엘 민족의 찬양과 예배 속에서 "여호와 하나님만이 영원토록 왕이십니다"라는 신앙고백이 나오기까지 어떤 과정을 거쳐 왔는지를 살펴볼 필요가 있다. 왜냐하면 "하나님은 온 세상의 왕이십니다"라는 고백은 결코 단지 입 발린 소리가 아니기 때문이다. 말과 행동이 다른 고백은 아무런 의미가 없다는 것은 기정사실이다. 하나님이 왕이시라는 고백은 그 고백에 걸맞은 삶을 요구하기 때문이다. 하지만 진정한 마음의 고백으로 우러나오는 "하나님의 왕 되심의 선언"까지도 쉽지는 않다. 그 과정을 살펴보면 이 말 뜻을 이해할 수 있을 것이다.

	과 정
1	수백 년의 종살이를 통해 다른 사람이나, 신의 종이 되었던 경험이 있었고
2	그 과정에서의 애환과 고통과 탄식으로 가득 찬 삶의 질곡이 있었고
3	그것을 벗어나고 싶어 몸부림치는 세월이 있었다. 그러나 점점 더 고통으로 빠져들게 되고
4	하나님께서 보시고, 아시고, 기억하시고 구원자를 세우셨다는 것을 인식하게 되고
5	그 구원자를 보내셔서 자신들의 주인으로 군림하는 바로를 무참히 짓밟으셨다 (강부터 피로 물들이고; 장자를 죽이기까지- 바로가 신이 아님을 드러냄)
6	바로가 신이 아님을 증명하고, 진정으로 섬겨야 할 자를 섬기는 길로 나섬
7	홍해 사건은 자신들이 가장 두려워하던 바로의 군대까지도 깨끗이 해결하심으로 백성이 여호와를 경외하며 여호와와 그 종 모세를 믿었더라(출 14:31)

이렇게 믿음을 갖기까지 흔들림도 있고, 그 흔들림 속에서 하나님의 전능하심의 능력을 철저하게 체험할 때 우리 안에 믿음은 가능해진다. 그러므로 믿음은 하나님께서 행해 주시는 것으로 가능해 지기에 하나님의 값없는 선물인 것이다.

이제 그 선물을 누린 이들이 가야 할 목표는 분명하다. 바로 섬김의 예배 그것을 온전히 이루어 내는 것이다. 그리고 그 예배하는 삶이 잃어버린 것을 회복하는 최고의 길임을 하나님의 말씀은 전하고 있다. 예배를 통해 가나안 땅을 취한다는 것은 곧 예배를 상실함으로 잃어버린 에덴을 회복하는 길이기 때문이다. 출애굽기에서 우리는 하나님을 찬양해야 할 분명한 이유를 살펴보았다. 이제 찬양하는 백성이 걸어가야 할 분명한 본분이 있을 것이다. 이것은 천지창조의 감동이 채 가시기도 전에 그 진정한 예배의 본질을 상실해 버린 에덴동산에서의 잘못을 회복하는 것이기에 참으로 중요하다. 구원받은 이스라엘 민족의 이야기는 이 예배의 본질을 너무도 잘 보여주고 있다.

4) 여호와께서 재앙 사건들을 통하여 이루시고자 하는 목표

이렇게 하나님께서 애굽에 내리신 이적과 기적의 재앙 사건이 마무리 된다. 기본적으로 열 가지의 재앙이 중심을 이루고 있고, 그 테두리로 지팡이가 뱀이 되는 사건과 홍해 사건이 위치하며 마침내 애굽이 삼킴을 당하고 말았다. 여기서는 재앙 사건들을 돌아보며 다시 한 번 생각해 보아야 할 내용들을 간략하게 다루기로 한다.

(1) 여호와가 누구신가를 알게 하기 위함(이스라엘, 바로와 애굽인들에게)

출애굽기 5:2절은 "바로가 가로되 여호와가 누구관대 내가 그 말을 듣고 이스라엘을 보내겠느냐 나는 여호와를 알지 못하니 이스라엘도 보내지 아니하리라"라는 바로의 선포가 나타난다. 이스라엘의 해방과 구원은 자연스레 바로가 여호와께서 누구신가를 정확하게 인식하는 단계에 이를 때 원활하게 이루어질 것을 짐작해 볼 수 있다. 그리고 '이스라엘의 해방과 구원의 실현'은 곧 이스라엘에게는 "나는 애굽 사람의 무거운 짐 밑에서 너희를 빼어낸 너희 하나님 여호와인줄 너희가 알지라"(출 6:7)와 애굽을 향해서는 "이스라엘 자손을 그 땅에서 인도하여 낼 때에야 애굽 사람들이 나를 여호와인줄 알리라"(출 7:5)라는 두 가지 목표가 한꺼번에 이루어지는 길을 마련해 주는 길임을 보이고 있다. 재앙이 거듭 될수록 여호와의 이름 또한 퍼져나가는 범위가 달라지는데 바로 개인이 여호와가 누구신가를 아는 것에서 출발하여(출 7:17), 애굽 땅 전체에서 여호와가 누구신가로 나아가고(출 8:22), 마침내는 온 천하가 여호와가 누구신가를 아는 것(출 9:16)으로 그 결론에 이른다는 것이다. 결국 이적과 표징들을 통한 재앙들은 "여호와가 누구신가"를 알게 하기 위한 목표가 있다.

(2) 하나님 외에는 다른 신이 없다 - 애굽 신들과의 전쟁

(출 12:12; 민 33:4; 렘 46:25)

재앙 사건들은 단순히 애굽에 내린 재앙들만을 의미하는 차원을 넘어서 애굽이 숭배하고 있는 신들에 대한 징계까지도 내포하고 있다. 재앙들 속에 애굽에서 신격화 되어 있는 것들이 여호와의 다루시는 손길에 의해 속수무책으로 징계를 받으며, 나아가서는 애굽을 위해서 유익을 끼치는 것이 아닌 하나님에 의해 애굽을 징계하는 도구로 사용되고 있음을 보이고 있다. 이를 통해 오직 여호와만이 참 신이시며 이 세계의 역사를 이끌고 나가는 유일한 존재라는 것을 증거 하는 도구로 삼고 있다.

먼저 애굽에 쏟아 부어진 이적과 심판들을 통해 여호와가 누구신가를 강력하게 인식시켜 주며, 애굽의 힘과 종교 그들이 믿는 신들이 아무 생명이 없는 허울뿐이라는 것을 세상에 폭로하고 있다. 이 이적과 심판들은 애굽의 구석구석을 통치한다고 믿었던 신들이 아무런 힘도 발휘하지 못하고 여호와 하나님의 징계 앞에 속수무책 무너져 내리는 것을 통해 이 세상의 창조 질서를 주관한다고 믿었던 애굽인들의 신들에 대한 이념들이 송두리째 파괴되어 버리는 모습을 낱낱이 보여주고 있다. 애굽의 신들이 이 세상에 질서를 가져다주는 실제가 아니라는 폭로이다. 그들은 살아있는 신들이 아니라는 사실이 거듭되는 재앙의 늪 속에서 명확하게 드러난다. 그리고 이 모든 신격체들을 등에 업고 이 땅에서 신의 현현으로 자처하는 바로에게도 동일하게 적용된다. 재앙 사건들은 세상의 창조자로 자처하는 바로에 대한 응징을 담고 있다. 이를 통해 오직 여호와

만이 참 신이시며 이 세계의 역사를 이끌고 나가는 유일한 존재라는 것을 선포하고 있다.[134)]

다음의 도표는 재앙의 내용과 여호와께로부터 도전을 받았음직한 애굽의 우상들을 다루고 있다.[135)]

재 앙	성 경	도전을 받았을 애굽의 신
피	출 7:20	하피(Hapi): 나일강을 신격화하여 하피 신으로 숭배 크눔(Khnum): 나일강의 제 1홍수 지역을 관장하는 수호신
개구리	출 8:6	헤크트(Heqt): 개구리 형상을 한 부활의 여신(크눔의 아내) - 개구리는 보통 풍요와 다산의 상징이다. 특히 작물에 해로운 곤충들을 잡아 먹는다는 점에서 농사의 신이기도 하다.
이	출 8:6	땅의 신 세브(Seb)와 아코르(Akhor): 땅을 수호하는 신이 오히려 애굽을 공격하는 도구가 된다는 점에서 실패이다.
파리	출 8:24	투구 풍뎅이 신 케페라(Khephera): 쇠똥을 굴려 땅에 묻음으로 파리들이 쇠똥 속에서 자라는 것을 막기 때문에 신격화 되고, 또한 태양을 굴린다는 의미도 포함되어 신성시 한다. 그러나 파리의 공격은 곧 케페라의 실패를 보여준다.
심한 돌림병	출 9:3	하도르(Hathor): 본래는 하늘의 신이었으나 후일 암소의 수호신이 되었다
악성 종기	출 9:10	임호텝(Imhotep): 의술의 신
우박	출 9:23	누트(Nut): 하늘의 여신으로서 오시리스의 어머니 이시스(Isis): 생명을 주관하는 여신 세트(Seth)와 민(Min): 곡식을 보호하고 지키는 신들
메뚜기	출 10:12	세트(Seth): 곡물의 수호신으로서 호루스의 적대자 세라피아(Serapia): 메뚜기 떼로부터 보호해 준다고 믿어지는 신
흑암	출 10:22	레(Re) 혹은 라(Ra), 아톤(Aten), 아툼(Atum) 그리고 호루스: 태양신, 세케트(Sekhet): 태양의 여신
장자의 죽음	출 12:29	오시리스(Osiris): 다산의 신, 이시스(Isis): 생명을 주관하는 여신

이렇게 정지된 채 머물러 있는 죽은 우상은 역사와 무관한 존재요 여호와는 역사를 움직이시는 살아계신 하나님이시라는 신앙으로 인해 우상숭배는 그 설자리를 잃는다. 여호와는 이스라엘과 세계의 역사를 움직이는 살아계신 신이시다. 그러나 우상은 아무것도 할 수 없다(사 44:9-28; 렘 10:1-16).[136] 브루거만은 이것을 다음과 같이 표현한다.

> 모세는 애굽의 신들을 폭로하여 실상 이런 신들이란 무력하고 따라서 신이 아니라는 것을 보여줌으로써 정적인 승리주의의 종교의 가면을 벗겼다. 이리하여 바로가 다스리던 사회적 현실의 신학적 정통성은 파괴된다. 그것은 바로의 체제가 사실은 존재하지도 않은 권위(sanctions)에 의거하고 있다는 것이 드러났기 때문이다.[137]

그렇다면 왜 사람들은 우상을 섬기는가? 아니 더 정확하게 말해서, 왜 우상을 만드는가? 우상들은 시각적인 모양은 갖추고 있으나 행동할 수는 없다. 그러므로 그 우상들은 그것을 만든 사람들의 뜻에 따라 움직이며 그 인간들의 욕심을 채우는 도구가 된다. 애굽의 바로들이 존재하지도 않는 권위에 자신들의 권력의 기반을 두고 있는 것은 자신들의 제국을 만드는 도구로 이용하기 위함이다. 그러나 이에 반하여 형상이 존재치 않는 여호와 하나님은 어느 누구도 자신의 욕심을 채우기 위해 이용할 수 없는 역동적인 존재가 된다. 이 이적과 심판의 이야기는 이와 같이 애굽의 신들이 결코 이 세상을 유지하는 힘이 아님을 폭로하며 그들의 존재성마저도 심각하게 의문에 던져버린다.

그 다음으로 이 사건들은 이러한 무능한 우상을 배경으로 이 세상의 통치권을 주장하는 바로 왕을 향해 직격탄을 날리고 있다. 바로 왕은 '만물의 창조자'라 불리며 모든 만물을 있게 하는 태양신 '레(Re)의 눈(eye)'으로 인정된다. 그렇다면 이 창조세계 천지만물의 운행 자체가 바로의 왕권에 달려있다는 주장이 가능해진다. 이 질서가 무너지지 않는 이상은 바로의 창조주 됨은 결코 흔들리지 않는 신념으로 남을 것이다. 하나님의 백성이 된다는 것은 바로가 이 땅에 존재하는 살아있는 신으로 이 세상의 창조질서를 주관하는 것이 아니라 오직 여호와께서 그 모든 운행, 섭리를 조종하고 계심을 증명하는 것이다.[138] 살아있는 신으로 불리는 바로가 이 세상의 모든 것을 질서 있게 이끌고 간다고 믿어지고 있는 그 현실 속에서 부름 받은 하나님의 백성은 '아니다!'라는 선언을 하며 당당히 나서는 것이다. 비록 그 대상이 제국의 황제일지라도 굽힘없이 대항하는 것이 하나님의 백성이 나아갈 길이다. 하나님의 백성을 위해 보내진 지도자를 통하여서 제국의 허상들이 낱낱이 파헤쳐질 것이다.

이 세상의 창조질서 유지자로서의 주권을 놓고 벌이는 바로와 여호와 사이의 싸움은 출애굽기의 시작부터 열려지고 있었다. 이스라엘은 어느 모로 보나 하나님의 창조의 완성임을 확인해 볼 수 있다.

이스라엘 자손은 생육하고 불어나 번성하고 매우 강하여 온 땅에 가득하게 되었더라(출 1:7).

하나님이 그들에게 복을 주시며 하나님이 그들에게 이르시되 생육하고 번성하여 땅에 가득하라 땅을 정복하라 바다의 물고기와 하늘의 새와 땅에 움직이는 모든 생물을 다스리라 하시니라(창 1:28).

그런데 바로는 자신이 이 창조의 주인인 줄 알고 자기 마음대로 하나님의 창조를 파괴하려고 시도한다. 이제 대결이 눈앞에 펼쳐진다. 바로가 주관하고 있다고 믿어졌던 물, 개구리, 티끌, 파리, 생축의 악질, 독종, 우박, 메뚜기, 흑암, 장자의 죽음들이 그 어떤 것도 그 정해진 질서의 틀을 지키지 않는다. 모두 다 뒤틀렸고, 파괴적이다. 물은 더 이상 생수가 못되고, 빛은 사라지고 어둠이 세상을 뒤덮으며, 사람과 동물들에게 질병이 만연하고, 이 땅의 먼지들이 다 해를 끼치는 이가 되며, 곤충들과 생물체들이 통제가 불가능하게 되고, 하늘에서는 이때까지 보지 못한 거대한 우박이 내리는 세상. 이런 세상에서 어찌 생명이 유지될 수 있을 것인가? 이 재난의 절정은 흑암이다. 칠흑 같은 암흑이 애굽을 덮고 가실 줄을 모른다. 일반적으로 아홉 번째라고 하는 재앙은 흑암이 땅을 덮는 것이다. 천지창조에서 하나님께서 빛이 있으라 하시매 물러갔던 그 흑암이 돌아와 애굽을 뒤덮고 있다. 창조의 주인줄 알았던 바로가 오히려 흑암을 몰고 오는 악의 원흉이라는 사실이 드러난 것이다.

이처럼 표적들 자체의 성격이 애굽 사람들의 우주관과 역행하는 방향으로 나아간다고 보는 것은 상당히 가능하다. 애굽 사람들의 종교적인 시각으로 볼 때 우주는 조화로운 전체로서 존재하는 것으로써 각각의 부분들은 잘 균형 잡힌 체계에 공헌하는 것이었다. 이것을 지칭하는 애굽의 단어는 마아트(maat)였다. 이러한 균형을 유지하는 것이 바로 지상에 성육신한 신으로서의 바로의 책임이었다. 그러므로 재앙들(표적들)의 목적은 바로가 언약의 하나님 여호와 앞에 무력한 존재임을 보여줌으로써 이러한 기본적인 개념을 깨뜨리는 것이었다(출 12:12). 바로가 우주를 통치한다는 주장의 허구성을 입증하는 것이다. 그리고 애굽인들은 왕의 장자 또한 신으로 간주하였다. 그 장자의 죽음은 이러한 주장을 무용지물로 만들어 버린다. 특히 암흑재앙은 재앙의 종결과 더불어서 세상이 전적인 흑암에서 시작했던 것처럼 이제 애굽 땅은 그러한 상태로 돌아갔다는 것을 보인다. 그리고 최종적으로 장자의 죽음과 애굽 군대의 수장은 애굽 창조의 끝을 보인다. 흑암은 창조전의 상태를, 장자와 군대의 죽음은 창조 마지막의 인간 창조와 하이라이트가 상실된 무로 돌아간 것이 되는 것이다.

실제로 애굽이나 메소포타미아 지역에서 발굴되는 문서들에는 왕들이 신의 형상이라는 주장이 일반적으로 제기되고 있다. 바벨론 왕을 지칭하여 바벨론 최고신인 '마르둑(Marduk) 신의 형상'이라고 부르기도 하고, 또한 태양신 '샤마쉬(Shamash) 신의 형상'이라고 부르기도 하며, 때로는 '벨(Bel) 신의 형상'이라고도 부르기도 한다. 고대 애굽의 기록을 보면 애굽 왕 바로도 신의 형상이라 불리는데 태양신 '레(Re)의 형상' 또는 '오노프리스(Onophris) 신과 이시스(Isis) 신의 형상'이라고 동시에 불리는 기록도 발견된다. 바로가 남신인 오노프리스와 여신인 이시스의 형상을 동시에 갖고 있다는 확언 속에 '신의 형상'은 외양보다는 왕권에 포함된 권위를 강조하는 표현이라 할 수 있다. 주전 14세기의 기록에 의하면 애굽의 최고신인 '아몬-레(Amon-Re) 신'이 바로 아메노피스 III 세(Amenophis III, 1403-1364 BC)를 향해 다음과 같이 말했다고 전한다: "너는…내가 세상에 세워준 나의 형상이다. 나는 세상을 평화롭게 통치하게 하기 위해서 너를 세웠다." 그리고 로제타 석비(the Rosetta Stone)에는 헬라시대의 바로인 프톨레미 5세 에피파네스를 '살아있는 제우스의 형상'(eikōn zōsa tou Dios)이라고 칭하고 있다.[139] 그렇다면 열 번째 재앙이 바로의 장자를 비롯하여, 애굽의 장자들이 죽음을 맞이하는 것이라면, 이것은 분명 천지창조에서 하나님 창조의 하이라이트인 인간창조의 반전과 같은 것이다. 애굽은 이처럼 철저하게 창조질서의 파괴를 맞게 된다. 그로인하여 천지창조에서 일곱째 날의 안식일의 영광스러운 찬양의 예배로 들어가기 보다는 그들 모두는 통곡과 애곡의 날을 맞이하게 된다(출 12:29-30).

창조신학은 이스라엘을 위한 하나님의 구속행동 배후에 있는 우주적인 목적을 알게 한다. 하나님의 행동은 이스라엘의 해방에 초점을 맞추고 있지만 그것이 최종 목적은 아니다. 이스라엘의 구원은 궁극적으로 모든 피조물을 위한 것이다(출 9:16). 구원은 창조, 곧 보다 큰 창조 안에 있는 새로운 삶을 목적으로 한다. 그것은 하나님께서 의도하신 세계로 되돌아가는 것을 의미한다.[140] 그 세상은 오직 하나님만이 참 신이시며, 하나님 외에는 어떤 존재도 그와 비교될 수 없다는 것을 선포하는 것이다(출 15:11). 이것이 곧 진정한 찬양이며, 이러한 찬양이 울려 퍼지는 그곳은 예배하는 세상이 되는 것이다. 이스라엘을 통해 세상이 여호와 하나님만이 참 신이시라는 찬미의 예배를 올리는 날을 고대하고 있는 것이다.

(3) 바로가 아닌 여호와께서 이 세상 창조질서를 주관하고 계심을 확증

출애굽은 새로운 천지창조가 이루어지는 대 격변이었다. 흑암의 깊은 세력인 바로 왕을 비롯하여 모든 피조세계가 혼돈과 공허 속에 뒤흔들리는 가운데 하나님께서 새롭게 창조하신 백성인 이스라엘이 완성되었다. 출애굽기에서 지금까지의 과정을 다시 조명해 보면 하나님께서 이스라엘 민족을 통하여 이루시고자 하는 바를 분명하게 알 수 있다. 즉, 이스라엘 민족의 탄생이 어떤 의미를 갖는 것인지를 선명하게 살펴볼 수 있다는 것이다. 이것을 분명히 하는 이유는 이스라엘이 결코 태초부터 세우신 하나님의 영원하신 뜻과 별개가 아니라는 사실을 밝히고자 함이다. 여기 창세기의 천지창조와 에덴동산 이야기가 어떻게 출애굽기부터 시작되는 이스라엘 민족의 이야기와 서로 거울처럼 비쳐주고 있는지를 살펴보면 이스라엘의 구원이 곧 새 창조 역사라는 것을 느낄 수 있게 된다.

	천지창조(창 1:1-2:3)	이스라엘 창조(출 1-16장)
1	**창 1:1-2** 혼돈과 공허, 흑암의 세력인 깊은 물(תְּהוֹם 테홈)	**출 1-6장** 혼돈과 공허, 흑암을 일으키는 세력인 바로(역사화 된 테홈)
2	**창 1:3-5** 빛과 어둠을 나누심	**출 7-13장** 열 가지 재앙으로 결국 이스라엘(빛으로)과 애굽(흑암으로)를 나누심
3	**창 1:6-23** 물과 물을 나누심(하나님의 영[רוּחַ 루아흐]으로)	**출 14장** 홍해를 물과 물로 나누심(여호와의 바람[רוּחַ 루아흐]으로)
4	**창 1:24-27** 하나님의 형상인 인간을 창조	**출 15:1-21** 이스라엘의 구원과 찬양
5	**창 1:28** 인간의 소명 주심-다스리라	**출 15:25-26; 16:4** 이스라엘의 소명 - 율법, 율례와 규례
6	**창 1:29-31** 먹을 것을 주심	**출 15:22-16:20** 마실 것, 먹을 것을 주심
7	**창 2:1-3** 안식일 준수 명령주심	**출 16:21-36** 안식일 준수 명령주심
8	**창 2:4-25** 에덴동산 뱀의 말 vs 하나님의 말씀(법)	**출애굽기-여호수아** 가나안 땅 가나안의 풍습과 규례 vs 말씀(법)

천지창조 이야기에서 신화적이며, 추상적인 이야기들이 이스라엘의 이야기에서 구체화가 된다. 즉 창조 때의 혼돈과 공허, 흑암이 실제 역사 속에서 악의 세력을 상징하는 바로로 등장하고, 창조를 이루어가는 질서로운 과정이 이스라엘을 세상 속에서 구별하시는 과정과 일치하며 또한 하나님의 형상인 인간의 창조가 곧 하나님을 예배하는 이스라엘로 구체화 된다. 그리고 천지창조에서 안식일을 거룩히 구별하는 것이 어떤 의미인지가 분명히 주어져 있지 않으나 출애굽기에서 이스라엘의 창조에서는 만나를 통하여 안식일을 거룩하게 구별하여 지키는 것이 구체적으로 어떤 의미를 가진 것이며, 어떻게 실현하는 것인지가 드러난다. 그리고 안식일을 거룩하게 지킴으로 이루어질 세상까지도 바라볼 수 있게 한다. 그리고 아담과 하와 이후로 어느 누구도 체험해 보지 못했던 에덴이 결국 가나안에서 이러한 안식일을 이루는 것을 통해 회복할 수 있다는 의미를 가진 것이다. 이는 천지창조의 이상을 삶으로 살아내는 사람들을 통해서 이루어질 것이며, 그들이 바로 하나님의 백성이라는 것이다. 이렇게 천지창조와 에덴동산은 인류사에 한 번 나타났다 사라지고 마는 것이 아니라, 하나님의 백성으로 부름 받은 사람들에 의해 계속해서 성취되고 완성되어야 할 사명이 되는 것이다. 그러므로 이스라엘의 구원은 곧 창조세계의 회복과 완성이라는 사명을 위한 것임을 알 수 있게 한다.

(4) 재앙 사건은 불의한 세상을 향한 하나님의 정의 실현

재앙이 거듭되며 바로의 점진적인 포기는 인생의 모습을 그대로 보여주고 있다. 바로는 결코 단번에 손을 들지 않는다. 그는 버틸 수 있는 마지막 단계까지 간다. 자신에게 조금의 공간이나, 숨쉴 틈이 주어지면 그것에 의지하여 포기하지 않는다. 이것이 인간의 본질적인 모습인지도 모른다. 이러한 미련함은 자신만 쓰러뜨리는 것이 아니라, 점진적으로 자신의 주변까지 지치게 만들고, 결국은 장자의 죽음으로 대변되는 가장 소중한 것까지 잃어버리는 결과를 낳는다. 아브라함이 하나님의 명령으로 가장 소중한 장자이면서 독자인 이삭을 바치려 했다면, 바로는 그 하나님의 명령에 끝까지 불복종함으로 가장 소중한 장자를 잃게 된다. 자신뿐만 아니라 애굽 전체가 그런 봉변을 당하게 만든다.

전통적으로 열 가지 재앙에 나타난 이적과 심판의 요소들은 그 강도에서 차이가 있지만 애굽 땅에 늘 있어왔던 위험 요소들이다. 그래서 바로는 그 모든 요소들에 대처할 수 있는 우상화된 신격체들을 세워놓았다. 그리고 그 모든 것들을 자신의 손아귀에 있는 것처럼 큰소리 쳐온 것이다. 자신이 모든 것을 통제할 수 있다는 오만함으로 다스리고 있었던 것이다. 이러한 오해는 현대에도 그대로 드러난다. 21세기를 살아가는 인류는 무척이나 오만하다. 자신들이 모든 것을 다 정복할 수 있다고 큰 소리 치는 세상인 것이다. 하나님께서 하실 수 있는 일들은 자신들도 동일하게 할 수 있다는 오만함이다. 바로의 시대에 나타났던 질병들은 이제 인간의 손아귀에 들어왔고, 더한 질병들 또한 단지 시간의 문제일 뿐이지 언젠가는 다 정복될 것으로 여긴다. 천재지변, 자연재해들도 스스로의 통제 하에 두려고 경보와 예보 장치를 계속해서 발전시켜왔다. 자신들의 힘으로 모든 것을 통제하려는 것이다. 심지어 생명과학의 진보를 통해 하나님의 창조물인 생명체의 창조 또한 자신들의 능력으로 만들어 내려고 한다.

이와 같은 바로의 모습을 통해 이 시대를 살아가는 현대인들의 오만함 또한 느껴볼 수 있다. 하나님만이 이 세상을 주관하는 신이 아니라, 자신들이 신의 위치를 차지하고, 이 세상을 자신들 마음대로 좌우하려는 교만함을 과시하고 있는 것이 현대인의 단적인 모습이라 할 수 있다. 인류는 하나님께서 하신 일을 자신들도 할 수 있다는 오만함으로 세상을 자신 마음대로 만들어 간다. 창조적이고 진취적인 발전이라는 이름으로 수많은 것들을 만들어내지만 그것이 창조가 아니라, 결국은 파괴라는 것을 인정하려 들지 않는다. 편리함을 주는 플라스틱은 환경 재앙으로 부메랑이 되어 인간을 역습하기 시작했고, 화석연료의 남용은 지구 온난화를 조장하여 기후 변화를 가져와 가뭄과 홍수를 가져왔고, 마침내 미세먼지가 되어 인간의 건강을 파괴하고 있다. 그리고 물질과 성공의 숭배는 부익부빈익빈의 가혹한 세상을 만들었고, 지배와 억압, 수탈을 합법화 시키는 부정의를 조장했다. 일일이 다 나열하려면 지면이 부족하다. 이렇게 신의 흉내는 냈지만 신의 정신은 따라잡지 못하는 어설픈 신이 되어, 파괴만 가중시켜 버린 꼴이 바로와 그의 요술사들과 같은 현재의 인간의 모습이다.

열 가지 재앙은 그와 같은 세상을 향한 하나님의 징계이다. 특히 장자를 죽이는 것과 같은 잔혹한 조치까지도 애굽이 먼저 저지른 사건에 대한 정당한 조치가 된다. 나일강은 재앙으로 피로 변하기 전부터 이스라엘 사내아이들의 생명이 무참하게 수장되는 죽음의 강이었다. 애굽은 그 강을 번영과 풍요의 강이라 칭송하고 숭배했지만 이스라엘에게는 죽음의 강이었다. 그 강이 피로 변하는 것부터 흑암의 재앙과 장자들이 죽는 심판과 같은 애굽의 철저한 창조의 파괴는 이스라엘이 바로 왕 밑에서 겪었던 삶의 피폐와 파괴와 진배가 없다. 애굽의 바로는 흑암의 세력으로 이스라엘의 삶에 혼돈과 절망, 고통을 가하며 모든 것을 빼앗아 가는 파괴 그 자체였다. 애굽은 이처럼 그들이 이스라엘에게 고통을 준 것과 같은 방법으로 고난을 돌려받고 있는 것이다. 이는 명백한 하나님의 정의의 실현이다. 즉 이것은 복수가 아닌 공정한 정의의 실현인 것이다. 재앙 속에서 이스라엘 사람과 애굽 사람을 구별하는 것 또한 하나님의 백성에 대한 편애가 아니라, 힘에 의해 고난과 역경을 당하는 사람들에 대한 하나님의 구원이다. 만약 이스라엘이 약자나 이방인을 이렇게 억압한다면 그들 역시 동일한 고난으로 바로나 애굽과 같은 나락에 빠지고 말 것이라는 경고이기도 하다.

지금 현재 인류의 오만은 이와 같이 과거의 바로의 오만과 동일하다. 인간은 이미 바로처럼 신의 위치를 차지하고 전능자 하나님과 대결을 벌이고 있는 것이다. 그 인간의 대열에 우리도 한 몫을 하고 있다면 당장 전능자가 아닌 피조물의 위치로 내려와야 할 것이다. 인간을 다루시기 위해 또다시 재앙 사건이 이 땅에 벌어질 수 있음을 인식해야 할 필요가 있다.

(5) 누가 바로의 마음을 완악하게 하는가?

"마음을 완악하게 하다"라는 주제는 "내가 여호와인 줄 알리라"라는 주제와 같이 병행하는 요소로써 '마음을 완악하게 함'은 하나님의 '이적과 표징'을 애굽 땅에 많이 행할 동기를 제공하고 있다. 그리고 그 '이적과 표징들'로 인해 궁극적으로는 애굽인은 물론이요 이스라엘 까지도 "내가 여호와인 줄 알리라"는 결론에 도달하게 된다(출 7:3, 5). 즉, 모세와 아론의 입술을 통해 하나님의 해방명령인 "내 백성을 가게 하라"(출 5:1)에 대해 바로 왕의 무감각한 응답인 "여호와가 누구관대 내가 그 말을 듣고 이스라엘을 보내겠느냐 나는 여호와를 알지 못하니 이스라엘도 보내지 아니하리라"(출 5:2)는 오만한 선포에 대한 하나님의 대안이 바로 하나님이 누구신가를 알려주는 길 밖에는 없기에 하나님의 권능의 상징인 '이적과 표징들'을 바로가 두 손을 들 때까지 행하시는 것이다. 그러기에 바로가 완전히 자신이 아무 것도 아니다 라는 항복을 할 때까지 재앙을 행하시기 위해 바로의 마음이 완악하게 되는 것은 필수적인 요소라 하겠다.

이 "마음을 완악하게 하다"라는 주제에 관해 끊임없이 논란이 되어오고 있는 요소가 한 가지 있다. 그것은 바로 "누가 바로의 마음을 완악하게 하는가, 바로 자신인가, 아니면 여호와이신가?"라는 질문이다. 왜냐하면 이 재앙 이야기들 속에는 두 가지의 표현이 병행되어 등장하기에 이 이야기를 읽는 사람들로 하여금 계속적인 혼돈을 일으키게 하는 요인을 제공하고 있기 때문이다. 그 두 가지는 "내가 바로의 마음을 완악하게 하리라" (출 7:3)라는 그 주도권이 하나님 편에 있는 것과 또한 "바로의 마음이 완악하여 그들을 듣지 아니하니"(출 7:13)라는 그 주도권이 바로의 편에 있는 것으로 이 두 가지가 병행하여 사용된다는 사실이다.

누가 누구를 이라는 것을 바르게 해석해 나가기 위해서는 출애굽기 전체에 나오는 특히 재앙 이야기 속에 나타나는 "마음을 완악하게 하다"라는 단어의 사용을 면밀히 살펴보아야 할 것이다. "마음을 완악하게 하다"라는 뜻으로 사용되는 히브리어 단어는 세 가지로 그 깊은 의미에서는 약간의 차이가 있겠으나 서로 거의 같은 뜻으로 호환될 수 있는 '하자크'(חָזַק), '카베드'(כָּבֵד), '콰샤'(קָשָׁה)가 사용되고, 정확하게 모두 20번이 나타난다. 흥미롭게도 이 20번 중에서 정확하게 10번이 "여호와께서 바로의 마음을 완악하게 하셨다"(출 7:3)라는 표현에 그리고 나머지 10번은 "바로의 마음이 완악하여 그들을 듣지 아니하니"(출 7:13)라는 표현에 사용되고 있다.[141] 그 사용된 예들을 도표로 표현하면 다음과 같다.

회수	바로와 애굽인들이 완악케 함 (주어가 바로일 때와 바로의 마음일 때)	여호와께서 완악케 하심
1	출 7:13 하자크(חָזַק)	출 4:21 하자크(חָזַק)
2	출 7:14 카베드(כָּבֵד)	출 7:3 콰 샤(קָשָׁה)
3	출 7:22 하자크(חָזַק)	출 9:12 하자크(חָזַק) (강조형)
4	출 8:15 카베드(כָּבֵד)	출 10:1 카베드(כָּבֵד)
5	출 8:19 하자크(חָזַק)	출 10:20 하자크(חָזַק) (강조형)
6	출 8:32 카베드(כָּבֵד)	출 10:27 하자크(חָזַק) (강조형)
7	출 9:7 카베드(כָּבֵד)	출 11:10 하자크(חָזַק) (강조형)
8	출 9:34 카베드(כָּבֵד)	출 14:4 하자크(חָזַק) (강조형)
9	출 9:35 하자크(חָזַק)	출 14:8 하자크(חָזַק) (강조형)
10	출 13:15 콰 샤(קָשָׁה)	출 14:17 하자크(חָזַק) (강조형)

이상에서 보는 바와 같이 여호와 하나님께서 강제로 바로의 마음을 완악케 하시는 것이 아니다. 바로라는 인물 자체가 "여호와를 모른다"(출 5:2)라는 선언에서 드러난 것처럼 그의 말에서 그리고 모세와 아론의 간청과 이스라엘 십장들의 고통스런 탄원에도 아랑곳 하지 않는 그의 완고하고 완악한 행동에서처럼 완악한 마음의 소유자라는 것이다. 그러므로 바로의 완악한 마음을 하나님께서 자신의 목적을 이루시기 위해 적

절하게 사용하신다는 것이 "마음을 완악하게 하다"의 올바른 해석이라 여겨진다. 그리고 "이는 일어나는 모든 것이 궁극적으로는 하나님의 통제 아래 있음을 표현하는 생생한 방법" 이라고 할 수 있다.[142)]

이러한 바로의 완악함은 첫 번째 재앙인 물이 피로 변하는 사건에서부터 살펴볼 수 있다. 애굽의 모든 물들과 강들과 운하와 못과 모든 호수, 심지어는 애굽 온 땅과 나무 그릇과 돌 그릇 안의 물이 모두 피로 변했다. 이쯤 되면 나라를 통치하는 왕으로서 백성들의 안녕을 염려하고 고심하는 것이 당연한 도리일 것이다. 그러나 바로는 전혀 개의치 않는다.

> 애굽 요술사들도 자기들의 요술로 그와 같이 행하므로 바로의 마음이 완악하여 그들의 말을 듣지 아니하니 여호와의 말씀과 같더라 바로가 돌이켜 궁으로 들어가고 그 일에 관심을 가지지도 아니하였고 애굽 사람들은 나일강 물을 마실 수 없으므로 나일강 가를 두루 파서 마실 물을 구하였더라(출 7:22-24).

자신에게는 불편함이 없으니, 백성들의 삶이야 어찌되든지 상관하지도 않는 무관심은 바로의 이기적인 완악함이 어느 정도인지 알 수 있게 한다. 하나님께서는 이런 바로의 완악한 성격을 사용하셔서 하나님의 뜻을 이루신다.

이러한 증거는 하나님의 이적과 기적이 첫째, 둘째 주기를 거치고 셋째 주기로 들어가는 7번째의 우박 재앙에서부터는 바로의 입에서 자신이 "범죄하였노라"는 고백이 나온다.

> 바로가 사람을 보내어 모세와 아론을 불러 그들에게 이르되 이번은 내가 범죄하였노라 여호와는 의로우시고 나와 나의 백성은 악하도다(출 9:27).

이 고백은 그 다음의 재앙인 메뚜기 떼의 공격에서도 나타난다(출 10:16). 만약 하나님께서 바로의 마음을 완악하게 하여 이렇게 재앙이 계속되고 있다면 "내가 범죄하였다"는 바로의 고백과 "여호와는 의로우시고 나의 백성은 악하다"는 선언도 무의미한 것이 되고 만다. 왜냐하면 하나님께서 바로의 마음을 완악케 하셔서 범죄를 유도한 것이 되는 것이기에 이 죄는 결코 정의와 공의로 다스릴 수도, 심판할 수도 없는 것이 되고 마는 것이기 때문이다. 현대에도 범죄를 유도하여 잡는 '함정수사'는 결코 용인되지 않기 때문이다. '함정수사'는 영어로는 'sting operation'으로 벌침으로 쏘는 것과 같다는 의미를 갖고 있으며, 본래 범죄에 대한 의도를 갖고 있지 않으나 수사기관이 계획적으로 범죄를 유발하게 하여 범죄인을 검거하는 방법이다. 함정수사는 크게 두 가지로 나눌 수 있는데 범죄자가 범죄를 저지르기 좋게 만들어서 방조하는 형태인 '기회 제공형'과 수사 기관이 범죄의사를 유발하게 만들어 죄를 짓게 하는 '범의 유발형'이 있다. 이 중에 '기회 제공형'은 합법이지만 '범의 유발형'은 위법이다.[143]

이처럼 하나님께서 바로의 마음을 완악하게 하여 범죄하게 하였다면 이것은 명백하게 '범의 유발형'으로 인간의 법으로도 위법이라 할 수 있다. 그리고 하나님은 결코 스스로 완악하게 되지 않은 자들을 먼저 완악하게 하는 신이 아니며 그런 예는 성경 어디에도 찾아볼 수 없다.[144]

그러나 그 반대로 로마서 1:18-32절에는 하나님께서 죄악 가운데 거하는 자들에게 많은 기회를 통하여 하나님을 알만한 길을 제시해 주시고, 회개의 길을 주셨음에도 악으로 계속해서 치닫는 사람들을 향해 하시는 최후의 방법이 바로 그 악한 대로 "내버려 두시는 것"이다.

롬 1:18-23	**여기 적힌 내용은 흡사 바로 왕의 행동과 동일하다.** 만물에 하나님의 영광이 드러나 있음에도 하나님을 영화롭게 하지 않고, 스스로 지혜 있다 하여 도리어 어리석어진다. 그리고 썩어지지 아니하는 하나님의 영광을 썩어질 사람과 새와 짐승과 기어다니는 동물 모양의 우상으로 바꾸어 자신의 욕심을 채운다.
롬 1:24-28	**그로 인해 하나님께서 그들을 그 악한 대로 내버려 두신다.** * 롬 1:24 그들을 마음의 정욕대로 더러움에 내버려 두사 * 롬 1:26 그들을 부끄러운 욕심에 내버려 두셨으니 * 롬 1:28 그 상실한 마음대로 내버려 두사
롬 1:25, 27, 29-32	**그 결과로 나타나는 삶의 모습들 또한 바로 왕의 현상과 유사하다.** * 롬 1:25 피조물을 조물주보다 더 경배함 * 롬 1:27 남자가 남자에게 음욕이 불 일 듯 함 * 롬 1:29-32 갖은 악한 행동을 행함

이러한 사람들은 악행을 저지르는 것은 사형에 해당한다고 하나님께서 정하심을 알고도 자기들만 행할 뿐 아니라 또한 그런 일을 행하는 자들을 옳다 하는 자들이다(롬 1:32). 결국 하나님께서 마음을 완악하게 하셨다는 것은 그들이 자신들의 완악한 성품대로 살도록 내버려 두시는 것을 뜻한다. 이것은 가장 최종적인 심판의 도구임을 알 수 있다. 이로 살펴볼 때 하나님께서 하신 일은 '범의 유발형'이라기 보다는 '기회 제공형'이라고 할

수 있다. 바로가 “자신이 범죄하였다”고 고백하는 것이 결코 위법한 함정 수사에 포함되지 않는 것은 바로라는 존재가 이미 사전 범죄의사가 분명하게 내재되어 있는 존재라는 점에서 입증된다. 존 스토트(J. Stott) 또한 “그러므로 하나님이 그를 강퍅하게 하신 것은 그를 그 자신의 완악함에 내버려두신 사법적 행위였다”라고 본다.[145)]

아모스 4:1-13절 또한 수많은 재앙을 통과하며 하나님의 징계와 심판을 당함에도 완악하게 되어 하나님께로 돌아오지 않는 이스라엘의 상황을 그리며, 결국은 하나님 만날 준비를 하라는 음성으로 마무리된다. 재앙은 기회인 것이다. 그러나 그 기회를 바르게 깨닫지 못하면 결국은 망하고 마는 것이다. 이처럼 하나님은 사람들의 완악함까지 사용하셔서 하나님의 깊은 뜻을 펼치신다.

(6) 애굽 땅과 약속의 땅의 대조

또 한 가지 짚고 넘어가야 할 것은 재앙 사건은 약속의 땅에 대한 신학을 강화하기 위한 의도도 포함되어 있다는 것이다. 이스라엘은 430년의 시간 동안 애굽 땅에 정착하여 살아왔다. 그 정도의 시간이면 이미 애굽 땅이 고향이며, 삶의 터전이 되었고 비록 고생스런 노예살이지만 다른 지역으로의 이동은 생각할 수도 없는 붙박이 인생이 되었을 것이다. 이런 이유로 단 번의 재앙으로 이스라엘을 구출해 내시는 것이 아니라, 열 가지의 재앙으로 애굽을 치시는 이유를 짐작해 볼 수 있다.

여호와 하나님의 전능하심이라면 단번에 애굽을 치고 이스라엘을 출애굽 시키실 수 있다. 하나님께서도 바로에게 분명히 그렇게 하실 수 있다고 말씀하시는 것을 보면 충분히 가능한 일이다.

> 내가 손을 펴서 돌림병으로 너와 네 백성을 쳤더라면 네가 세상에서 끊어졌을 것이나 너를 세웠음은 나의 능력을 네게 보이고 내 이름이 온 천하에 전파되게 하려 하였음이니라(출 9:15-16).

그러나 애굽이 무너졌다고 해서 이스라엘이 여호와가 누군 줄 알고 가보지도 않은 땅을 향하여 모든 것을 다 정리하고 출발할 수 있을까? 만약 이와 같이 하나님께서 애굽을 단번에 격파하시고 이스라엘에게 그 땅에서 나가라고 하셨다면 이스라엘은 결코 그 땅에서 떠나려 하지 않았을 것이다. 아마 모세와 아론만이 외롭게 하나님께서 약속하신 땅을 향해 나아갔을 수도 있다. 그도 그럴 것이 이스라엘 백성들이 430년을 그 땅에서 살아왔기에 비록 노예의 신분이지만 이미 애굽이라는 환경에 최적화 되어 있다. 거기에다 이제 애굽이 끝장났다면 그 땅은 이스라엘의 것이 될 수 있다는 계산이 나온다. 결국 이스라엘은 새로운 땅으로의 이동이 아닌 애굽 땅에 주저앉는 역사가 벌어지고 말 것이다. 하늘에서 내리는 비에 의존해서 살아가는 땅 보다는 사시사철 나일강이라는 생명줄이 풍요를 가져다 주는 땅이 어느 모로 보나 더 나을 것이기 때문이다. 그렇게 되면 이스라엘은 조만간 생존을 여호와가 아닌 나일강에 의존하며 애굽을 대체하는 또 다른 제국을 형성하게 되고 말 것이다. 애굽 땅이 심지어 여호와의 동산인 에덴과 흡사하다고 하는 것을 보면 그 땅이 나일강으로 인해 어느 정도의 풍성함을 간직하고 있는지를 느껴볼 수 있을 것이다.

> 이에 롯이 눈을 들어 요단 지역을 바라본즉 소알까지 온 땅에 물이 넉넉하니 여호와께서 소돔과 고모라를 멸하시기 전이었으므로 여호와의 동산 같고 애굽 땅과 같았더라(창 13:10).

이처럼 열 가지 재앙은 여호와가 누구신가를 알려주는 기능만을 하는 것이 아니라, 애굽 땅이 결코 생존에 적합한 땅이 아니라는 것을 드러냄으로 약속의 땅인 가나안으로의 이동을 용이하게 하는 기능도 한다.[146] 애굽 온 땅은 물이 피가 되어 버렸고, 개구리 썩는 냄새가 진동을 하고, 이와 파리 같은 벌레들이 우글거리고, 전염병을 비롯한 질병들이 창궐하며, 우박과 메뚜기 같은 자연재해가 먹을거리를 쓸어가 버리고, 자식들이 처참하게 죽어가는 불모지요, 황폐한 땅이라는 것이다. 이스라엘은 이 과정을 통과하며 아무리 환경이 생존에 적합하게 조성되어 있어도 하나님께서 돌보시지 않으면 그 모든 것이 한 순간에 무용지물이 되거나 도리어 해가 된다는 것을 확실하게 깨달았을 것이다.

이스라엘은 이처럼 거듭 되는 재앙 사건을 통해서 애굽이 초토화되고 쑥대밭이 되는 것을 목격하였다. 재앙 이야기에 '애굽 땅'(출 7:5, 6, 7; 9:23; 10:12, 13, 21; 11:3, 5, 9; 12:29) 혹은 '애굽 온 땅'(출 7:19; 8:16, 17, 24; 9:9, 22, 24, 25; 10:14, 15, 19, 22; 11:6)이라는 단어가 유독 자주 등장하는 이유가 바로 이것을 보여주기 위한 목적임을 또한 알 수 있다. 즉 애굽은 저주와 재앙으로 사람이 살 수 있는 땅이 아니라는 사실의 강조인 것이다. 이에 반해 약속의 땅 가나안은 하나님께서 이끄시고 인도하시는 땅이라는 점에서 젖과 꿀이 흐르는 땅으로 소개된다(출 3:8). 이스라엘은 재앙 사건의 연속을 통해 자신들을 구별하셔서 생존으로 이끄신 하나님께서 약속하신 땅이 생존을 위한 최적의 장소라는 것을 확신케 된다. 왜냐하면 열 가지 재앙 사건을 통해서 이스라엘은 애굽이 살만한 땅이 아니라, 어느 곳이든지 하나님께서 이끄시고 함께하시는 장소가 바로 안전과 행복을 누릴 수 있는 최고의 땅이라는 믿음이 생겼기 때문이다.

이스라엘은 그 진리를 가나안 땅에 도착해서 배우는 것이 아니라, 애굽 땅에서부터 시작하여 이제 펼쳐질 광야에서도 배우게 된다. 하나님께서는 애굽의 위력을 아무 것도 아닌 것처럼 무효화 시키시고 이스라엘을 구원하실 수 있고, 광야에서는 이스라엘의 필요를 채우시며 생존을 책임지시는 전능자이심을 가르치시는 것이다. 그러므로 광야 이야기는 재앙 이야기와 별개의 내용이 아니라, 애굽에서 시작된 이야기를 완성하는 완결판이 된다.

이적과 표징 도표

순서	내용	애굽의 신들	경고의 유무	여호와 인식	애굽 모방	주역	바로의 반응	패턴
0	뱀 7:8-13	애굽을 상징함 (삼켜짐)	이적을 보이라 하거든		요술사	아론 (지팡이)	(완악함)	Z
1	피 7:14-25	하피 (Hapi)	아침에 물가로 가서	7:17 바로 개인이	요술사	아론 (지팡이)	7:22, 23 관심없음 (완악함)	A
2	개구리 8:1-8:15	헤크트 (Heqt)	바로에게 (들어)가서		요술사	아론 (지팡이)	8:8 백성을 보내리니와 곧 취소(완악함)	B
3	이 8:16-19	세브 (Seb)	경고 없음		요술사 못함	아론 (지팡이)	(완악함)	C
4	파 리 8:20-32	케페라 (Khephera)	아침에 물가로 가서(애굽인과 이스라엘의 구별)	8:22 이땅에서 네가	-	여호와 (모세)	8:25, 28 이땅에서 제사 드리라와 곧 취소(완악함)	A

5	심한 돌림병 (가축) 9:1-7	하도르 (Hathor)	바로에게 들어가서 (애굽가축과 이스라엘 가축 구별)		-	여호와 (모세)	(완악함)	B
6	악성 종기 9:8-12	임호텝 (Imhotep)	경고 없음 (애굽인, 짐승과 이스라엘인, 짐승구별)		요술사 고통	모세 (+아론)	(완악함)	C
7	우박 9:13-35	누트 (Nut)	아침에 (물가로) 가서 (전무한 사건)	9:16, 29 온 천하와 세상이 여호와 알 것	-	모세 (지팡이)	9:27-28 내가 범죄하였다 보내리라와 곧 취소 (완악함)	A
8	메뚜기 10:1-20	세트 (Seth)	바로에게 들어가라 (전무후무한 사건)		-	모세 (지팡이)	10:8-11 어린 것 빼고 남자만 가서 섬기라 (완악함)	B
9	흑암 10:21-29	라, 레, 아톤, 아툼 (Ra, Re)	경고 없음		-	모세	10:24 어린 것 데리고, 짐승은 빼고 (완악함)	C
10	장자의 죽음 11:1-10 12:29-36	오시리스 (Osiris)	11:4-8 경고 있음	바로가 두 손을 듦	-	여호와	12:31-33 가서 섬기라 짐승까지 다 (완악함)	D
00	홍해 14:1-31	애굽의 군대수장 (삼켜짐)	없음		-	모세 (지팡이)	14:4, 8, 17 완악함	Z

5) 광야에서 창조의 완성을 향하여: 안식일과 율법 준수(출 15:22-17:15)

홍해의 승리와 영광스러운 찬양의 예배를 뒤로하고 이스라엘은 드디어 본격적인 광야 생활로 돌입한다. 광야는 거대한 위력을 가지고 있다. 그 위력은 긍정적인 면에서 보다는 부정적인 면에서 부각된다는 점이 치명적일 수 있다. 홍해가 갈라지는 놀라운 체험과 하나님의 왕 되심을 찬양했던 그 감격의 영광이 3일 길 만에 온데간데없이 사라지게 만드는 것이 광야라는 장소이다(출 15:22).

그 부정적 위력은 성경의 곳곳에서 드러난다. 먼저 이스라엘이 광야에서 원망하고 불평하는 내용을 살펴보면 광야가 어떤 장소인지에 대한 정보를 얻을 수 있다.

> 너희가 어찌하여 우리를 애굽에서 나오게 하여 이 나쁜 곳으로 인도하였느냐 이 곳에는 파종할 곳이 없고 무화과도 없고 포도도 없고 석류도 없고 마실 물도 없도다(민 20:5).

> 백성이 하나님과 모세를 향하여 원망하되 어찌하여 우리를 애굽에서 인도해 내어 이 광야에서 죽게 하는가 이 곳에는 먹을 것도 없고 물도 없도다 우리 마음이 이 하찮은 음식을 싫어하노라 하매(민 21:5).

광야의 정의를 한 마디로 줄이면 '아무것도 없다'가 될 것이다. 이와 같은 정의는 다음(Daum)과 네이버(Naver) 사전의 '텅 비고 아득하게 너른 들'이라는 정의와도 일맥상통 한다.[147] 끝도 없이 넓지만 텅 비었다는 것은 생존에 필요한 것은 아무것도 갖추어져 있지 않은 장소임에도 오랜 시간을 버텨내야 한다는 것이다. 더욱 심각한 것은 생존에 필요한 것은 전혀 없음에도 생존을 위협하는 요소들은 곳곳에 산재해 있다는 점이다.

> 너를 인도하여 그 광대하고 위험한 광야 곧 불뱀과 전갈이 있고 물이 없는 간조한 땅을 지나게 하셨으며(신 8:15).

이와 같이 광야에 대한 시각적인 정의는 결코 인간이 안심하고 거주 할 수 있는 약속의 땅과는 정반대의 특성을 가지고 있는 죽음의 땅이라는 것이다. 약속의 땅이 사람을 살리고 풍요롭게 하는 특성을 가지고 있다면 광야는 정반대로 사람을 삼키고 죽이는 특성을 가지고 있다는 증언이다. 그러나 이것은 단지 광야의 물질적인 특성에 지나지 않는다. 하나님의 말씀은 이러한 가시적이고 물질적인 광야의 특성보다는 그 깊이에 숨어 있는 광야의 신앙적인 의미를 더욱더 중요시 한다는 것을 살펴볼 수 있다. 가시적으로는 '종국적인 멸망'이라는 정의 밖에는 내릴 수 없는 광야라는 곳이 하나님의 백성의 신앙의 길에서는 꼭 그렇게만 정의되지는 않는다는 사실이다. 오히려 진정한 생명의 주이시며 왕이신 하나님을 깊이 체험하고 만나는 기쁨의 장소이기도 하다는 것이다. 그래서 광야에는 두 가지의 신학적인 의미가 존재한다. 이스라엘도 우리도 광야를 걸어갈 때는 광야가 가지고 있는 다음과 같은 두 가지 속성 중에서 더 나은 편을 택하는 것이 삶의 지혜가 될 것이다. 동시대에 예루살렘에서 활동했던 예레미야와 바벨론에서 활동했던 에스겔이 바라본 광야를 비교해 보면 광야의 상반된 특징을 살펴볼 수 있다.

에스겔이 바라본 광야 (겔 20:13-14)	예레미야가 바라 본 광야 (렘 2:2-3)
그러나 이스라엘 족속이 광야에서 내게 반역하여 사람이 준행하면 그로 말미암아 삶을 얻을 나의 율례를 준행하지 아니하며 나의 규례를 멸시하였고 나의 안식일을 크게 더럽혔으므로 내가 이르기를 내가 내 분노를 광야에서 그들에게 쏟아 멸하리라 하였으나 내가 내 이름을 위하여 달리 행하였었나니 내가 그들을 인도하여 내는 것을 본 나라들 앞에서 내 이름을 더럽히지 아니하려 하였음이로라	가서 예루살렘의 귀에 외칠지니라 여호와께서 이와 같이 말씀하시기를 내가 너를 위하여 네 청년 때의 인애와 네 신혼 때의 사랑을 기억하노니 곧 씨 뿌리지 못하는 땅, 그 광야에서 나를 따랐음이니라 이스라엘은 여호와를 위한 성물 곧 그의 소산 중 첫 열매이니 그를 삼키는 자면 모두 벌을 받아 재앙이 그들에게 닥치리라 여호와의 말씀이니라

이 두 예를 통해 볼 때 이스라엘의 예언자들에게 죽음의 땅 광야는 두 가지 뜻을 내포한 장소로 정의됨을 살펴볼 수 있다. 그 첫 번째는 하나님의 백성을 궁극적으로 죽음으로 몰아가는 불순종과 거역, 배반의 장소라는 개념이다. 놀라운 이적과 기적으로 새 생명의 길인 애굽으로부터의 구원을 체험한 이스라엘이 그 놀라운 하나님의 도우심의 손길이 채 기억에서 사라지기도 전에 가시적인 광야의 위력에 눌려 하나님의 전능하심을 불신하는 민족이 되어 버린다. 그들은 자신들을 구원한 하나님의 권능이 아닌 광야의 위력에 굴복하여, 그 잔혹한 힘에 무너져 유혹에 빠져 버리고마는 장소라는 것이다. 그들에게 광야는 하나님을 능가하는 신적인 존재가 되어 버리고 마는 것이다.

이와는 반대로 광야는 또 다른 의미를 내포하고 있다. 이 광야는 밀월의 장소, 즉 신랑이 신부를 유혹하여 이 세상에서 가장 아름다운 약속과 함께 사랑을 고백하는 신성한 결혼식이 이루어지는 장소라는 것이다. 그 때의 그 첫 사랑이 얼마나 애틋했겠는가! 그 때는 그 어떠한 외부적인 고통도 다 극복할 수 있는 힘이 그 사랑 속에 들어 있음을 그 누가 감히 상상이나 할 수 있었겠는가! 그 잔혹한 광야도 그 뜨거운 사랑의 고백 앞에서는 어떠한 힘도 발휘할 수 없다는 것이다. 광야는 바로 이런 신랑이신 하나님과 신부인 그의 백성과의 만남이 이루어지는 장소라는 것이다. 하나님이 그들의 하나님이 되시고 그들은 하나님의 백성이 되는 신성한 사랑의 약속이 이루어지는 장소 그래서 광야는 오로지 이 위대한 신랑을 만난 것만으로도 기쁨이 되는 곳임을 의미한다.

이와 같이 광야 길을 어떻게 걸어가느냐에 따라서 이 장소는 이스라엘에게도, 우리에게도 긍정적인 의미로 혹은 부정적인 의미로 다가올 수 있다. 그렇지만 하나님께서 이 광야를 걸어가게 하실 때는 이유가 있으시다. 광야의 위력이 실로 대단하다 할지라도 광야보다 더 위대하시고 전능하신 하나님께서 그 길을 이끌고 계심을 가르치시기 위함이다. 하나님을 어떻게 신뢰할 것인가에 따라 광야는 거역과 불순종이라는 죽음의 장소가 되기도 하고, 사랑하는 이와 함께 떠나는 밀월여행이 되기도 한다. 함께하는 신랑을 믿을 것인가, 아니면 불신할 것인가에 따라 결과는 완전히 달라진다. 믿지 못하면 다른 것을 의지해야 한다. 그것이 곧 우상이 되는 것이다. 이스라엘에게 남겨진 책임은 거역, 불순종, 죽음이라는 부정적인 요소로 가득 차 있는 광야를 믿음, 소망, 사랑이 넘치는 하나님과의 깊은 교제와 만남의 장소로 만들어 가는 것이다. 이것은 오로지 광야의 죽이는 힘보다 하나님의 살리시는 힘이 더 크심을 믿는 믿음이 이를 가능케 할 것이다. 그리고 그 능력을 하나님께서는 이스라엘에게 보여주실 것이며, 이를 통해 하나님을 향한 믿음 또한 더욱 돈독하게 자리 잡게 될 것이다. 이스라엘의 광야는 바로 이와 같은 하나님의 숭고한 목표를 가지고 있다.

이스라엘은 시내산을 중심으로 두 번의 광야를 경험한다. 시내산 도착 전의 광야와 시내산 출발 후의 광야이다. 그런데 이 두 광야는 이스라엘의 원망과 불평이 있다는 점에서는 동일한데 하나님의 반응에 있어서는 상반된 길로 향한다는 점에서 현저한 차이점을 보인다. 즉 시내산 도착 전의 광야는 하나님의 반응하심이 전체적으로 긍정적인 모습을 보인다면 시내산을 떠난 후에는 동일한 불평과 원망에 대한 하나님의 반응이 부정적인 모습을 띤다는 것이다. 이스라엘은 분명 시내산에 당도하기까지 광야를 거치며 그 곳에서도 동일하게 불평하며 원망했다. 그러나 그 곳에서는 어디에서도 하나님의 징계나 심판은 찾아볼 수가 없었다. 오로지 시내산에서 출발한 다음부터 하나님의 심판은 불을 뿜기 시작한다. 도대체 그 차이점은 무엇일까? 몇몇 학자들은 이러한 충돌은 각기 다른 시대에 형성된 자료층으로 인한 것으로 분석한다.[149] 그러나 차일즈(B. S. Childs)라는 학자는 이에서 한 걸음 더 나아가 이 차이점을 '필요가 앞서는 불평'과 '욕망에 의한 불평'으로 분류하며 전자는 즉각적인 응답을 받지만 후자는 징계와 심판으로 결론에 이른다는 것으로 보강한다. 이것을 도표화 하면 다음과 같다.

광야 (출 15:22-17장)	시 내 산	광야 (민 11-25장)
광야 삼일 길부터(출 15:22) ① 필요(need) ② 불평(complaint) ③ 모세의 중재(intercession) ④ 하나님의 기적적인 개입 (God's miraculous intervention)		**광야 삼일 길부터(민 10:33)** ① 불평으로 시작(complaint) ② 하나님의 분노와 처벌 (God's anger and punishment) ③ 모세의 중재(intersession) ④처벌의 유예 (reprieve of punishment)
어디에서도 심판이나 죽음이 발생하지 않는다.		**불평이 일어나는 모든 곳에서 심판과 죽음이 발생한다.**

시내산 도착 전에는 모든 불평과 원망은 이유가 있다. 마실 물이 없고, 식량이 떨어져 생존의 위협을 느끼게 되는 것과 같은 상황이 펼쳐졌기 때문이다. 즉 반드시 필요한 것에 대한 요구인 것이다. 그러나 시내산을 출발한 후에는 상황이 다르다. 이미 만나라는 식량이 공급되고 있음에도 그것이 지겹다는 것이다(민 11:6; 21:5). 이것은 필요가 아니라 욕심이며 욕망의 분출이라 할 수 있다. 그럼에도 시내산 출발 이후에도 마실 물이 없을 때는 그 원망을 기꺼이 받으시고 물을 공급해 주신다(민 20:11)는 점에서 필요에는 반드시 응답하시는 하나님이심을 알 수 있다. 그리고 이 두 광야를 사이에 두고 시내산 언약(출 19-24장)이 자리하고 있다는 것도 이러한 차이에 한몫을 담당할 것이다. 언약을 맺었다는 것은 위반에 대한 책임을 진다는 것을 의미하기에 징계가 부가되는 것은 당연할 것이다.

이에 덧붙여 이러한 차이가 나게 하는 한 가지 요인을 더 다루어야 할 필요가 있다. 그 이유는 시내산 도착 전의 광야 여정에서 중요한 목표로 삼는 것 중의 하나가 바로 이 점이기 때문이다. 그것은 다름 아닌 아직도 “내가 여호와인줄 알리라”는 교육이 끝나지 않았다는 것이다. 이 교육이 중요한 이유는 시내산에 도착하면 분명하게 드러날 것이다. 그곳에서 이스라엘은 하나님과 언약을 맺을 것이다. 이스라엘은 하나님의 백성이 되고, 하나님은 이스라엘의 하나님이 되시는 서약인 것이다. 이 언약으로 절대적이고, 배타적인 관계가 성립되며, 이스라엘은 그 어떤 다른 신이나 말이 아닌 오직 하나님만 섬기며 하나님의 말씀만 따르는 존재가 되겠다는 서약이 일어나는 것이다. 하지만 그 일생일대의 중차대한 결정을 알지 못하는 신을 향하여 행할 수는 없는 것이다. 그것은 곧 광신이 되고 맹신이 될 것이며 개인은 물론 공동체 전체의 생명에 위협을 가져올 수도 있다. 그리고 하나님 또한 억지나 강요에 의한 결정을 결코 원치 않으신다. 예배도 ‘자원하여 기쁨으로 나아오는 마음’(출 25:2)을 원하신다는 것을 보면 하나님의 마음을 잘 알 수 있다. 아직 하나님만을 유일한 신으로 섬기겠다는 선택이 일어나지 않은 사람들을 향하여 징계의 칼날을 들이민다면 전쟁이 두려워 애굽으로 회귀할 수도 있는 것과 같은 사건이 벌어질 것이 분명하다. 자신들을 죽이는 신을 어찌 영원히 섬기겠다고 할 수 있을 것인가? 홍해 앞에서와 같이 모든 것을 취소하고 설사 노예로 살지라도 애굽으로 돌아가려 하는 일이 벌어지고 말 것이다(출 14:12). 이러한 인간의 속을 다 아시는 하나님께서는 이스라엘이 하나님께서 하시는 일이라면 징계까지도 달게 받는 백성이 될 수 있다는 확신으로 하나님의 백성이 되겠다는 자발적인 선택을 할 때까지 기다리신다.

이러한 자발적인 선택과 결정은 분명한 확신에 바탕을 둘 때 가능한 것이다. 하나님께서는 애굽에서 재앙 사건들을 통해 이스라엘을 구원하시며 가르치셨고, 이제는 광야에서 구원된 이스라엘의 생존에 필요한 것은 물질이 아니라 오직 하나님 한 분이라는 사실을 가르치심으로 시내산에서의 결심을 공고하게 하려 하신다. 홍해를 건넌 후 이스라엘은 광야에서 삶의 필요를 간구하며 부르짖고 있다. 그리고 이러한 필요에 하나님께서 얼마든지 응답하실 수 있는 전능자시라는 것을 광야에서도 보여주시는 것이다. 그런 점에서 시내산 도착 전에 나타나는 광야 이야기는 "내가 여호와인줄 알리라"의 완결편이라 할 수 있으며 이는 곧 언약을 위한 초석이 되는 것이다. 그러므로 시내산에 도착하기까지는 최선을 다해서 하나님이 누구신지, 어떤 능력의 신인지를 알려 주셔야 하는 것이다. 그 구체적인 증거는 홍해를 가운데 두고 재앙 사건과 광야 사건의 구조를 비교해 보면 알 수 있다.

A. 출 7:8-14:20 여호와와 애굽 바로 왕의 대결

① 애굽에서 이스라엘을 구별하셔서 생존케 하심
② 여호와께서 애굽을 무찌르심
③ "내가 여호와인줄 알리라"

B. 출 14:21-15:21 홍해사건과 감격의 예배(여호와만이 영원토록 왕이시라)

A'. 출 15:22-17:16 여호와와 광야의 대결

① 광야에서 이스라엘을 돌보셔서 생존케 하심
② 여호와께서 아말렉을 무찌르게 하심
③ "내가 여호와 너희의 하나님인줄 알리라"(출 16:12)

홍해를 중심에 두고 이스라엘의 왕이 바뀐다. 홍해 전까지는 바로를 왕으로 섬기는 노예였다면, 홍해를 건너며 애굽이 끝이 나고 여호와가 왕이심을 선포하는 백성이 된 것이다. 그러나 여호와 하나님은 애굽의 위력이 이스라엘을 억압할 때에도 이스라엘을 구별하시고 구원하시는 전능자이시며, 광야의 죽이는 위력 속에서도 역시 동일하게 이스라엘을 돌보시고, 지키시며, 살리시는 보호자이심을 보여주신다. 이렇게 여호와께서 왕이 되시는 세상으로 들어온 사람들은 공급을 받으며 여호와가 누구이신가를 더 배우게 된다. 하나님을 왕으로 모시며 사는 삶이 어떤 복된 삶인가를 체험케 하시는 것이다.

그리고 그 은혜의 체험 속에는 또한 걸어야 할 소명의 길이 동시에 들어 있다. 이 또한 광야 여정이 갖고 있는 목표 중의 한 가지라 할 수 있다. 광야에서 펼쳐지는 다음의 사건들은 하나하나가 하나님이 왕이 되시는 세상의 비전이 들어가 있다. 하나님께서는 이런 세상을 꿈꾸신다는 것이다. 바로 이 길에 동참하기를 결단하는 자 시내산에서 이 하나님과 함께 언약을 맺는 사람이 될 것이다. 바로가 왕이었을 때와 하나님이 왕이 되시는 세상은 결코 동일할 수 없고, 동일해서도 안 되기 때문이다.

광야 여정 속에서도 여호와가 누구신가를 알려주시는 이유는 아는 것에 그치지 않고, 살아야 할 합당한 삶의 길을 제시하기 위한 것이다. 그러므로 광야 여정 속에는 크게 두 가지의 목표가 자리하고 있는데 첫째는 하나님의 돌보시는 능력의 증거를 통해 여호와가 누구신가를 알려주시고, 둘째는 이에서 한걸음 더 나아가 전능하신 하나님의 구원을 체험하고 돌보심을 받은 자로서 이스라엘이 마땅히 걸어가야 할 길 또한 제시하고 있는 것이다. 특히 홍해를 건넌 후의 광야 여정이 시내산이라는 중요한 정점으로 이끈다는 점에서 시내산의 의미까지 드러나게 하는 역할을 한다고 할 수 있다.

시내산에 도착하기까지 광야에서 이스라엘은 네 장소에서 하나님을 체험하며 하나님 나라의 길을 배운다. 광야 여정에는 다른 여러 가지 사건들이 더 있었을 것이라 추정해 볼 수 있는데 특별히 마라(출 15:22-26), 엘림(출 15:27), 신 광야(출 16장) 그리고 르비딤(출 17장) 이 네 장소에서의 사건만을 다루고 있는 것은 분명 이유가 있을 것이다. 민수기 33장에 나타난 출애굽 여정에서 진을 친 장소들을 살펴보면 참으로 많은 장소들이 광야 여정에서 생략되어 있다는 것을 알 수 있게 한다. 먼저 홍해를 건너 시내산에 도착하기까지의 과정에도 여러 군데가 빠져 있다.

마라 → 엘림 → 홍해 가 → 신 광야 → 돕가 → 알루스 → 르비딤
→ 시내 광야(시내산)(민 33:8-15)

시내산을 출발하여 여호수아와 갈렙을 제외한 출애굽 구세대가 모두 광야에서 소멸될 것이라는 선고를 받는 사건이 벌어진 가데스바네아까지는 민수기에서 단 네 곳인 다베라, 기브롯핫다아와, 하세롯 그리고 바란 광야의 가데스에서 벌어진 사건들만을 다루고 있다(민 11-14장). 그러나 민수기 33장의 이스라엘 광야 여정에는 무려 21곳에서 진을 쳤다는 것을 알 수 있다(민 33:16-36). 이를 통해 살펴볼 때 이 속에는 분명 모든 이야기들을 다 기록한 것이 아니라 사건들에 대한 선택이 작용했다는 것을 짐작해 볼 수 있다. 즉 모든 사건들을 다 보고하는 것이 목적이 아니

라, 전하고자 하는 메시지에 따라 선택과 배열이 일어났다는 것이다. 그러므로 마라에서(출 15:22-26), 엘림에서(출 15:27), 신 광야에서(출 16장) 그리고 르비딤에서(출 17장) 벌어지는 일은 분명한 목적을 가지고 선택되었으며, 서로 별개로 다루어서는 안 되고, 연속되는 필름처럼 하나로 연결시켜 이해해야 한다. 그래야만 하나님께서 자신이 누구이신가를 알려주시며 이루고자 하는 세상이 무엇이며, 이스라엘과 함께 세우기를 소망하시는 나라가 어떤 나라인지를 알 수 있게 된다.

(1) 마라에서 엘림까지 - 쓴물이 단 물로(출 15:22-27)

마라에서 쓴물이 단물로 변하는 사건은 짧은 내용을 이루고 있지만 그 함축적인 의미는 결코 가볍지 않다. 특히 홍해를 건넘으로 이스라엘의 왕이 바로에서 여호와 하나님으로 바뀌는 상황이 펼쳐졌고 그 하나님을 향한 영광의 찬양이 울려 퍼졌다. 그 결론은 “여호와께서 영원무궁하도록 다스리시도다(왕이 되시도다)”라는 선언이며 기원이다. 그렇다면 한 가지 분명하게 달라져야 할 것을 기대케 한다. 그것은 다름 아닌 이스라엘의 삶의 질이다. 하나님이 왕이 되셨다면 분명히 삶은 질적으로 달라져야 한다. 노예살이의 고통으로 탄식하는 삶이 아니라, 콧노래가 절로 나오는 행복 가득한 삶이어야 하는 것이다. 홍해는 바로 그 기쁨의 찬양이 시작된 곳이다.

그러나 인간의 상황과 환경은 삽시간에 찬양이 불평으로 바뀔 수 있게 한다. 이스라엘이 홍해를 건넌 후 광야에서 삼일 길을 걸었으나 물을 얻지 못하고, 마라에 이르러서는 물이 써서 마시지 못함으로 그 자리에서 원망이 일어난다. 광야는 가장 긍정적인 면에서 하나님의 백성이 믿음을 키우며, 진심으로 하나님을 예배할 수 있는 장소가 될 수 있다. 하지만 그 반대의 상황도 늘 가능성으로 도사리고 있음을 잊지 말아야 한다. 이렇게 또 삼일이 등장한다. 인간의 결심을 흐트러뜨리기에 충분한 시간이라는 것이며, 찬양도 불평과 원망으로 뒤바뀌는 시간이 될 수 있다는 것을 의미한다. 위기상황이나, 재난의 상황에서는 골든타임(golden time)이라는 것이 있다. 인간의 생명에 위급상황 발생 시 각각의 상황에 따라 그 현장에 도착하여 생명을 구조할 수 있는 목표시간이다. 일반적으로 '3333 법칙'으로 통한다. 인명구조를 위해 공기가 없는 곳에서는 3분을 초과해서는 안 되고, 온기가 없는 곳에서는 3시간을 초과해서는 안 되며, 물이 없는 곳에서는 3일을 초과해서는 안 되고, 음식이 없는 곳에서는 3주를 초과해서는 안 된다는 원칙이다. 이스라엘이 물이 없이 3일을 걷고 있다. 생존의 한계상황에 부닥친 것이다. 이것은 탐욕이 아니라 생사의 갈림길에서의 원망이다. 이러한 백성들의 원망에 대하여 모세가 여호와께 부르짖고, 여호와께서 한 나무를 가리키심으로, 그 나무를 물에 던지니 물이 달아졌다. 전체적인 과정은 네 단계를 거치며 해결 국면에 이르는 것을 알 수 있다.

① 문제발생(쓴물)

② 백성의 불평(원망)

③ 모세의 중재(기도)

④ 하나님의 구원응답(단물)

하나님은 이렇게 이스라엘의 문제에 대하여 신속하게 응답하실 수 있으시며 해결자시라는 것을 증거함으로 여호와가 어떤 하나님이신지를 가르친다. 이 과정은 다른 사건들에도 계속해서 동일하게 진행되며 "내가 여호와인줄 너희가 알리라"를 강화시켜 나갈 것이다. 그리고 마라 사건은 여기까지가 일차적인 범위에 속하는 내용이다. 일차적인 범위라는 것은 첫 번째의 목표를 이루었다는 것이며, 이제 이차적인 범위인 다음 목표를 이루어야 한다는 것을 의미한다. 하나님께서 신실함으로 응답하시는 체험을 가졌다면 그 다음은 하나님의 음성에 귀 기울임으로 하나님의 뜻을 이루는 길로 나아가는 것이다. 이것이 곧 예배의 완성이기 때문이다.

예배의 시작(은혜)	예배의 완성(순종)
이스라엘의 소망과 부르짖음	하나님의 명령(소망과 부르짖음)
하나님의 응답	이스라엘의 응답

예배는 이스라엘의 부르짖음에 대한 하나님의 응답이라는 은혜로 시작된다. 그러므로 예배의 시작은 하나님이신 것이다. 이러한 하나님의 예배 즉 은혜를 체험한 사람은 이제 하나님의 명령(세상을 향한 부르짖음)을 듣고 그에 응답하는 순종의 길을 걸음으로 예배의 완성을 이루어야 하는 것이다. 이렇게 예배가 시작되고 완성될 때 개인의 삶이 달라지고, 공동체가 새로워지며, 나라가 거룩해져, 세상을 변화시키는 것이다. 이제 이스라엘은 이 이차적인 목표를 향해 나아가야 한다. 쓴물이 단물이 되는 것만 경험하고 거기서 멈춰버린다면 이스라엘은 행복하겠지만 세

상은 결코 달라질 것이 없다. 하나님께서는 이스라엘이 이런 경험을 하였다면 이스라엘이 세상 속에 들어가서 쓴물을 단물이 되게 하는 이와 같은 역할을 하기를 소망하시는 것이다.

이스라엘이 이와 같은 길을 걸어야 한다는 것을 입증하듯이 쓴물이 달게 되자마자 멈춤 없이 바로 '거기서'(שָׁם 샴) "여호와께서 그들을 위하여 법도와 율례를 정하시고 그들을 시험하신다"(출 15:25).

> 이르시되 너희가 너희 하나님 나 여호와의 말을 들어 순종하고 내가 보기에 의를 행하며 내 계명에 귀를 기울이며 내 모든 규례를 지키면 내가 애굽 사람에게 내린 모든 질병 중 하나도 너희에게 내리지 아니하리니 나는 너희를 치료하는 여호와임이라(출 15:26).

이러한 소명과 더불어 쓴물이 단물이 되는 사건은 새로운 옷을 입고 이스라엘 백성을 향한다. 먼저 여호와께서 이스라엘의 왕이시라는 찬양 후에 가장 먼저 나타나는 사건이 쓴물이 단물이 되는 사건이라는 점을 되짚어볼 필요가 있다. 왜냐하면 '쓴물'이라는 단어가 함축하는 의미의 중요성 때문이다. '쓰다'를 의미하는 단어가 '마림'(מָרִים)이라는 복수형인데 단수형은 '마라'(מָרָה)이다. 이 단어는 출애굽기의 다른 곳에서는 바로가 이스라엘을 노동으로 '괴롭게 했다'(מָרַר 마라르/쓰다)는 것(출 1:14)에와 그것을 기억하기 위해 유월절에 '쓴 나물'(מָרַר 마라르)을 먹었다는 것에 쓰인 단어와 동일한 어근을 갖는다(출 12:8). 이 단어는 바로가 왕이었을 때의 괴롭고, 쓰디쓴 상황을 표현하는데 사용된 것이다.

이처럼 이 '쓴물'이라는 단어가 바로가 왕이었던 이스라엘의 과거를 상기시키는 요소라면 이제 하나님을 왕으로 모시고 살아가는 새 창조의 이스라엘은 질적으로 다른 삶을 살아야 한다. 그것이 하나님에 의해 변화된 단물로 표현될 수 있다. 즉 하나님께서 함께하셔서 왕이 되시는 삶은 쓰디쓴 인생에서 달콤한 인생으로의 전환을 의미하는 것이다. 그렇다면 이제 주어진 과제는 더 이상 쓰디쓴 인생으로 돌아가지 않고, 달콤한 인생을 지키며 살아가는 삶일 것이다. 마라 사건은 그 길을 이스라엘에게 가르쳐 주고 있다. 그리고 그 길은 멀리 있는 것이 아니라 하나님께서 주신 율례와 법도를 따라 살아가면 된다는 교훈이 주어져 있다. 새로운 창조를 통하여 탄생한 하나님의 백성은 이제 하나님의 계명과 법도를 따라가는 백성이 되어야 한다는 것이다. 그 길만이 탄식이 아닌 찬양의 예배를 올려드리는 백성의 삶을 살아가게 하는 동력이라는 것이다. 이 길을 바르게 걸을 때 애굽 사람에게 내린 질병은 어떤 것도 염려할 필요가 없다고 하신다. 즉 더 이상 쓰디쓴 인생으로 돌아가지 않을 것을 약속하시는 것이다. 왜냐하면 하나님께서 치료하시는 여호와로 늘 함께 하실 것이기 때문이다.

쓴물이 단물이 되기 위해 나무가 필요하였다. 이제 이 나무가 상징하는 바가 무엇인지를 추정해 볼 수 있다. 다음의 도표를 비교해 보면 나무가 주고자 하는 의미를 쉽게 유추해 볼 수 있다.

	마라에서		마라 같은 인생길에서
1	**출 15:25a** 나무를 물에 넣으니	➡	**출 15:26a** 여호와의 말을 들어 순종하고 내가 보기에 의를 행하며 내 계명에 귀를 기울이며 내 모든 규례를 지키면

2	**출 15:25b** 쓴물이 단물로 변함	➡	**출 15:26b** 내가 애굽 사람에게 내린 모든 질병 중 하나도 너희에게 내리지 아니하리니 나는 너희를 치료하는 여호와임이라

쓴 물을 단 물로 만들기 위해 던져 넣었던 나무와 같은 역할을 하는 것이 하나님의 백성의 삶 속에는 바로 하나님께서 주신 율례와 법도라는 것이다. 그렇다면 쓴물이 단물이 되는 사건은 결국 여호와의 계명과 규례를 지켜야만 하는 당위성을 강조하기 위한 목표가 있다는 것을 느끼게 한다. 비록 '나무=율법'이라는 등식은 과도한 것이 될 수도 있지만 쓴물이 단물이 되는데 하나님께서 가리킨 나무가 중요한 역할을 하였던 것처럼 쓴 인생이 달콤한 인생으로 전환되는데 하나님의 말씀이 반드시 필요하다는 등식은 가능할 것이다. 여기서 하나님께서 한 나무를 '가리키시니'에서 쓰인 단어인 '가리키다'는 히브리어 '야라'(יָרָה)로 '가르치다'는 뜻 또한 가지고 있다. 그리고 이 단어 '야라'에서 '가르침'이라는 명사형인 '토라'(תּוֹרָה) 즉 율법이라는 단어가 파생된다. 이 율법은 여호와께서 모세를 통해서 이스라엘에게 가르치기를 소망하시는 것이다.

여호와께서 모세에게 이르시되 너는 산에 올라 내게로 와서 거기 있으라 네가 그들을 가르치도록(יָרָה 야라) 내가 율법(תּוֹרָה 토라)과 계명을 친히 기록한 돌판을 네게 주리라(출 24:12).

그리스도인들은 때로 성급하게 이 나무를 예수 그리스도의 십자가로 해석하기도 한다. 과도한 비약이라고 할 수도 있지만 하나의 과정을 거쳐 간다면 이 또한 건전할 수 있다.

	마라에서		마라 같은 인생길에서		그리스도인의 삶에서
1	**출 15:25a** 나무를 물에 넣으니	➡	**출 15:26a** 여호와의 말을 들어 순종하고 내가 보기에 의를 행하며 내 계명에 귀를 기울이며 내 모든 규례를 지키면	➡	십자가의 삶: 하나님의 뜻에 철저하게 순종하여 그 뜻을 따르는 것
2	**출 15:25b** 쓴물이 단물로 변함	➡	**출 15:26b** 내가 애굽 사람에게 내린 모든 질병 중 하나도 너희에게 내리지 아니하리니 나는 너희를 치료하는 여호와임이라	➡	세상을 이기는 참 생명의 길이며, 영생의 길

이처럼 하나님의 율례와 법도를 완전하게 순종하는 삶이 예수님의 십자가라고 할 때 우리의 삶에 그러한 순종의 십자가가 선다면 충분히 가능하다. 그러나 이러한 순종의 삶이 없이 단순히 나무를 또 다른 나무인 십자가라고만 한다면 이것은 핵심이 빠진 공허한 비교에 지나지 않기 때문이다. 그리고 여기서 과학적인 사고에 사로잡혀 어떤 특별한 화학성분을 포함한 나무가 있었을 것이라고 그 나무를 찾는 것도 의미가 없다. 왜냐하면 정말 그 나무의 어떤 특별한 성질이 중요한 것이었다면 그 나무가 어떤 품종인지, 어디에서 구할 수 있는지를 분명하게 기록하였을 것이며,

이스라엘은 다음 여정을 위해 그 나무를 보관하였을 것이다. 그러나 마라에서 가르치셔야 할 교훈은 끝이 났다. 단물도, 나무도 다 뒤로하고 이스라엘은 시내산에서 장엄하게 주어질 율례와 법도, 계명과 규례의 의미가 무엇인지를 확실하게 깨닫고 그곳을 출발한다. 이스라엘은 돌보시고 치료하시는 하나님을 체험했고, 그 하나님과 함께 달콤한 인생을 이루는 길이 어디에 있는지를 배우고 다음 단계로 이동하는 것이다.

그 다음은 엘림으로 간다(출 15:27). 그곳에 물 샘 12과 종려나무 70그루가 있다. 혹자는 이스라엘이 이 곳에 도착해 물을 마음껏 마실 수 있었을 것이라고 단언한다.[150] 그러나 200만명이 넘는 사람들에게 물 샘 12과 나무 70그루가 얼마나 도움이 되었을까? 그렇다면 이 속에는 숫자를 통한 상징성이 강하게 내포되었다는 것을 인지해야 할 필요가 있다. 즉 12와 70이라는 숫자의 의미들이다. 12지파를 완전하게 충족시킬 수 있다는 의미일 것이다. 여기서 기억해야 할 것은 풍성한 엘림으로 이스라엘을 먼저 인도해 가시는 것이 아니라, 결핍의 마라로 먼저 인도하시는 이유이다. 이는 곧 인생은 하나님께 의존해야 함을 가르치고, 특히 광야에서는 더욱더 하나님만 바라보아야 하며 그 분의 음성에 귀 기울여야함을 배우게 하려는 것이다. 이것이 인생을 살아가는 더 낫고 완전한 길이기 때문이다. 인간의 삶은 풍성함(엘림)보다는 결핍(마라)가운데 거할 때가 많기에 결핍을 잘 걸어가는 것은 풍성할 때 주의 뜻을 더욱 잘 따를 수 있는 길을 열어준다. 그 결핍 속에서 우리는 하나님께서 가르치고자 하시는 진리를 배운다.

하나님의 법도와 규례를 통하여 하나님의 자비하신 마음과 전능하신 능력을 깨닫고 나면 우리는 결코 엘림의 풍성함에 현혹되지 않을 수 있다. 그리고 거기에서 누리는 것이 좋아서 "여기가 좋사오니 여기서 천년만년 삽시다."라고 하지도 않을 것이다. 하나님과 함께 가야 할 길이 있고, 해야 할 일이 있기 때문이다. 하나님의 백성은 예배자이며, 순례자다. 세상에 머무르지 않고, 하나님을 향한 순례의 여정을 완수해야 하는 것이 사명이다. 마라도 엘림도 모두 과정이며, 믿음의 종착점이 아니라, 훈련장일 뿐이다. 하나님의 말씀 가운데 거하며 믿음으로 나아가는 삶은 하나님께서 마라에서와 같이 돌보시고, 엘림에서와 같이 채우시고 먹이신다는 그 확신을 위한 것이지 그것을 붙들고 시험에 들라는 의미가 아닌 것을 알기 때문이다. 그래서 마라에서 쓴물을 단물로 만드는 나무를 가지고 다닐 필요도 없고, 엘림과 같은 풍성함을 더 이상 발견할 수 없다는 두려움으로 그곳에 주저앉을 필요도 없다. 그 모든 것의 주인 되시는 전능하신 하나님과 함께 오늘도, 내일도, 모레도 믿음의 길을 걷는 것이다. 우리로 인해 세상이 조금 더 밝아지고, 조금 더 깨끗해지고, 달콤해지도록 우리에게 주신 모든 재능과 축복을 도구삼아 묵묵히 하나님의 나라를 건설하는 것이다.

애굽 땅에서부터 이루고자 하셨던 그 대 과업은 지금도 계속되고 있다. 여호와는 치료하시는 하나님이시며, 불완전한 것을 고치시는 하나님이시다. 쓴물을 고치시듯이 우리의 삶 전체를 새롭게 고치실 수 있는 분이시다. 광야에서 죽어갈 것인가 아니면 날로 새롭게 변해가는 치료하시는 하나님을 만날 것인가는 주의 말씀을 듣는 자세에 달려있다. 하나님은 신속하게 응답하실 준비가 되어있다. 이처럼 예배는 하나님을 향한 찬미의 노래를 부르는 것만으로 충분하지 않다. 반드시 하나님의 말씀에 귀 기울이는 삶을 이루는 순종의 예배로 나아가야 한다. 애굽인들은 물이 피로 변하여 마실 수가 없었다. 그러나 치료하는 하나님은 이스라엘을 위해 쓴물을 단물로 바꾸신다. 그리고 물 샘 12과 종려나무 70그루가 있는 엘림으로 이끄신다. 이것은 애굽과는 반대로 이스라엘을 향한 풍성한 공급과 돌보심을 상징하는 것이다. 그리고 그 풍성한 엘림을 사막이라는 광야에서도 계속해서 누릴 수 있는 길은 하나님의 율례와 법도, 규례와 계명을 생명처럼 소중히 여기는 것에 있다. 그러므로 이스라엘은 마라에서 얻은 단물을 짊어지고 다닐 필요가 없다. 그것을 공급하실 책임은 하나님께 있고, 이스라엘은 그 하나님의 뜻을 따르면 되는 것이다. 이렇게 마라와 엘림은 하나로 어우러져 이스라엘이 하나님만 바라보며, 그 뜻만 이루는 백성이 되어야 함을 가르치고 있다.

이제 다음 단계는 하나님께서 주시는 율례와 법도는 무엇이며, 그 핵심 정신은 무엇이고, 그것을 지키는 결과는 정말 달콤한 인생인가라는 사실을 살펴보아야 한다. 그것이 확실해야 지켜야만 한다는 당위성이 주어지기 때문이다. 이를 분명하게 보여주기 위해 하나님께서는 만나를 통해 안식일 훈련을 시키신다. 안식일을 지키는 것은 바로 하나님의 법을 지키는 중심이요 기둥이기 때문이다. 만나를 통해 여호와의 율례와 법도를 준행하는 이유를 분명히 알고, 율법의 핵심이라 할 수 있는 안식일을 배우면 하나님께서 이루시려는 세상이 보인다. 그것은 쓴 인생이 아니라 달콤한 인생이다. 나만 달콤한 것이 아니라 공동체 전체가 달콤해 지는 길이 만나를 통한 훈련으로 가능해 지는 것이다. 즉 쓰디쓴 세상이 살맛나는 세상으로 바뀌는 것이다.

(2) 신 광야에서 만나를 통한 안식일과 율법 시험(출 16장)

이스라엘은 이제 광야에서 율법 준수를 통해 달콤한 나라, 살맛 나는 세상을 이룰 수 있다는 확신을 배워야 할 때가 되었다. 그 목표는 안식일을 준수하는 한 백성의 탄생으로 가능해질 것이다. 하나님께서 이스라엘을 홍해의 물 가운데서 건져내심으로 새로운 창조는 이미 시작되었고, 이스라엘은 창조의 완성을 향하여 나아가야 한다. 광야에서 이스라엘은 마실 물과 먹을 양식을 제공받으며 새 창조의 기적을 체험하는 것이다.[151] 그리고 이스라엘은 창조의 완성이라 할 수 있는 안식일의 의미를 만나를 통해 배운다(출 16:21-30). 그러므로 만나는 단순히 이스라엘이 광야에서 일용할 양식을 얻고 생존할 수 있게 되었다는 것을 알리기 위함만이 아니다. 그보다는 오히려 출애굽한 이스라엘은 물론 그 후대의 모든 사람들에게까지 창조의 결론이요 율법의 정신이라 할 수 있는 안식일을 준수함으로 이루어지는 아름다운(달콤한) 세상이 무엇인지를 보여주기 위한 목적이 더 두드러진다는 것이다. 이를 통해 하나님의 말씀의 완전함 또한 드러날 것이다. 그 부분은 만나와 안식일의 관계를 통해서 선명하게 보여 질 것이다. 먼저 신 광야에서 벌어진 만나 이야기의 구조를 살펴보면 강조점이 무엇인지를 알 수 있다.

A. 출 16:1-3 이스라엘의 원망 - 광야에서 주려 죽게 한다

B. 출 16:4-5 하나님의 응답과 계획

① 만나 통한 응답 - 일용할 양식을 공급(여호와의 능력 체험)

② 만나 통한 계획 - 율법 준행 시험(이스라엘의 소명의 길)

C. 출 16:6-15 만나 통해 - 내가 여호와인줄 알리라(여호와의 능력 체험)

C'. 출 16:16-30 만나 통해 - 이스라엘의 소명의 길(율법 준수와 안식일)

B'. 출 16:31-34 하나님의 응답과 계획의 대대의 성취
① 만나 응답 통해 - 양식공급을 대대 후손에게 증거(여호와의 능력 전달)
② 만나 계획 통해 - 증거판 앞에 보관해 율법 준행 강조(이스라엘의 소명)

A'. 출 16:35-36 이스라엘의 기억 - 광야 40년 동안 만나를 먹었음

A와 A'은 이스라엘의 굶주려 죽겠다는 원망이 감사의 기억으로 바뀌는 역사가 펼쳐진다. 그 이유는 하나님께서 광야 40년의 여정동안 어김없이 만나를 내려 주심으로 가능하게 되었다는 것을 전한다. B와 B'은 하나님의 계획과 그 성취로 인해 변화된 미래를 드러내고 있다. 하나님의 계획은 두 가지로 나타나는데 일용할 양식을 공급하시며 여호와의 능력을 드러내시고, 이를 통해 이스라엘이 하나님의 법을 준행하는 삶을 살게 하시려는 것이다. 하나님의 능력을 체험했다는 것은 그 분의 말씀대로 사는 삶을 가능케 하는 것이다. 하나님의 그 목표는 중심인 C와 C'에서 긴 시간을 통과하며 성취에 이른다. 먼저 하나님께서 만나를 매일의 삶에 공급하시며 여호와의 능력과 더불어 신실하심을 증거하신다. 어김없이 다음 날에 주어지는 만나는 곧 이스라엘의 믿음을 창출하기 위한 것이다. 그 만나를 통해 태동된 믿음이 매일의 삶 속에서 말씀을 준행하는 것과 7일째마다 안식일을 준수하는 삶을 가능케 하는 것이다. 비록 처음에는 실패할지라도 시간을 통과하며 하나님의 신실하심이 변함이 없으심을 체험할

때 더불어 이스라엘의 믿음과 순종도 달라지며 마침내 "백성이 일곱째 날에 안식하니라"(출 16:30)는 결론에 도달한다. 그럼 이제 이스라엘이 이렇게 여호와가 누구이신가를 매일의 삶 속에서 능력으로 체험하고, 안식일로 대표되는 하나님의 율법을 준행할 때 어떻게 세상이 달콤하고 살맛나는 세상으로 변할 수 있는지를 세세한 내용을 통해서 살펴보아야 한다.

[1] 이스라엘의 원망 - 광야에서 주려 죽게 한다(출 16:1-3)

이스라엘이 풍성한 엘림에서 출발하여 신 광야에 도착했고, 이때가 애굽에서 나온 후 둘째 달 15일이다. 유월절 기념이 첫째 달 14일 밤이라고 한다면 애굽 탈출 뒤 고작 한 달이 지난 것이다. 또다시 이스라엘의 삶 속에 결핍이 일어난다. 애굽에서 가져온 식량이 다 떨어졌다. 굶주림이 시작된다. 얼마 전까지만 해도 애굽에서 가져온 식량을 먹었다. 하나님께서 들여보내시는 광야는 결코 세상의 것을 먹으며 완주할 수 있는 곳이 아니다. 그러므로 이스라엘의 결핍은 당연한 것이고, 이 또한 하나님의 계획 속에 있는 것이다. 그러니 우리는 두려워할 것이 없다. 그러나 이때 이스라엘 온 회중이 불평하며, 회상한다.

> 우리가 애굽 땅에서 고기 가마 곁에 앉아 있을 때와 떡을 배불리 먹던 때에 여호와의 손에 죽었더라면 좋았을 것을 너희가 이 광야로 우리를 인도해 내어 이 온 회중이 주려 죽게 하는도다(출 16:3).

종살이의 고통을 겪으며, 겨우 먹고 살던 시절이 호화롭게 보일 정도로 현재의 광야가 힘들다는 이야기일 것이다. 이것은 종살이의 고통 속에서라도 먹고살 수 있는 것이 광야의 자유보다 낫다는 공식이다. 여기에는 자신들의 굶주림도 굶주림 이지만 아이들의 주림으로 인한 울부짖음도 크게 한몫 했을 것을 짐작해 볼 수 있다. 어떤 부모도 아이들의 고통의 신음소리를 쉽게 외면할 수는 없기 때문이다. 이때에 하나님께서 나서신다.

[2] 하나님의 응답과 계획(출 16:4-5)

이곳에서는 여호와께서 모세의 중재 없이 등장하신다. 모세의 중재기도가 생략되었는지 아니면 하나님께서 신속하게 응답하시는 것인지를 정확하게 알 수는 없지만 본문 상으로는 후자가 맞는 것으로 보인다. 신속한 응답 속에는 질책이 아닌 책임지시겠다는 확고한 의지가 엿보인다. 하나님의 응답은 두 가지 방향을 향하는데 먼저는 응답을 통해 백성들이 필요로 하는 일용할 양식을 날마다 거두게 함으로 하나님의 능력을 알려주고, 이를 통해 율법 준수를 시험하고자 함이다. 즉 먹는 것만 채워주시는 것이 하나님의 목적이 아니라, 그것을 통해 하나님의 백성을 훈련하시고 세우시는 도구로 삼으시는 것이다. 이 속에는 구원이 끝이 아니라, 그 구원은 책임과 소명으로의 부르심이라는 것을 깨닫게 한다. 동일하게 하나님의 채워주심은 삶을 바르게 살게 하기 위한 목표가 있다는 것이다. 이스라엘의 원망은 단지 먹을 것을 달라는 것에 그치지만 하나님께서는 먹고 사는 것이 다가 아니라는 것을 알려주시는 것이다. 사는 것은 목표가 있고, 생명이 붙어 있다는 것은 이루어야 할 소명이 있다는 것이다. 먹기 위해 사는 것이 아니라, 살기 위해 먹어야 하는 것이다. 요즘의 한국 '먹방' TV 프로그램과 유튜브 개인 방송들을 보면 흡사 먹기 위해 사는 존재들만 있는 듯이 보일 때가 많다. 심지어 한국의 '먹방'이라는 단어가 영어로 'mukbang'이란 단어로 세계적으로 고유명사화 되는 일까지 벌어지고 있으며, 비만을 부추기고 있다는 비난을 받기도 한다. 그러나 하나님의 백성은 결코 이와 같은 일에 빠질 수 없으며, 하나님 나라는 결코 먹는 것과 마시는 것에 있지 않음을 알아야 하고, 오직 성령 안에 있는 의와 평강과 희락이라는 점을 반드시 기억해야 한다(롬 14:17). 출애굽한 이스라엘도 광야에서 이것을 배워야 한다.

하나님의 응답과 이스라엘의 소명이라는 이 두 가지는 한 구절 안에서 발견되는데 그것이 결코 분리되지 않고 하나로 연결되어 있다는 점이 삶을 의미 있게 만들어 준다.

(응답) 그 때에 여호와께서 모세에게 이르시되 보라 내가 너희를 위하여
하늘에서 양식을 비 같이 내리리니 백성이 나가서 일용할 것을
날마다 거둘 것이라

(소명) 이같이 하여 그들이 내 율법을 준행하나 아니하나
내가 시험하리라
(출 16:4)

이와 같은 목표는 이미 마라 사건에서도 드러났다. 쓴물이 단물이 되는 것으로 끝나는 것이 아니라 율례와 법도를 정하시고 이스라엘을 시험하시는 것이다. 이렇게 만나 사건은 마라 사건과 여러 가지 면에서 공통점이 있지만 한 가지 차이점으로 인해 내용의 전진을 보여준다. 즉 만나 사건은 마라 사건에서 기대케 한 달콤한 인생을 이스라엘 회중이 구

체적으로 실현 시키는 길로 나아가게 하는 길을 제시하는 것이다.

	마라 사건(출 15:22-27)	**만나 사건(출 16장)**
공통점	15:22 필요(물이 없음)	16:3 필요(양식이 없음)
	15:24 백성의 원망	16;2 백성의 원망
	15:25a 모세의 기도와 하나님의 응답 (쓴물이 단물로 바뀜)	16:4a 하나님의 응답 (양식을 비같이 내리실 것)
	15:25b 법도와 율례를 정하시고 시험(נָסָה 나싸) 하심	16:4b 율법을 준행하나 시험하실(נָסָה 나싸) 것
차이점	법도와 율례에 대한 구체적인 시험이 없음	율법 준행에 대한 구체적인 시험이 시작됨 ⬇ 만나 통한 시험(출 16:5-36)

이렇게 이스라엘은 하나님을 시험하며 “여호와가 누구이신가”를 배워가고, 하나님은 이스라엘을 시험하시며 “율법을 지키는 삶의 아름다움”을 가르치신다. 이스라엘은 만나를 통해 율법을 배우며 하나님의 뜻이 펼쳐지는 세상이 모두가 행복하게 살만한 세상이 될 수 있다는 것을 깨닫게 되는 것이다. 이를 통해 신앙 공동체 속에 쓰디쓴 삶을 살아가는 삶이 사라지고 달콤한 인생의 기쁨을 나누는 세상이 이루어져야 함을 배우는 것이다. 이것을 이루기 위해 먼저 하나님의 능력을 더욱 체험하는 것이 필요할 것이다. 그래야 그 분의 말씀을 액면 그대로 믿고 순종하는 길로 나아갈 수 있기 때문이다.

[3] 만나 통해 - 내가 여호와인줄 알리라(여호와의 능력 체험) (출 16:6-15)

모세와 아론이 이같은 하나님의 뜻을 백성들에게 전한다. 그리고 분명하게 전달하기를 자신들을 향한 원망 자체가 단순히 인간을 향한 것이 아니라 구원자이신 하나님을 향한 원망이라는 것을 전한다. 그리고 하나님께서 그 소리를 들으셨고 그에 대해 응답하시리니 하나님께로 나아오라고 명령한다. 그리고 여호와의 영광이 구름 속에서 나타나고 하나님의 응답이 모세에게 전달된다.

> 여호와께서 모세에게 말씀하여 이르시되 내가 이스라엘 자손의 원망함을 들었노라 그들에게 말하여 이르기를 너희가 해 질 때에는 고기를 먹고 아침에는 떡으로 배부르리니 내가 여호와 너희의 하나님인 줄 알리라 하라 하시니라(출 16:11-12).

이처럼 만나와 메추라기를 제공해 주시는 것은 목적이 뚜렷하다. 여호와 하나님이 어떤 신인지를 알려 주고자 하는 목적이 자리 잡고 있는 것이다. 애굽 사람들은 음식물이 다 사라지는 고통 속에서 여호와의 능력을 배웠다면 이스라엘은 이렇게 광야에서도 공급을 받으며 하나님의 능력을 가슴에 새기는 것이다.

하나님의 이 약속처럼 해질 때에 메추라기가 날아와 진에 덮였다. 메추라기는 지중해를 통과하여 이동하는 철새로 신 광야 쯤 날아오면 지쳐서 날지 못하므로 손으로도 쉽게 잡을 수 있다. 물론 여기에는 자연 현상을 넘어서는 하나님의 섭리가 배어있다. 이스라엘이 필요로 하는 그 순간에 메추라기를 몰고 오시는 자연의 주관자시라는 것이다. 메추라기와 함께 사용된 "진에 덮였다(כָּסָה 카싸)"(출 16:13)는 애굽에 메뚜기 떼가 날아와 "땅을 덮었다(כָּסָה 카싸)"(출 10:5)와 같은 단어로 이스라엘은 먹을 것으로 덮이고, 애굽은 먹을 것을 빼앗아 가는 것으로 덮인 반대 현상을 보여준다. 이스라엘은 이렇게 애굽과는 상반되게 하나님을 알아가는 것이다.

그리고 아침에 이슬과 함께 작고 둥글며 서리 같은 모양으로 무엇인가 내리는데 이스라엘 백성들이 이것을 보고 알지 못해 서로 바라보며 "이것이 무엇이냐?"고 묻는다. 여기서 이 질문 "이것이 무엇이냐?"는 히브리어로 "만-후"(מָן־הוּא)로 "무엇이냐(what)?"는 의문사 '만'(מָן)과 '이것(it)'이라는 지시대명사인 '후' (הוּא)가 합하여 이루어진 합성어이다. 여기서 "뭐지?"라고 하는 의문사인 '만'(מָן) 이 신비한 양식의 이름이 되었다(출 16:31).[152] 우리는 늘 영어 발음을 그대로 따라가는 '만나'(manna)라는 이름에 익숙하지만 히브리어 원어로는 이 하늘양식의 이름은 '만'(מָן 뭐지)이다. 그리고 이렇게 질문하는 이유는 아무도 경험해 보지 못한 먹거리이기 때문이다. 신명기 8:3절에는 "너도 알지 못하고 조상들도 알지 못하던 만나를 네게 먹이신 것은"이란 표현에서 이전에는 경험해 보지 못한 것임을 알 수 있다. 그리고 여호수아 5:12절에는 이스라엘이 광야 여정을 끝내고 요단 강을 건너 가나안에 진입하여 "그 땅의 소산물을 먹은 다음 날에 만나가 그쳤으니 이스라엘 사람들이 다시는 만나를 얻지 못하였다"고 하는 것을 보면 이후에도 경험하지 못한 것이 분명하다. 그렇다면 만나는 이스라엘 백성에게 전무후무한 경험이 되며 공급이 되는 것이다. 이는 애굽이 그동안 경험했던 규모와는 비교도 안 되는 전무후무한 메뚜기 재앙으로 땅의 양식을 다 잃는 것의 반전이라 할 수 있다(출 10:14). 이렇게 만나와 메추라기는 여호와의 능력을 유감없이 드러내는 통로가 된다.

메추라기는 그렇다 쳐도 만나를 자현현상으로 설명하려는 노력들이 있다. 신 광야 지대에서 자라는 높이 5m 내외의 작은 낙엽성 나무인 위성류 나무(渭城柳, tamarisk mannifera)에 기생하는 열대성 곤충인 1mm 길이의 깍지벌레의 분비물을 지칭한다는 것이다. 주로 6월 이후로 이 벌레는 위성류 나무의 수액을 빨아 먹은 후에 방울 모양의 분비물을 뱉어 내고, 뜨거운 태양이 물기를 건조시켜 쫀득한 결정체를 만들어 땅에 떨어진다는 것이다.[153] 이러한 만나에 대한 견해를 좀 더 부연 설명하면 다음과 같다.

> 광야에서 지금도 발견되는 가상의 만나는 흰색, 갈색, 노르스름한 색(민 11:8) 등 다양하다. 그리고 만나 성분을 화학적으로 분석해 본 결과 펙틴(pectin)을 지닌 세 가지 기본 당으로 짜여 있음이 밝혀졌다고 한다. 만나는 온도가 올라가면(섭씨 21도) 녹아버리거나 아니면 단 것을 좋아하는 개미가 먹어치우기 때문에 아침 일찍 주워 모아야 한다. 만나는 늘 있는 것이 아니라 6월초부터 대략 6주 정도에만 구할 수 있으며, 겨울 강수량에 따라 그 증감이 심하다. 시나이 반도 전체에서 일 년 동안 모을 수 있는 만나의 총량은 225-270kg 정도이다.[154]

홍미롭기는 하지만 아무리 자연현상으로 설명하려 해도 일년에 300kg도 안 되는 양을 가지고 어떻게 200만명의 사람들을 만족시킬 수 있을까는 해결할 수 없는 문제라 할 수 있다. 그리고 평일의 6일 동안에는 내리고, 안식일에는 내리지 않는 것을 벌레가 조정할 수 있을까 또한 의문으로 남는다. 분명한 것은 인간의 과학과 지식을 넘어서는 하나님의 섭리와 능력이 작용하고 있다는 것이다.

이스라엘은 이렇게 하나님의 돌보심으로 광야에서 양식을 공급받으며 여호와 하나님이 어떤 신이신지를 분명하게 인지하게 된다. 하나님께서는 하나님을 향한 믿음을 키우게 하시려고 만나라는 식량을 마련하셨다. 광야에서 하나님의 신실하심을 이 만나와 더불어 배운다면 이스라엘도 우리도 더욱더 단단한 믿음의 용사들이 될 것이다. 그러나 분명하게 인지해야 할 것은 만나는 애굽의 풍요로움 속에서 맛보았던 갖가지 먹거리들에 대한 그리움을 버리지 못한 세대들에게 새로운 경험으로써 신비로움은 더할 수 있을지 모른다. 그러나 만족도에 있어서는 애굽의 음식들을 따라 갈 수 없을 수도 있다(민 11:4-9). 성경은 만나가 이 세상의 그 어떤 음식보다도 모든 면에서 더 월등하다고 선전하지 않는다. 만나는 사람이 스스로 아무 것도 할 수 없는 그 순간에 내려지는 하늘양식이다(출 16:4). 말 그대로 만나는 비상식량이다. 비상식량은 모자라면 모자랐지 풍요롭게 남지 않는다. 사람은 다음날의 모자람을 대비해 욕심을 부리지만 하나님께서는 광야라는 극도의 비상시기에 모자람 없이 알맞게 제공해 주신다(출16:16-20). 그러므로 이런 비상시기에는 풍요로움을 기대하기 보다는 적당함 속에서 자족할 수 있어야 할 것이다. 마침내 이런 비상시기가 끝이 나면 만나 또한 그쳐질 것이며 또 다른 풍요로움의 기쁨을 누릴 수 있을 것이다. 만나에는 그런 희망의 요소까지 포함되어 있다. 즉 이 위기의 순간을 만나와 함께 잘 헤치고 나가면 그 어둠의 터널 저 끝에는 하나님께서 또 다른 풍요로움을 예비해 놓으신 세계가 기다리고 있다는 희망이다. 하지만 비상시기에 비상식량을 무시하고 비난한다면 또 다른 무슨 희망을 바랄 수 있겠는가!

그러나 그 하늘양식인 만나 속에 숨어 있는 하나님의 원대하신 뜻을 깨닫는 다면 충분히 그 하나님과 함께 광야를 헤치고 목적지에 도달할 수 있다. 그 희망의 땅에 이르는 길은 오로지 하나님과 함께 극도의 어려움과 절망이 도사리고 있으며, 기대할 것은 오직 만나밖에는 없는 비상시기를 얼마만큼 잘 견뎌내느냐에 달려있다. 오늘 자신이 이스라엘처럼 약속의 땅으로의 여정을 힘겹게 걸어가고 있다고 여기는 사람이 있다면 하나님의 만나는 사치스런 음식이 아닌 비상식량 일 뿐이라는 것을 상기해야 할 것이다. 차고 넘치지 않을지라도 모자람이 없는 하나님의 놀라운 돌보심을 즐기며 하나님의 능력 가운데 거하는 것이 답이 될 것이다. 언젠가 만나가 그치는 날이 있을 것이며, 그 때는 약속의 땅의 풍요로운 소산을 먹게 될 것이다. 이처럼 만나는 미래까지도 포함된 하나님의 위대하신 능력이 계시되는 통로이며 신실하심을 증거 하는 도구이다. 만나를 통해 하나님을 배운 자는 이제 그 하나님과 함께 하나님의 뜻을 행하며 살아갈 수 있게 되는 것이다. 만나를 통하여 이러한 하나님을 이스라엘이 알고 인정하고 따르는 것이 최고요, 최선의 길인 것이다. 이제 자연현상으로는 설명할 수 없는 안식일에 대한 훈련으로 넘어가야 할 차례이다.

[4] 만나 통해 - 이스라엘의 소명의 길(율법 준수와 안식일) (출 16:16-30)

이제 하나님의 능력의 전시에서 이스라엘이 이루어야 할 소명의 길로 나아간다. 하나님께서 자신이 누구신가를 누누이 알려주시는 이유는 그 하나님의 뜻을 온전하게 받드는 백성으로 세우시기 위함이다. 이러한 전환점은 하나님께서 능력으로 만나를 제공해 주신 후에 발생하며, 이스라엘을 향하여 명령을 주시고 그 명령에 대한 실행을 점검하는 것으로 인해 분명하게 구분된다. 출애굽기 16:6-15절까지는 단 하나의 명령도 주어지지 않으며 이스라엘이 해야 할 것은 하나님의 능력을 보고 체험하고 누리는 것이었다. 그러나 그 이후인 16:16-30절까지는 이스라엘을 향한 명령으로 가득 차 있다. 즉 하나님이 누구인지를 배운 사람이 걸어가야 할 삶의 길인 것이다.

하나님께서는 먼저 이스라엘 백성들을 향하여 각자가 거둘 양을 지정해 주시고 따를 것을 명령하신다. 각 사람에게 적정한 양은 한 오멜로 현재의 단위로 환산하면 약 2.2리터 정도 되는 양이다. 그렇다고 해서 모두가 똑 같이라는 말은 아닐 것이다. 이 양에 덧붙여 각 사람이 먹을 만큼만 거두라고 하는 것을 보면 알 수 있다(출 16:16). 그러나 각 사람의 신체조건과 건강상태에 따라 분명하게 거두는 양은 달라질 것이다. 실제로도 거둔 것이 많기도 하고 적기도 하였다고 기록되어 있는 것을 보면 그것이 사실임이 드러난다. 하지만 이와 같은 상황이 계속되면 이스라엘 공동체에 심각한 상황이 발생할 수 있다. 바로 부익부빈익빈이라는 불균형이다. 이를 극복하는 삶이 다음 구절에 주어져 있다.

> 오멜로 되어 본즉 많이 거둔 자도 남음이 없고 적게 거둔 자도 부족함이 없이 각 사람은 먹을 만큼만 거두었더라(출 16:18).

이 구절 속에는 이스라엘이라는 회중이 광야에서 만나를 통하여 배워야 할 진리를 담고 있다. 하나님의 뜻을 따라 이러한 삶을 이루어낼 때 공동체는 가장 행복한 삶을 이루어 낼 것이다. 그리고 하나님의 공급하시는 능력과 변함이 없으신 신실하심을 배운 사람만이 이 진리를 삶으로 살아낼 수 있다는 점에서 여기까지 도달하기 위해서는 긴 시간의 훈련이 필요할 수 있다. 어떤 때 이런 세상이 이루어질 수 있을까? 많이 거둔 자는 분명히 남을 수밖에 없고, 적게 거둔 자는 명백하게 모자랄 것이다. 그러나 모두가 부족함이 없는 삶을 누리는 것이다. 이것은 만나가 저절로 분배되기 때문이 아니라, 많이 거둔 자가 적게 거둔 자에게 나누는 삶을 통해 가능해 질 것이다. 그리고 나중에 적게 거둔 자가 많이 거두게 되면 전에는 많이 거두었으나 지금은 적어서 부족하게 된 사람에게 나눔으로 서로를 돕는 세상인 것이다. 이런 세상은 참 살만한 세상이고, 희망이 넘치며, 남녀노소 모두가 달콤한 인생을 맛볼 수 있다. 하나님께서는 만나를 통해 이런 세상에 대한 비전을 이루기를 소망하시는 것이다.

이렇게 서로가 서로를 계속해서 돌보는 세상이 된다면 공동체 안에서 경쟁도 사라지고, 높낮이의 키 재기도 멈추고, 탈취와 강도, 도둑질이 사라지는 세상이 될 것이다. 그런 사회는 건강하고 도덕적이며 압박감으로 인한 갖은 질병 또한 현저하게 줄어들게 될 것이다. 설사 질병이 들어도 공동체가 책임지고 돌보며 보살핀다면 두려움은 절반으로 뚝 잘려나갈 것이고 평안이 자리 잡을 것이다. 그리고 이렇게 신앙 공동체의 회중들이 서로서로를 돌보는 삶을 살아간다면 세상의 부조리함에 과감하게 목소리를 낼 수 있는 정의와 공의를 추구하는 삶을 자신 있게 살아갈 수 있을 것이다. 한 가지 예를 들어 직장생활을 하는 신앙인이 그 직장 상사로부터 세금을 탈루할 수 있게 이중장부를 작성할 것을 명령받았을 상황을 상정해 보자. 이는 분명 하나님의 정의와 공의에 어긋나는 것이며,

세상 법으로도 불법이 확실하다. 그러나 거절하면 눈 밖에 나서 도태되고 결국은 해고될 수도 있다. 이 사람이 한 집안의 가장이며 가족들의 생계를 책임지고 있다면 수많은 갈등이 마음속에 오갈 것이 분명하다. 이러한 고민의 순간에 이 사람의 결정을 올바르게 할 수 있는데 신앙 공동체가 큰 몫을 담당할 수 있다. 만약 신앙 공동체의 형제, 자매들이 모두 가족처럼 서로의 필요를 채우는 삶을 살아가고 있다면 한 형제가 직장에서 하나님의 법을 이루기 위해 옳은 선택을 하는데 큰 힘이 될 수 있다. 설사 그 선택으로 해고되는 지경에 갈지라도 신앙 공동체가 부족함을 채우고 돌본다면 하나님의 뜻을 이루는데 두려움도, 주저함도 없을 것이다. 하지만 그 선택의 모든 책임을 혼자서 감당해야 하고 아무도 돌아보지 않는다면 세상 속에서 굴복하며 살아가기 십상일 것이다. 이 모든 것을 극복할 수 있게 많이 거둔 자도 적게 거둔 자도 행복하게 살아갈 수 있는 세상, 지금 광야에서 하나님께서는 이러한 세상을 이루는 법을 가르치려 하신다. 하나님께서는 이런 공동체를 세우시기 위해 6일의 삶에 대한 규례와 7일째의 안식일 규례를 만나를 통해 훈련시키시는 것이다.

안식일을 제대로 지키기 위해서는 6일의 삶이 우선되어야 하기에 먼저 다루어야 할 필요가 있다. 하나님께서는 모세를 통해 만나를 아침까지 남겨두지 말라는 명령을 주셨다. 그러나 그것이 어느 정도의 기간인지는 알 수 없지만 얼마간의 기간 동안 지켜지지 않는다.

모세가 그들에게 이르기를 아무든지 아침까지 그것을 남겨두지 말라 하였으나 그들이 모세에게 순종하지 아니하고 더러는 아침까지 두었더니 벌레가 생기고 냄새가 난지라 모세가 그들에게 노하니라(출 16:19-20).

아침까지 남겨둔 것이 있다는 얘기는 다른 어느 누군가는 밤새도록 부족함의 주림으로 고통가운데 거했다는 것을 의미한다. 하나님께서는 이스라엘 백성들이 적합하게 먹을 수 있도록 만나를 공급하셨을 것이기에 누군가가 욕심을 부린다면 어느 누군가는 굶어야 할 수도 있다는 것이다. 그 다음 날까지 남겨 두었다는 것은 역시 인간의 두려움으로 인한 것이라 할 수 있다. 비록 실체가 아님에도 인간에게는 내일에 대한 두려움이 있다. 오늘과 같이 내일, 모레도, 글피도 그리고 내년도, 십년 뒤도 평생토록 동일하게 혹은 더 낫게 살아갈 수 있을까에 대한 공포감인 것이다. 이러한 공포가 쌓게 만든다. 그리고 쌓으면 지켜야 한다. 그때부터 세상은 서로 적대적이 되기 시작하며 서로의 것을 빼앗으려는 전쟁이 시작된다. 벌레가 우글거리고 썩는 냄새가 진동하는 세상인 것이다. 하나님께서는 이렇게 인간이 두려움으로 쌓기 시작할 때 벌어질 일을 너무도 분명하게 잘 아신다. 그래서 이스라엘 백성들만큼은 쌓는 것이 아니라 하나님을 믿는 믿음으로 살게 하시는 것이다. 그것만이 세상과는 다른 공동체를 만들 수 있기 때문이다. 애굽과 같은 제국을 만드시려 했다면 굳이 이스라엘을 애굽에서 끄집어내어 광야로 데려오실 필요가 없을 것이다. 애굽에서 배우고 살면 되기 때문이다. 그러나 광야에서 이스라엘은 하나님을 배우고 삶을 배워야만 약속의 땅으로 갈 수 있다. 그렇지 않으면 약속의 땅도 애굽의 제국이 되고 말 것이기 때문이다.

쌓는 삶이 아니라 기꺼이 내일을 하나님께 맡기고 오늘 남는 것을 나누는 공동체를 이루게 하시기 위해 광야에서도 "여호와가 누구이신가"를 알려주신 것이다. 하나님이 얼마나 신실하시고, 진실하시며, 어김이 없으신 분이신지 알아야 그 하나님의 말씀대로 살 수 있을 것이기에 자신의 능력을 백성들에게 드러내시는 것이다. 호세아 선지자의 "그러므로 여호와를 알자 힘써 여호와를 알자 그의 나타나심은 새벽 빛 같이 어김없나니 비와 같이 땅을 적시는 늦은 비와 같이 우리에게 임하시리라"(호 6:3)는 말씀도 동일한 것이다. 매일 새벽 빛이 밝아오지 않은 적이 없고, 해마다 비를 주시지 않은 적이 없으심과 같이 늘 하나님의 신실하심은 변함이 없다는 것이다. 땅에서 사는 동안 이런 하나님의 성실하심을 먹을거리로 삼을 때 삶은 두려움이 아닌 평화로움 가운데 거하게 되는 것이다(시 37:3). 이스라엘이 이 하나님과 함께 동행해야 만나를 통한 율법을 삶으로 이루어 낼 수 있다. 얼마나 시간이 흘렀는지 하나님은 어김없이 아침마다 내려주시고, 다음날까지 모아 둔 것은 어김없이 썩는 경험을 통과한 후에 이스라엘은 먹을 만큼만 거두고 다른 이에게 나누고 양보하는 삶을 살아간다. 만나의 여정을 통과하며 우리에게 생기는 믿음은 바로 어린 아이와 같은 하나님을 향한 신뢰이다. 하나님을 믿는 것이다. 이를 통해 삶이 달라진다.

> 무리가 아침마다 각 사람은 먹을 만큼만 거두었고 햇볕이 뜨겁게 쬐면 그것이 스러졌더라(출 16:21).

이렇게 6일 동안의 삶이 이루어져야 그제야 안식일은 실제가 되기 시작한다. 이스라엘은 애굽에서 안식일을 지키지 못했음에 틀림없다. 노예로 생활하며 준수할 수 없었을 것이다. 그 때는 혼돈의 세력인 바로로 인해 창조의 질서가 파괴되었다. 그러나 홍해를 건너며 혼돈의 세력이 다시 있어야할 물(홍해)로 돌아간 후 이스라엘은 새로운 창조를 경험하고, 안식일의 질서로 돌아간다. '이적과 표적 그리고 큰 심판'의 거대한 주기는 천지창조를 다시 반복하며 애굽은 철저히 파괴되고, 하나님의 백성 이스라엘은 새롭게 창조되는 것을 보여준다. 이스라엘의 새 창조는 이제 하나님의 계획(God's mission)이 다시 시작되는 창조의 그 위치로 돌아간 것이다.[155]

이러한 천지창조와 출애굽 사건과의 구조적인 비교에서 분명하게 드러나는 것은 안식일에 대한 개념이다. 천지창조의 사건에서는 안식일에 대한 개념자체가 무척이나 추상적인 것에 머물러 있다: "하나님이 그 일곱 째 날을 복되게 하사 거룩하게 하셨으니 이는 하나님이 그 창조하시며 만드시던 모든 일을 마치시고 그 날에 안식하셨음이니라"(창 2:3). 이 속에는 소극적인 마침과 휴식의 의미만이 강조되어 있고, 정작 그 안식일에 어떤 일이 일어나야 하는지에 대한 구체적인 언급이 없다. 안식일에 이루어져야 할 적극적인 사항들은 출애굽기의 만나 사건에서 분명하게 주어지고 있다는 점에서 의미가 크다. 이는 민족의 삶 속에서 실현해야 할 진정한 안식일의 모습이라고 볼 수 있다.

천지창조와 함께 시작하고 있다는 점에서 안식일 준수는 가장 기초가 되고 기본이 되는 법이며 가장 오래된 법정신이라 할 수 있다. 창조 때부터 주어졌다는 점에서 이 세상 창조의 목표점이라 해도 과언이 아니다. 그러나 그 안식일까지 도달하기 위해 반드시 필요한 것이 있다.

	창조에서 안식일을 이루는 과정
1	하나님께서 말씀하신대로 되니라(창 1:7, 9, 11, 15, 24, 30)

2	6일 동안 하나님 보시기에 (심히) 좋았더라(창 1:4, 10, 12, 18, 21, 25, 31)
3	안식일이 실현됨(창 2:1-3)

하나님께서 이제 만나를 통하여 이스라엘의 삶 속에 이 안식일을 실현하려고 하신다. 이는 곧 창조의 완성을 이스라엘과 함께 이루시려는 하나님의 뜻이다.

	만나를 통해 안식일을 이루는 과정
1	여호와께서 명령하시기를 각 사람이 먹을 만큼만 거두라(출 16:16)
2	6일 동안 많이 거둔 자도 남음이 없고 적게 거둔 자도 모자람이 없다(출 16:18)
3	그러므로 백성이 일곱째 날에 안식하니라(출 16:30)

그러나 이와 같은 안식일 준수도 하루아침에 실현되지 않는다는 것을 보여준다. 이스라엘은 엿새 동안은 거두고 안식일에는 나가지 말아야 한다. 6일째 되는 날에는 두 배로 거두게 하여 주셔서 안식일에 먹을 수 있도록 해 주시는 것이다. 그렇다면 안식일 준수는 6일 동안의 삶과 밀접하게 연결되어 있음을 알 수 있다. 6일의 삶이 바르지 못하면 안식일은 결코 현실이 될 수 없다는 것이다. 6일의 삶에서 어느 누군가가 욕심을 부려 많이 거두고 쌓아두게 된다면 어느 누군가는 안식일에 먹을거리를 찾아 헤맬 수밖에 없다. 즉 6일 동안 공동체 전체가 정의와 공의를 이루는 삶을 살아낼 때 7일째 공동체 전체가 안식일을 지키는 삶으로 나아갈 수 있다는 것이다. 하나님께서는 어떤 특정한 사람만의 안식일을 말씀하시지 않으신다. 구원 받은 이스라엘 전체가 하나 되어 지키는 안식일을

기대하시는 것이다. 그러기 위해서는 6일의 삶 속에서 하나님의 뜻이 이루어지는 삶을 이루어야 한다는 과제가 분명히 주어져 있다. 세상과는 질적으로 철저하게 구별되는 세상을 이루는 것이다. 긁어모으고 쌓아서 남들과는 다른 것을 세워야 한다는 세상 속에서 일용할 양식에 감사하며, 내일도 동일하게 공급해 주실 하나님을 믿으며 오늘 기꺼이 손을 펴서 나누는 삶을 통해 이루는 모두의 안식일은 그러므로 세상을 향한 강력한 저항이다.[156]

이처럼 안식일은 단순히 하루를 구별하여 일을 쉬고 모든 것을 멈추는 시간이 아니라는 것이다. 안식일은 인간 삶의 최소 단위인 일주일 전체와 관련이 있다는 것이다. 그러나 이것 또한 즉각적으로 준행되지 않는다.

> 엿새 동안은 너희가 그것을 거두되 일곱째 날은 안식일인즉 그 날에는 없으리라 하였으나 일곱째 날에 백성 중 어떤 사람들이 거두러 나갔다가 얻지 못하니라(출 16:26).

하나님께서 모세를 통하여 이스라엘을 질책하시는 과정이 포함되는 것이다. 이처럼 하나님의 말씀을 삶으로 살아간다는 것은 긴 시간의 인내와 훈련이 필요한 것이며, 하나님을 향한 절대적인 신뢰로 인해 가능해진다는 것을 알 수 있다.

> 여호와께서 모세에게 이르시되 어느 때까지 너희가 내 계명과 내 율법을 지키지 아니하려느냐 볼지어다 여호와가 너희에게 안식일을 줌으로 여섯

째 날에는 이틀 양식을 너희에게 주는 것이니 너희는 각기 처소에 있고 일곱째 날에는 아무도 그의 처소에서 나오지 말지니라(출 16:27-29).

결국 광야에서 안식일 훈련이 성취가 된다. 이것은 곧 창조의 완성을 향한 힘찬 발돋움이면서 또한 이스라엘이 하나님의 뜻을 따름으로 행복한 공동체를 이루는 길이 된다.

그러므로 백성이 일곱째 날에 안식하니라(출 16:30).

이와 같이 하나님께서는 만나를 통해 이스라엘이 율법을 준수하는지 아닌지를 보려고 하신다. 만나와 율법, 즉 하나님의 말씀과 안식일이 조합되어 있는 것이다. 안식일은 하나님의 말씀이 구체화되는 날이며, 실행되는 날이다. 천지창조가 하나님의 말씀에 대한 순종으로 이루어 졌듯이 안식일 예배는 그 말씀이 백성들의 삶 속에서 생명력으로 살아나야 하는 날인 것이다. 만나를 따라가는 삶은 하나님의 말씀의 신실하심을 믿고 사는 삶이다. 이것은 결국 예배의 전형적인 모습이다. 예배는 하나님의 말씀을 믿음으로 듣는 것이다. 액면 그대로 받아들이는 것이며, 그 말씀이 바로 현실임을 천명하는 삶이다. 이를 통해 하나님께서는 이루고자 하시는 것이 있다. 그것은 모세의 고별설교라 할 수 있는 신명기 속에 광야에서 만나를 통한 훈련이 어떤 목적을 가지고 있는 것인지를 언급하는 부분에서 분명하게 드러난다.

네 하나님 여호와께서 이 사십 년 동안에 네게 광야 길을 걷게 하신 것을

> 기억하라 이는 너를 낮추시며 너를 시험하사 네 마음이 어떠한지 그 명령을 지키는지 지키지 않는지 알려 하심이라 너를 낮추시며 너를 주리게 하시며 또 너도 알지 못하며 네 조상들도 알지 못하던 만나를 네게 먹이신 것은 사람이 떡으로만 사는 것이 아니요 여호와의 입에서 나오는 모든 말씀으로 사는 줄을 네가 알게 하려 하심이니라(신 8:2-3).

이처럼 만나를 통한 훈련은 단지 먹거리를 제공해 주신다는 확신을 심어 주는 것을 넘어서 하나님의 입에서 나오는 말씀이 진리이고, 생명이라는 확신가운데 그 말씀대로 살고, 죽는 백성을 세우시려는 것이다. 그럼 이런 백성을 세워서 무엇을 하시려는 것인가? 그것은 신명기 8장의 결론에서 드러난다.

> 너를 인도하여 그 광대하고 위험한 광야 곧 불뱀과 전갈이 있고 물이 없는 간조한 땅을 지나게 하셨으며 또 너를 위하여 단단한 반석에서 물을 내셨으며 네 조상들도 알지 못하던 만나를 광야에서 네게 먹이셨나니 이는 다 너를 낮추시며 너를 시험하사 마침내 네게 복을 주려 하심이었느니라(신 8:15-16).

그렇다. 하나님의 목표는 이스라엘 백성들에게 축복을 주시려는 것이다. 오직 하나님의 말씀으로만 살아가는 백성이 될 때 그들에게 주어진 복은 결코 욕심으로 머물러 있지 않을 것이며, 하나님의 뜻을 따라 이스라엘 안에서 골고루 나누어질 것이며, 나아가서는 세상 모든 민족에게 복을 전하는 백성이 될 것이다. 하지만 하나님의 말씀에 대한 확신이 없으면 결코 나눌 수 없는 삶이 되고 말 것이다. 이렇게 만나와 하나님의 말씀은 하나로 직결되어 이스라엘의 미래를 준비시키고 있다.

이제 곧 시내산에서 이스라엘이 받을 율법이 바로 이런 목적을 가지고 있다. 하나님께서 인간 역사의 무대 뒤로 자신의 거처를 옮기시고 인간들에게 모든 것이 다 맡겨져도 이 땅에 하나님의 뜻이 펼쳐질 수 있는 길을 열어놓으신 것이다. 율법 속에 나타난 구체적인 삶의 법들은 안식일까지의 6일을 지키는 삶이 되며 또한 안식일의 의미를 분명하게 하는 길이 된다. 시내산에서 모세를 통해서 주어진 법은 십계명을 그 출발점으로 하고(출 20:1-17), 그 나머지 대부분이 사람과의 관계를 다루는 법조문들로 가득 차 있다(출 21:1-23:19). 이것은 사람을 대하는 방식 속에 그 사람이 하나님을 경외하는 신앙을 볼 수 있기 때문일 것이다. 광야에서의 '만나'는 하나님을 향한 신뢰에 바탕을 둔다는 점에서 '하나님 사랑'과 주신 것을 이웃과 나눈다는 점에서 '이웃 사랑'을 시험하고 훈련하는 좋은 도구였다. 이들이 안식일에 거두러 나가는지 아닌지에 따라 하나님의 말씀을 믿고 따르는지에 대한 하나님 사랑의 여부가 드러날 것이며, 그리고 자신의 양에 지나치도록 매일매일 욕심껏 거두는지의 여부에 따라 이웃 사랑의 마음이 드러날 것이다. 처음엔 힘들지만 하루도 빠짐이 없는 하나님의 신실하심을 만나의 공급을 통해 배운 사람들은 이 두 가지를 실천할 수 있다. 결국 만나를 통해 이스라엘이 배워야 할 진리는 이것이다: "많이 거둔 자도 남음이 없고 적게 거둔 자도 부족함이 없이 각 사람이 먹을 만큼만 거두었더라"(출 16:18). 이 속에는 다른 사람을 향한 배려와 돌봄이 들어 있는 축복된 세상이 숨어 있다.

이 말의 진정한 의미를 바울 사도는 정확하게 우리에게 전달해

주고 있다. 바울은 고린도 교인들에게 마게도냐 교회들이 보여준 예수님 사랑과 형제 사랑을 신앙의 본으로 증거하고 있다(고후 8:1-15). 그들은 환난의 많은 시련과 극심한 가난 가운데서도 넘치는 기쁨으로 풍성한 헌금을 통하여 힘에 지나도록 자원하여 성도 섬기는 일에 앞장섰던 것이다. 바울은 말하기를 다른 사람들을 평안하게 하려고 고린도 교회의 성도들을 곤고하게 하려는 것이 아니라 균등하게 하려는 것이라고 한다. 즉, 고린도 교회의 넉넉한 것으로 다른 성도들의 부족한 것을 보충하는 것은 나중에 그들의 넉넉한 것으로 고린도 교회의 부족한 것을 보충하여 균등하게 하려는 목적이 있음을 강조한다(고후 8:14). 그리고 바울은 만나에 대한 신비로운 정의를 인용하며 마치고 있다: "기록된 것 같이 많이 거둔 자도 남지 아니하였고 적게 거둔 자도 모자라지 아니하였느니라"(고후 8:15). 이것이 만나의 신비이다. 이 속에는 하나님 경외와 이웃 사랑의 정신이 들어가 있는데 바로 이것이 율법의 정신이기도 하다. 그 전에는 하나님께서 만나를 내리시고 양식을 공급해 주셨으나 이제는 그 은혜를 받은 사람들이 서로 나눔으로 채워주는 부족함이 없는 세상을 만들어 가야 하는 책임이 사람들에게 주어진 것이다.[157] 왜냐하면 사람이 살아가는 세상 속에는 각 사람의 능력에 따라 많이 생산하는 사람과 모자라게 거두는 사람이 늘 공존하고 있기 때문이다. 미국의 석유재벌 폴 게티는 아무리 사람들에게 똑 같은 출발선에서 인생을 시작하게 할지라도 지식과 능력과 생각의 차이로 인해 이내 가진 것에 차이가 날 것이라고 단언한다.

> 이 지구상의 모든 돈과 재물이 어느 날 오후 3시에 전 세계 사람들에게 골고루 나누어진다고 가정한다면, 3시 30분쯤이면 우리는 이미 사람들

의 소유 상태에 상당한 차이가 있음을 확인할 수 있을 것이다.[158]

세상 사람들은 이 차이를 당연시하며 가진 자의 능력으로 인정하고 그 부를 숭배할지 모르지만, 하나님의 백성은 달라야 한다. 하나님께서 각 사람의 지식과 능력과 생각의 차이를 주신 것은 차별을 위함이 아니라, 하나님의 자녀들이 서로의 모자라는 부분을 남는 것으로 돌보고, 사랑하며, 돕기를 원하시는 것이다. 어느 누구도 혼자서 살아갈 만큼 완전한 인생은 없다. 그것이 지식이든, 물질이든, 기술이든, 시간이든 서로의 남는 부분을 나누어야 하듯이 서로의 부족한 부분도 서로서로 채워가야 한다. 그 구체적인 최고의 길이 바로 안식일 준수 속에 들어 있는 것이다. 그 속에서 이루는 안식일은 나눔과 돌봄을 그 바탕으로 한다. 가진 것이 많든 적든 서로가 서로를 돌보며 아끼고 나누는 세상은 살만한 세상, 축복이 넘치는 세상이 될 것이다.

이러한 공동체는 또한 평등의 공동체이다. 모든 사람이 각자의 삶에 모자람이 없이 풍족하게 누리는 삶을 산다. 이들은 모두 같이 질서 있게 안식일을 향하는 삶을 살아갈 수 있게 된다. 이것을 광야에서 가르치시는 이유는 분명하다. 광야와 가나안 땅은 여러 면에서 다르기 때문이다. 서로 가진 것에 차이가 나고 누리는 것이 다르며 일부는 굶주리고, 일부는 풍성함이 넘치고, 낭비하며 쌓아두고, 그 쌓아 둔 것이 당장은 썩는 것처럼 보이지 않기에 나누지 않을 수 있는 땅이다. 그리고 그 안에서 수 세기동안 살아온 사람들이 그렇게 살고 있기 때문이다. 이렇게 된다면 결코 모두가 안식일을 구별하여 거룩하게 지킬 수가 없다. 6일 동안의 삶 가운데 많이 거둔 자도 남음이 없고, 적게 거둔 자도 부족함이 없는 하나님 보시기에 좋은 세상을 이루지 못한다면 안식일은 거룩한 날이 아니라 불의와 부정의, 억압과 탈취, 불평등이 판을 치는 날이 될 것이다. 어느 누구는 장막에 있는 가족들을 굶기지 않기 위해 안식일에도 일터로 나가야하며, 어느 누구는 자신의 이익을 더욱 극대화하기 위해 안식일에 일하게 하고 자신은 거룩하게 안식일을 지키려 할 것이다. 또 누군가는 그 중간에 서서 자신의 삶만을 챙기는 방관자가 되기도 할 것이다. 이런 세상을 만들지 않기 위해서라도 오직 하나님의 은혜와 능력에 바탕을 둔 공급을 통하여, 안식일을 온전하게 이루는 훈련을 광야에서 혹독하지만 철저하게 완성해야 하는 것이다.

그러므로 안식일을 지키는 것이 먼저가 아니라, 하나님께서 모든 것을 채워주실 수 있는 공급자임을 확신하는 믿음과 신뢰가 먼저이다. 그래야만 우리가 안식일에 안심하고 오직 주님께로만 초점을 맞출 수 있기 때문이다. 하나님은 하나님의 책임을, 인간은 인간의 책임을 자각하는 것이 안식일의 의미이기 때문이다. 이렇게 하나님의 말씀으로 사는 삶은 곧 천지창조의 질서가 인간의 삶 속에 이루어지는 것을 의미하는 것이다. 하나님의 백성은 먹는 것을 통하여서도 창조의 질서를 이룰 수 있다는 것을 배워야 한다. 그러할 때 이 세상을 하나님 보시기에 심히 좋은 곳으로 만드는 길은 멀리 있는 것이 아니라 우리의 삶 전체에 퍼져 있다는 것을 깨달을 수 있게 된다. 그리고 하나님의 계명과 율법을 지키는 것이 특별한 것을 행하는 것만이 아니라, 우리의 일상 속에서 하나님의 뜻을 지키는 것으로 이루어지는 것임을 배우는 것이다.

이러한 광야와 만나를 통한 훈련의 과정은 반복되어 진행된다. 이 반복 속에서 누가 부정적인 역사를 긍정적인 것으로 바꾸어 나갈 것인가라는 과제가 남겨져 있다. 늘 우리 앞에 다가오는 삶의 정황은 결코 다르지 않다. 동일한 반복을 동일한 것으로 만들지 않고, 새로움으로 만들어 나갈 수 있는 그 사람을 통해 역사는 새로운 전환점을 맞이하게 된다. 그러나 이러한 반복의 의미를 제대로 이해하지 못할 때에는 역사는 더욱더 가혹하게 인간을 짓누를 것이다. 하나님은 역사의 반복을 통하여 자신의 백성을 훈련시키시며, 상황을 극복해 나가기를 바라신다. 그리고 우리가 그 상황을 이겨낼 수 있는 모든 자원을 최대한으로 공급해 주신다. 우리에게 주어진 과제는 삶 속에서 이것을 극복해 내는 믿음이다. 믿음의 눈을 열면 반복이 보인다. 그리고 그 승리의 길도 보인다. 이러한 반복을 통한 믿음을 온전하게 세우기 위해 증거를 남겨 두어야 할 것이 있다. 그 증거는 출애굽한 이스라엘은 물론 후대의 모든 이스라엘을 위한 안전장치가 될 것이다. 바로 만나를 담은 항아리를 성소에 보관하는 것이다.

[5] 하나님의 응답과 계획의 대대의 성취(출 16:31-34)

만나를 통한 안식일의 진정한 의미를 이루는 길은 매일 매일의 삶을 율례와 법도를 따르는 순종으로 향할 때 이룰 수 있다. 이를 통해 주야로 세상 즉 애굽의 먹거리를 묵상하며 애굽의 이념을 그리워하던 것에서 여호와의 은혜를 주야로 묵상하는 믿음의 삶으로 전이된다. 즉 고기가마 곁에 앉아서 떡을 먹던 애굽의 기억이 만나를 통해 하나님에 대한 성실하심과 능력의 기억으로 바뀌는 것이다. 이를 통해 이스라엘 공동체 전체가 바로와 함께 했던 시절이 아닌 하나님과 함께하는 복된 세상을 이루는 것이다. 이스라엘 모두가 이같이 하나님의 말씀에 일치될 때 공동체 전체는 단맛이 넘치는 살맛나는 세상을 이룰 것이다.

그렇다면 이제 이스라엘은 대대로 하나님만 믿고 의지하며 하나님의 말씀만 따르는 삶을 결단하는 것이 필요하다. 그래야만 언약 백성이 되는 길로 영구히 나아갈 것이기 때문이다. 이것을 이루기 위해 하나님께서는 만나를 담은 항아리를 보관하라고 하신다. 그 장소가 증거판 앞에 두어 보관하라는 점에서 의미가 깊다. 만나는 분명 하나님의 신실하신 은혜를 증거하는 것이다. 그 은혜의 실체와 하나님의 명령인 십계명을 적은 증거판이 함께 위치하고 있는 것이다. 그 목적은 분명하다. 하나님의 신실하신 은혜의 공급이 말씀대로 살아가는 삶을 통해 이스라엘에 지속될 것을 강조하기 위함이다. 이것은 출애굽한 이스라엘만을 위한 것이 아니라, 오히려 그 후대를 살아가는 이스라엘 자손들을 위한 것이다. 그들 또한 광야에서 하나님께서 이끄신 것을 기억하고 하나님을 향한 믿음을 북돋워 말씀대로 살게 하기 위함인 것이다. 이것이 끊임없이 신앙 공동체를 바로 세우고, 정화함으로 더 이상 쓰디쓴 인생으로 회귀하지 않고, 달디단 인생을 영위하는 길이기 때문이다. 이렇게 하나님에 대한 기억이 새겨지게 하기 위해서는 결코 짧은 세월로는 가능하지 않을 것이다. 새기고 또 새기는 기간의 노력이 필요한 것이다.

[6] 이스라엘의 기억 - 광야 40년 동안 만나를 먹었음(출 16:35-36)

이스라엘이 만나를 먹으며 광야를 거쳐간 시간이 주어지고 있다. 무려 40년의 세월이라고 한다. 이 40년을 출애굽한 세대는 이 부분에서 결코 예상하지 못했을 것이다. 왜냐하면 지금 막 홍해를 건넌 시점에서는 이스라엘이 시내산을 거쳐 신속하게 가나안 땅으로 진군해 들어갈 것이라 기대하고 있기 때문이다. 그도 그럴 것이 시내산에서 광야를 끝내고 가나안 땅으로 진군해 들어갈 수 있는 전초지가 될 장소인 가데스바네아까지 고작해야 열 하룻 길이기 때문이다(신 1:2). 그렇다면 광야 여정은 짧고 신속하게 마감될 수 있었다는 것을 알 수 있다. 그러나 출애굽기는 40년 동안 만나를 먹었다고 하며 광야 40년을 기정사실로 적고 있다. 이러한 기록은 이미 그 기간을 다 거치고 난 후에 출애굽기의 내용이 쓰여지고 있기 때문이라 보는 것이 맞다. 그리고 40년이라는 숫자의 상징적 의미 또한 이 속에는 포함되어 있다고 할 수 있다. 충만한 연단과 훈련이 새로운 시대를 연다는 의미일 것이다.

그리고 만나 이야기의 마지막으로 도량형에 대한 설명을 부가하고 있다: "오멜은 십분의 일 에바더라(출 16:36). 이것은 오멜이라는 단위가 생소해져서 모르는 세대를 위한 설명이며, 후세대의 교육을 위하여 첨가하고 있는 것이라 볼 수 있다. 우리도 과거에는 되(약 1.8리터)라는 것과 말통(약 18-20리터)이라는 것을 사용해서 곡식을 한 되, 두 되 혹은 한 말, 두 말 이렇게 사용했다. 그러나 지금은 용량은 주로 '리터'로 무게는 '그램'이나 '킬로그램'을 사용한다. 그래서 지금의 어린이나 젊은이들은 되나 말통의 용량에 대하여 잘 모르기에 리터나 그램으로 환산해 주어야 알 수 있다.

이처럼 오멜 또한 출애굽기를 읽는 후세대들에게는 생소한 단위이기에 그것을 에바로 환산해 주고 있는 것이다. '오멜'(עֹמֶר)이란 단어의 본래 뜻이 '한 묶음의 곡식단'을 의미한다는 점에서 그 정도의 양임을 짐작해 볼 수 있다.

이스라엘 자손에게 말하여 이르라 너희는 내가 너희에게 주는 땅에 들어가서 너희의 곡물을 거둘 때에 너희의 곡물의 첫 이삭 '한 단'(עֹמֶר 오멜)을 제사장에게로 가져갈 것이요(레 23:10).

네가 밭에서 곡식을 벨 때에 그 '한 뭇'(עֹמֶר 오멜)을 밭에 잊어버렸거든 다시 가서 가져오지 말고 나그네와 고아와 과부를 위하여 남겨두라 그리하면 네 하나님 여호와께서 네 손으로 하는 모든 일에 복을 내리시리라(신 24:19).

그의 말이 나로 베는 자를 따라 '단'(עֹמֶר 오멜) 사이에서 이삭을 줍게 하소서 하였고 아침부터 와서는 잠시 집에서 쉰 외에 지금까지 계속하는 중이니이다(룻 2:7, 15).

오멜은 오늘날로 환산하면 약 2.2리터 정도이며 에바는 곡식의 양을 재는 통이었을 것으로 추정된다. 이렇게 오멜을 에바로 환산해 주는 것 또한 실제의 양을 추정케 함으로 하나님의 역사를 생생하게 느낄 수 있게 함으로 후세대의 신앙을 돈독하게 하고자 하는 목적이 있을 것이다. 바른 기억과 신앙의 계승은 하나님께서 뜻하신 공동체를 지속시키며 더욱 공고히 하는데 크게 기여할 것이 틀림없다.

이와 같이 만나를 통해 만들어 가는 균등한 세상은 모두가 행복한 공동체를 이룰 수 있는 하나님의 비전이 들어 있다. 마라 사건에서 쓰디쓴 인생에서 달콤한 인생으로 전환된 삶을 지키며 가꾸는 길이 주어졌다면, 만나를 통한 안식일 훈련은 공동체 전체가 달콤한 인생으로 변하는 살맛나는 세상을 목표로 한다. 그러나 이것을 이루기 위해서는 자신의 것을 떼어서 나누는 삶이 필요하다. 이러한 삶은 결코 쉽게 이루어지는 것이 아니기에 공동체 안에 다양한 의견의 대립으로 분열을 경험할 수도 있다. 그러므로 만나를 통하여 이러한 하나님의 거룩하신 뜻을 깨달은 사람에게 주어지는 과제가 있다. 그것은 삶의 결단이다. 하나님과 함께 뜻하신 그 길을 힘차게 내딛을 것인가, 아니면 포기할 것인가라는 갈림길의 결정이다. 그래서 시내산 도착 전의 광야 여정의 마지막 이야기는 삶의 선택을 다룬다. 그 다음의 이야기가 동일한 르비딤이란 장소에서 어떤 결정을 하느냐에 따라 달라지는 삶의 모습을 제시하고 있다는 것이 결코 우연이 아닌 것이다. 늘 미적거리며 의심하고, 회의하며 하나님을 시험하는 길을 걸을 것인지, 아니면 확고한 확신으로 하나님만 믿고 전진할 것인지에 따라 완전히 다른 이름의 장소를 만들게 되는 것이다. 어떤 선택과 결정을 하느냐에 따라 동일한 장소가 어떤 이름으로 불릴 것인가의 차이가 발생하는 것이다. 의심과 회의의 장소가 될 것인가, 승리의 깃발이 나부끼는 장소가 되게 할 것인가의 길이 놓여 있다.

(3) 르비딤에서의 선택(출 17:1-15)

신 광야에서 만나를 체험한 후에 이스라엘은 또다시 여호와의 명령대로 다른 광야인 르비딤에 도착했다. 하나님께서 인도하신다는 점에서 어떤 어려움도 없기를 바래보지만 그 소망은 신속하게 물거품이 된다. 르비딤에서는 이스라엘이 이중고에 시달린다는 점에서 광야는 결코 안심할 수 있는 장소가 아님을 드러낸다. 첫째는 물 결핍의 위기를 통해 죽음의 위협을 겪고, 그 다음은 아말렉이라는 대적의 공격을 받으며 존폐의 위기에 놓인다. 막막한 광야에서 이제는 치료하시는 하나님을 체험할 수 있는 단물로 바꿀 쓴물조차 없고, 대적의 공격을 피해 숨어들어갈 도피처도 없다. 아무 것도 보이지 않는 광야의 뜨거운 뙤약볕 가운데서 이 두 가지 위기는 동일하게 이스라엘을 위협하는 요소가 된다.

그러나 동일한 위기이지만 이 두 사건에는 극적인 반전 요소가 들어 있다는 점에서 세밀하게 비교해 보아야 할 필요가 있다. 그리고 이 두 사건은 어느 쪽을 택하여 살아갈 것인가라는 질문을 하고 있다는 점에서 또한 이스라엘의 미래상과 직결되어 있다. 먼저 두 사건의 상황들을 비교해 보면 공통점과 차이점을 분명하게 파악해 볼 수 있다.

	물이 없어서(출 17:1-7)	아말렉과의 전투(출 17:8-16)
문제발생	17:1 르비딤에서 마실 물이 없음	17:8 르비딤에서 아말렉이 쳐들어와 싸움
백성의 불평	17:2-3 백성이 모세와 다투고 여호와를 시험함(נָסָה 낫싸)	불평, 다툼, 시험 없음(×)
모세의 간구	17:4 모세의 부르짖음의 간구	17:9-12 모세가 신속하게 조치를 취함
여호와의 응답	17:5-6 지팡이로 호렙 산의 반석을 쳐서 물을 내라	17:9-14 지팡이를 든 손을 들고 있음으로 이스라엘이 이김
장소 이름의 변화	17:7a 맛사(시험하다; נָסָה 낫싸), 므리바(다투다)	17:15 여호와 닛시(נִסִּי 닛씨)

신앙의 상태	17:7b 여호와께서 우리 중에 계신가 안계신가 하였음	17:16 여호와께서 맹세하시기를 여호와가 아말렉과 더불어 대대로 싸우리라 하셨다

먼저 두 이야기의 공통점을 살펴보면 다음과 같다. 우선 두 이야기가 동일한 장소인 르비딤에서 발생한다는 점이다. 그리고 사건의 해결이 동일하게 모세의 지팡이가 도구가 되며, 각각 지팡이라는 단어가 한 번씩 나타난다(출 17:5, 9). 그리고 유사한 히브리어 발음을 가진 단어들이 등장하며 서로의 상반성을 강조하는 구실을 한다. 물을 공급하는 사건에는 '시험하다'라는 '닛싸'(נִסָּה)가 나타나고, 아말렉과의 전투에는 '승리의 깃발'을 의미하는 '닛씨'(נִסִּי)가 등장한다. 그 반대되는 의미는 '닛싸'는 하나님을 시험하는 것이라면, '닛씨'는 하나님을 믿고 나아가 승리한 것을 뜻한다는 점을 들 수 있다. 그리고 양쪽 다 하나님의 현존이 가시적으로 보이지 않는 상황에서 벌어지는 일이란 점에서 공통점이 있다. 그럼에도 마침내는 백성의 어려움에 임재하셔서 돌보시고 지키신다는 것을 확증해 주시는 것으로 마감된다는 동일함이 들어 있다.

이러한 공통점에도 불구하고 오히려 이 두 이야기가 주고자 하는 메시지는 둘 사이의 차이점에 들어 있다고 할 수 있다. 물 공급 사건에서는 다투고 시험하는 것을 통해 하나님의 현존에 대한 확신 보다는 의심이 가득함을 알 수 있다. 하나님께서 모세에게 "백성 앞을 지나서 이스라엘 장로들을 데리고 나일강을 치던 네 지팡이를 손에 잡고 가라"(출 17:5)고 구체적으로 명령하신다. 지팡이가 애굽에서도, 홍해에서도 하나님께서 함께하신다는 현존의 증표라는 점은 분명하다. 그러나 그 증거가 명백함에도 의심이 가득하다는 것을 드러내고 있다. 그러나 아말렉과의 전투에서는 적군이 기습하였음에도 불구하고 모세와 온 백성들이 당황함이 없이 신속하게 준비하여 전투에 임한다. 하나님께서 함께하신다는 확신에 가득 차 있음을 알 수 있다. 아말렉과의 전투에서는 백성들의 불평이 전혀 등장하지 않는다는 점도 커다란 차이점이다. 그리고 물 공급 사건이 모세의 간구로 해결 국면에 들어갔다면, 아말렉과의 전투는 모세의 지시로 해결 국면에 들어간다는 점도 두 사건의 의미를 가르는 선이 된다. 즉 전투 이야기에서는 하나님께서 언제나 함께 하신다는 것을 확신하며 그 뜻에 따라 신속하게 준비하고 있다는 것을 느끼게 한다. 그리고 이스라엘이 전투에 일사불란하게 임하고 있다는 점 또한 훌륭한 변화라 할 수 있다. 이러한 차이점은 유사한 발음이지만 뜻은 상반되는 '닛싸'(시험)와 '닛씨'(승리의 깃발)라는 결론의 차이로 갈라진다. 결국에 물 공급 사건은 백성들의 시험은 계속되어 하나님께서 우리 중에 계신가, 안계신가라는 의구심으로 나아간다면, 아말렉과의 전투는 승리를 책에 기록하여 대대로 기념함으로 여호와께서 아말렉과 더불어 대대로 싸우실 것이라는 확신을 북돋우는 것으로 결론에 이른다.

출애굽기 17장은 이처럼 광야의 한 장소인 동일한 르비딤에서 인간은 다른 선택을 할 수 있다는 것을 보여주며, 어떤 길을 걸어갈 것인가를 묻고 있다. 한쪽은 하나님이 우리 중에 계신가라는 의문과 함께 원망, 다툼, 의심, 시험하는 백성의 삶이다. 그 의문은 호렙 산 반석 앞에 서 계시는 하나님으로 인해 물이 공급된다는 것을 통해 함께하심과 들으심이 입증됨에도 불구하고 계속된다는 점이 안타까움이다. 르비딤에서 호렙 산이라는 지명이 나타나는 것이 의문스러울 수 있지만 이 둘은 그리먼 거리가 아니었을 것이란 점에서 해결 가능하다. 이에 반하여 다른 쪽은 아말렉의 침입 앞에서도 침착하게 싸움을 준비하며 함께 하시는 하나님을 믿고 하늘을 향하여 믿음으로 손을 들어 여호와의 전쟁을 싸우며, 그 하나님으로 인해 승리의 깃발을 올리는 삶이다.

양쪽 다 동일한 것은 하나님의 현존의 모습은 가시적으로 보이지 않는다는 것이다. 한쪽에는 의심하고 시험하는 이야기요, 다른 쪽에는 믿고, 의지하며 신뢰로 나아가는 담대함이 있다. 어느 쪽이 더 멋진 기념이 될 것인가? 그 선택에 따라 결과 또한 달라진다.

⇗ **르비딤** ⇘	**맛사**(시험하다), **므리바**(다투다)	여호와께서 우리 중에 계신가 안 계신가 의문을 가짐
	여호와 닛시(나의 깃발)	여호와께서 맹세하시기를 여호와가 아말렉과 더불어 대대로 싸우리라 하심의 확신

동일한 장소인 르비딤이 '맛사, 므리바'라는 시험과 다툼이 되게 할 것인지, 아니면 '여호와 닛시'라는 승리의 이름이 되게 할 것인지를 광야의 여정을 통하여 하나님의 백성은 선택하여야 한다. 이제 여호와는 누구이신가에 대한 결론에 이를 때가 되었다. 여호와는 "함께하시며 어떤 어려움 속에서도 대대로 자신의 백성의 편이 되셔서 싸워주시는 분이시다." 이 신앙의 모습이 이스라엘의 선택이 되고 삶의 길이 된다면 이스라엘이라는 여호와의 회중은 가장 행복하고, 아름다운 달콤한 공동체를 이루게 될 것이다. 왜냐하면 함께 하시는 하나님의 음성에 귀 기울이고 그 뜻을 따르며 살아갈 것이기에 모두가 복된 공동체가 되고 세상 속에 그

복을 증거하고 나누는 삶이 될 것이기 때문이다. 그러므로 이스라엘은 르비딤에서 앞으로 펼쳐질 미래는 맛사, 므리바가 아닌 여호와 닛시의 하나님을 체험하고 고백하며 나아가야 될 것을 결단케 한다.

이처럼 출애굽기 17장의 두 사건은 출애굽기 전반부에서 주어진 "내가 여호와인줄 알리라"라는 주제가 그 절정에 이른 순간을 보여준다. 그 여호와는 결코 의심의 대상이 아니라, 영원토록 함께 하시며 아말렉과 같은 세상의 모든 적들과 대대로 싸워주실 하나님이신 것이다. 이것이 여호와가 누구이신가를 알 때 벌어지는 일이다.

지금까지 전개된 홍해를 건너자마자 펼쳐진 구원 받은 자들이 걸어야 할 세 단계(마라/엘림-신광야-르비딤)의 삶의 내용은 출애굽 세대가 어떤 것을 선택하느냐에 따라 달라지는 미래상을 미리 보여주는 기능을 한다. 그것은 출애굽 구세대들이 걸어가며 보여준 선택에 따라 어떤 극명한 삶의 대조가 이루어지는지를 미리 당겨서 살펴보면 분명히 알 수 있다. 출애굽 세대 중에서 여호수아와 갈렙만이 가나안 땅에 들어가는 성취를 맛보았다는 점에서 이 두 사람과 출애굽 세대 전체의 비교가 될 것이다.

	하나님의 뜻	출애굽 세대	여호수아, 갈렙
마라-엘림	달콤한 인생 지키고 가꾸기 위한 길 - 하나님의 법도, 율례, 계명과 규례 순종	하나님의 약속의 말씀 불신 (민 14:11)	하나님의 약속의 말씀 믿고, 따름 (민 14:24)

신광야	살맛나는 세상 이루는 길 - 만나를 통한 율법 준수	만나에 대한 불평으로 일관하며 율법 거부 - 기력이 쇠 한다; 하찮은 음식으로 평하 (민 11:6; 21:5)	만나의 훈련을 말씀 순종으로 이겨냄 - 모세의 보좌관으로 (민 11:28-29)
르비딤	달콤한 인생, 살맛나는 세상을 지키기 위해 - 물 없을 때 '맛사, 므리 바'(하나님이 함께하심과 능력 의심)의 선택아닌, 아말렉과 전투에서 '여호와 닛시의 길'(하나님 의 함께하심과 능력 확신) 선택하는 것	마침내 하나님의 함께하 심과 능력을 의심하다 (민 13:31-33) 물이 없을 때 므리바로 끝남 (민 20:13)	가나안의 거인족에 대해 여호와께서 함께 하시면 밥이라는 확신과 실천 (민 14:6-9; 수 14장)
	바른 선택이 이루어질 때 약속의 땅이 선물로 주어질 것이다.	20세 이상으로 인구조 사에 들어간 출애굽 세 대가 광야에서 죽고 약 속의 땅에 들어가지 못함	여호수아와 갈렙은 출 애굽 세대 중에 약속의 땅을 맛봄

이러한 비교가 보여주듯 대부분의 출애굽 세대는 하나님의 약속의 말씀을 믿지 못함으로, 달콤한 인생을 지키고 가꾸지 못하고 쓰디쓴 인생으로 퇴보하고 만다. 그리고 만나를 통한 하나님의 훈련이 아닌 그저 만나를 육신의 만족을 채우는 도구로 밖에는 인식하지 못하는 것이다. 만나를 통해 "사람이 떡으로만 사는 것이 아니라 하나님의 입에서 나오는 모든 말씀으로 사는 것"(신 8:3)이라는 숭고한 삶의 정신을 배워야 하는데 그 의미조차 깨닫지 못했다. 이들을 통해 세상이 달콤하

고, 살맛나는 세상으로 변하는 것은 기대조차 할 수 없게 된 것이다. 이들은 삶 속에 다가오는 맛사(시험), 므리바(다툼)를 극복하고 '여호와 닛시'의 삶으로 세상을 바꾸어 가야 했음에도 결국은 가나안 거인족 앞에서 하나님의 능력을 의심하다(민 13:31-33), '므리바'(다툼)로 그 결론에 이르고 만다(민 20:13). 끊임없이 "하나님께서 우리 중에 계신가 안계신가?"(출 17:7)라는 질문을 반복하며 의심과 회의로 무너져 내렸다는 것을 알 수 있다. 안타깝게도 배워야 할 것을 배우지 못했으니 목적지에 들어갈 수 없게 되었다. 하나님께서 허락하신 약속의 땅은 하나님 나라가 이루어져야 할 장소이기에 이러한 훈련을 통과한 사람만이 들어갈 수 있는 곳이기 때문이다.

이에 반해 여호수아와 갈렙은 하나님의 약속의 말씀을 철석같이 믿었으며, 한 치의 흔들림도 없다. 이는 곧 만나를 통한 훈련을 바르게 통과하였다는 증거가 될 것이다. 그 결과가 바로 가나안 거인족에 대한 이들의 확신으로 드러난다. 하나님께서 함께하시면 아무리 강대한 적도 단지 '자신들의 밥'일뿐이라는 것이다(민 14:9). "하나님께서 맹세하신 대로 아말렉과 더불어 대대로 싸우리라 하셨던 것처럼"(출 17:16) 그렇게 가나안 족과 싸워 주실 것이라는 확신인 것이다. 그 구체적인 예가 갈렙의 헤브론 정복에서 드러난다. 하나님께서 그 땅을 주신다는 약속의 말씀을 주셨으니 그 하나님께서 함께하시면 반드시 그 땅을 차지할 수 있다는 확신인 것이다(수 14장). 그리고 마침내 그 땅을 정복하고 누리게 된다.

이렇게 출애굽 세대는 우리에게 부정적인 교훈을 제공해 주고 있고, 여호수아와 갈렙은 그 세대들 중에서 우리가 반드시 본 받아야 할 삶의 길을 제시해 주고 있다. 200만명 대 2명이라는 점에서 구원받은 자로서 하나님의 뜻을 온전히 이루어내는 것이 얼마나 어려운 길인가를 되새길 필요가 있다. 그렇다고 포기할 수는 없다. 이미 갚을 길 없는 하나님의 하해와 같은 은혜를 입은 삶이기에 포기한다는 것은 어리석은 일이다. 이 여정을 완수하게 하시려고 우리와 함께하시며, 믿음을 북돋워주시고, 말씀을 마음판에 새겨주시는 하나님이 계시니 그 은혜로 가능한 것이다. 그러므로 이제 차후로 주어지는 내용은 이러한 극명한 갈림길이 우리의 삶에 펼쳐져 있다는 경각심을 갖고 삶으로 이루어야 할 내용이 되는 것이다. 하나님께서는 홍해를 건너자마자 이러한 삶의 길을 제시해 주시고 구원사가 마감된다. 구원사의 마감은 곧 구원받은 후의 삶으로의 전이를 의미하는 것이기에 중요하다. 그리고 삶의 갈림길에서 올바른 선택을 하게 하려고 하나님께서는 시내산에서 율법을 주신다. 하나님의 백성 모두가 그 말씀에 의지하여 살아간다면 미래를 바꿀 수 있으며, 세상을 바꿀 수 있을 것이다.

이제 드디어 새로운 주제로 넘어갈 준비가 이루어졌다. 이 과정을 올바르게 통과하고 결단한 사람들만이 시내산에서 하나님과의 언약을 이루는 존재가 될 것이다. 그곳에서 앞으로의 여정은 오직 하나님의 말씀만을 따르며 살겠다는 결단의 언약이 이루어지기 때문이다. 그리고 그 과정으로의 전환이 이루어져야 한다는 것을 강조하기 위해 출애굽기 18장이 주어진다. 출애굽기 18장은 애굽에서의 구원사의 완결을 선언하고, 계속해서 나아가야 할 다음 단계가 무엇인가를 보여주는 전환점의 역할을 한다. 이를 통해 출애굽기 19장 이후의 시내산 단락이 어떤 중요한 의미를 가진 것인지를 미리 맛보게 한다.

V. 전환점: 애굽에서 시내산으로 - 구원에서 율법수여로(출 18장)

1. 이야기 전체를 한 눈에 읽기

그렇게도 끈질기게 물고 늘어지던 애굽이 홍해를 건너며 끝이 나고, 광야를 통과하며 애굽의 기억이 만나를 통하여 하나님의 은혜를 기념하는 것으로 대체되기 시작한다. 이러한 기억의 전적인 변화는 결코 하루아침에 일어나지 않는다는 것을 미래에 펼쳐질 40년의 광야 여정을 통해 살펴볼 수 있을 것이다. 하지만 이스라엘 백성의 삶에서 중요한 변화는 시작되었다. 그것은 출애굽기 1-17장까지의 내용과 19-40장까지의 내용이 현저하게 달라지고 있다는 것으로 느낄 수 있게 한다. 애굽에서 바로 왕과 함께 했던 이야기가 주류를 이루고 있고, 그 애굽에서의 삶을 광야에서 기억하는 것이 전반부에 가득했다면 후반부에서는 애굽은 흔적도 없이 사라지고 모든 초점이 하나님의 말씀과 그 하나님께서 거하실 처소인 성막을 건축하는 것에 맞추어진다. 이러한 변화의 전환점에 출애굽기 18장이 위치한다.

출애굽기 18장은 이처럼 독특한 위치를 점하고 있는데 그 이유 중에 또 다른 한 가지는 지리적인 위치 때문이다. 하나님의 산인 시내산에 도착하는 것은 출애굽기 19:1-2절에서 이루어진다. 그러나 그 장소에는 이미 18장에서 도착해 있는 것으로 드러난다.

> 모세의 장인 이드로가 모세의 아들들과 그의 아내와 더불어 광야에 들어와 모세에게 이르니 곧 모세가 하나님의 산에 진 친 곳이라(출 18:5).

여기에서 벌어진 사건들 중의 하나가 모세가 이스라엘 백성에게 율례와 법도를 가르치고 있다는 점에서 오히려 출애굽기 19-24장 이후의 사건일 수도 있다. 하지만 지금 현재의 위치에 자리하게 됨으로 출애굽기 18장은 전반부(출 1-17장)를 마감하는 내용으로 시작하고, 후반부(출 19-24장)를 이끄는 내용으로 결론에 이르며 출애굽기 구조의 한 전환점을 이루는 기능을 하게 되는 것이다.

이렇게 두 부분으로 나누어지지만 공통적으로 출연하는 한 인물로 인해 통일성 또한 살펴볼 수 있다. 두 부분 모두에서 모세라는 인물이 등장하는 것은 당연할 것이나, 의외의 인물인 모세의 장인 이드로가 양쪽 다에서 주요한 역할을 한다는 점이 출애굽기 18장의 통일성을 보여주기도 한다. 출애굽기 18장이 이 부분에 위치한 것은 전략적으로 중요하며 가장 적절한 자리를 차지하고 있다는 것만큼은 분명하다. 이드로의 등장 또한 중요한 함의를 가지기에 그 의미를 살펴볼 필요가 있다.

출애굽기 1-17장은 대 주제가 애굽으로부터의 구원이라 할 수 있으며, 출애굽 사건에 초점이 맞추어져 진행된다. 홍해를 건넌 후 광야에서도 역시 애굽으로부터의 탈출은 계속된다. 애굽의 기억을 하나님에 대한 기억으로 바꿔간다는 점에서 정신적이고 심리적인 탈출을 다루고 있다 할 수 있다. 이 구원사라는 대 주제 안에 출애굽기 5-17장은 이 주제를 이루어갈 방식과 과정에 초점이 맞추어졌는데 그것은 다름 아닌 "내가 여호와인줄 알리라"는 하나님의 단언 속에서 살펴볼 수 있었다. 여호와가 누구인지 모르기에 이스라엘을 보낼 수 없다는 바로에게 응답하고(출 5:2), 또한 이스라엘에게 하나님의 능력을 알리며, 나아가서는 온 천하에 나와 같은 자가 없으며(출 9:14) 그리고 세상이 여호와께 속한 줄 알리라(출 9:29)는 것을 가르치며 구원사는 무르익어 갔다. 이 방식은 홍해 사건을 넘어서, 광야의 이스라엘에게로 연결되었다. 메추라기와 만나를 내리는 사건을 통해 "내가 여호와 너희의 하나님인줄 알리라"(출 16:12)고 하시며, 애굽은 철저한 파괴를 경험하며 여호와가 누구이신가를 배웠다면, 이스라엘은 생존케 하시는 하나님을 체험하며 여호와가 누구이신가를 깨닫는다. 광야에서 물의 공급은 의미심장하게도 여호와께서 모세에게 "나일강을 치던 지팡이"로 반석을 치라 명하셨다(출 17:5). 애굽은 물을 잃었다면, 이스라엘은 동일한 지팡이로 물을 얻은 것이다. 이스라엘은 광야의 갈증 속에서 때로 여호와를 시험하여 "여호와께서 우리 중에 계신가 안 계신가" 의문을 제기하지만 하나님은 신실하게 함께하시는 하나님이심을 증거하셨다. 그 명백한 증거는 아말렉 사건 속에서도 드러났다. 여호와께서 대대로 아말렉과 싸우신다(출 17:16)는 것은 여호와께서 대대로 이스라엘과 함께 하시겠다는 약속이신 것이다.

이러한 대장정에서 출애굽기 18장은 먼저 출애굽기 1-17장까지의 애굽에서의 구원사와 그 방식인 여호와가 누구이신가라는 것에 대한 결론을 내린다. 전반부인 18:1-12절은 이방인 이드로가 출현하여 모세와 이스라엘이 하나님의 산에 진 친 곳으로 나아온다. 모세는 장인인 이드로에게 여호와께서 애굽에서 행하신 일과 자신들을 구원하신 일을 소상하게 진술한다. 이를 통해 이드로의 입에서 여호와를 향한 고백이 쏟아져 나온다: "이제 내가 알았도다 여호와는 모든 신보다 크시므로 이스라엘에게 교만하게 행하는 그들을 이기셨도다"(출 18:11). 이보다 더 이스라엘 구원사의 절정을 보여주는 대목은 없을 것이다. 이스라엘이 애굽에서 구원된 후에 이방인인 이드로의 입에서 여호와 하나님이 누구이신가를 이제 알았다고 고백하고 있다는 것은 이스라엘 구원을 통해 계획하셨던 하나님의 뜻이 이루어진 것을 알 수 있기 때문이다. 바로에게 주신 말씀인 "내가 너를 세웠음은 나의 능력을 네게 보이고 내 이름이 온 천하에 전파되게 하려 하였음이니라"(출 9:16)가 실현되었다는 것을 살펴볼 수 있다. 그리고 이드로는 새롭게 알게 된 전능하신 하나님을 향하여 자발적으로 번제를 드리는 예배를 행한다(출 18:12). 이드로는 여기서 이방인의 대표격이라고 할 수 있다. 하나님의 뜻은 이렇게 이방인들까지도 여호와가 누구이신 줄을 분명히 알아 그 하나님을 향하여 자발적으로 예배하는 세상이 되기를 기대하시는 것이다. 그렇다면 "온 천하에 여호와 같은 신이 없으며, 세상이 여호와께 속한 줄을 알게 되는 것"은 어떻게 가능한 것인가? 여호와가 누구이신가를 알게 된 것은 애굽과 하나님의 백성 이스라엘이 처음이다. 이제 이스라엘의 소명이 시작되는 것이다. 전하는 자가 없이 어떻게 하나님이라는 생명의 복음을 들을 수 있을 것인가?(롬 10:14-15). 이스라엘은 세상을 향하여 하나님의 위대하심을 증거 하는 사명으로 부름 받은 것이다. 그 일이 출애굽기 18장에서 이루어지고 있고 앞으로도 계속되어야 할 일인 것이다. 이를 위해 이드로의 이야기는 다음 단계를 향해 나아간다.

하나님을 알았고 생명으로 체험한 사람은 그 하나님을 향한 예배를 시작한다. 그리고 그 예배의 절정은 입술의 고백만이 아닌 삶으로 이루어가는 것이라는 점은 더 이상 반복할 필요가 없을 만큼 명백하다. 그러므로 다음 단계는 당연히 여호와의 말씀을 배우는 길로 나아가야 할 것이다. 그것이 구원의 의미를 분명히 하고 세상이 하나님을 알고 배우고, 예배하는 길이기 때문이다. 모세가 아침부터 저녁까지 혼자서 그 많은 백성의 재판을 담당하는 것을 보고 이드로가 조언하기를 바른 자격을 갖춘 지도자들을 세워서 그들에게 율례와 법도를 가르쳐 그들이 백성들을 재판하고 가르치도록 한다. 이 속에는 비록 이방인일지라도 하나님을 향한 예배가 살아있는 사람이라면 그의 조언을 통해 하나님의 말씀을 더욱 널리 가르치고 전할 수 있는 길을 배울 수 있다는 것이다. 본질인 말씀은 절대로 변질시켜서는 안 된다. 그러나 그 본질을 전하는 길은 이방인에게서도 배울 수 있다는 것이다. 하지만 본질을 변형시키는 방식이라면 결코 수용해서는 안 될 것이다. 이드로는 그 점을 인식하여 자신이 말씀을 통한 재판을 더 원활하게 할 수 있는 방식을 조언 하지만 결코 인간적인 생각에 머물러서는 안 된다는 것을 지적하고 있다는 점에서 건전하다 하겠다.

> 네가 만일 이 일을 하고 하나님께서도 네게 허락하시면 네가 이 일을 감당하고 이 모든 백성도 자기 곳으로 평안히 가리라(출 18:23).

이드로의 결론 속에는 분명하게 "하나님께서도 네게 허락하시면"이라는 전제가 달려 있다. 무조건의 수용이 아니라 하나님께 여쭙고 듣는 단계를 거쳐야 한다는 것을 의미한다. 그 길만이 하나님의 말씀을 왜곡시키지 않는 길이기 때문이다.

이와 같이 출애굽기 18장은 양방향을 바라보며 삶의 길을 제시하고 있는 것이다. 먼저 구원사의 완결이라는 과거를 돌아보며 하나님이 누구이신가를 배웠다면 그것에 머물러 있는 것이 아니라 그 역사가 세상을 향하여 전파되어야 한다는 것이다. 그것이 바로 구원 받은 자가 살아가야 할 삶의 길임을 의미하는 것이다. 이를 통해 구원이라는 과거의 경험은 그 과거에만 머물러 있는 것이 아니라, 현재의 사명 감당을 통해, 미래를 바라보게 하는 것이다. 그 미래는 이스라엘 전체가 하나님의 율례와 법도를 깨달아 삶을 아름답고 바르게 하나님 앞에서 이루어가며 세상에 하나님의 뜻을 전하는 것이다. 그러므로 출애굽기 18장은 전반부인 1-17장의 구원사를 마감하고, 19장부터 펼쳐질 시내산의 율법으로 향하는 삶을 이루어야 할 것을 제시하는 전환점이라고 볼 수 있다. 이는 지금까지 이루어졌던 일들을 요약정리하고 결론을 내리고, 앞으로 이루어야 할 일들이 무엇인가를 제시하는 것이다.

2. 이야기의 문학적인 구조 따라 읽기

출애굽기 18장은 이틀에 걸쳐 이루어지고 있는 일들을 나열하고 있다. 전반부인 1-12절은 첫째 날에 이드로가 이스라엘이 진 치고 있는 하나님의 산에 도착하여 벌어지는 사건이고, 후반부인 13-27절은 그 이튿날에 벌어지는 일을 다루고 있다. 후반부의 시작인 18:13절에 "이튿날 모세가 백성을 재판하느라 앉아있고"라고 둘째 날이 시작되고 있다는 시점을 제시하는 것을 보면 이틀에 걸쳐 벌어진 일임을 알 수 있게 한다.

이 이틀에 걸친 사건은 모세의 이야기 속에 동일한 구조로 나타났던 적이 있다. 그 때도 역시 이틀에 걸쳐 이루어진 사건들을 다루고 있다는 점에서 비교해 볼 가치가 있다. 이 비교를 통해서 그 때에 기대했던 것이 지금 실현되고 있다는 것을 살펴볼 수 있을 것이다. 그리고 나아가야 할 길이 무엇인가를 미리 확증해 볼 수 있다는 점에서 장점이 있다. 모세가 바로의 왕궁에서 왕자 중의 한 명으로 40년의 세월을 보낸 후에 벌어진 이틀간의 사건들은 단순한 일들의 나열이 아니라 모세가 이루어야 할 소명과 직결되어 있다는 점에서 의미가 깊다. 40년 전의 이틀의 사건들과 40년 후의 이틀의 사건을 비교해 보면 다음과 같다.

	모세 40세 때(출 2:11-15)	모세 80세 때(출 18:1-27)
첫째날	2:11-12 한 애굽 사람이 히브리 사람 치는 것을 보고 애굽 사람 쳐 죽이고 히브리인 동족을 구함	18:1-12 모세가 이드로에게 여호와께서 바로와 애굽 사람에게 행하신 모든 일과 그들을 구원하신 일을 다 말 함

이틀날	2:13-15 한 히브리인이 동족 히브리인을 치는 것을 보고 재판관이 되어 잘못한 사람을 질책하며 중재하려 함	18:13-27 이스라엘 백성들이 서로 간에 있는 문제들을 모세에게 가져오고 모세는 양쪽을 재판하여 율례와 법도 알게함

이렇게 모세가 과거에 이틀에 걸쳐서 행했던 일들은 그의 나이가 40세가 되었을 때였다. 그리고 그 완성이 40년 뒤인 80세가 되어서야 이루어지고 있다는 점은 의미가 깊다. 그러므로 출애굽기 18장은 40세 때 모세가 이틀에 걸쳐 나들이 하며 발생한 일에 대한 완성을 향하여 나가고 있음을 알 수 있다. 하나님의 때에 하나님에 의해 이루어지는 것이다. 한 명의 애굽인을 치고 동족 히브리인 한 명을 구해내는 사건은 마침내 하나님의 소명을 받은 모세를 통해서 애굽인 전체를 재앙 사건으로 치고 이스라엘 민족 전체를 구해내는 사건으로 일단락된다. 그러나 한 가지가 더 남아 있다. 이렇게 구원 받은 백성인 이스라엘은 세상과는 달라야 하는 것이다. 세상은 사람을 치고 위협하여 억압하고 자신들이 원하는 것을 착취하지만 하나님의 백성은 달라야 하기 때문이다. 그러기 위해서는 세상의 방식으로 살아서는 결코 안 된다. 이스라엘이 애굽의 방식으로 살게 되면 또 다른 불의가 이 땅에 가득하게 될 것이다. 즉 애굽 사람들이 자신들에게 하던 방식대로 이스라엘이 사람들을 향하여 행동한다면 서로 치고 받으며 공포스런 세상을 만들고 말 것이다. 하나님께 구원 받은 삶은 구원 받은 자 다운 삶을 이루어야 한다. 그래서 반드시 필요한 것이 바로 하나님의 법이다. 40대의 모세가 애굽인의 손에서 한 히브리인을 구해 냈지만 안타깝게도 그 다음을 이룰 수가 없다. 즉 자신이 구해낸 히브

리인이 다른 사람에게는 그렇게 행동하지 않고 바르게 살아갈 수 있는 길을 제시해 줄 수 없다는 것이다. 어제 구원을 받은 히브리인이 그 다음 날은 다른 동료 히브리인을 치고 있다는 것만 보아도 알 수 있다. 그리고 재판관으로 중재하려는 모세를 향하여 "네가 애굽 사람을 죽인 것처럼 나도 죽이려느냐"(출 2:14)고 항변하며 대든다. 40세의 모세는 히브리인들이 바르게 살아갈 수 있는 길을 제시해 줄 수 없다. 하나님의 소명도, 하나님의 법도 알지 못하기 때문이다. 그러나 하나님의 소명감으로 가득하고, 하나님의 임재가 함께하는 80세의 모세는 다르다. 구원 받은 이스라엘에게 필요한 것이 무엇인지를 분명히 알고 있다. 이들이 서로 치지 않고, 하나님의 백성으로 평화를 지키고 이루며 세상을 가꾸어 나갈 하나님의 율례와 법도를 알고 있기 때문이다. 이제 이스라엘 전체가 배워야 할 것이 바로 하나님의 법이라는 것을 출애굽기 18장은 전하고 있는 것이다.

출 1-4장	5-6장	7-13장	14-15장	16-17장	18장		19장 -
모세의 탄생과 소명	**모세의 소명실천과 재소명**	**10가지 재앙**	**홍해 건넘**	**광야에서**	**이드로의 출현**		
					1-12절	13-27절	
① 애굽인을 치고, 동족을 구함 ②법을 중재, 동족끼리 치지 못하게	①번 성취를 위해 - 애굽인 치고, 동족을 구하는 길로 나아감 * 바 로: 나는 여호와를 알지 못한다 * 여호와: 내가 여호와인줄 알리라				①번 완성 - 구원과 "내가 여호와인줄 알리라"의 결론 ◀◀◀◀ 과거에서	②번 완성을 향하여 '시내산법'의 서론 ▶▶▶▶ 미래로	출 19-민 10장까지의 과정

이렇게 중요한 역사의 전환점에서 왜 하필 이방인 이드로인가? 이스라엘의 구원사에 이방인 이드로를 출현시켜 얻고자 하는 목표는 무엇인가? 그것은 이스라엘의 믿음의 조상인 아브라함을 부르신 하나님의 목표를 살펴보면 쉽게 이해할 수 있다. 하나님은 아브라함만을 위하여 그를 불러내신 것이 아니다. 그를 통하여 이루고자 하는 세상이 있기 때문이다. 아브라함과 그의 후손의 소명은 소돔과 고모라 사건 속에서 분명하게 드러난다.

A. 창 18:16 하나님의 사자들이 일어나 소돔을 향함	**이방인을 향한 심판 계획**
B. 창 18:17-18 이스라엘의 구원 목적 - 아브라함은 강대한 나라가 되고 - 천하만민은 그로 말미암아 복을 받게 될 것 **B'. 창 18:19 이스라엘에게 율법을 주시는 목적** 자식과 권속에게 명하여 여호와의 도를 지켜 의와 공도를 행하게 하려고 택하심	**이스라엘의 구원과 사명**
A'. 창 18:20-21 소돔, 고모라 대한 부르짖음이 크고 죄악이 심히 무거움	**이방인의 멸망**

이 구조 속에서 드러나는 것은 하나님의 백성이 중심에서 제 역할을 하지 못하면 죄악으로 가득 한 세상을 상징하는 소돔과 고모라가 멸망의 길을 간다. 그러나 하나님의 백성이 구원받은 소명이 무엇인지를 깨닫고 그 사명을 바르게 완수해 낸다면 세상 또한 희망이 있다는 것을 알려 주고자 하는 목적이 있다. 하나님의 심판 계획이 변경되어 멸망으로

갈 세상이 생명의 길로 나아갈 수 있다는 것이다. 그러므로 이스라엘의 구원은 세계를 향한 목적이 있고, 율법은 세상을 향한 구별된 백성으로서의 길을 제시한다. 아브라함의 후손들이 강대한 나라가 되어서 세상 모든 민족에게 복을 전하는 것이다. 그 지름길은 멀리 있는 것이 아니라 이스라엘 백성들이 자식과 권속에게 여호와의 도를 가르쳐 지키게 하여 의와 공도를 행하는 삶에 있다. 이처럼 구원되고 강대한 나라가 되는 것은 하나님의 율법을 지켜 행하는 길로 나아가 열방을 멸망에서 구하는 것이라는 점이 분명하게 사명으로 드러난다. 그리고 이 일이 원활하게 잘 이루어지고 있는가는 이드로와 같은 이방인이 여호와의 구원 역사를 듣고 그 하나님을 예배하고, 어떻게 하면 하나님의 율례와 법도를 더 잘 지키고 전할 수 있을까를 고민하고 있는지를 살펴보면 알 수 있다. 즉 이방인의 반응은 이스라엘의 소명이 제대로 이루어지고 있는가를 살펴보는 시금석이 될 수 있기 때문이다. 이는 그리스도인들 주변을 살아가는 세상 사람들의 반응으로 교회가 제 역할을 하고 있는가를 살펴볼 수 있는 것과 같은 이치라 할 수 있다.

이와 같은 삶의 길은 단 한 마디로 축약할 수 있을 것이다. 바로 예배이다. 즉 진정한 예배의 성취라 할 수 있다. 구원사의 완성은 이스라엘에 의해서가 아니라 전적으로 하나님의 역사에 의해서 이루어진다는 점에서 하나님의 은혜이며 또한 하나님의 우리를 향한 예배이다. 그리고 그 은혜에 응답하여 하나님의 말씀인 율례와 법도를 따라 살아가는 순종의 삶은 이스라엘의 응답이며 또한 이스라엘의 하나님을 향한 예배이다. 이렇게 하나님의 예배(은혜)와 이스라엘의 예배(응답, 순종)가 만나 예배의 완성이 일어나며 세상이 예배하는 길로 나아가게 한다.

예배의 시작	출 18:1-12 하나님의 예배	하나님께서 들으시고(이스라엘의 부르짖음) 구원해 주셨다 구원에 대한 감사 예배의 시작
예배의 완성	출 18:13-27 이스라엘(우리)의 예배	이스라엘이 듣고(하나님의 부르짖음 - 말씀, 법) 실행한다 말씀을 듣고 행함으로 예배의 완성

이처럼 이스라엘은 예배를 통하여 세상이 하나님이 누구이신가를 분명하게 알게 하여야 한다. 출애굽기 18장은 이와 같이 크게는 두 부분으로 나누어진다. 그러나 이방인 이드로의 출현과 더불어 구조화하면 좀 더 세분화 해 볼 수 있다.

A. 출 18:1 이방인 이드로가 하나님께서 이스라엘을 출애굽시킨 일 듣고 그곳으로 이동	이방인에게 구원사 들림
B. 출 18:2-12 이드로가 이스라엘 구원사 듣고 하나님 찬양, 예배 - 고백과 제의를 통한 예배 B'. 출 18:13-26 이드로가 이스라엘 율례와 법도 더 잘 배울 수 있는 길을 조언함 - 하나님의 법을 행하는 삶을 통한 예배	이스라엘이 하나님의 구원 역사를 전파하고 이방인과 예배와 삶으로 하나됨
A'. 출 18:27 모세가 이드로를 보내고, 그가 자기 땅으로 돌아감	이방인들이 전파

이 구조를 살펴보면 이러한 예배에 이방인 또한 감사하며 찬양으로 같이 동참하고, 그리고 그들도 말씀의 본질을 더 잘 살기 위해 자신

들의 방법까지 동원하여 합력하는 세상이 바로 하나님이 꿈꾸시는 세상이다. 그러나 예배의 본질은 결코 변하지 말아야 한다. 그 본질이 바로 하나님의 법을 통한 의와 공도를 이루는 삶이다. 이드로가 이스라엘에게 왔다가 가지만 그렇다고 하나님을 잊은 것을 아닐 것이다. 차후의 이야기 속에 모세의 장인의 자손들이 유다지파와 함께 약속의 땅에 거주하는 것을 보면 알 수 있다(삿 1:16). 이는 곧 이드로가 자신의 땅에 돌아가서 이스라엘의 하나님의 구원 역사를 전파했음에 틀림없고, 그로 인해 그의 자손들이 이스라엘과 함께 하였을 것이라는 짐작을 가능케 한다. 이렇게 이스라엘과 이방인이 하나 되어 이루어야 할 말씀의 본질은 이제 곧 펼쳐질 출애굽기 19-24장에 하나님의 음성과 모세의 중재로 웅장하게 주어진다.

3. 이야기의 세부적인 주제 따라 읽기

1) 모세와 이드로의 만남과 아브라함과 멜기세덱의 만남 비교

출애굽기 18장으로 들어가기 전에 먼저 모세와 이방인 이드로의 만남이 과거의 또 다른 한 만남을 생각나게 한다는 점을 생각해 볼 필요가 있다. 바로 아브라함과 이방인 멜기세덱의 만남이다. 특히 그 이방인들이 제사장이라는 공통점 또한 공유하고 있다는 점에서 흥미롭다. 이 두 만남을 비교해 보면 이드로를 어떤 존재로 부각시키고 있는지를 알 수 있게 된다. 이 두 만남의 비교를 도표화 하면 다음과 같다.[159]

	아브라함과 멜기세덱 (창세기 14-15장)	모세와 이드로 (출 18장)
1	14:18-20 살렘(שָׁלֵם 평화)의 제사장 멜기세덱이 그돌라오멜과의 싸움에서 돌아오는 아브람을 영접	18:1 미디안 제사장 이드로는 애굽과 아말렉과의 싸움에서 돌아온 모세를 영접 * 18:7 그들이 서로 문안하고(שָׁלוֹם 샬롬/평화를 말하기 위해 만남)
2	15:2 아브람 집의 상속자의 이름이 다메섹 사람 엘리에셀(אֱלִיעֶזֶר)이었다	18:4 모세의 아들 또한 이름이 엘리에셀(אֱלִיעֶזֶר)이었다
3	15:13 여호와께서 아브람에게 네 자손이 이방에서 객(גֵּר 게르)이 되어 그들을 섬기겠고	18:13 모세의 첫째 아들의 이름은 게르솜(גֵּרְשֹׁם)이라 이는 모세가 이르기를 내가 이방에서 나그네가 되었다 함이라
4	14:19-20 멜기세덱은 아브람을 원수들로부터 구원하심을 인하여 하나님을 찬양 "천지의 주재이시오 지극히 높으신 하나님이여 아브람에게 복을 주옵소서 너희 대적을 네 손에 붙이신 지극히 높으신 하나님을 찬송할지로다"	18:9-11 이드로가 여호와께서 이스라엘에게 큰 은혜를 베푸사 애굽 사람의 손에서 구원하심을 기뻐하여 이드로가 이르되 여호와를 찬송하리로다 너희를 애굽 사람의 손에서와 바로의 손에서 건져내시고 백성을 애굽 사람의 손 아래에서 건지셨도다 이제 내가 알았도다 여호와는 모든 신보다 크시므로 이스라엘에게 교만하게 행하는 그들을 이기셨도다
5	14:18-20 멜기세덱은 하나님의 제사장으로서 떡과 포도주를 가지고 왔고 아브람은 그에게 십일조를 주었다	18:12 이드로는 번제와 다른 제물들을 가지고 와서 모세와 아론과 함께 떡을 먹었다
6	아브람은 하나님과 언약을 맺기 전에 멜기세덱과 만나게 된다.	모세와 이스라엘 또한 하나님과 언약을 맺기 전에 이드로와 만나게 된다.

이러한 병행들의 목적은 이드로를 또 한 사람의 멜기세덱, 즉 의로운 이방인의 전형(paradigm)으로 제시하고자 하는 것으로 보인다. 이드로가 이러한 인정을 받는 것은 매우 중요하다. 왜냐하면 그는 율법 수여자인 모세에게 유용한 조언을 하며 이스라엘에게 하나님의 율법을 효과적으로 전할 수 있는 방법을 제시하는 등, 본 장에서 매우 중요한 역할을 맡고 있기 때문이다. 이처럼 멜기세덱과 이드로의 비교를 통해 이드로 또한 해가 되는 인물이 아니며 이스라엘에게 보탬이 되는 인물이라는 점을 부각시킨다. 이제 이 이드로가 중요한 역할을 담당하며 이스라엘에게 의미를 제공해 주는 출애굽기 18장으로 들어가 보자.

2) 구원의 완성과 예배의 길 – 과거에서 미래로(출 18:1-27)

(1) 애굽으로부터의 구원의 완성 - 과거(첫째 날) (18:1-12)

먼저 출애굽기 18:1-12절은 모세의 첫 번째 소명인 "① 애굽인을 치고 히브리인을 구함"이라는 주제의 완성을 모세의 장인 이드로를 통하여 확증한다. 이드로가 하나님께서 모세와 이스라엘을 애굽 땅에서 이끌어 내셨다는 소식을 접한다. 이 소식을 듣자 이드로는 모세가 돌려보냈던 그의 아내 십보라와 그의 두 아들을 대동하고 이스라엘이 진 치고 있는 하나님의 산으로 나아온다. 언제 모세의 아내인 십보라와 두 아들들이 장인인 이드로의 집으로 보내졌는지에 대해서는 나타나지 않는다. 그보다는 이 두 아들들의 등장에 의미를 부여하고 있다는 것을 알 수 있다. 왜냐하면 이 둘의 이름이 바로 상징적인 의미를 내포하고 있기 때문이다.

모세가 경험했던 이방에서 객이 되었다는 뜻의 게르솜(출 2:22)

과 하나님이 도우사 바로의 칼에서 구원해 주셨다는 뜻을 가진 엘리에셀의 삶이 모세 자신의 경험으로 끝나지 않고, 민족 전체로 전이되었다는 것이다. 이 두 아들들의 등장과 이스라엘 진으로 돌아온다는 것은 곧 이스라엘의 구원이 성취되었다는 것을 입증하는 의미를 가지고 있다 하겠다. 모세의 광야여정 동안에 탄생한 아들들의 이름 속에 들어가 있던 신앙적 의미들이 이제 이스라엘 백성의 삶 속에 그대로 이루어진 것을 모세와 이스라엘도 그리고 이방인인 이드로도 확인하고 있는 것이다.

모세의 이 두 아들들에 대한 이름과 그 의미를 다시 도표화 하여 살펴보면 더욱 분명하게 지금까지 이스라엘에게 이루어진 일이 무엇인지를 정리해 볼 수 있다.

이름	뜻	상징 의미
게르솜	내가 이방에서 나그네가 되었다.	과거 애굽에서 이스라엘의 상태
엘리에셀	내 아버지의 하나님이 나를 도우사 바로의 칼에서 구원하셨다.	현재 하나님의 산 앞에서의 상태

여기서 분명해 지는 것은 이스라엘 구원사의 완성이라는 점이다. 애굽의 손길에서 완전하게 이스라엘을 건져내서 하나님의 산에까지 이르게 하였다는 것이 바로 그것을 의미한다. 이처럼 모세의 두 아들인 게르솜과 엘리에셀이 이스라엘 진으로 들어 왔다는 것을 통해 상징적으로 하나님께서 이스라엘에게 주시려는 선물인 구원이 성취되었다는 점을 드러내고 있다고 볼 수 있다. 그러나 이스라엘의 구원은 자신들만의 기쁨으로 끝나서는 결코 안 된다. 그것은 역사의 미완성일 뿐이다. 그 하나님

의 놀라운 역사가 이방인들에게까지 전파되는 것이 목적인 것이다. 그러므로 이스라엘의 구원의 완성은 곧 이방인들의 구원으로 연결되어야 한다. 이방인 이드로의 출현은 바로 그 점을 부각시키려는 의도가 강하다.

모세가 장인 이드로를 만났을 때 가장 먼저 진술하는 것이 바로 이 두 아들의 이름 속에 담긴 내용이 그대로 이스라엘 민족 전체의 삶에 실현되었다는 것이다. 이방 땅에서 객이 되었다는 탄식이 첫째 아들의 이름이고, 그럼에도 하나님께서 도우실 것이라는 희망이 둘째 아들의 이름이 되었다. 그 탄식과 기대가 좌절되지 않고 살아계신 하나님께서 그 이름들을 성취해 주셨다. 모세가 그의 장인에게 이러한 하나님의 놀라운 역사를 낱낱이 진술하였을 때 여호와 하나님에 대한 이드로의 선언은 열 가지 재앙을 통해서 이루고자 했던 두 가지의 목적이 드러나고 있는데 다음과 같다.

첫째는 "내가 알았도다"라는 이드로의 선언은 "내가 여호와인줄 알리라"는 여호와의 단언의 대장정이 마침내 그 결말에 이른 것을 나타낸다는 것이다. 그것도 이방인의 입에서 쏟아져 나왔다는 것이 큰 의미를 가지고 있다. 이렇게 "내가 여호와인줄 알리라"는 것은 애굽에서의 구원과 직접적인 연관이 있다는 점에서 중요하다.

> 그러므로 이스라엘 자손에게 말하기를 나는 여호와라 내가 애굽 사람의 무거운 짐 밑에서 너희를 빼내며 그들의 노역에서 너희를 건지며(נצל 나짤/구원하다) 편 팔과 여러 큰 심판들로써 너희를 속량하여 너희를 내 백성으로 삼고 나는 너희의 하나님이 되리니 나는 애굽 사람의 무거운 짐 밑에서 너희를 빼낸 너희의 하나님 여호와인 줄 너희가 알지라(출 6:6-7).

여기서 "빼내고, 건지며, 속량하다"라는 단어들은 모두 애굽에서의 구원 사건과 직결되고, 그 구원사는 곧 여호와가 누구인지 알 것이라는 주제로 마감된다. 그리고 그 구원사건의 종결이 출애굽기 18:1-12절이다. 이것은 이 구절들에서 강조되는 것이 '여호와의 구원'이라는 점에서 입증된다. 여기서 '구원하다'를 뜻하는 히브리어 단어는 '나짤'(נָצַל)인데 이 단어의 히필형 동사의 뜻이 '구원하다'이다. 그리고 '구원하다' 혹은 '건지다'라는 뜻으로 번역된 이 단어의 형태가 출애굽기 18:1-12절에 5번이나 반복된다(출 4, 8, 9, 10[2번]절). 이 단어는 출애굽기 전체에서 5번 더 나타나는데 모두 1-17장에서만 등장한다(출 2:19; 3:8; 5:23; 6:6; 12:27). 이를 통해 볼 때 출애굽기 1-17장까지의 주제가 애굽에서의 구원에 있고, 그 결론은 출애굽기 18:1-12절에서 마무리 되고 있음을 보여준다. 즉, 출애굽기 18:1-12절은 시내산에 도착하기까지의 이스라엘의 여정을 '하나님의 구원'이라는 주제로 갈무리하고 있는 것이다.[160] 이 단어가 그 이후로는 더 이상 나타나지 않는다는 것은 그 이후는 다른 주제가 중심이 될 것이라는 점을 드러내고 있는 것이다.

둘째는 여호와께서 바로에게 "내 이름이 온 천하에 전파되게 하려 함이라"(출 9:16)와 "세상이 여호와께 속한 줄을"(출 9:29) 알게 할 것이라 하셨다는 점의 성취이다. 그 성취가 여기 이드로의 고백 속에 나타나고 있다는 점은 시사하는 바가 크다: "여호와는 모든 신보다 크시므로 이스라엘에게 교만하게 행하는 그들을 이기셨도다"(출 18:11). 이와 같이 이드로의 고백은 단순한 한 이방인의 선언을 의미하는 것이 아니라 하나님께서 이루시고자 하셨던 대 주제의 성취를 보이며, 구원이라는 한 단락을 완성하고 있다는 것이 그 중요한 의미이다.

그리고 출애굽기 18:1-12절은 여호와가 누구이신가를 아는 것에 그치지 않고 그로 인해 마땅히 이루어져야 할 방향으로 사건이 전개되고 있다는 점이 그 중요성을 인식케 한다. 그것은 다름 아닌 하나님을 예배하는 것이며, 이런 예배자들은 민족을 초월하여 같이 떡을 떼는 연합이 일어난다. 모세의 장인 미디안의 제사장 이드로가 번제물과 희생제물을 하나님께 가져오고, 아론과 이스라엘 장로들이 함께 하나님 앞에서 떡을 먹는다. 함께 떡을 먹는다는 것은 한 가족이 되었다는 것을 의미하는 것이다. 특히 이스라엘에서 하나님 앞에서 떡을 함께 먹는 다는 것은 같은 신앙을 공유하는 신앙 공동체가 되었음을 증거 하는 의식이다(출 24:11). 이 예배는 이스라엘이 여호와의 놀라운 구원의 손길로 홍해를 건너자마자 소고 치며, 춤추며 찬양을 올리던 거기서부터 출발하여 마침내 이방인까지도 여호와를 예배하는 일에 앞장서는 데까지 이른 것이다. 그러므로 여기서 이드로의 등장은 적절하다. 온 천하와 세상이 여호와가 누구신가를 알 것이라는 선포에 적합한 결론이 될 수 있기 때문이다. 이드로는 하나님께서 행하신 놀라운 이적과 기적을 보지 못했고, 단지 귀로 듣기만 하였음에도 불구하고 하나님을 향한 이런 고백을 만들어 낸다는 점을 상기할 필요가 있다. 하물며 이것을 보았던 사람들이야 어떤 신앙을 가져야 할 것인지에 대한 도전을 주고 있는 것이다. 귀로만 듣고도 하나님을 예배하는 이방인은 모든 것을 목격한 이스라엘에게 커다란 도전이 될 것이 틀림없기 때문이다.

이제 이스라엘에게 중요한 것은 이방인 이드로에게 여호와의 위대하신 행함을 전했던 것처럼 이스라엘의 후손에게도 이 일을 전해야 한다. 이를 통해 그들도 하나님을 섬기는 일에 하나 되도록 해야 할 소명이 주어진 것이다. 이것은 이스라엘만의 섬김이 아닌 이방인들 또한 여호와를 섬김에 하나 될 수 있는 길을 열어갈 수 있다는 가능성을 만들어 놓은 것이다. 그리고 이것이 이스라엘을 불러내신 하나님의 원대하신 뜻이다. 아브라함을 불러내시며 "세상 모든 민족이 너를 통하여 복을 누릴 것이라"는 하나님의 뜻이 이제 아브라함의 후손들인 이스라엘 민족에 의해 실현되어야 함을 느껴볼 수 있다.

이렇게 하나님께서 행해주신 과거의 구원사를 늘 현재화 시키는 것이 하나님의 백성에게 필요하다. 그래야만 하나님을 향한 예배가 무너지지 않고, 하나님의 백성과 이방인들까지 예배하는 현재를 이룰 수 있기 때문이다. 이와 같이 예배하는 현재는 또 하나님의 말씀에 순종하는 미래를 가능하게 하는 원동력이 되는 것이다. 예배의 본질이 율례와 법도라는 여호와의 말씀에 대한 절대적인 순종이라는 점에서 구원사의 완성인 예배하는 삶은 마침내 하나님의 율법을 준행하는 삶으로의 연결이 이루어지는 것이 당연한 귀결이다. 즉, 구원의 이야기는 곧 율법을 부여받는 이야기로 이어져야 하는 것이다.

(2) 이스라엘이 걸어갈 율법을 지키는 삶 - 미래(이튿날) (18:13-27)

출애굽기 18:13-27절은 모세의 두 번째 소명인"② 법을 중재하여 동족끼리 치지 못하게 함"이라는 주제의 시작을 알리며, 이스라엘이 걸어가야 할 미래상을 제시한다. 하나님의 구원 된 백성은 하나님의 말씀을 따라가는 백성이 되어야 한다는 것을 증거 하기 위한 의도가 들어가 있는 부분이다. 그리고 이 속에는 출애굽기 19장부터 민수기 10장까지의 기나긴 시내산과 관련된 대주제가 왜 필요한가를 미리 보여주는 의미도 들어 있다.

모세가 백성들 전체를 재판하여 하나님의 율례와 법도를 알게 한다. 이것은 한 사람의 지도자에게 너무도 가혹한 것이다(출 18:16). 이드로는 모세의 이러한 행동에 대해 "옳지 못하다"라고 단언한다(출 18:17). 여기서 "옳지 -못하다"라는 것은 "선하지 않다, 바르지 않다"(לֹא־טוֹב 로-토브)를 뜻한다. 이것은 흡사 "여호와의 보시기에 좋았더라"는 창조질서의 역행 같고, 아담이 돕는 배필이 없이 혼자 사는 것이 "좋지 아니하다"라는(לֹא־טוֹב 로-토브; 창 2:18)것과 통할 수 있다. 창조의 질서가 모든 것이 조화를 이루며 세상의 아름다움을 만들어 가듯이 그리고 아담이 혼자가 아니라 돕는 배필과 함께함으로 좋았던 것처럼 모세에게도 함께하는 동역이 필요하다. 이드로는 이것에 대해 조언하기를 백성들에게 율례와 법도를 가르쳐서 마땅히 갈 길과 할 일을 그들에게 보이고(출 18:20) 또한 그들 중에서 능력 있는 사람들 곧 하나님을 두려워하며 진실하며 불의한 이익을 미워하는 자를 살펴 천부장, 백부장, 오십부장, 십부장을 세우라고 조언한다(출 18:21). 이를 통해 볼 때 재판관들은 다음과 같은 신실함이 필요함을 알 수 있다.

	성 품	의 미
1	하나님을 두려워함(경외)	하나님과의 관계에서
2	진실함	사람과의 관계에서
3	불의한 이익 미워하는 자(뇌물 포함)	물질에 대한 자세에서

이러한 세 가지 요소를 갖춘 사람이 하나님 보시기에 능력 있는 사람들이라는 결론이다. 그 첫 번째가 '하나님을 두려워(경외)하는 것'이란 점에서 세상 속에서는 결코 능력 있는 사람을 찾아볼 수 없다는 점이 명백하다. 세상이 말하는 능력은 모두 인간에서 출발하기 때문이다. 만약 재판관들이 이러한 하나님께서 요구하는 삶의 자세를 바르게 갖추지 못한다면, 그 다음에 주어질 하나님의 율법이 아무리 완벽할지라도 아무 소용이 없게 된다. 그래서 이렇게 신실하게 하나님의 법을 다룰 줄 아는 지도자들이 필요하다. 이것은 모세나 여호수아가 살아있을 때는 문제가 덜 일어날 수 있다. 그러나 언젠가는 그들도 이 땅을 떠날 존재들이기에 하나님의 백성을 이끌 지도자들은 반드시 하나님의 법을 바르게 해석하고 전할 줄 아는 사람들이 필요하다. 그러므로 시내산에서 율법이 주어지기 전에 그 율법을 다루는 지도자들이 어떠해야 하는가를 미리 제시해 주고 있다는 것은 바른 순서라 여겨진다. 그리고 그 지도자 상이 이스라엘 백성이 아니라 이방인 이드로에 의해 주어지고 있다는 점이 인상 깊다. 이방인인 이드로도 능력 있는 사람의 첫째 기준이 '하나님을 두려워하는 사람'이라는 것을 제시했다는 것은 하나님의 법이 서느냐, 무너지느냐의 중요성을 몇 배 더 부각시키는 강조점이라 볼 수 있다.

혹자는 이드로가 미디안 제사장이라는 것, 그럼에도 하나님을 예배하고 또 모세가 법규를 가르칠 수 있는 행정조직을 제시하고 있다는 점을 들어 이스라엘의 여호와 종교를 미디안에서 유래된 것으로 보려고 한다. 그러나 하나님의 말씀은 이드로가 먼저가 아니라, 이스라엘에게 행해주신 여호와의 행하심이 먼저라는 사실, 그리고 이드로가 이러한 하나님의 행하심을 듣고 여호와에 대한 신앙고백을 만들고 있다는 점과 이러한 여호와를 향한 신앙고백 위에서 모세에게 행정조직에 대해 조언을 하고 있다는 점에서 결코 이스라엘 신앙이 이방적인 것이 아니라는 것을 강하게 부각시키고 있다. 마땅한 조언 또한 동일한 신앙고백이 이루어 질 때 그 정당성이 인정될 수 있다는 것이다. 왜냐하면 종교가 다르다는 것은 다른 정신을 소유했다는 것이며, 다른 정신을 소유한 사람이 같은 이념의 규정을 얘기할 수는 없기 때문이다. 이것은 또한 이드로가 마지막으로 한 말 속에도 동일하게 드러난다: "네가 만일 이 일을 하고 하나님께서도 네게 허락하시면 네가 이 일을 감당하고 이 모든 백성도 자기 곳으로 평안히 가리라"(출 18:23). 이 말 속에는 이드로 자신이 조언을 했지만 하나님께서 허락하지 않으시면 소용이 없다는 것을 전제하고 있다. 그렇다면 구원사의 시작도 하나님이시고, 율례와 법도라는 중심도 하나님의 것이며, 마지막에 이 모든 행정조직에 대한 허가도 하나님께 있다는 점에서 그 어디에도 하나님의 것을 인간이 마음대로 바꿀 수 있는 여지가 없다는 것을 알 수 있다. 그리고 이것이 바로 하나님 경외라는 정신일 것이다.

여기서 하나님을 두려워함, 즉 경외하는 마음이 제일 앞서야 하는 이유는 분명하다. 판단과 생각의 기준이 오직 하나님의 뜻 가운데 있어야만 바르게 삶의 정황을 해석할 수 있고 올바르게 재판할 수 있기 때문이다. 인간이 살아가며 부딪치는 문제는 결코 단순하지 않다. 출애굽기부터 신명기까지 계속해서 하나님께서 법을 주시지만 인간의 모든 삶을 다 관할할 수 있는 법은 없다. 지금 오경 속에 주어져 있는 법들은 가장 기본적이며, 하나님의 마음을 알려줄 수 있는 최소한의 것이 주어져 있을 뿐이다. 결코 모든 사건을 다 재판할 수 있는 판례가 주어진 것이 아니다. 그런 점에서 이러한 주어진 법을 바탕으로 올바르게 하나님의 뜻을 깨달아 새로운 사건들을 바르게 판결하기 위하여 여호와 경외는 필수적인 요소이다.

그 다음 사건은 자연스럽게 백성들에게 세세한 율법을 가르치는 일이 벌어질 것을 예상케 한다. 이러한 법조문을 알아야만 재판을 공정하게 할 수 있으며 시시비비를 올바로 가리는 것을 통해 하나님 앞에 바르게 서 나갈 수 있기 때문이다. 이것은 이 부분(출 18:13-27)이 율법의 선두인 십계명(עֲשֶׂרֶת הַדְּבָרִים 아세레트 하데바림/열 가지 것, 일, 말씀, 계명 등; 출 34:28)과의 연결을 의도하기 위해 '말씀, 물건, 일, 계명'을 뜻하는 단어인 '다바르'(דָּבָר)를 단수형 9번(14, 16, 17, 18, 22[2번], 23, 26[2번]절)과 복수형(הַדְּבָרִים) 1번(19절)을 사용하여 10회를 맞추는 것으로도 드러난다. 그리고 시내산에서 주어질 언약 법의 또 다른 명칭인 출애굽기 21:1절의 "네가 백성 앞에 세울 법규는 이러하니라"에서 법규를 지칭하는 히브리어 '미쉬파팀'(מִשְׁפָּטִים)의 동사형인 '샤파트'(שָׁפַט)가 '재판하다'는 의미로 출애굽기 18:13-27절에 6번 등장한다(13, 16, 22[2번], 26[2번]절). 이는 세세한 '미쉬파팀'이 주어지는 이유가 올바르게 '재판하기 위함'이라는 점에서 같은 선상에 있음을 알 수 있다. '미쉬파팀'이 '정의'라는 뜻으로도 해석된다는 점에서 그 동사형인 '샤파트'는 "정의를 이루다"라고 해석할 수 있다. 재판은 곧 하나님의 법을 통해 이 땅에 정의와 공의를 실현하는 것이라는 점을 되새기게 한다. 이처럼 출애굽기 18장의 후반부는 '구원'이나 '건짐'이라는 단어는 전혀 등장하지 않으며 '재판'이란 단어와 '율례와 법도'라는 단어가 전체를 지배한다. 그러므로 출애굽기 18:13-27절은 미래에 주어질 율법의 모든 내용을 포괄하며 그 시간을 준비시키고 있는 것이라 할 수 있다.[161)]

이렇게 이드로가 출애굽기의 정점에서 애굽으로부터의 구원이라는 대 주제를 마감하고, 하나님의 백성 이스라엘에게 새로운 주제인 하나님의 율법과 계명을 지키는 미래를 제시한다는 점에서 그의 역할은 대단히 중요하다. 그리고 그가 이방인이라는 사실은 실로 하나님의 백성에게 신앙의 큰 도전을 주고 있는 것이다.

3) 출애굽기 18장이 갖는 함의

출애굽기 18장은 이렇게 두 가지로 축약되는데 애굽으로부터 구원해 주신 여호와를 향한 예배와 여호와의 율례와 법도를 따라 살아가는 백성이라는 것이다. 이는 율법의 정신 속에 그대로 농축되어 있다. 율법의 시작인 십계명의 전문이 "나는 너를 애굽 땅 종 되었던 집에서 인도하여 낸 네 하나님 여호와니라"(출 20:2)는 것으로 출발하여 세세한 법률조문이 뒤를 잇고 있다는 것은 하나님의 은혜를 체험치 못한 자는 결코 하나님의 법을 지키며 살아가는 하나님의 백성이 될 수 없다는 것을 의미하는 것이기도 하다. 이점에서 18장은 구원의 은혜와 율법을 지키는 삶의 조화를 강조하는 것을 통해 과거와 미래를 조합하며, 출애굽기의 중심인 19-24장을 향한 전환점을 제공하고 있다. 즉, 과거(하나님의 구원역사)를 바탕으로 미래(율법을 따르는 삶)를 바라보는 현재의 이스라엘(예배하는 백성)을 세우고 있다.

출 1-17장	출 18장		출 19-40장
	1-12절	13-27절	
바로의 종 (노동)에서 구원이 이루어짐	**이드로의 예배** ① 구원사를 들음(8절) ② 여호와를 찬양(9-10절) ③ 이제 내가 알았도다 - 여호와는 모든 신보다 크시다(11절) ④ 제물로 예배드림 (이스라엘과의 연합) *** 1-17장의 구원사의 마감	**이드로의 조언(조직)** ① 모세 재판하느라 피곤 ② 하나님의 율례와 법도 ③ 옳지 못하다(좋지 못하다) - 돕는 조력자 요망 ④ 능력 있는 자 - * 하나님을-두려워하고 * 사람에게-진실하고 * 물질에-뇌물 받지 않음 *** 19-40장의 율법준수 기대	여호와의 종(예배)으로 시내산 언약을 성취하는 삶

이드로의 선언은 출애굽의 대 역사에 속한 신앙이 처음으로 비 이스라엘 공동체 안에 뿌리를 내리도록 돕는다. 이처럼 이방인이 출애굽 공동체에 동화될 수 있는가에 대한 이차적인 관심사와 더불어 모세를 통해 하나님께서 이루신 대 역사는 앞으로 계속해서 "온 천하에 알려져야만 하는 것"이다. 이 일은 이스라엘을 통해 이방인에게로 그리고 세계로 라는 순서로 이루어져야 한다. 이것은 구원자이신 하나님은 한 백성을 구원하시는 하나님만이 아니라 원래 이 세상을 창조하신 창조주이시기에 궁극적으로 모든 인류의 복지를 위해 일하신다는 사실이 이를 입증한다. 창조주이신 하나님은 모든 이들의 행복을 위해 이스라엘을 부르셨다는 것을 기억하고 하나님의 백성의 소명이 무엇인지를 깨달아야 한다. 모세(이스라엘)를 통해 이드로에게 들려지고, 이드로를 통해 열방이 구원의 대열에 합류하는 것이다. 그리고 중요한 것은 하나님을 고백하는 이들의

통찰력 또한 하나님의 백성과 하나님의 나라를 풍요롭게 하는 도구가 될 수 있다는 점을 인지해야 할 필요가 있다. 이드로의 조언은 바로 이런 역할을 한다.

이 속에는 이드로처럼 세상이 하나님을 예배하는 쪽으로 나아간다면 지금 세상이 이루어 놓은 수많은 업적들은 하나님 나라의 풍요로움을 세워가는 중요한 자원이 될 것이다. 세상의 기술들과 물질들이 하나님의 뜻을 이루는 길로 나아간다면 현재의 그리스도인들만으로 이룰 수 있는 것보다 상상할 수 없는 놀라운 변화가 일어날 것이다. 핵무기를 비롯해 가공할만한 살상무기를 만들던 기술력과 자본을 가지고 바닷물을 정제하여 사막에 물을 끌어들인다면 지구의 반대편에서 굶주리고 있는 사람들에게 식량을 제공해 줄 수 있으며, 의료기술을 제공하여 수많은 생명을 살릴 수 있을 것이다. 이처럼 세상은 선한 일을 행할 수 있는 엄청난 잠재력을 가지고 있다. 단지 바른 방향을 찾지 못했을 뿐이다. 하나님을 고백하고 예배한 이드로의 조언이 하나님의 백성들에게 율례와 법도를 더욱 신속하고 정확하게 증거할 수 있는 길을 열었다는 것이 이것을 입증하는 것이다.

하지만 반드시 그들이 하나님을 경외하고, 하나님만을 주로 고백하는 그 신앙을 통한 조언이어야만 하고, 도움이어야만 한다는 것을 기억해야 한다. 그렇지 않으면 신앙 공동체를 조종하여 세상의 이념으로 뒤바꾸어 놓을 수 있기 때문이다. 이처럼 출애굽기 18장을 전환점으로 하여 바로의 종으로서의 정체성이 끝이 나고 하나님의 언약 백성으로서의 길이 열리는 것이다.

지금까지의 과정을 살펴보면 출애굽기의 배열 자체가 의미 깊게 이루어져 있다는 것을 확인해 볼 수 있다. 하나님의 목적이 '예배하는(섬기는) 백성'이라는 점에서 이스라엘 백성의 삶의 길은 '예배하는 공동체'임에 틀림없다. 하나님께서는 예배의 온전한 길을 이루시기 위해 이스라엘에게 의미 깊은 일들을 행하신다. 하나님께서 행하신 일들과 그에 대한 인간의 반응이 예배가 된다. 그런데 그러한 반응은 두 가지의 형태로 나타난다. 이 두 가지가 하나 되어 예배의 완성이 되는 것이다.

의식적인 측면 (찬양과 제의)	율법 준수의 측면 (행함의 삶)
* 마지막 재앙(12:26-27) - 유월절 의식을 치른다 * 홍해를 건넌 후에 - 찬양한다	* 마라에서(쓴물➡단물) - 법도와 율례를 정하신다 * 만나를 주시고 - 율법준행을 가르치심

하나님의 행하심에 대한 인간의 반응은 이 두 가지로 귀결되는데, 이 둘은 서로가 서로를 보완하고 완성하는 역할을 한다. 찬양과 제의는 반드시 법도와 율례를 지키는 삶으로 연결되어야 한다는 것이다. 찬양이 없는 율법준수는 감동이 사라진 율법주의에 빠질 수 있고, 율법준수가 없는 찬양은 감정에 치우친 방종에 빠질 수 있는 위험이 있기 때문이다. 결코 한 가지 만으로는 온전한 예배를 이룰 수 없다는 것이다(예, 이사야 1:10-17). 물론 그 순서에 있어서는 첫째가 신속한 찬양과 감사, 절기를 지키며 제사를 드리는 것이며, 둘째는 하나님의 명령인 율법을 지키는 것이 되어야 할 것이다. 이 두 가지는 동일하신 하나님의 은혜에 대한 다른 양상으로 반드시 일치되어야만 하는 것이다. 출애굽기 1-17장까지는 하

나님의 은혜라는 예배의 절반을 완성시킨 것이라면 이제 출애굽기 19장부터는 예배를 온전하게 하는 은혜에 응답하는 길로 나아가는 것이다. 바로 이 가운데 출애굽기 18장의 모세의 장인 이드로의 이야기가 등장함으로 이 두 가지가 어떻게 어우러져야 진정한 예배가 완성되는가를 보이고 있다. 출애굽기 18장의 전반부인 1-12절은 이드로의 찬양과 제사가 들어가 있다. 그러나 거기서 멈추지 않고 18장의 후반부인 13-27절은 하나님의 율례와 법도를 가르쳐서 마땅히 갈 길과 할 일(18:20)을 보임으로 삶으로 이어져야 함을 강조한다. 이렇게 예배는 완성되는 것이다.

이스라엘은 홍해를 건너고 처음으로 찬양을 드리며 예배를 시작했다. 그리고 출애굽기 18장의 하나님의 산에서는 이스라엘로부터 시작된 예배가 모세의 여호와에 대한 고백으로 인하여 이방인인 이드로까지도 여호와를 예배하는 세상을 만들어가는 것이다. 이러한 사명이 바로 시내산에서 일어나야 한다. 그것을 이루기 위해서는 하나님의 백성이 이제 하나님의 뜻을 이루며 살아가야 할 필요가 있다. 하나님의 법을 앞세우며 그 법으로 세상을 이끌 때 세계가 하나님을 볼 것이다. 그래서 출애굽기 18장은 이스라엘과 세계가 만나고, 연합하여 하나님을 예배하고 그 뜻을 따르는 세상을 만들어가야 할 이념을 제공해 주며 시내산에서의 사건을 미리 준비하고, 시내산의 정신이 왜 필요한지를 보여주는 기능을 한다. 시내산에서 하나님과 하나 되어 하나님의 법을 지키며 살아갈 때 세계를 품을 수 있는 길이 열린다는 것이다.

하나님의 백성이 하나님의 말씀만 바르게 지키며 살아가도 세상을 하나님의 품으로 이끌 수 있는 길이 열린다. 그러나 삶은 없이 세상을 향하여 주 예수를 믿으라고만 외치니 이미 교회는 복음의 위력을 상실한 것과 같은 것이다. 이드로의 경우를 살펴볼 때 전도는 먼저 증거이며 그 다음은 율법을 이루는 삶으로 그 증거가 입증되어야 함이 드러난다. 삶이 없는 증거는 비웃음만 초래할 뿐이다. 이스라엘이 열방에 선교의 목소리를 높일 수 없었던 시절이 바로 포로기라는 점을 감안해 보면 증거와 삶의 중요성을 알 수 있다. 그 때는 조롱과 조소만이 가득한 세상이었다. 우리 시대에 회복해야 할 것이 바로 이것이다. 라합이 두려워 하나님의 백성에게 연합하고(수 2장), 기브온 주민들이 여호와의 이름 앞에 경외함으로 나아오는 세상(수 9장) 바로 그것이 하나님께서 꿈꾸시는 세상이다. 하나님의 백성이 하나님의 명령대로 이 세상을 살아갈 때 그런 위력은 주어지는 것이다. 그리고 결코 하나님의 말씀에 가감이 없어야 한다(신 4:2; 12:32). 바른 적용을 하려고 애쓰되 적용이 타협적인 가감이 되어서는 안 된다.

하나님께서는 이 모든 과정을 통과하게 하시고, 이스라엘을 결국은 시내산으로 이끌어 가실 것이다. 시내산에서 이스라엘은 예배하는 공동체로 거듭나는 것이다. 하나님의 백성이 되는 것, 법의 수여, 성막건축, 거룩에 대한 가르침 등이 결집된 출애굽기 19장부터 민수기 10장까지의 시내산 이야기 집합체는 예배하는 이스라엘의 탄생을 그 목표로 하고 있다. 모세는 이와 같은 하나님의 비전을 그의 소명 때 이미 받은 것이다. 탈출이나 해방의 진정한 목표는 바로 시내산에서 예배하는 백성이 되는 것이다. 그러므로 “너희가 이 산에서 하나님을 섬기리니 이것이 내가 너를 보낸 증거니라”(출 3:12)라는 말씀은 모세에게 주신 소명의 핵심이 바로 예배하는 공동체의 형성이라는 점에서 입증된다. 그리고 그 산은 일차적으로는 시내산이 될 것이로되, 마침내는 시온 산으로 그 결론에 이를 것이다(출 15:17). 출애굽기 18장은 구원사의 정점에서 이방인 이드로의 출현을 통해 구원사가 그 완성에 이르렀고, 이제 새로운 출발선에 이스라엘이 서 있다는 것을 알려주며 가야 할 길을 지시하는 역할을 한다. 그곳은 바로 하나님의 율법을 들을 장소인 시내산으로의 여정인 것이다.

[2부 주석]

27) B. Proten & U. Ruppaport, "Poetic Structure in Genesis ix," *VT* 21 (1971), 368쪽.

28) Nahum M. Sarna, *Genesis* (The JPS Torah Commentary; New York: Jewish Publication Society, 1989), 317쪽; Gordon J. Wenham, *Genesis 16-50: Word Biblical Commentary vo.2* (Word Books: Texas, 1994), 442쪽.

29) M. I. Gruber, *The Motherhood of God and Other Studies* (South Florida Studies in the History of Judaism 57; Atlanta: Scholars Press, 1992), 101쪽.

30) Walter Brueggemann, "The Kerygma of the Priestly Writers," in *The Vitality of Old Testament Traditions* (Atlanta: John Knox Press, 1975), 108쪽; Joseph Blenkinsopp, "The Structure of P," *CBQ 38* (1976), 290쪽; A. Graeme Auld, *Joshua Retold: Synoptic Perspectives* (Edinburgh: T&T Clark, 1998), 63-68쪽.

31) Th. C. Vriezen, "Exodus studien, Exodus I", *VT* 17 (1967), 334-53쪽.

32) 데이빗 돌시는 구조의 범위를 출애굽기 1:1-6:13절과 6:14-13:16절 두 부분으로 구성하여 각각의 제목을 '출애굽 준비'와 '출애굽의 실행'이라는 주제로 대칭구조를 보여주고 있다. David A. Dorsey, *The Literary Structure of The Old Testament: A Commentary on Genesis-Malachi* (Grand Papids: Michigan, 1999), 63-65쪽.

▣ 출애굽을 위한 준비 (출 1:1-6:13)

a. 요셉을 알지 못하는 바로 왕에 의한 고난 (1:1-22)
b. 모세가 바로의 왕궁에 들어가다 (2:1-10)
c. 모세가 애굽을 떠나다 (2:11-25)
d. 전환점: 모세의 소명 (3:1-4:17)
c. 모세가 애굽으로 돌아오다 (4:18-31)
b. 모세가 바로의 왕궁으로 돌아오다 (5:1-4)
a. 여호와를 알지 못하는 바로에 의한 가중되는 고난 (5:5-6:13)

▣ 여호와께서 애굽으로부터 그의 백성을 구원함 (출 6:14-13:16)

a. 여호와께서 구원을 약속하심: 모세와 아론의 소명 (6:14-7:7)
b. 생명을 창조하는 여호와의 권능 (7:8-13)
c. 시작을 여는 세가지 재앙들 (7:14-8:19)
d. 세 개의 중심 재앙들: 모세와 아론의 중재 없음 (8:20-9:12)
c. 마감하는 세 개의 재앙들 (9:13-10:29)
b. 생명을 멸하시는 하나님의 권능 (11:1-10)
a. 여호와께서 애굽으로부터 그의 백성을 구원하심 (12:1-13:16)

33) 모세의 이야기는 여러 부분에서 전에 썼던『리더 모세: 하나님의 종』과 겹친다는 것을 밝힌다. 출애굽기를 주석-강해하며 동일한 내용이 나올 수밖에 없다는 점에서 중복되는 부

분에 대한 독자들의 양해를 구한다. 하지만 새롭게 확대되는 부분 또한 있음도 주지할 필요가 있다. 김재구, 『리더 모세: 하나님의 종』 (서울: 홍림, 2016).

34) Childs, *The Book of Exodus*, 15쪽.

35) 장일선, 『구약세계의 문학』, 98-122쪽. '아멘-엠-오펫' 의 교훈은 그 목적을 밝히는 서론과 30가지로 되어 있다. 이러한 연관을 명확하게 하기 위해서 우리말 『공동번역 성서』는 잠언 22장 17절부터 24장 22절까지를 서론과 30가지로 번호를 붙여 표기하고 있다.

36) 류호준, "출1-4장: 누가 우리의 왕인가? 여호와인가 바로인가?" 『출애굽기 어떻게 설교할 것인가』 (두란노 HOW 주석; 서울: 두란노, 2009), 136쪽.

37) Terence E. Fretheim, "The Plagues as Ecological Signs of Historical Disaster," *JBL* 110 (1991), 385-396쪽; *idem, Exodus* (Interpretation; Louisville: John Knox Press, 1991), 27쪽.

38) 성서와 함께, 『어서 가거라: 성서 가족을 위한 출애굽기 해설서』 (서울: 성서와 함께, 1992), 52쪽.

39) G. W. 코우츠(George W. Coats), 『모세: 영웅적 인간, 하나님의 사람(*Heroic Man, Man of God*)』 (박호용 역) (서울: 성지, 2000), 72쪽. 코우츠는 이를 '아이러니'라고 해석한다.

40) 에스더의 이야기 속에도 유사한 상황이 펼쳐진다. 에스더서는 하나님의 이름이 전혀 나타나지 않는다. 그러나 에스더가 금식한 후에 왕의 부름이 없었음에도 왕의 앞에 목숨을 걸고 나아갔을 때 왕이 에스더가 뜰에 선 것을 본 즉 "매우 사랑스러우므로 손에 잡았던 금규"(에 5:2)를 내 밀었다고 한다. 밤낮 삼일을 금식한 여인이 얼마나 아름다웠을까? 여기서 하나님께서 하신 일은 사랑스럽게 보이도록 하시는 것이다.

41) B. S. Childs, "The Birth of Moses," *JBL* 84 (1965), 118쪽. 그리고 차일즈는 119-122쪽에서 모세의 탄생이야기가 요셉의 이야기와 비슷한 지혜전승의 영향을 강하게 받고 있다고 주장한다.

42) 크리스티앙 자크(Christian Jacq), 『람세스 1-5권(*Ramsès*)』 (서울: 문학동네, 1997).

43) James B. Pritchard(ed), *Ancient Near Eastern Texts Relating to the Old Testament,* 412-425쪽. 이 책에 윌슨 (John A. Wilson)이 기고한 것으로 "The Instruction of the Vizier Ptah-hotep, The Instruction for King Meri-ka-Re, The Instruction of King Amen-em-het, The Instruction of Prince Hor-dedef, The Instruction of Ani, The Instruction of Amen-em-Opet" 등이 있다. 프타호테프의 교훈과 아멘엠오페트의 교훈의 번역은 다음을 참고하라: 장일선, 『구약세계의 문학』, 86-122쪽.

44) Dewey M. Beegle, *Moses: The Servant of Yahweh* (Grand Rapids: Eerdmans, 1972), 347-48쪽.

45) 셰리 카터 스콧(Ch?rie Carter-Scott), 『성공의 법칙(*If Success is a Game, These are the Rules*)』 (이창식역) (서울: 도서출판창해, 2001).

46) 한글 『공동번역 성서』의 제 2경전 부분에 있는 “마카베오하”를 말한다.

47) 참조, Pritchard, ed., *Ancient Near Eastern Texts*, 420–421쪽.

48) James Nohrnberg, *Like Unto Moses: The Constituting of an Interpretation* (Bloomington & Indianapolis: Indiana University Press, 1995), 146쪽. 노른버그는 모세가 애굽인에게 학대당하는 동족을 위해 중재자로 나선 것은 나중에 바로 앞에서 이스라엘을 위해 중재자로 나설 것을 예시하고 있다고 본다. 그리고 모세가 애굽을 도망자처럼 빠져 나가는 것은 나중에 이스라엘의 모습을 예시하고 있다고 한다.

49) 이 사건은 미래에 모세가 하나님께서 부여하신 권능으로 애굽인들을 10가지 재앙을 통해 심판하고(유월절 사건을 통한 장자살해를 마지막으로 하고), 나아가서는 애굽의 남은 장정들을 모조리 다 홍해에 수장시켜 버리고 이스라엘을 구원하는 사건의 모형으로 보인다.

50) H. Ringgren, "רָשַׁע rāša'; רָשָׁע rāšā'; רֶשַׁע reša'; רִשְׁעָה riš'â," in *TDOT*, vol. XIV, eds. G. J. Botterweck, H. Ringgren and H–J. Fabry, (Grand Rapids, Michigan: W. B. Eerdmans Publishing Company, 2004), 1–9쪽.

51) 빅터 P. 해밀턴(V. P. Hamilton), 『출애굽기(*Exodus: An Exegetical Commentary*)』 (박영호 역) (서울: 솔로몬, 2017), 90쪽.

52) John I. Durham, *Exodus* (WBC; Waco, Texas: Word Books, 1987), 27–60쪽.

53) 해밀턴, 『출애굽기』, 126쪽.

54) 헨리 블랙커비(Henry Blackaby), 『영적 리더십(*Spiritual Leadership*)』 (윤종석 역) (서울: 두란노, 2002), 277.

55) 웨슬리 듀웰(Wesley L. Duewel), 『열정적인 지도자(*Ablaze for God*)』 (정중은 역) (서울: 생명의말씀사, 1992), 111쪽.

56) 해밀턴, 『출애굽기』, 128쪽.

57) Durham, *Exodus*, 39–40쪽.

58) Rita Burns, "The Book of Exodus," In *Exodus – A Lasting Paradigm*, ed. by B. Iersel & A. Weiler (Edinburgh, Scot.: T.&T. Clark, 1987), 20쪽.

59) 라이너 알베르츠(Rainer Albertz), 『이스라엘 종교사 I(*Religionsgeschichte Israels in alttestamentlicher Zeit 1*)』(강성열 역) (서울: 크리스챤다이제스트, 2003), 108–109쪽.

60) 데이브 에그너(Dave Egner), "시급하고 중대한 문제(Burning Questions)," 『오늘의 양식(*Our Daily Bread*)』 (성남: 소망, 2015), 26–27쪽.

61) 해밀턴, 『출애굽기』, 138쪽.

62) J. Goldingay, *Israel's Gospel: Vol. 1 of Old Testament Theology* (Downers Grove, IL: Intervarsity, 2003), 333쪽.

63) 윌리엄 바클레이(W. Barclay), 『요한복음 상(*The Gospel of John vol. 1*)』 (바클레이 성경

주석 개정판; 서울: 기독교문사, 2009), 32쪽.

64) Durham, *Exodus*, 27-41쪽.

65) 므리바 사건을 다루고 있는 민수기 20:1-13절에는 모세가 이것을 망각하고 이적을 행하는 능력을 자신의 분노를 푸는 인간 교만의 도구로 삼았을 때 그 자신조차도 약속의 땅에 들어가지 못하는 비운을 맞이하게 된다.

66) Thomas W. Mann, *The Book of the Torah: The Narrative Integraty of the Pentateuch* (Atlanta: John Knox Press, 1988), 85-86쪽.

67) W. Weinberg, "Language Consciousness in the Old Testament," *ZAW* 92 (1980), 191-93쪽; M. Greenberg, *Ezekiel 1-20: A New Translation with Introduction and Commentary* (AB; Garden City, NY: Doubleday, 1983), 68-69쪽.

68) 고든 웬함(G. J. Wenham), 『모세오경(*The Pentateuch*)』 (박대영 역) (Exploring the Old Testament vol 1; 서울: 성서유니온선교회, 2007), 106쪽.

69) 고든 웬함, 『모세오경』, 106쪽.

70) Robert North, S.J., "Theology of the Chronicler," *JBL* 82 (1963), 369-381쪽. 이 글에서 로버트는 역대기에 관한 그의 주장에서 역대기 사가가 그의 이야기 서두에 족보를 장황하게 나열하는 것은 새 역사의 시작은 바로 정통성을 이어받은 사람들에 의해서 열려진다는 것을 천명하기 위한 준비작업이며, 그 예로 에브라임 지파의 후손인 사무엘까지도 레위 지파의 사람으로 그 정통성을 수립하고 있다고 설명하고 있다(대상 6:16-30).

71) J. R. Lundbom, *Jeremiah vol. 2* (AB; New York: Doubleday, 2004), 102쪽.

72) 한동구, "10가지 재앙: 출애굽기 5-11장 주해와 적용," 『출애굽기 어떻게 설교할 것인가』, 201쪽.

73) Ari Mark Cartun, "'Who Knows Ten?' The Structural and Symbolic Use of Numbers in the Ten Plagues: Exodus 7:14-13:16," *USQR* 45(1991), 107쪽; Nahum M. Sarna, *Exploring Exodus: The Heritage of Biblical Israel* (New York: Schocken Books, 1987), 75-76쪽.

74) 손석태, "출애굽기에 나타난 열 가지 재앙의 의미(출 5-11장)," 『출애굽기 어떻게 설교할 것인가』 (서울: 두란노, 2009), 69-70쪽.

75) 손석태, "출애굽기에 나타난 열 가지 재앙의 의미(출 5-11장)," 『출애굽기 어떻게 설교할 것인가』, 69-70쪽.

76) 고든 웬함, 『모세오경』, 109-110쪽.

77) 장석정, 『재앙의 신학: 열 가지 재앙의 연구』 (서울: 대한기독교서회, 2012), 64, 111쪽.

78) Fretheim, "The Plagues as Ecological Signs of Historical Disaster," 395쪽.

79) 프레다임, 『출애굽기』, 277쪽;

80) Cartun, ""Who Knows Ten?" The Structural and Symbolic Use of Numbers in the Ten Plagues: Exodus 7:14-13:16," 77-80쪽.

81) 송병현, 『출애굽기』 (엑스포지멘터리; 서울: 국제제자훈련원, 2011), 168-169쪽.

82) 주원준, 『구약성경과 신들: 고대 근동 신화와 고대 이스라엘의 영성』 (서울: 한님성서연구소, 2012), 117-18쪽.

83) 토마스 V. 브리스코(T. V. Brisco), 『두란노 성서지도(*Holman Bible Atlas: A Complete Guide to the Expansive Geography of Bibllical History*)』 (강사문 외 역) (서울: 두란노, 2008), 7-8쪽.

84) 존 더햄(John I. Durham), 『출애굽기(*Exodus*)』 (손석태 & 채천석 역) (WBC; 서울: 솔로몬, 2000), 191쪽.

85) Pritchard, *Ancient Near Eastern Texts*, 441쪽, ii행 10열.

86) 송병현, 『출애굽기』, 171쪽.

87) U. A. Cassuto, *Commentary on the Book of Exodus* (trans. I. Abrahams) (Jerusalem; Magnes, 1967), 101쪽.

88) Othmar Keel, *The Symbolism of the Biblical World: Ancient Near Eastern Iconography and the Book of Psalms* (Winona Lake, Indiana: Eisenbrauns, 1997), 313-14쪽.

89) 해밀턴, 『출애굽기』, 250쪽.

90) J. Magonet, *The Subversive Bible* (London: SCM Press, 1997), 61쪽.

91) 강병도, 『창세기-출애굽기』 (QA 시스템 성경연구 시리즈 1; 서울: 기독지혜사, 1986), 413-414쪽.

92) 송병현, 『출애굽기』, 184쪽.

93) 프레다임, 『출애굽기』, 201쪽.

94) 더햄, 『출애굽기』, 236, 237, 241쪽.

95) 프레다임, 출애굽기』, 203쪽.

96) http://100.daum.net/encyclopedia/view/39XXXXX00313

97) 송병현, 『출애굽기』, 190-91쪽.

98) S. DeNeff, *More Than Forgiveness: A Contemporary Call to Holiness Based on the Life of Jesus Christ* (Indianapolis: Wesleyan Publishing House, 2002), 11쪽.

99) 송병현, 『출애굽기』, 195쪽.

100) R. Alter, "Exodus," *In The Five Books of Moses: A Translation with Commentary* (New York and London: Norton, 2004), 370쪽.

101) 송병현, 『출애굽기』, 199-200쪽.

102) J. B. Pritchard(ed.), *Ancient Near Eastern Texts: Relating to the Old Testament*, 4쪽.

103) 제임스 B. 프리처드 편집, 『고대 근동 문학 선집(*The Ancient Near East: An Anthology of Texts & Pictures*)』 (강승일 외) (서울: CLC, 2016), 615-21쪽.

104) 프레다임, 『출애굽기』, 211쪽.

105) 더햄, 『출애굽기』, 194쪽.

106) D. Levy & J. Milgrom, "עֵדָה ʻēḏâ," *TDOT*, vol. X, eds. G. J. Botterweck, H, Ringgren & H-J. Fabry (Grand Rapids, MI: Eerdmans, 1999), 468-480쪽.

107) E. L. Greenstein, "The Firstborn Plague and the Reading Process," In *Pomegranates and Golden Bells: Studies in Biblical, Jewish, and Near Eastern Ritual, Law and Literature in Honor of Jacob Milgrom*, ed. D. P. Wright et al (Winona Lake, IN: Eisenbrauns, 1995), 555-58쪽.

108) 송병현, 『출애굽기』, 207쪽.

109) J. Gerald Janzen, *Exodus* (WBCom; Louisville, Kentuckey: John Knox Press, 1997), 81쪽.

110) 브리스코, 『두란노 성서지도』, 10-11쪽.

111) H. C. Brichto, *The Names of God: Poetic Readings in Biblical Beginnings* (New York: Oxford University Press, 1998), 330-31쪽. 브릭토는 창세기 15:13절에 애굽 노예 기간이 400년이라고 예언된 것과의 차이점을 430년은 이스라엘이 애굽에 체류한 총 연수이고, 400년은 그 후 30년쯤이 지나서 요셉이 죽은 후에 시작된 이스라엘의 노예 살이의 연수를 의미하는 것이라 본다.

112) 송병현, 『출애굽기』, 243-44쪽.

113) B. F. Batto, "The Reed Sea: *Requiescat in Pace*," *JBL* 102 (1983), 35쪽.

114) https://ko.wikipedia.org/wiki/%EC%82%B0%ED%86%A0%EB%A6%AC%EB%8B%88%EC%84%AC

115) 로널드 쉴러, "성서의 출애급기는 사실인가?" 『리더스 다이제스트』 6월호 (1983년), 25-30쪽.

116) 해밀턴, 『출애굽기』, 509-10쪽.

117) 해밀턴, 『출애굽기』, 386쪽.

118) Fretheim, "Ecological Signs of Historical Disaster," 393쪽.

119) William L. Holladay, *A Concise Hebrew and Aramaic Lexicon of the Old Testament* (Leiden: E. J. Brill, 1971), 30쪽.

120) Holladay, A *Concise Hebrew and Aramaic Lexicon*, p. 46. Ludwig Koehler and Walter Baumgartner, *The Hebrew and Aramaic Lexicon of the Old Testament*, vol. 1 (Leiden: Brill, 2001), 151쪽. '아침이 되었을 때'(When morning came)(출 4:27; 삿 19:26; 시 46:6)으로 번역하고 있다.

121) Fretheim, "Ecological Signs of Historical Disaster," 391-92쪽.

122) 코우츠, 『모세: 영웅적 인간, 하나님의 사람』, 162-63쪽.

123) 프레다임, 『출애굽기』, 246쪽.

124) 김윤희, "출애굽기의 역사적 배경," 『출애굽기 어떻게 설교할 것인가』, 49-50쪽.

125) J. W. Watts, *Psalm and Story: Inset Hymns in Hebrew Narrative* (JSOTSup. 139;

Sheffield: Sheffield Academic Press, 1992), 42-43쪽.

126) P. Trible, "Bringing Miriam out of the Shadows," *BR* 5 (1989), 14-25, 34쪽.

127) 해밀턴, 『출애굽기』, 397쪽.

128) Claus Westermann, *Praise and Lament in the Psalms*, trans. Keith R. Crim & R. N. Soulen (Atlanta: John Knox Press, 1981), 160-61쪽.

129) J. H. Sailhamer, *The Meaning of the Pentateuch: Revelation, Composition and Interpretation* (Downers Grove, IL: Intervarsity, 2009), 572쪽.

130) 월터 브루지만(W. Brueggemann), 『예언자적 상상력(*The Prophetic Imagination*)』(김쾌상역) (서울: 대한기독교출판사, 1981), 34-35쪽. 브루지만은 모세의 찬양의 에너지는 다음과 같은 것을 내포한다고 주장한다. (1) 모든 사회적 인식을 재규정하는 한 새로운 이름을 말한다, (2) 제국적 현실을 무효화시키는 전환의 역사에 대한 재검토, (3) 자유를 춤으로 연출하는 것, 자유를 자유로운 몸으로 연출하는 것을 요구한다. 이제 바로는 더 이상 이를 저지할 수 없다(출 15:20), 그리고 (4) 대관식으로 절정을 이룬다. 애굽이 허용할 수도 없고 관용할 수도 없는 하나의 현실을 주장한다; "야웨만이 영원히 다스리실 왕이시어라"(출 15:18).

131) B. F. Batto, *Slaying the Dragon: Mythmaking in the Biblical Tradition* (Westminster Bible Com.; Louisville, Kentucky: Westminster John Knox Press, 1992), 111쪽.

132) Sarna, *Exploring Exodus*, 114-116쪽.

133) Graham Davies, "The Theology of Exodus," in *Search of True Wisdom: Essays in O.T. Interpretation in Honour of Ronald E. Clements* (JSOTsup. 300; Sheffield: Sheffield Academic Press, 1999), 137-52쪽. 데이비스는 출애굽기의 중심주제가 "예배"에 있다고 피력한다. 그는 제임스 바아의 주장인 출애굽기는 구원의 역사를 그 중심에 두는 것이 아니라 율법의 수여와 그 율법을 준수하는 것이 계약관계를 지키며 이스라엘의 미래를 향한 책임이라는 전제하에 "율법"을 출애굽기의 중심주제로 놓는 것과 구스타프 구티에레즈의 출애굽 구원사 중심의 해방신학적인 주제들 둘 다를 출애굽기를 바르게 보는 것에서 벗어난 것이라 주장하고 있다. James Barr, "An Aspect of Salvation in the Old Testament", in *Man and His Salvation: Studies in Memory of D. G. F. Brandon*, eds. E. J. Sharpe and J. R. Hinnells, (Manchester: Manchester University Press, 1973), 39-52쪽. G. Gutierrez, *A Theology of Liberation*, tran. Maryknoll (New York: Orbis Books, 1973), 155-59쪽. 흥미롭게도 바아의 주장은 해방신학이 출애굽기의 구원신학을 구원사의 전형적인 모형으로 심각하게 다루던 시기에 발표되었다.

134) James K. Hoffmeier, "Egypt, Plagues In," in *ABD*, vol. 2 (New York: Doubleday, 1992), 376-377쪽.

135) 강병도, 『창세기-출애굽기』(QA 시스템 성경연구 시리즈 1; 서울: 기독지혜사, 1986),

413-414쪽; Sarna, *Exploring Exodus*, 78-79쪽.

136) 강성열, 『고대 근동 세계와 이스라엘 종교』 (서울: 한들출판사, 2003), 290-94쪽.

137) 브루지만, 『예언자적 상상력』, 18-19쪽.

138) Cartun, "Who Knows Ten?" 77-80쪽.

139) 박준서, 『구약세계의 이해』 (서울: 한들출판사, 2001), 21-28쪽; Jon D. Levenson, *Creation and the Persistence of Evil: The Jewish Drama of Divine Omnipotence* (New Jersey: Princeton University Press, 1988), 144쪽.

140) 프레다임, 『출애굽기』, 40, 42쪽.

141) Nahum M. Sarna, *Exodus* (The JPS Torah Commentary; New York: Jewish Publication Society, 1991), 28쪽.

142) 고든 웬함, 『모세오경』, 108-109쪽.

143) 대법원 2007. 7. 26. 선고 2007도4532

144) Leon Morris, *The Epistle to the Romans* (Eerdmans and Inter-Varsity Press, 1988), 361쪽.

145) 존 스토트(John R. W. Stott), 『로마서 강해: 온 세상을 향한 하나님의 복음(*The Message of Romans: God's good news for the world*)』 (정옥배 역) (BST; 서울: IVP, 1996), 356쪽.

146) 장석정, 『재앙의 신학: 열 가지 재앙의 연구』, 269쪽.

147) www.daum.net. www.naver.com.

148) 프레다임, 『출애굽기』, 274쪽.

149) Childs, *The Book of Exodus*, 258쪽.

150) 송병현, 『출애굽기』, 265쪽.

151) Fretheim, "Ecological Signs of Historical Disaster," 395쪽.

152) 헬라어 구약성경인 70인역(Septuaginta; LXX)도 헬라어 음역 그대로 '만'(μαν)으로 명명하여 부른다.

153) 존 더햄, 『출애굽기』, 386쪽.

154) 성서와 함께 편집부, 『어서 가거라, 성서가족을 위한 출애굽기 해설서』 (서울: 성서와 함께 1992), 230-31쪽.

155) 프레다임, 『출애굽기』, 39-42쪽에서 프레다임은 창세기 1-9장과 출애굽기의 창조의 비교를 보이고 있다. (a) 창조의 정점(출 1:7; 창 1:28); (b) 창조의 파괴과정(출 1-2, 5장; 창 3-6장); (c) 노아와 모세(출 2:1; 25:1; 33:12; 창 6:9; (d) 홍수와 천재지변으로서의 재앙들(출 7:8이하; 창 6:10이하); (e) 우주적 함축을 내포한 물을 통한 죽음과 구원(출 15;1; 창 8:1); (f) 노아와 아브라함 계약과 시내산 계약(출 24;1; 31:17; 창 9장, 15장, 17장).

156) 월터 브루그만(W. Brueggemann), 『안식일은 저항이다(*Sabbath as Resistance*)』 (서울:

복있는사람, 2015).

157) 필립 얀시(Philip Yancey), 『하나님 당신께 실망했습니다(*Disappointment With God*)』(최병채 역)(서울: 좋은씨앗, 2007), 173-74쪽. 얀시는 옛날의 기적을 그리워하는 그리스도인들에게 바울의 이야기를 통해 시각을 돌린다. 예루살렘에 기근이 발생했을 때 바울은 자기가 개척한 교회를 통해 헌금을 거두었다. 이스라엘의 필요를 채우셨던 것처럼 이 새로운 교회의 필요를 채우시는데 이제는 사람들을 통해 간접적으로 역사하시는 것이다. 그리고 바울은 "교회가 이렇게 했노라"와 "하나님께서 이렇게 하셨습니다"를 전혀 구별 짓지 않았다고 한다. 왜냐하면 교회는 곧 그리스도의 몸이기 때문이다.

158) http://blog.daum.net/pjhf15k/9991000

159) J. H. 세일해머(Sailhamer), 『'서술'로서의 모세오경 하(*The Pentateuch As Narrative*)』(김동진 & 정충하 역)(서울: 크리스챤서적, 2005), 107-109쪽.

160) 정석규, "출 16-18장: 공급하시는 하나님," 『출애굽기 어떻게 설교할 것인가』(서울: 두란노, 2012), 317쪽.

161) 정석규, "출 16-18장: 공급하시는 하나님," 317-18쪽.

참고문헌

강병도, 『창세기-출애굽기』 (QA 시스템 성경연구 시리즈 1; 서울: 기독지혜사, 1986).

강성열, 『고대 근동 세계와 이스라엘 종교』 (서울: 한들출판사, 2003).

______, "출 19-24장: 시내산에서 언약을 맺으시고 언약법을 주심," 『출애굽기 어떻게 설교할 것인가』 (두란노 HOW 주석; 서울: 두란노, 2009), 323-372쪽.

개토, 존 테일러(Gatto, J. Taylor), 『바보 만들기: 왜 우리는 교육을 받을수록 멍청해 지는가?(Dumbing Us Down)』 (김기협 역) (서울: 민들레, 2005).

군네벡, 안토니우스 H. J.(Gunneweg, A. H. J.), 『이스라엘 역사: 고대부터 바 코흐바까지(*Geschichte Israels: Von den Anfnägen bis Bar Kochba*)』 (문희석 역) (서울: 한국신학연구소, 1996).

김득중, 『복음서 신학』 (서울: 컨콜디아사, 1991).

김선희, 『마야와 고야의 세계 가면 여행』 (서울: 상, 2005).

김승학, 『떨기나무: 미디안 땅의 시내산을 찾아, 그 7년의 기록』 (서울: 두란노, 2007).

김재구, 『리더 모세: 하나님의 종』 (서울: 홍림, 2016).

______, "성막의 부속 시설 제작에 대한 명령: 분향단, 물두멍, 관유와 향 등," 「그말씀」 5월 (2016), 64-87쪽.

______, "지성소와 성소의 기구들 제작: 법궤, 상, 등잔대와 분향단," 「그말씀」 7월 (2016), 6-27쪽.

______, 『창세기 로드맵』 (하임바이블아카데미 시리즈 2; 서울: 홍림, 2018).

김윤희, "출애굽기의 역사적 배경," 『출애굽기 어떻게 설교할 것인가』 (두란노 HOW 주석; 서울: 두란노, 2009), 41-50쪽.

나이트, D. A.(Knight, D. A.), 킹, P. J.(King, P. J.) & 스테거, L. E.(Stager, L. E.), 『고대 이스라엘 문화(*Life in Biblical Israel*)』 (임미영 역) (서울: CLC, 2014).

남병식, 『바이블 문화코드』 (서울: 생명의말씀사, 2006).

노트, 마르틴(Noth, M.), 『이스라엘 역사(*History of Israel*)』 (박문재 역) (서울: 크리스챤다이제스트, 1996).

더햄, 존. I.(Durham, John I.), 『출애굽기(*Exodus*)』 (손석태 & 채천석 역) (WBC; 서울: 솔로몬, 2000).

드보, 롤랑(De Vaux, R.), 『구약시대의 생활풍속(*Das Alte Testament und seine Lebensordnungen*)』 (이양구 역) (서울: 대한기독교출판사, 1983).

듀웰, 웨슬리(Duewel, Wesley L.), 『열정적인 지도자(*Ablaze for God*)』 (정중은 역)(서울: 생명의말씀사, 1992).

류호준, "출1-4장: 누가 우리의 왕인가? 여호와인가 바로인가?" 『출애굽기 어떻게 설교할 것인가』 (두란노 HOW 주석; 서울: 두란노, 2009), 131-79쪽.

매칸, J. 클린튼(McCann, J. C.), 『새로운 시편여행(*A Theological Introduction to the Book of Psalms: The Psalms as Torah*)』 (김영일 역)(서울: 은성, 2000).

밀러, 패트릭(Miller, Patrick D.), 『신명기(*Deuteronomy*)』 (김회권 역) (Interpretation; 서울: 한국장로교출판사, 2000).
바클레이, 윌리엄(Barclay, W.), 『마태복음 상(*The Gospel of Matthew*)』 (바클레이 성경주석 개정판; 서울: 기독교문사, 2009).
______________________________, 『누가복음(*The Gospel of Luke*)』 (바클레이 성경주석 개정판; 서울: 기독교문사, 2009).
______________________________, 『요한복음 상(*The Gospel of John vol. 1*)』 (바클레이 성경 주석 개정판; 서울: 기독교문사, 2009).
박요한, 『십계명: 출액 20,1-17; 신명 5,6-21의 삶의 자리와 적용범위』 (서울: 가톨릭대학교출판부, 2001).
박준서, 『구약세계의 이해』 (서울: 한들출판사, 2001).
박철현, "출 32-34장: 시내산의 은혜 언약," 『출애굽기 어떻게 설교할 것인가』 (두란노 HOW 주석; 서울: 두란노, 2009), 373-403쪽.
_____, 『출애굽기 산책』 (서울: 솔로몬, 2014).
비일, 그레고리 K.(Beale, Gregory K.), 『예배자인가, 우상숭배자인가?(*We Become What We Worship: A Biblical Theology of Idolatry*)』 (서울: 새물결플러스, 2014).
브라이트, 존(Bright, J.), 『이스라엘의 역사(*A History of Israel*)』 (엄성옥 역) (제4판; 서울: 은성, 2002).
브라운, 레이먼드(Brown, R.), 『신명기 강해: 사람이 떡으로만 살 것 아니요(*The Message of Deuteronomy: Not by Bread Alone*)』 (정옥배 역) (서울: IVP, 1997).
브리스코, 토마스 V.(Brisco, T. V.), 『두란노 성서지도(*Holman Bible Atlas: A Complete Guide to the Expansive Geography of Bibllical History*)』 (강사문 외 역) (서울: 두란노, 2008).
브루지만, 월터(Brueggemann, W.), 『예언자적 상상력(*The Prophetic Imagination*)』 (김쾌상역) (서울: 대한기독교출판사, 1981).
________________________________, 안식일은 저항이다(*Sabbath as Resistance*)』 (서울: 복있는 사람, 2015).
브루크너, 제임스 K.(Bruckner, J. K), 『출애굽기(*Exodus*)』 (김귀탁 역) (UBC; 서울: 성서유니온, 2015).
블랙커비, 헨리(Blackaby, Henry), 『영적 리더십(*Spiritual Leadership*)』 (윤종석 역)(서울: 두란노, 2002).
변순복, 『변순복 교수와 함께하는 탈무드 이야기』 (서울: 도서출판로고스, 2003).
성서와 함께 편집부, 『어서 가거라: 성서 가족을 위한 출애굽기 해설서』 (서울: 성서와 함께, 1992).
스토트, 존(Stott, John R. W.), 『로마서 강해: 온 세상을 향한 하나님의 복음(*The Message of Romans: God's good news for the world*)』 (정옥배 역) (BST; 서울: IVP, 1996).
손석태, "출애굽기에 나타난 열 가지 재앙의 의미(출 5-11장)," 『출애굽기 어떻게 설교할 것인가』 (두란노 HOW 주석; 서울: 두란노, 2009), 69-76쪽.

송병현, 『출애굽기』 (엑스포지멘터리; 서울: 국제제자훈련원, 2011).
쉴러, 로널드, "성서의 출애급기는 사실인가?" 『리더스 다이제스트』 6월호 (1983년), 25-30쪽.
세일해머, J. H.(Sailhamer, J. H.), 『'서술'로서의 모세오경 하(*The Pentateuch As Narrative*)』 (김동진 & 정충하 역)(서울: 크리스챤서적, 2005).
안지연 & 전경욱, "가면 뒤에 숨은 인류의 역사," 『생각쟁이』 175 (2013), 30-51쪽.
알베르츠, 라이너(Albertz, Rainer), 『이스라엘 종교사 I(*Religionsgeschichte Israels in alttestamentlicher Zeit 1*)』 (강성열 역)(서울: 크리스챤다이제스트, 2003).
이성훈, 『새롭게 보는 이스라엘 절기』 (서울: 대한기독교서회, 2007).
얀시, 필립(Yancey, Philip), 『하나님 당신께 실망했습니다(*Disappointment With God*)』 (최병채 역)(서울: 좋은씨앗, 2007).
양용의, 『예수님과 안식일 그리고 주일: 마태복음 및 구약, 유대교, 사도교부에 나타난 안식일 연구와 한국교회에 적용』 (서울: 이레서원, 2011).
______, 『히브리서 어떻게 읽을 것인가』 (서울: 성서유니온, 2016).
연구원자료, "성경지리: 이집트 제국과 출애굽; B. C. 1275년경(참고본문: 출애굽기 1장-15장)," 교회교육 175 (1990), 62-66쪽.
에그너, 데이브(Egner, Dave), "시급하고 중대한 문제(Burning Questions)," 『오늘의 양식(*Our Daily Bread*)』 (성남: 소망, 2015), 26-27쪽.
엘룰, 자끄(Ellul, Jacques), 『존재의 이유(*La Raison D'être*)』 (박건택 역) (서울: 규장, 2005).
왕대일, 『다시 듣는 토라: 설교를 위한 신명기 연구』 (서울; 한국성서학연구고, 1998).
______, 『왕대일 교수의 신명기 강의: 신명기, 약속의 땅으로 가는 길』 (서울: 대한기독교서회, 2011).
웬함, 고든(Wenham, G. J.), 『모세오경(*The Pentateuch*)』 (박대영 역) (Exploring the Old Testament vol 1; 서울: 성서유니온선교회, 2007).
자크, 크리스티앙(Jacq, Christian), 『람세스 1-5권(*Ramsès*)』 (서울: 문학동네, 1997).
장석정, 『출애굽의 법』 (서울: 대한기독교서회, 2002).
______, 『재앙의 신학: 열 가지 재앙의 연구』 (서울: 대한기독교서회, 2012).
장일선, 『구약세계의 문학』 (서울: 대한기독교출판사, 1981).
정병훈, 『사람들은 왜 가면 뒤에 숨는가?』 (서울: 씨엘북스, 2013).
정석규, "출 16-18장: 공급하시는 하나님," 『출애굽기 어떻게 설교할 것인가』 (두란노 HOW 주석; 서울: 두란노, 2009), 322-322쪽.
정정숙, 『성서식물』 (서울: 크리스챤뮤지엄, 2007).
주원준, 『구약성경과 신들: 고대 근동 신화와 고대 이스라엘의 영성』 (서울: 한님성서연구소, 2012).
차준희, 『교회 다니면서 십계명도 몰라』 (서울: 국제제자훈련원, 2012).
최창모, 『금기의 수수께끼: 성서속의 금기와 인간의 지혜』 (서울: 한길사, 2003).
카터-스콧, 셰리(Carter-Scott, Chérie), 『성공의 법칙(*If Success is a Game, These are the Rules*)』 (이창식역)(서울: 도서출판창해, 2001).

크뤼제만, 프랑크(Crüsemann, Frank), 『토라: 구약성서 법전의 신학과 사회사 1(*Die Tora: Theologie und Sozialgeschichte des alttestamentlichen Gesetzes*)』 (김상기 역) (서울: 한국신학연구소, 1995).

코우츠, G. W.(Coats, George W.), 『모세: 영웅적 인간, 하나님의 사람(*Heroic Man, Man of God*)』 (박호용 역) (서울: 성지, 2000).

텔루슈킨, 조셉(Telushkin, Joseph), 『승자의 율법(*Jewish Wisdom*)』 (김무겸 역) (서울: 북스넛, 2010).

필치, 존 J. & 말리나, 브루스 J.(Pilch, J. J. & Malina, B. J.), 『성서 언어의 사회적 의미(*Handbook of Biblical Social Values*)』 (이달 역) (서울: 한국장로교출판사, 1998).

프리처드, 제임스 B.(편집), 『고대 근동 문학 선집(*The Ancient Near East: An Anthology of Texts & Pictures*)』 (강승일 외) (서울: CLC, 2016).

프레다임, 테렌스 E.(Fretheim, T. E.), 『출애굽기(*Exodus*)』 (현대성서주석; 서울: 한국장로교출판사, 2001).

한동구, "10가지 재앙: 출애굽기 5-11장 주해와 적용," 『출애굽기 어떻게 설교할 것인가』 (두란노 HOW 주석; 서울: 두란노, 2009), 181-249쪽.

한상수, 『왜 함무라비 법전을 만들었을까?: 함무라비 vs 무르실리스』 (서울: 자음과 모음, 2010).

해밀턴, 빅터 P.(Hamilton, V. P.), 『출애굽기(*Exodus: An Exegetical Commentary*)』 (박영호 역) (서울: 솔로몬, 2017).

헤로도토스(Herodotos), 『역사 상(*Historiai*)』 (박광순 역) (서울: 범우사, 1995).

헤셸, 아브라함(Heschel, A. J.), 『예언자들 상권(*The Prophets,* vol. I)』 (이현주 역) (서울: 종로서적, 1987).

__________________, 『안식(*The Sabbath*)』 (김순현 역) (서울: 복있는사람, 2007).

Aharoni, Yohanan, "Arad: Its Inscriptions and Temple," *BA* 31 (1968), 2-32쪽.

____________, "The Horned Altar of Beer-sheba," *BA* 37 (1974), 2-6쪽.

Albright, William F., *From the Stone Age to Christianity* (Garden City, NY: Doubleday Anchor, 2nd ed., 1957).

______________, *Yahweh and the Gods of Canaan: A Historical Analysis of Two Contrasting Faith* (Garden City, NY: Doubleday Anchor, 1968).

Alter, R., "Exodus," In *The Five Books of Moses: A Translation with Commentary* (New York and London: Norton, 2004), 297-535쪽.

Auld, A. Graeme, *Joshua Retold: Synoptic Perspectives* (Edinburgh: T&T Clark, 1998).

Balentine, S. E., "Prayers for Justice in the Old Testament: Theodicy and Theology," *CBQ* 51 (1989), 597-616쪽.

Barclay, William, *The Gospel of Matthew*, vol. 2(Revised Edition) (DSB; Philadelphia: Westminster Press, 1975).

Barr, James, "An Aspect of Salvation in the Old Testament", in E. J. Sharpe and J. R. Hinnells (eds), *Man and His Salvation: Studies in Memory of D. G. F. Brandon* (Manchester

University Press: Manchester, 1973), 39–52쪽.

Batto, B. F., "The Reed Sea: Requiescat in Pace," *JBL* 102 (1983), 27–35쪽.

__________, *Slaying the Dragon: Mythmaking in the Biblical Tradition* (Westminster Bible Com.; Louisville, Kentucky: Westminster John Knox Press, 1992).

Beegle, Dewey M., *Moses: The Servant of Yahweh* (Grand Rapids: Eerdmans, 1972).

Blenkinsopp, Joseph, "The Structure of P," *Biblica 38* (1976), 275–292쪽.

Brichto, H. C., "The Worship of the Golden Calf: A Literary Analysis of a Fable on Idolatry," *HUCA* 54 (1983), 41–44쪽.

__________, *The Names of God: Poetic Readings in Biblical Beginnings* (New York: Oxford University Press, 1998).

Brueggemann, Walter, "The Kerygma of the Priestly Writers," in *The Vitality of Old Testament Traditions* (Atlanta: John Knox Press, 1975).

Burns, Rita, "The Book of Exodus," In *Exodus – A Lasting Paradigm*, ed. by B. Iersel & A. Weiler (Edinburgh, Scot.: T.&T. Clark, 1987), 11–21쪽.

Carmichael, Calum M., *Law and Narrative in the Bible: The Evidence of the Deuteronomic Laws and the Decalogue* (Ithaca: Cornell University Press, 1985).

Cartun, Ari Mark, "'Who Knows Ten?' The Structural and Symbolic Use of Numbers in the Ten Plagues: Exodus 7:14–13:16," *USQR* 45(1991), 65–119쪽.

Cassuto, U. A., *Commentary on the Book of Exodus* (trans. I. Abrahams) (Jerusalem; Magnes, 1967).

Childs, B. S., "Tree of Knowledge, Tree of Life," In *IDB*, vol. IV (Nashville: Abingdon, 1962): 695–697쪽.

__________, "The Birth of Moses," *JBL* 84 (1965), 109–22쪽.

__________, *The Book of Exodus: A Critical, Theological Commentary* (The Westminster Press: Philadelphia, 1974).

__________, *Introduction to The Old Testament as Scripture* (Fortress Press: Philadelphia, 1979).

Clines, D. J. A., "The Ten Commandments, Reading from Left to Right," In *Words Remembered, Texts Renewed: Essays in Honour of John F. A. Sawyer*, ed. J. Davies et al (JSOTSup. 195; Sheffield: Sheffield Academic Press, 1995), 97–112쪽.

Coats, G. W., "The King's Loyal Opposition: Obedience and Authority in the Moses Tradition," In *Canon and Authority in the Old Testament*, eds. G. W. Coats & B. O. Long (Philadelphia: Fortress, 1977), 91–109쪽.

Crossan, John Dominic, "From Moses to Jesus: Parallel Themes," *BibRev* 2 (1986), 18–27쪽. Davies, G. I. "The Theology of Exodus." In *In Search of True Wisdom: Essays in Old Testament Interpretation in Honor of R. E. Clements*, ed. Edward Ball (JSOTSup. 300; Sheffield: Sheffield Academic Press, 1999), 137–152쪽.

DeNeff, S., *More Than Forgiveness: A Contemporary Call to Holiness Based on the Life of Jesus Christ* (Indianapolis: Wesleyan Publishing House, 2002).

De Vaux, Roland, *Ancient Israel: Its Life and Institutions* (translated by John McHugh) (London: Longman & Todd, 1962).

Dorsey, David A., *The Literary Structure of The Old Testament: A Commentary on Genesis–Malachi* (Grand Papids: Michigan, 1999).

Douma, J., *The Ten Commandments: Manual for the Christian Life*, tran. N. D. Kloosterman (Phillipsburg, NJ: P & R Publishing Company, 1996).

Drive, S. R., *The Book of Genesis with Introduction and Notes* (London: Methuen, 1926).

Durham, J. I., *Exodus* (WBC; Waco, Texas: Word Books, 1987).

Fass, David E., "The Molten Calf: Judgement, Motive, and Meaning," *Judaism* 39 (1990), 171–75쪽.

Flanders, H. J. Jr., R. W. Crapps and D. A. Smith, *People of the Covenant: An Introduction to the Hebrew Bible*, 4th ed. (Oxford University Press: New York, 1996).

Frankfort, Henri, *Kingship and the Gods: A Study of Ancient Near Eastern Religion as the Integration of Society & Nature* (Chicago: University of Chicago Press, 1948).

Fretheim, Terence E., "The Plagues as Ecological Signs of Historical Disaster," *JBL* 110 (1991), 385–396쪽.

____________________, *Exodus* (Interpretation; Louisville: John Knox Press, 1991).

Gaster, T. H., *Myth, Legend, and Custom in the Old Testament* (New York: Harper, 1975).

Gerstenberger, E., "'…He/They Shall Be Put to Death': Life–Preserving Divine Threats in the Old Testament," *Ex auditu* 11 (1995), 43–61쪽.

Goldingay, J., *Israel's Gospel: Vol. 1 of Old Testament Theology* (Downers Grove, IL: Intervarsity, 2003).

____________, *Israel's Life: Vol. 3 of Old Testament Theology* (Downers Grove, IL: Intervarsity, 2009).

Greenberg, M., *Ezekiel 1–20: A New Translation with Introduction and Commentary* (AB; Garden City, NY: Doubleday, 1983).

Greengus, S., "Law in the OT," In *The Interpreter's Dictionary of the Bible: Supplementary Volume*, ed. K. Crim et al. (Nashville: Abingdon, 1976), 532–37쪽.

Greenstein, E. L., "The Firstborn Plague and the Reading Process," In *Pomegranates and Golden Bells: Studies in Biblical, Jewish, and Near Eastern Ritual, Law and Literature in Honor of Jacob Milgrom*, ed. D. P. Wright et al (Winona Lake, IN: Eisenbrauns, 1995), 555–68쪽.

Gruber, M. I., *The Motherhood of God and Other Studies* (South Florida Studies in the History of Judaism 57; Atlanta: Scholars Press, 1992).

Gutierrez, G., *A Theology of Liberation*, tran. Maryknoll (Orbis Books: New York, 1973).

Hausman, J., "מר mōr," In *TDOT*, vol. VII eds. G. J. Botterweck, H, Ringgren & H–J. Fabry

(Grand Rapids, MI: Eerdmans, 1999), 557-60쪽.

Holladay, William L., *A Concise Hebrew and Aramaic Lexicon of the Old Testament* (Leiden: E. J. Brill, 1971).

Hoffmeier, J. K. F., "Egypt, Plagues In," in *ABD*, vol. 2 (New York: Doubleday, 1992), 376-377쪽.

__________, *Israel in Egypt: The Evidence for the Authenticity of the Exodus Tradition* (New York: Oxford University Press, 1997).

Janzen, J. Gerald, "The Character of the Calf and Its Cult in Exodus 32," *CBQ* 52 (1990), 597-607쪽.

__________, *Exodus* (WBCom; Louisville, Kentuckey: John Knox Press, 1997).

Josipovici, G., The Book of God: *A Response to the Bible* (New Haven: Yale University Press, 1988).

Kaufman, Stephen A., "The Structure of the Deuteronomic Law," *Maarav* 1/2 (1978-79), 105-58쪽.

Kearney, P. J., "Creation and Liturgy: The P Redaction of Exod. 25-40," *ZAW* 89 (1977), 375-387쪽.

Keel, Othmar, *The Symbolism of the Biblical World: Ancient Near Eastern Iconography and the Book of Psalms* (Winona Lake, Indiana: Eisenbrauns, 1997).

Kinlaw, D. F., *Lectures in Old Testament Theology: Yahweh Is God Alone* (Wilmore, KY: Francis Asbury Society, 2010).

Kitchen, K. A., *On the Reliability of the Old Testament* (Grand Rapids: Eerdmans, 2003).

Koehler, Ludwig and Walter Baumgartner, *The Hebrew and Aramaic Lexicon of the Old Testament*, vol. 1 (Leiden: Brill, 2001).

Levenson, Jon D., *Creation and the Persistence of Evil: The Jewish Drama of Divine Omnipotence* (New Jersey: Princeton University Press, 1988).

Levinson, B. M., *"The Right Chorale": Studies in Biblical Law and Interpretation* (Forschungen zum Alten Testament 54; Tübingen: Mohr Siebeck, 2008).

Levy, D. & Milgrom, J., "עֵדָה ʻēḏâ," *TDOT*, vol. X, eds. G. J. Botterweck, H, Ringgren & H-J. Fabry (Grand Rapids, MI: Eerdmans, 1999), 468-480쪽.

Lundbom, J. R., J*eremiah vol. 2* (AB; New York: Doubleday, 2004).

Magonet, J., *The Subversive Bible* (London: SCM Press, 1997).

Maloney, R., "Usury and Restriction on Interest Taking in the Ancient Near East," *CBQ* 36 (1974), 1-20쪽.

Mann, Thomas W., *The Book of the Torah: The Narrative Integrity of the Pentateuch* (Atlanta: John Knox Press, 1988).

Meyers, Carol, "Lampstand," In *ABD*, vol. 4 (New York: Doubleday, 1992), 141-43쪽.

Miller, Patrick D., "El the Warrior," *HTR* 60 (1967).

Moberly, R. W. L., *At the Mountain of God: Story and Theology in Exodus 32–34* (JSOTSup, 22; Sheffield: JSOT Press, 1983).

Morris, Leon, *The Epistle to the Romans* (Eerdmans and Inter–Varsity Press, 1988).

Nohrnberg, James, *Like Unto Moses: The Constituting of an Interpretation* (Bloomington & Indianapolis: Indiana University Press, 1995).

North, Robert, S.J., "Theology of the Chronicler," *JBL* 82 (1963), 369–381쪽.

Patrick, D., *Old Testament Law* (Atlanta: John Knox Press, 1984).

Peckham, Brian, "Writing and Editing," In *Fortunate the Eyes that See: Essays in Honor of David Noel Freedman in Celebration of His Seventieth Birthday*, eds. A. B. Beck, A. H. Bartelt, P. R. Raabe and C. A. Franke (Grand Rapids, Michigan: W. B. Eerdmans Publishing Co., 1995), 364–83쪽.

Pritchard, J. B., *Ancient Near Eastern Texts Relating to the Old Testament*. 3rd. ed. (Princeton, 1969).

Propp, William H. C., *Exodus 1–18: A New Translation with Introduction and Commentary* (ABC; New York: Doubleday & Company, Inc., 1999).

Proten, B. & Ruppaport, U., "Poetic Structure in Genesis ix," *VT* 21 (1971), 363–369쪽.

Radday, Yehuda T., "Chiasmus in Hebrew Biblical Narrative," *Chiasmus in Antiquity: Structures, Analyses, Exegesis*, ed. by John W. Welch (Gerstenberg Verlag: Hildesheim, 1981), 90–91쪽.

Redford, D. B., "Exodus I 11," *VT* 13 (1963), 401–18쪽.

Ringgren, H., "רָשַׁע rāša'; רָשָׁע rāšā'; רֶשַׁע reša'; רִשְׁעָה riš'â," in *TDOT*, vol. XIV, eds. G. J. Botterweck, H. Ringgren and H–J. Fabry, (Grand Rapids, Michigan: Eerdmans Publishing Company, 2004), 1–9쪽.

Sailhamer, J. H., *The Meaning of the Pentateuch: Revelation, Composition and Interpretation* (Downers Grove, IL: Intervarsity, 2009).

Sarna, Nahum M., *Exploring Exodus: The Heritage of Biblical Israel* (New York: Schocken Books, 1987).

________________, *Genesis* (The JPS Torah Commentary; Philadelphia: Jewish Publication Society, 1989).

________________, *Exodus* (The JPS Torah Commentary; Philadelphia: Jewish Publication Society, 1991).

Sasson, J. M., "The Tower of Babel as a Clue to the Redactional Structuring of the Primeval History(Gen. 1–11)," G. Rendsburg(ed.), *The Bible World: Essays in Honor of Cyrus H. Gordon*, (New York: KTAV Publishing House, 1980), 211–19쪽.

Spencer, John R., "Golden Calf," In *ABD*, vol. II (New York: Doubleday, 1992), 1068–1069쪽. Tigay, J. H., *Deuteronomy* (JPS Torah Commentary; Philadelphia: Jewish Publication Society, 1996).

Trible, P., "Bringing Miriam out of the Shadows," *BR* 5 (1989), 14–25, 34쪽.

Uphill, E. P., "Pithom and Raamses: Their Location and Significance, Part 1," *JNES* 27 (1968), 291–316쪽.

___________, "Pithom and Raamses: Their Location and Significance, Part 2," *JNES* 28 (1969), 15–39쪽.

Von Rad, G., *Genesis: A Commentary* (OTL; Philadelphia: Westminster Press, 1972).

Vriezen, Th. C., "Exodus studien, Exodus I", *VT* 17 (1967), 334–53쪽.

Watts, J. W., *Psalm and Story: Inset Hymns in Hebrew Narrative* (JSOTSup. 139; Sheffield: Sheffield Academic Press, 1992).

Weinberg, W., "Language Consciousness in the Old Testament," *ZAW* 92 (1980), 185–204쪽.

Weinfeld, Moshe, "Sabbath, Temple and the Enthronement of the Lord–The Problem of the Sitz im Leben of Genesis 1:1–2:3," in *Mélanges bibliques et orientaux en l'honneur de M. Henri Cazelles*, eds. A. Caquot & M. Delcor (Neukirchen: Neukirchener Verlag, 1981).

Wellhausen, J., *Prolegomena to the History of Ancient Israel* (Cleveland and New York: Meridan Books, 1965).

Wenham, Gordon J., *Genesis 1–15* (WBC; Waco, Texas: Word Books, 1987).

_________________, *Genesis 16–50: Word Biblical Commentary vo.2* (Word Books: Texas, 1994).

_________________, "Sanctuary Symbolism in the Garden of Eden Story," in *I Studied Inscriptions from before the Flood: Ancient Near Eastern, Literary and Linguistic Approaches to Genesis 1–11*, eds. R. S. Hess & D. T. Tsumura (Winona Lake, Indiana: Eisenbrauns, 1994), 399–404쪽.

Westermann, Claus, *Praise and Lament in the Psalms*, trans. Keith R. Crim & R. N. Soulen (Atlanta: John Knox Press, 1981).

Wright, C. J. H., *The Mission of God* (Downers Grove, Ill.: InterVarsity Press, 2006).

[구약 전 22권]

구약 출간 순서	
개 관	『구약성경 로드맵』
모세오경	『창세기 로드맵』 ✓『출애굽기 로드맵 I』, 『출애굽기 로드맵 II』 『레위기 로드맵』, 『민수기 로드맵』 『신명기 로드맵』
전기 예언서	『여호수아 로드맵』 『사사기 로드맵』 『사무엘상.하 로드맵』 『열왕기상.하 로드맵』
후기 예언서	『이사야서 로드맵』 『예레미야서 로드맵』 『에스겔서 로드맵』 『열두 소 예언서 로드맵 _ 호세아, 요엘, 아모스, 오바댜, 요나, 미가, 나훔, 하박국, 스바냐, 학개, 스가랴, 말라기』
성 문 서	『시편 로드맵』 『욥기 로드맵』 『잠언 로드맵』 『다섯 두루마리 로드맵 _ 룻, 아가, 전도서, 애가, 에스더』 『다니엘서 로드맵』 『에스라-느헤미야서 로드맵』 『역대기상.하 로드맵』